中國學術思想 研究輯刊

十七編

林慶彰 主編

第 **23** 冊

陳白沙自得之學研究

許惠敏 著

花木蘭文化出版社

國家圖書館出版品預行編目資料

陳白沙自得之學研究／許惠敏 著 — 初版 — 新北市：花木蘭
文化出版社，2013〔民 102〕
目 2+302 面；19×26 公分
（中國學術思想研究輯刊 十七編；第 23 冊）
ISBN：978-986-322-413-6（精裝）
1.（明）陳獻章 2.學術思想 3.明代哲學
030.8   102014761

ISBN-978-986-322-413-6

中國學術思想研究輯刊
十七編 第二三冊   ISBN：978-986-322-413-6

陳白沙自得之學研究

作　　者　許惠敏
主　　編　林慶彰
總 編 輯　杜潔祥
出　　版　花木蘭文化出版社
發 行 所　花木蘭文化出版社
發 行 人　高小娟
聯絡地址　235 新北市中和區中安街七二號十三樓
　　　　　電話：02-2923-1455／傳真：02-2923-1452
網　　址　http://www.huamulan.tw 信箱 sut81518@gmail.com
印　　刷　普羅文化出版廣告事業
封面設計　劉開工作室
初　　版　2013 年 9 月
定　　價　十七編 34 冊（精裝）新台幣 60,000 元

陳白沙自得之學研究

許惠敏　著

作者簡介

許惠敏，臺灣宜蘭人。國立中央大學中文系學士，中文所碩士、博士。目前任職中央大學中文系博士後研究。已出版〈「學宗自然，而要歸於自得」——就戢山、牟宗三對白沙學的評論再次提出商榷與反省〉（收錄在《綠色啟動：重探自然與人文的關係》，遠流出版公司，2012年3月）、〈論甘泉心與理的關係——從梨洲觀點說起〉（收錄在《黃宗羲與明末清初學術》，國立中央大學出版中心，2011年9月）等數篇論文。

提　　要

　　歷來研究白沙思想者，多因關涉問題過雜，致使白沙思想本身不明。筆者以為，固然對思想家的討論可以牽涉甚廣，但此廣度若不建基在一堅實穩固的基礎上，則此廣亦不過是泛泛的、不切題的廣；對白沙思想研究，筆者以為首重白沙思想本質要義為何——思想本質為何之判斷，主要依據牟宗三先生所謂儒家思想本質要義在於能否肯定心即理義，若能，即是心學——而本文的論述，確實也從此展開一連串的考察。在理論陳述方面，筆者承前人研究基礎，提出一個不同於以往的詮釋方式：一方面以白沙思想進程作為論述架構，另一方面又以「自得」作為此架構之基本精髓；以「自得」來貫穿白沙全幅義理內涵，其根據乃通過對白沙思想本質要義判斷而得。

　　又，通過此論文之疏理，確實也得到相當的成果：首先，從儒學本質要義做判斷，吾人可確信白沙確實從朱子理學轉而為肯定道德主體內在於我，心即是理之給出者，是為心學家。又從此心學一義，亦可確定白沙心學特點不同於孟子、象山；此不同並非指對本體體會的不同，而是從工夫處言白沙未若象山信得及，因而對本體體會仍須求一超越的體證。承此論述，筆者也解決了牟宗三先生對白沙「實無孟子工夫」的質疑。接著，從白沙思想進程的發展，確實可以見出靜坐、自然、自得、虛體、靜等概念，在白沙思想發展中各自所代表的意義；同時，從白沙強調靜坐以悟體，到後來悟得本體本無分動靜，工夫亦無分動靜，只是真機活潑、自然流行，亦見得白沙思想發展之內在邏輯性。最後，通過東所、甘泉對白沙「自然」的吸收與承繼，再次見得白沙學的內涵與可能的發展。統體而言，對白沙思想的體會，唯有以「自得」二字，方最能掌握白沙全幅義理內涵。

目次

第一章　緒　論

第一節　研究動機

　　對白沙（陳獻章，字公甫，別號石齋，世稱白沙先生。1428～1500 年）思想產生好奇，始於後學者對他思想的討論。這討論有趣點在於討論者彼此思想上的承繼關係，且由此關係卻有著對白沙思想見解上或態度上的不同。如陽明（王守仁，字伯安，學者稱爲陽明先生。1472～1529 年）不提白沙〔註1〕，他的弟子卻屢屢盛讚白沙在思想史上的地位。如龍溪（王畿，字汝中，別號龍溪。1498～1583 年）〈復顏充宇〉：「我朝理學開端還是白沙，至先師而大明。」〔註2〕念菴（羅洪先，字達夫，號念菴。1504～1564 年）〈與吳疎山〉：「白沙致虛之說，乃千古獨見，致知續起，體用不遺。」〔註3〕又如蕺山（劉宗周，字起東，號念臺，又號蕺山。1578～1645 年）批評白沙「窮理不逮」、「受用太早」，〔註4〕梨洲（黃宗羲，字太沖，號南雷，學者稱梨洲先生。1610～1695 年）卻謂「有明之學，至白沙始入精微」〔註5〕。當

〔註 1〕　參梨洲所謂：「兩先生之學最爲相近，不知陽明後來從不說起，其故何也」一語。〔明〕黃宗羲：〈白沙學案〉，《明儒學案》，卷 5，頁 78。（本文《明儒學案》引自《黃宗羲全集》第七冊、第八冊（杭州：浙江古籍出版社，2005 年）。以下引文基本上只標明學案名，卷及頁碼。）

〔註 2〕　《王畿集》（南京：鳳凰出版社，2007 年），頁 260。

〔註 3〕　《羅洪先集》（南京：鳳凰出版社，2007 年），頁 415。

〔註 4〕　〈師說〉，《明儒學案》，頁 12。

〔註 5〕　〈白沙學案〉，卷 5，頁 78。觀〈師說〉與〈白沙學案〉的評語，二者明顯有所不同，然張學智卻謂「蕺山認爲白沙的靜中養出端倪非深造自得，以之爲根據應事接物，必難免任性魯莽之病。梨洲對白沙的評論，明顯受乃師這一看法的影響。」（《明代哲學史》（北京：北京大學出版社，2003 年），頁 47）未知其根據爲何。

對此問題進一步觀察，卻又發現糾結在白沙思想上的問題不僅如此。以《明儒學案》爲例，便有三大點須待釐清：〔註6〕其一，康齋（吳與弼，字子傅，號康齋。1391～1469年）與白沙思想的關係：梨洲既將康齋置於《明儒學案》卷首，理當表示「大宗屬姚江，而以崇仁爲啓明」〔註7〕，康齋實爲心學之發軔者〔註8〕，但其評論康齋卻又謂「康齋倡道小陂，一稟宋人成說。言心則以知覺而與理爲二，言工夫則靜時存養，動時省察。……其相傳一派，雖一齋、莊渠稍爲轉手，終不敢離此矩矱也。白沙出其門，然自敘所得，不關聘君，當爲別派」〔註9〕，似乎又認爲白沙之悟、心學之始，與其無關。其二，白沙靜中養出端倪與敬齋（胡居仁，字叔心，學者稱爲敬齋先生。1434～1484年）主敬涵養的比較：梨洲言及敬齋，謂「先生一生得力於敬，故其持守可觀。……其以有主言靜中之涵養，尤爲學者津梁。然斯言也，即白沙所謂『靜中養出端倪，日用應酬，隨吾所欲，如馬之御銜勒也』，宜其同門冥契」〔註10〕，但敬齋的力辯，難道僅是梨洲所謂狷者與狂者的不同使然？其三，白沙與陽明思想的比較：梨洲以爲白沙與陽明思想最爲相近，但卻不解何以陽明從不提及白沙？又對這三點問題的剖析，可發現其背後都隱含著更根本的問題：第一點牽涉到以朱子（朱熹，字元晦，祀稱「先儒朱子」。1130～1200年）爲代表的理學如何轉到心學系統的問題。第二點則顯示了心學與理學的分別，不在工夫表象上的異同，而是在本體意義上的區別。如工夫皆可言靜，但心學走的是超越的逆覺體證一途，理學則重在收斂凝聚，使心保持平靜的狀態。第三點則是通過白沙與陽明思想的比較，不但可見出心學的兩路，亦可見到白沙對陽明後學的影響；釐清此影響，可助於解決陽明後學彼此的論爭。如龍溪與雙江（聶豹，

〔註6〕 之所以舉《明儒學案》，乃因梨洲所提出的問題，確實廣爲後人所討論。或可謂，目前研究者對白沙問題的探討，多半從梨洲所提出的問題作切入。又，這三點問題雖並列討論，但問題之所以引發，其原因不盡相同：第一點、第二點是順著梨洲的討論而引發出來的爭議，所以是後設問題，在梨洲或許並不認爲是個問題。第三點則是梨洲自己提出的疑問，而此疑問確實也爲近代學者試圖解答的問題。之所以併在一起，純粹爲說解方便。

〔註7〕 莫晉在〈重刻明儒學案序〉中謂黃宗羲此意，實以大宗屬姚江，而以崇仁爲啓明。見《明儒學案》（臺北：臺灣中華書局，1966年《四部備要》本），頁1～2。

〔註8〕 梨洲在〈崇仁學案〉案語末謂：「於戲！椎輪爲大輅之始，增冰爲積水所成，微康齋，烏得有後時之盛哉！」卷1，頁1。

〔註9〕 〈崇仁學案〉，卷1，頁1。

〔註10〕 〈崇仁學案二〉，卷2，頁22。

字文蔚，號雙江。1487～1563 年）的論辯：雙江喜以白沙語作為其理論依據，如引白沙「物物信他本來，何用爾手勞腳擾」一語，證明自己所謂體認未發前氣象方是堯舜相傳以來的正法眼藏。〔註 11〕而龍溪批評雙江亦謂「公平時篤信白沙子『靜中養出端倪』，與『把柄在手』之說，若舍了自然之良，別有所謂『端倪把柄』，非愚之所知也」〔註12〕。若能先確定白沙思想義理內涵，便能較清楚地釐定二人所論孰是孰非。而此三點亦可併為兩點：其一、其二是理學與心學的比較，第三點則為心學內部義理系統的發展。

　　思考至此，不禁自問：問題牽涉如此的廣，我該從何下手？細思前人研究成果，雖皆試圖通過這三方面的論述，以凸顯白沙內部義理系統，及其在思想史上的定位，但最後皆不免顯其支離、混漫。如白沙與康齋思想關係，固然皆肯定白沙是為心學，但卻又認為白沙既問學於康齋，康齋思想理當已隱含心學成分，因此試圖在康齋，或理學系統中勾勒出心學的影子。如陳榮捷先生從明初朱學不重形而上學的討論，言心強調理內在於心，工夫則趨向存養，以證明明初諸儒「實已預設了心學一派的崛起，且至陽明而造其極」，並謂此發展乃朱學本身演變及歷史因素的結果，非來自或受象山（陸九淵，字子靜，號存齋，學者稱「象山先生」。1139～1193 年）影響；畢竟，「終元之世，陸學影響力已告終結」。〔註13〕但問題是歷史意義的師生關係，在義理的承繼上未必一致。或可謂，義理的傳承不為時間所限，只單問自身理性之發有無通透。因此，後者思想的崛起，未必代表前者已隱含此意。又若太執持於白沙在心學思想史上的定位，就會試圖說明白沙心學意涵已同於或近於象山〔註 14〕，

〔註11〕　〈答戴伯常〉，《轟豹集》（南京：鳳凰出版社，2007 年），頁 324。
〔註12〕　〈致知議辯〉，《王畿集》，頁 138。
〔註13〕　如陳榮捷：〈早期明代之程朱學派〉，《朱學論集》（臺北：臺灣學生書局，1988 年），頁 331～344。錢穆固然認為「白沙途轍顯有轉嚮」，但對四庫提要謂康齋兼採朱陸之說，提出「朱學中自可有此一途，能學朱，自兼陸」，顯然亦認為朱學已含心學成分。（《中國學術思想史論叢》（七）（臺北：東大圖書公司，1993 年），頁 4～5）山井湧在〈經書與糟粕〉一文，亦指出「重視心，提倡心，這在朱熹本身也同樣，因而朱熹本身也有心學的因素」，只是到了明初，整個朱子學更傾向於心學現象。（《日本學者論中國哲學史》（臺北：駱駝出版社，1987 年），頁 405～426）而呂妙芬從明初諸儒，如康齋等重視實踐篤行、重視心體，提出明初朱學的發展實助長了心學的開展。（《胡居仁與陳獻章》，（臺北：文津，1996 年），頁 1～2、31～44）
〔註14〕　如容肇祖言白沙不以讀書為重，便謂此「有點近似象山」；白沙不注重書本，便謂此與象山與人「減擔子」同；白沙以靜坐作為「求之吾心」的方法，便謂此純是象山「學苟知本，六經皆我註腳」的見解等。但何以不重讀書、不

也試圖證明陽明在歷史上確實心嚮往白沙或學於白沙〔註15〕。但如前所謂，歷史文獻只能證明歷史之事，未必因白沙言及象山，便可證明白沙思想承自象山，而陽明稱讚白沙，亦未可證明陽明學得自白沙。且儘管同爲心學，因個人體悟的不同而有不同的心學表現，若不背離儒學本質意涵，似亦無可厚非，且益顯發每一個體生命的獨一無二。因此，若汲汲於搜尋歷史證據，以證明白沙在陸王橋樑上扮演重要地位，實無需如此，也不必如此。畢竟，此舉反而喪失了白沙自身思想的特點。若如此，我該從何處著手呢？審思前人論述方式，雖論白沙思想，但因皆想關涉上述三點問題，求多的結果，不免只顯平鋪的羅列比較。如白沙此語似象山，或謂白沙此語似濂溪等。但究竟白沙思想是什麼，卻未必具體呈顯。

　　思及此，筆者以爲雖環繞在白沙思想者有如此多的問題，但諸多問題的解決理當歸其本源，先問「白沙思想是什麼」。〔註16〕而這正是目前研究尚未釐定的部份。但在問此問題之前，又必須先思考的是：爲什麼要研究白沙？有沒有研究價值？研究了可以解決什麼樣的問題？在解決過程有無限制？對這些問題的回答，筆者順著上述三點說下提出一般皆可理解的貢獻：首先，研究白沙學可見出理學轉至心學的本質關鍵爲何；這也顯示了心學與理學根本的分判爲何。接著，順著這個判斷也可了解到，儘管理學與心學在工夫表現上或有雷同，但只要本體意義上的不同，就代表了彼此分屬於不同的義理

重書本，以靜坐爲工夫便同於象山，便謂其思想上承象山而得，顯然容肇祖於此未給出合理且明確的說明。(《明代思想史》(臺北：臺灣開明書局，1982年)，頁36～39)

〔註15〕如姜允明不論在單篇論文或專著，一再強調陽明比甘泉更能體會白沙義理內涵，並針對梨洲疑問，提出陽明至少提過白沙三次。另外，姜允明也提出幾點證明，如陽明幼時欲學聖賢，而當時只有白沙被公認爲聖人；陽明言「物理吾心，終判爲二」，與白沙「吾此心此理未有湊泊脗合」完全雷同，以證明陽明確實心嚮往白沙，且爲白沙學眞正衣缽傳人。見氏著：〈白沙與陽明〉(王曙星、楊偉雄主編：《陳白沙新論》(廣州：花城出版社，1995年)，頁280～289)、《王陽明與陳白沙》(臺北：五南，2007年)、《陳白沙其人其學》(臺北：洪葉文化，2003年)。

〔註16〕這個說法並不是要反對前人藉由比較方式來凸顯白沙思想上的意義，只是這個研究法的優點重在表現某一個特殊的義理觀點，因此若要整個說白沙思想是什麼，不免還有不足之處，且未能完整的見出白沙思想的用心與發展。當然也有通篇論文或思想史介紹白沙思想，但這些論述主要是以概念爲論述主軸，並由此鋪陳開來。如首章論自然，次章論自得，最後論靜坐，但自然、自得、靜坐關係爲何，爲什麼會有這些概念，它是怎麼建構出來的，似乎又說不清。如黃明同：《陳獻章評傳》(南京：南京大學出版社，2001年)。

系統。最後，通過白沙學研究的成功，日後即可與陽明、甘泉（湛若水，字元明，世稱甘泉先生。〔註17〕1466～1560年）作進一步地釐定、比較研究。前者不但可釐清陽明思想與白沙間的關係，亦可進而疏理陽明後學的論爭。後者，則可見到白沙學發展至甘泉走向爲何。但除此之外，白沙本身思想有無值得研究的？對此，筆者以爲單就白沙自身理論便能顯其義理的豐富性。白沙如何面對理學，再由理學轉至心學系統；此一轉折便顯實踐生命的精奧處。言工夫在靜坐，卻又有自然的體會，這是什麼樣的過程，是什麼樣的體悟；此一深入的探索，便可見其實踐生命的無窮義。蕺山說他「獨開門戶、超然不凡」，卻又批評他自得「似與古人之言自得異」，「終只是精魂作弄處」〔註18〕；此種既肯定其價值，卻又未解其說，便顯其理論之複雜性。光羅列此三點，實便足以引發一研究者之無窮好奇心。畢竟，是什麼樣的人、是什麼樣的思考，不論就其貢獻、影響，或單以其自身義理，便能使人有這麼大的聯想、這麼矛盾的評斷。若能具體的、清楚的表現其思想理路，何嘗不是一件值得探索的道路。而筆者便是秉持著這樣的好奇、這樣的信念，決定暫且排除其他諸多思想史上的糾葛，單直接面對白沙、追問白沙，以期眞能明確地建構出白沙內部的義理系統，眞能明白表示白沙的每一個概念皆非憑空想像而是眞有實義，且由此思想的呈顯，白沙能眞以其自己便顯其義理之獨特性、價值義。

但白沙思想果眞已達完整、成熟階段，足以單以其自己便顯其義理特點？抑或其所言諸概念，不過只是靈光乍現，只是嘉言而已？筆者在閱讀白沙文獻時，確實也帶著這質疑與困惑。畢竟，白沙文獻並不多，而且白沙也不重在論學、論辯，因此對其諸概念並不毫分釐清，多半只是如此說過。對此，古清美即曾明白表示，白沙「如同其師康齋，其集子大部分是詩，且無系統性的論著及對心性理氣的分說注解。他說的『靜坐』、『不著』、『惺惺』是方法，其宗旨『自然』、『養出端倪』、『自得』看來又全似無頭公案。」〔註19〕因此要從這些

〔註17〕湛若水，初名露，字民澤，避祖諱改名雨，後定名若水，字元明。

〔註18〕〈師說〉，《明儒學案》，頁12。蕺山對白沙的批評，不可不說對後世也造成某種觀點。如牟宗三謂白沙的「學宗自然」，雖白沙自言「若無孟子工夫，驟而語之以曾點見趣，一似說夢」，但事實上白沙本人並無眞正孟子工夫。《從陸象山到劉蕺山》（臺北：臺灣學生書局，2000年），頁286。

〔註19〕《明代理學論文集》（台北：大安出版社，1990年），頁36。另外，唐君毅亦指出白沙既重在自得，自然不避諱佛教語。又謂白沙無心於講學，且文章不多，主要在於「寄興于詩」。（《中國哲學原論・原教篇》，《唐君毅全集》卷十七（臺北：臺灣學生書局，2004年），頁358）

看似無頭公案中釐出白沙思想理緒，確實不免有其難處。若是，則吾人之勉強辯說不就多說了嗎？但筆者不願如此思之。筆者以爲每一個思想家在闡述其義理思想時，雖未必皆有意識地建構其義理內容，但其語言本身實已蘊含此意，況且中國哲人本來就是道德實踐者，重在發明人類實踐理性的智慧，而非思辨的建構其自身理論系統，因此如何要求他們必須條分縷析其每一言語的意義？而白沙誠如上所述，他確實對後人在實踐方面產生了一定的影響力，又他的思想特色，儘管是一批評者，也不得不讚賞白沙理論的獨特性。若如此，儘管他的文獻未能具體呈顯他每一概念上的意義，吾人亦理當盡其所能的將其內在意蘊充分展現出來；在儘量不背離文獻的考量下，以最大努力勾勒出其內部義理的發展。這當是目前研究者能爲前賢盡一分心力之處。

閱讀並解析白沙思想並不容易，更何況是要將白沙思想完整統一起來，並透過知識語言系統具體地呈顯出來。但我堅信愈是艱深的研究，愈值得吾人去探索。雖然，我無法確知此研究會帶來什麼樣的成果，但我自信此研究不但能讓自己更深入理解白沙思想，也能提供他人對於白沙思想研究有一新的研究觸角、新的詮釋觀點。

第二節　目前研究成果

目前研究白沙的專著不多，具代表性、權威性的著作尚未見得。〔註 20〕單篇論文甚豐。〔註 21〕但單篇論文的論述，多半有它的論述主題，所以只能

〔註20〕目前研究白沙專著有：陳郁夫：《江門學記——陳白沙及湛甘泉研究》（臺北：臺灣學生書局，1984 年）；簡又文：《白沙子研究》（香港：簡氏猛進書屋，1970年）；黃桂蘭：《白沙學說及其詩之研究》（臺北：文史哲出版社，1981 年）；姜允明：《陳白沙其人其學》、《王陽明與陳白沙》；呂妙芬：《胡居仁與陳獻章》；章沛《陳白沙哲學思想研究》（廣州：廣東人民出版社，1984 年）；黃明同《陳獻章評傳》；劉興邦《陳白沙心學價值審視》（長沙：湖南師範大學出版社，1999 年）；章繼光《陳白沙詩學論稿》（長沙：岳麓書社，1999 年）；苟小泉《陳白沙哲學研究》（北京：中華書局，2009 年）等。苟小泉的研究成果可稱得上是目前研究白沙思想最新的專著。在《陳白沙哲學研究・導言》，苟小泉統計了近 30 年來研究白沙的專著及論文數量，並指出「白沙是具有重要意義的哲學家，但學術界對他進行深入研究不足」（見氏著，頁 3）。筆者對他的說法甚爲認同。

〔註21〕除了散見於各各學術刊物，如《中央文哲研究集刊》、《中央研究院歷史語言研究所集刊》、《鵝湖月刊》、《中國文化月刊》、《嶺南學報》、《白沙學刊》等，還有將會議論文集結出版的，如王曙星、楊偉雄主編《陳白沙新論》（廣州：

見其點而未見其面。至於思想史部分，如勞思光先生〔註22〕、任繼愈先生〔註23〕、張立文先生〔註24〕等則未有專章或專節的論述。至於韋政通先生則將白沙附在陽明的論述中，作為對陽明思想發展的補充。〔註25〕宇野哲人先生則將白沙置於「明初之諸儒」一章中論述。〔註26〕其餘，如侯外廬先生等主編《宋明理學史》〔註27〕、馮達文先生、郭齊勇先生主編《新編中國哲學史》〔註28〕、容肇祖先生〔註29〕、馮友蘭先生〔註30〕、羅光先生〔註31〕、陳來先生〔註

花城出版社，1995 年），江門五邑炎黃文化研討會編《陳白沙與江門學派學術研討會論文集》（北京：中國文聯出版社，2001 年）等。大陸廣東江門五邑圖書館之網頁 http://wylib.jiangmen.gd.cn/jmhq/index.asp?classid=10&Nclassid=70（查詢於 2009 年 8 月 15 日），也有研究白沙思想相關論文的發表。另外，據黃明同的說法（《陳獻章評傳》，頁 260～263），50 年代以來，大陸學者曾針對白沙思想是否為唯心或唯物做過激烈的爭論。此可想見當時論文數量。只是筆者尚未見到相關資料，所以未能證實。但是，如果討論的議題只是膠著在是否為唯心或唯物，而未能真切考慮研究對象本身的義理性，這也可想見它的參考價值的多寡。

〔註22〕勞思光只在第五章「後期理論之興起與完成」的開頭說：「象山之後，陽明之前，思想傾向較接近象山的，只以白沙較為重要。」但又認為白沙與陽明並無真正傳承關係，且從甘泉與陽明辯論不休，就可以知道陽明之學非得自白沙。另外也提出，白沙之學以靜中開悟為主，這與陽明致良知之學，相去甚遠。《新編中國哲學史》（臺北：三民書局，1997 年），頁 379。

〔註23〕任繼愈主編：《中國哲學史》第三冊（北京：人民出版社，1997 年）。

〔註24〕張立文：《宋明理學研究》（北京：中國人民大學出版社，1985 年）。

〔註25〕韋政通提到白沙之所以轉向心學，乃因白沙屢試不第，因而對程朱理學不滿故。至於陽明與白沙的關係，他認為是因為白沙聲光不顯，因此年輕時代的陽明，「大概不知有其人」。但白沙死後，因陽明與白沙弟子交往甚繁，因此可說在陽明思想未定前，曾間接受白沙思想影響。《中國思想史》（上海：上海書店出版社，2004 年），頁 856～859。

〔註26〕宇野哲人主要論述可歸納兩點：一、白沙之學以虛為基本。二、白沙工夫主靜坐。並總結謂「雖然，其（白沙）言靜坐、惺惺、調息、定力云云，蓋來自禪學無疑。」《中國近世儒學史》（臺北：中國文化大學出版部，1982 年），頁 273～274。

〔註27〕《宋明理學史》（下）（北京：人民出版社，1997 年）。

〔註28〕馮達文、郭齊勇主編：《新編中國哲學史》（下冊）（北京：人民出版社，2004 年）。

〔註29〕容肇祖：《明代思想史》、《中國歷代思想史》（伍），明代卷（臺北：文津，1993 年）。在《明代思想史》一書，容肇祖強調白沙貢獻在於「將個人的思想由書本的束縛及古人的奴隸之下解放出來」，並認為白沙要人去認識此心、發現本體，本體一得，一切人生問題都解決了，是一種很玄妙的見解。（見該書，頁 34～44）。在《中國歷代思想史》明代卷，則重在說明白沙言心是承象山而來，且以「我」、「心」為核心，建立自己的哲學體系。（見該書，頁 117）

32〕、張學智先生〔註33〕、復旦大學哲學系編《中國古代哲學史》〔註34〕等著作，則多以專章或專節討論。另外，也可散見於研究明代或朱子、陽明等著作中。如陳榮捷先生《王陽明與禪》一書就有專章討論白沙──〈白沙之動的哲學與創作〉。以爲白沙之學有兩個要點，其一是主靜，另一則是主動。合二者言之，白沙思想是靜中創出動來。〔註35〕祝平次先生《朱子學與明初理學的發展》則以專節討論白沙思想，並標舉白沙「自得之學」。其中，他反對戢山謂白沙「在靜坐中以自然得之」一語，並認爲白沙自得之學是重在不求於外，自立自奮的自信；這是完全否認了個體完成自我時需要與外界發生任何關係──不管是朱子的格物窮理，還是康齋的以讀書收攝心氣。〔註36〕

　　筆者以爲，研究白沙思想不脫離三個議題：「靜中養出端倪」、「自得之學」、「以自然爲宗」，而目前研究者也多從這裡著手。〔註37〕又，這三個議題也確實包含了白沙學說宗旨、本體、工夫，因此也可以說已涵蓋了白沙整體思想意涵。只是關鍵就在研究者本身，如何通過這些議題的論述，使彼此概

〔註30〕 馮友蘭認爲白沙「其初所學爲朱學；其後所自得，則陸學也」，也主張陽明之學「雖亦自得，然亦必受此二人（即白沙與甘泉）之影響。」《中國哲學史（下）》，《三松堂全集》第三卷（鄭州：河南人民出版社，2000年），頁362～363。

〔註31〕 羅光：《中國哲學思想史》元明篇（臺北：臺灣學生書局，1981年）。以爲白沙思想基本上是象山思想，只是經過佛教禪宗的虛和靜去體驗象山心即理的主張。參該書，頁288～306。

〔註32〕 陳來：《宋明理學》（第二版）（上海：華東師範大學出版社，2004年）。

〔註33〕 張學智：《明代哲學史》（北京：北京大學出版社，2003年）。

〔註34〕 復旦大學哲學系中國哲學教研室編：《中國古代哲學史》（下）（上海：上海古籍出版社，2006年）此書首先指出白沙由靜坐悟得「自得之學」，並因此建立他自己一套思想學說。接著，針對靜中養出端倪之「端倪」二字，以爲此説頗爲費解，固然可理解爲道德意義上的善端，但亦不可否認有神祕體驗的一面。最後，以爲白沙「自然」可有三層含意：一指存在原理（宇宙萬物都是按照自然規律展開自身運動，一切自然變化與後天人力無關），一指爲學方法（基於第一層宇宙觀的含意，白沙進而提出「貴自然」的工夫論），一指精神境界（最後，崇尚此自然態度變成一種處世的哲學和精神境界）。參該書，頁663～668。

〔註35〕 《王陽明與禪》（臺北：臺灣學生書局，1984年），頁69～72。

〔註36〕 《朱子學與明初理學的發展》（臺北：臺灣學生，1994年），頁161、162。另外，也可參見於岡田武彥：《王陽明與明末儒學》（上海：上海古籍出版社，2000年）；古清美：〈明代朱子理學的演變〉、〈從曾點之樂到狂禪之風〉，《慧菴存稿一‧慧菴論學集》（臺北：大安出版社，2004年）等。

〔註37〕 目前最新研究專著當屬苟小泉《陳白沙哲學研究》一書。此書論述仍不脫傳統論述方式，仍從這幾個論題進行申論、辯析、考證。參氏著，導言，頁7。

念能在同一個理緒中呈顯其各自所代表的意義，並且在概念的界定上獲得普遍且合理的認同。觀目前研究成果，主要可從三個面向來切入討論：一、「以自然爲宗」來涵括白沙全部思想者；二、從白沙重視實踐主體，來凸顯白沙思想的意義；三、以思想進程方式，展示白沙義理內涵。但儘管區分三個面向，並不意味著每一個面向內的論述，彼此對概念的界定都有一致性，或共通性的看法；事實上，多半與此相反。因此，在論述的過程裡，不免仍要針對各自的論點再做分別的評論，並指出其說法的優缺點，以及筆者藉此所得到的啓發。以下論述之：

一、從白沙學術「以自然爲宗」作爲論述的主軸

對於白沙思想的理解，從「以自然爲宗」一詞作爲立論基礎者，當本於白沙自言其學以自然爲宗而來。以下討論將以簡又文先生等人作爲此類別之代表，並稍作評論，以見出此論述是否爲最恰當的詮釋方式：

簡又文先生以白沙「學宗自然」作爲他立論的主軸，並認爲「自然」不僅涵括白沙全部學說宗旨，同時也支配了白沙的詩文、行誼等各方面，可謂白沙整個生命都在「自然」一義裡。而這「自然」一義，簡又文先生謂即今所謂大自然，或自然界——包羅萬有，概括古今，即是整個的宇宙之自然而然的唯一眞實的存在，連人生與人倫也在其中。故從此自然，就其自然的本體，自有「理」在其中；此自然之理即今以科學之名稱之爲「自然律」。又從此自然之義，簡又文先生認爲白沙主張人理當直叩自然，認識此理；另一方面，此理非獨立自存於外物，亦非先天孤獨存在心中，而是存於與吾心「體認物理」之交感的經驗間。因此就這體認而言，也就是所謂的「自得」。既然爲學目的在於與自然合一，且方法指向在於直叩自然，簡又文先生提出白沙工夫是爲「致虛」與「習靜」。前者，主要在於除去障蔽；後者，則爲靜坐。除這些討論外，簡又文先生也論及「浩然自得」之意等等。〔註 38〕。觀簡先生一書對白沙思想的詮釋，確實都是叩緊著「自然」一詞立論，且值得注意的是，他所論的「自然」是「自然主義」的「自然」；此自然重在取消形而上、形而下的兩層區分，強調宇宙的自然眞體只是整個的、一元的。筆者以爲此意很能表現實踐之學本來就不爲思辨理性所限，因此理論分析到底終是要退

〔註 38〕《白沙子研究》，頁 60～192。

位給實踐之事;對實踐之學來說,這裡本來就沒有時空,沒有因果等範疇,只是一渾化、自然之不容已的體現其自己。但另一方面,簡先生所論的也有商榷的餘地。簡先生認為,「白沙的自然主義,絕非由心體自然出發而推論天道自然;其實,適得其反。他根本上先看見整個宇宙本體的現象是自然的,而全部人生亦包涵在其中」。如果白沙是先有一個天道自然的概念,再從人心去詮釋這個天道的內涵,基本上,這個「先在」容易落到時間序列的「先」;若是,人的絕對自發、自主是不可能的,實踐義的自然也是不可能的,更重要的是,也與簡先生所說的「自然主義」相矛盾。因此,儘管意識到自然的一切存在都是如此恰恰好,這恰恰好存在的理則也理當是從主體自己給出的;這裡不應當區分客觀的自然與主觀的人心的作用。

黃桂蘭先生雖然認為白沙一生為學最大效驗在於「自得」二字,但基本上對白沙思想的詮解仍從「自然」立論:「學以自然為宗,為白沙學說之中心,亦為其道學、行誼、詩文及整個生命之一貫宗旨」。而黃先生這個說法當本於白沙自言的「學以自然為宗」。黃先生認為,白沙言「自然」二字雖然近似道家,但就它的涵義當仍本於儒家的宇宙論的真諦。只是如何達至(契合)這自然之義?黃先生以為關鍵就在「隨處體認天理」一語。日用間隨處體認天理雖創自白沙,但實源自明道、延平;從明道、延平而得,因此白沙認為體認天理之機體唯有人心,由吾心直叩自然,心與物交感,而得心與理一貫;此即所謂心與理「湊泊」是也。但心何以能直叩自然?黃先生指出,白沙言心是可以認識此理的,也就是人心本體即是天理,欲體認天理唯有涵養心之本體。至於如何涵養,黃先生提出白沙工夫在於「致虛以立本」,以及「靜中養出端倪」。前者,指恢復其本體自然之虛心。後者,靜是工夫,端倪即指心之本體。〔註39〕統觀黃先生所論,筆者以為很能表現白沙言自然之意:理就在心中,心即理,工夫也只是涵養本心;通過心的涵養,使心與物交感而達心與理湊泊,而此即所謂「與天地同體」。且通過這樣的表述,白沙言心就不能視為只是體現一個人倫的世界,而是一個能生天生地,與天地萬物是一的大化流行之境。但細關黃先生所論,實仍有商榷之處。如隨處體認天理當本於甘泉所悟,非白沙。又,謂靜坐便能養心,養心便顯天理(心即理),便即是自然,便能與天地同體,如果未能先貞定住白沙言心是為道德本心義,而直以自然言心,且工夫也只是以虛、以靜來涵養,那麼如何確信白沙學說仍本於儒家實踐真諦?

〔註39〕《白沙學說及其詩之研究》,頁 16、25〜60。

　　黃明同先生運用「亦此亦彼」的研究方法指出，白沙創立了一種以本爲虛，以形爲實，實爲虛舍，虛寓於實，虛實參半的哲學體系，且提出了新的理論模式，有別於正統理學而另立門戶。黃先生的論述爲：首先，白沙的心學建基在他虛實參半的宇宙觀，因此對白沙心的體悟，必須通過道與物的關係方能掌握。接著，在黃先生一書八章的討論裡，關於白沙義理的論述主要見於第三章與第四章，且誠如黃先生所主張的，第三章爲第四章的理論基石。就第三章，黃先生將白沙的「以自然爲宗」，視爲白沙「承認世界的存在及其運動變化自身具有客觀性」。所謂「自然」，即指自然而然地存在和發展的物質性的自然世界。但黃先生也認爲白沙所說的「自然」與天理畫上等號，而天理又爲宋代理學家賦予道德屬性者。因此，對於白沙的「自然」，以爲必須以「多元內涵」視之。從第三章的基礎到第四章，黃先生認爲白沙除了承認客觀自然的存在，同時也提出心學法門，教人靜坐，以高揚人的主體精神，追求與道合一的境界。所謂靜坐，是一種認知方式，是一種手段，也就是通過靜坐，能由此對必然的掌握而達到自由；由心之靜而觀自然之動，靜中見動，以靜御動，這是白沙主靜的辯證論。但黃先生也批評白沙「靜中養出端倪」這一理路，實已誇大了心的作用，而忽略了「主體精神的發揮是在一定的外部環境下的發揮」，且認爲「任何的自由都是相對的，有條件的，受到一定的限制」，因而批評白沙於此又將其自己「以自然爲宗」的宇宙論顛倒了第一性與第二性的關係。〔註40〕觀黃先生的論述，筆者並不認同他所提出的「亦此亦彼」研究法。筆者以爲這不但不能凸顯白沙思想本質意涵，且使白沙諸概念彼此混淆：既以虛爲本，以形爲實，何以又謂虛實參半？以自然爲宗的宇宙觀，此自然是爲物質性的自然世界，這又與虛實參半的宇宙觀有何關聯；以虛爲本如何創生出物質世界？以爲白沙自然爲宗很能肯定物質世界，卻又認爲白沙靜坐誇大了心的作用，但又不想將白沙劃歸爲唯心或唯物，因而提出白沙有物質世界的實與精神力量的虛；這種各半的說法，黃先生又如何統歸於「以自然爲宗」這一個意涵中？顯然，在他的論述裡，只顯示了白沙思想的混雜與不合理性。

　　整體而觀，自然一詞或許可以說明白沙思想最後圓融階段的表現，但未必能涵括白沙全部的義理內涵。尤其工夫在靜坐，卻又強調自然工夫，或自然而然的境界，這便顯一矛盾；工夫境界既然只是一自然而然之流行，何須

〔註40〕〈前言〉，《陳獻章評傳》，頁 1、77～86、97～110。

白沙又執持於靜坐？顯然這裡就不能給出一個合理的解釋。又，若自然一詞從經驗現象來體會，顯然未能較好詮釋白沙重道德主體一面。且若直以自然來言心，則此心之意是否仍本於儒家道德實踐真諦，就未必能給出一個較明確而無爭議的答案。總而言之，儘管白沙言其學是以自然為宗，但從詮釋者角度立論，雖然從中也可發出新的詮釋觀點，但終究不是一個很好的立論方式。

二、從白沙重視實踐主體來凸顯白沙思想的意義

筆者以為，若從義理論述闡發白沙思想意蘊者，多半能發掘「自得」二字方為白沙思想中的精髓，且能由此肯定白沙重主體一面。以下將從唐君毅先生等人的說法以見此意，並評其說法之缺失與其值得參考處：〔註41〕

唐君毅先生對白沙義理型態的表述，是藉與象山、慈湖（楊簡，字敬仲。1141～1226 年）對照來顯其意。首先，唐先生表明白沙屬象山心學一途；上接象山，下開陽明之言心即理之學，而不同於程朱舊學。接著，針對白沙之學初由「捐耳目、去心智、浩歌長林、孤嘯絕島」，放下一切，從事靜坐而見到「吾心之體，隱然呈露，常若有物，日用間種種應酬，隨吾所欲，如馬之御銜勒」，指出白沙之學乃主「靜中以養出端倪」。「靜中以養出端倪」可表明兩意：一為工夫入路，另一則為對本體的體會。首先，唐先生針對白沙「端倪」之意指出，此端倪即「此心體之呈露而為自然之覺之端始」；端即孟子之四端，倪即

〔註41〕 另外還有鄭宗義：〈明儒陳白沙學思探微——兼釋心學言覺悟與自然之義〉（中央研究院中國文哲研究所，《中國文哲研究集刊》第十五期，1999 年 9 月）一文值得注意。見該文，頁 337～388。此文同本論文之企圖，直從牟宗三對儒家實踐本質處肯認白沙學是為儒家之心學義。但比較特別的是，他認為牟宗三所提出的超越逆覺體證是為「實法」，而非牟先生自己所說的只是「權說」，並由此推出白沙的靜坐是為超越的逆覺體證，且白沙主靜之靜在於凸顯本心的主體義以明其一切「動」用之所以可能的根據。基本上，對於鄭宗義的說法，筆者大致認同，只是筆者仍認為牟先生謂超越逆覺只是「權說」當為確然。畢竟對白沙而言，他的工夫也不只是停留在靜坐，且其用心也不膠著於是否靜坐，端旨在發明本心而已；誠如白沙自己的體會，道是無分於動靜的。若是，靜坐自然只是權說。最後，鄭宗義認為白沙自然之說，若從立教言「不可謂之無偏」。但筆者以為若能肯認一自由無限心，則工夫從靜坐進到道無分動靜，這當只是一理之當然的發展。且若真見得本體，這種說法又有何偏頗；若否，何種工夫當都不中的。又鄭宗義雖謂白沙晚年以自然為宗，但因只是行文如此說過，未必真意識到從白沙為學經歷來展示白沙思想意涵，因此便從其重白沙道德主體說法，將其說置於這一個分類處。

莊子之天倪，謂由靜虛之極，而四端之心見，孟子之「萬物皆備於我」之意亦見。故此心體之覺，不同於伊川朱子之心之知，乃以理為所對，也不同於謝上蔡之覺，只剋就生命痛癢相關之感上言，乃同於象山「宇宙即吾心，吾心即宇宙」、「才一警策，便與天地相似」之意。但唐先生進一步指出，就白沙言覺重在「由此覺以涵蓋天地萬物之變化，而順應其變化，以與俱無窮」，實更能契合慈湖的觀玩「己易」之旨。但另一方面，唐先生又認為若從「有此覺，以與天地萬物之變化無窮之意」觀之，白沙此意也含「以己之生生之幾，與萬物之生生之幾，自然應會，以俱生俱化之旨」，有類明道之言觀萬物生意之趣。接著，唐先生指出，雖然白沙對端倪的體會與慈湖相契合，但慈湖言心只說到「觀玩天地之變化，視皆我之所為，以自玩味其心量之大」，未如白沙更收攝在虛靜之中，「以虛為基本，以靜為門戶」。因此乃舉羅念菴言白沙致虛靜之說為千古獨見，以為「此義固白沙之基本也」。〔註42〕觀唐先生的論述，筆者以為有兩點關鍵值得重視：其一、點出白沙學「唯重自得」的特點，強調道德主體方是為學根本要義；「自得之學，固無妨用他人言語，更無顧忌」。其二、能發掘白沙義理本質雖同於象山、陽明，是為心即理義，但也能從工夫路數的不同，點出白沙學的特色。前者，筆者在研究白沙過程中，確實也發現白沙甚重道德主體在實踐中的意義，而筆者也在本論文的論述裡以此作為論述的主軸。後者，唐先生以致虛靜作為白沙異於陸王思想的特色，而這確實很能顯發白沙義理的獨到性。而筆者在本論文中對這問題，也有針對象山工夫與白沙作一比較。但唐先生的論述方式，筆者以為還是有可以討論的空間。唐先生謂白沙為學之初，「由『捐耳目、去心智、浩歌長林、孤嘯絕島』，放下一切，從事靜坐，而見到『吾心之體，……如馬之御銜勒』」，並歸結白沙學主「靜中以養出端倪」。但觀「捐耳目」諸語，乃東所（張詡，字廷實，號東所。1455～1514 年）強調白沙在靜坐未之有得，而改採的另一個工夫修養方式〔註43〕，並非如唐先生以為此便是靜坐工夫（或為靜坐工夫的準備階段，亦即放下一切）。且從唐先生的說法，白沙「自然」之意已融入在靜坐見體的內涵中，若是，則自然不過只是靜坐後的體現。但白沙果真此意？筆者以為

〔註42〕《中國哲學原論・原性篇》，《唐君毅全集》卷十三（臺北：臺灣學生書局，1991 年），頁 447～448。《中國哲學原論・原教篇》，《唐君毅全集》卷十七，頁 356～358。

〔註43〕參〈白沙先生墓表〉，《陳獻章集》（北京：中華書局，2008 年），附錄二，頁 883。

未然。畢竟從東所、甘泉的論述裡〔註44〕，靜坐只是白沙爲學的一個階段，而這個階段未能包含「自然」所呈顯的義理。關於此，見本論文論述亦可知。

古清美先生對白沙思想的闡發，乃從白沙「吾此心與此理未有湊泊脗合處」一語入，並認爲這是白沙思想最關鍵、最核心的問題。且從這個問題延伸，所謂靜坐便是爲了解決心如何湊泊脗合此理的工夫；白沙靜坐並非空諸心思去求一空無內容的悟，而是將一個作爲客觀外在認知對象的「理」，轉成存之於內、操之在我的本心呈露，而天道、天理便是此心的頭緒、來歷、源委，而所謂「靜中養出端倪」，此「端倪」也就是「本心呈露」之意。又對此心，古先生強調此心是在「不著一物」、「在無物處」、「致虛」的涵養方法下而爲潔淨開闊，不囿於念慮私欲、成見，濂溪講「主靜」、「無欲」，明道講「內外兩忘」，橫渠溝「大其心，可以體天下之物」，又何曾相違；也唯有如此一心，性、理才能在此處完全不被扭曲地眞實呈現；故呈露之後，「終日乾乾，只是收拾此而已，此理干涉至大，無內外，無終始。……無一處不到……往古來今，四方上下都一齊穿紐、一齊收拾，隨時隨處無不是這個充塞。……此理包羅上下，貫徹始終……自茲已往，更有分殊處，合要體會，毫分縷析，義理儘無窮、工夫儘無窮。」最後，古先生強調白沙學是爲「自得」之學；以心作把柄，強調學者當返回自心，消融此理而呈顯於此心，以爲此方是立大本、應萬事。〔註45〕古先生同唐君毅先生，皆從白沙重道德主體一面來體會白沙思想意蘊，只是在對心、理關係的說解上，古先生說法略顯曲折，未如唐先生直下肯定白沙言心即是天理之全幅內涵，是一切生生化化之妙。理由何在？古先生謂白沙靜坐是「將一個作爲客觀外在認知對象的『理』，轉成存之於內、操之在我的本心呈露，而天道、天理便是此心的頭緒、來歷、源委」。筆者以爲，白沙靜坐便只是悟得一自由無限心，此心便即是天理之給出者，無所謂先將外在的理內化、消融，然後才得心與理爲一。畢竟，若如古先生所言，此先在「作爲客觀外在認知對象的理」又從何而來？心又如何即是理？觀古先生前後言，古先生用心或在於強調白沙言理，實與朱學講「一事一物，分辨區處之物理是其『分殊處合要體會』」，只是先後不同，基本上

〔註44〕 參東所：〈白沙先生墓表〉、〈白沙先生行狀〉；甘泉：〈白沙先生改葬墓碑銘〉。《陳獻章集》，附錄二，頁879～880、883～885。

〔註45〕 《明代理學論文集》，頁32～35。

其規模、來源與理學不異。〔註46〕若是，古先生對白沙重「自得」，強調以心作主、以心爲把柄，不免在義理上又相對減殺，且削弱了白沙重視道德主體即是天理之意蘊。故古先生說法，未若唐先生之明白易曉。

　　鍾彩鈞先生的〈陳白沙的自得與自然之學〉一文雖然提及東所〈白沙先生行狀〉，並且據此說法提出白沙之學當經歷三變：由讀書至靜坐，而至動靜一如。但就其行文，似乎不認同此說，甚至認爲東所、甘泉所認爲的白沙靜坐只是階段性任務，實「是一種誤解」。鍾先生認爲靜坐在白沙不但是初學，且也是常行工夫；靜坐的操作可以更活潑，以達於無時不靜、自然之靜的目標。而白沙將這個靜坐安排在大自然中，便是認爲靜坐須入於自然的契機。從對白沙靜坐工夫的肯定，鍾先生進而申論白沙自得之意，以爲「倫理道德固然是白沙學問的起點，但自得才是白沙學問的終點」，而所謂自得，也就是「覺悟心體之謂也」；「覺悟到心體的獨立與完全，心體不是日用應酬中的物理聖訓所塑造的，反而是這些物理聖訓的源頭」，「自得固然不違背，乃至於帶來倫理道德的結果，但自得本身即是目的，這是白沙之學的特色」。另一方面，鍾先生也從白沙靜坐而言「自然」，以爲白沙工夫確實包含自然一義，強調本心之如如呈現、勿忘勿助，但鍾先生也認爲，白沙另一方面是從「大自然」一義來理解「自然」。前者，以自然爲工夫，亦即從靜坐可以更活潑而表現無時不靜、自然之靜而言。後者，則重在說明當人靜坐悟得心體後，自然可以見到大自然的生機盎然之自然義言。〔註47〕對此，筆者以爲鍾先生取消了白沙爲學經歷三變的可能，並將自然融在靜坐工夫，以及融在自得之體會處，固然高舉了白沙重主體一面，且強化了靜坐在白沙工夫論中的意義，但另一方面不免也減殺了白沙「以自然爲宗」的用心。再者，鍾先生雖謂白沙自得在於得此心體，且此體是能創造法則，是爲一創生性概念；此心體自身是純能力，無任何內容，因此不是性體。但另一方面卻又從存在主義來理解此心體——「其心體之悟是超越倫理道德的，可以說接近存在主義的立場」。筆者以爲前說當是從康德意志之自我立法之立法性言，亦即肯定白沙心體是一創生性原則，是可以給出天理之內涵者；此是實踐道德之事。後者，存在主義所關注的不在於道德問題，只在於人自身此一存在當如何存在之思維，

〔註46〕《明代理學論文集》，頁35。

〔註47〕鍾彩鈞、楊晉龍主編：《明清文學與思想中之主體意識與社會・學術思想篇》（臺北：中研院文哲所，2004年），頁56～89。

此是對機械文明的反省，對戰爭無情所產生的不安的探索，因此其所面對的
課題旨在如何挽回人類本有的自由，恢復人類獨特的存在狀態。〔註48〕若是，
儘管鍾先生強調白沙近於存在主義，但其體現仍不礙道德表現，但筆者以為
這說法仍是有商榷的空間，且對白沙而言，他所關心的當只在前者；從前者
體現人的絕對自由，而這絕對自由從道德來展現。依此，鍾先生將白沙自得
視為白沙學整個學問重心，就這點而言是很值得重視的，但就對本體的體會
來說，筆者以為仍守著白沙重道德實踐這一方面的用心或許較為肯切。另外，
從鍾先生否定白沙為學進程的說法，因而減殺了自然在白沙學的意義，實反
而更凸顯了白沙為學經歷須被重視的一面。

　　另外，朱鴻林先生的〈陳白沙的出處經驗與道德思考〉一文，則從白沙
的出處經驗來體現白沙個人的主體意識與道德思維。朱先生認為明代心學思
想史特點在於以個人瞭解自我和關心自我，而白沙無疑是一代明儒中研求和
肯定人的主體意義的早期最著名的代表。朱先生謂，白沙「學宗自然，而要
歸於自得」，這種學術思想是有強調人的主體價值與行動自主性的邏輯涵義——
——我身主於我心的觀念。將物我的相對重要性，論說為「我大而物小，物盡
而我無窮」，則是將個人的此心、此身提到一個極崇高的地位。由此主體意識
與道德思維，朱先生進而從白沙出處經驗與其言論主張中得出，白沙出處強
調「時」與「義」的判斷，正與其道德思考重視個人主體意識相一致。〔註49〕
筆者以為朱先生論說有別於一般直從義理上發掘白沙重主體一面，乃從白沙
出處經驗與判斷中肯認白沙確實重主體，此論述方式確實有其參考價值，且
足以呼應上述諸說從白沙重視實踐主體來凸顯白沙思想的意義。

　　總地說來，白沙重道德主體，高舉「自得」二字，從這些論述中已見其梗
概，且確實能表現白沙思想最重要的特點。但仍可進一步討論的是，不論是注
意到白沙為學經歷的三變或沒有注意到的，因都未能循此思想發展軌跡而闡明
白沙義理內涵，致使在對白沙自然、靜坐等理解，不免多少失之偏頗。如將自
然視為靜坐後的體現，或只是將它視為靜坐工夫的一環。因此，筆者在本論文
的論述裡，將具體地從白沙為學經歷來展示白沙思想諸概念，並借這些前賢已
有的論述，深化白沙為學確實以「自得」二字貫穿其全幅思想之意義。

〔註48〕松浪信三郎著，梁祥美譯：《存在主義》（臺北：志文出版社，1995 年），〈譯
　　　　者序言〉，頁 1～3。
〔註49〕《明清文學與思想中之主體意識與社會‧學術思想篇》，頁 12～53。

三、以思想進程方式表現白沙思想的特點

在論述上，關注到白沙思想是有進程的，有侯外廬先生等主編的《宋明理學史》、張學智先生的《明代哲學史》、馮達文先生、郭齊勇先生主編的《新編中國哲學史》。以下分別概述其論述內容，並作評論：〔註50〕

侯外廬先生等主編的《宋明理學史》，是以專章方式論白沙江門心學。第一節「陳獻章的生平及其心學產生的學術背景」中提及，「(白沙) 半年後歸家，閉門讀書；又築春陽台，靜坐其中，數年不出戶外。正是於此期間，陳獻章的思想發生了一種轉機，即由讀書窮理而轉向求之本心，他提出『唯在靜坐，久之然後見吾心之體』的修養方式，開始顯示了異於朱學的心學思想風貌」。在論及白沙五十六歲赴京而歸之事，又謂「此期間，陳獻章的思想風貌又有所變化，即他非唯靜坐室中，而是逍遙於自然，『或浩歌長林，或孤嘯絕島，或弄艇投竿於溪涯海曲』，領略山水風光，養浩然自得之性，標立『以自然爲宗』的爲學宗旨；主張不離日用，於時事出處中即現『本心』，標立『天地我立，萬化我出，宇宙在我』的世界觀。這些都表明陳獻章的心學思想體系已臻完成，其規模也較初期爲開闊。」顯然，此書認爲白沙爲學是有兩次關鍵的轉折。前一次從朱學轉爲心學，是本質的轉變；後一次從靜坐到不離日用來體現本心，則是對本體體悟的深化。筆者以爲，此書對白沙思想兩次的轉變頗能掌握，且與東所記載的白沙爲學經歷有其一致性，因此很具參考價值。第二節、第三節、第四節則是此書對白沙內部義理的申論。對這些申論內容，筆者便不甚認同。在第二節，此書以層層推進方式展示白沙心學意涵：首先，以爲白沙重氣。接著，又謂白沙言氣如朱子，只是形而下者，理才是根本。然後，又指出白沙言理不同於朱子。朱子的理「是獨立於萬物之先的某種絕對的存在」，而白沙的理則是從心來規定，以爲「萬理、萬物、萬事，歸根到底都是我心的產物」。最後，與象山言心做比較。象山言心，除了

〔註50〕陳郁夫雖然沒有明確表明其論述是依白沙爲學進程而論，但就其針對東所〈行狀〉、甘泉〈墓表〉等文，指出二人謂白沙入道非得力於靜坐是不對的，又認爲白沙靜中養出端倪，此端倪即虛明靜一之心，且以「自得」來確定其學本於儒學之正，最後並歸結在「自然」：白沙在勿忘勿助之間，絲毫不假人力，讓天理從胸中流出，而沛乎宇宙，此便是白沙自然之學。顯然，在論述表現上已表現了白沙爲學是有進程的，且此進程是以道德心體之體悟爲依歸。但因這樣的表述方式，只是筆者就陳郁夫的行文內容作出的推論，未必陳郁夫確實有此意，且觀陳郁夫的論述標題，也未表示此意。故於此說明。《江門學記》，頁 7～32。

它的知覺能力外，還特別強調它的倫理本性，而白沙則重在心的知覺作用是決定萬事萬物的樞紐，至於倫理色彩則相對薄弱。又謂，白沙之所以如此，乃因受佛教影響，但又強調儘管如此，白沙仍能守住儒家宗旨，以成聖為目標。第三節承第二節對心體的體會，以為白沙為學最終是「以自然為宗」。「自然」，指萬事萬物樸素的、無著任何外力痕跡的、本然的存在狀態；「以自然為宗」，則指一種無異同、得失、生死，即無任何負累的、本然的絕對自由自在的精神狀態；以自然為宗或浩然自得不是為了崇高目的而置生死得失於度外的道德境界，而是指達到泯生死得失界限的一種心理狀態。這種狀態當然不是踐履道德的結果，只能是充份擴充主觀自我的結果。此書認為經此一對比，益見出白沙言心確實與象山重倫常不同，且此種近禪思想是為宋明理學對儒學心理描述的一種貢獻。在第四節則是提出如何達致此自然境界的方法。此方法有二：以靜求心，以我觀書。前者，此書指出因此心不僅是一種可感覺的、具體的生理實體，而且是具有神祕作用的宇宙本體，它無法通過理性的邏輯的方法來認識，只能通過非邏輯的、內省的方法來覺悟。故若要求得此心唯有以內省的體驗方式以靜求心，此亦即「靜中養出端倪」；端倪，指某種本然的，善惡喜怒未形的精神狀態。後者，以為白沙不反對讀書，只是如象山般，主張以我觀書。〔註51〕筆者以為，此書首節雖能點出白沙的為學進程，但在義理闡發上卻未能與之作一個比較好的連結，甚為可惜，也因而在論述上不免有前後矛盾的問題。畢竟，第一節既認為白沙靜坐只是第二階段工夫，且有別於最後逍遙於自然，以「以自然為宗」的體悟，但在義理論述過程，卻又指出若要達致此自然之境，其中一個工夫就是以靜求心。再者，此書固然通貫表現白沙重心的特點，且從心言自然，從工夫體現此心體義，但筆者以為，此書只見到白沙言心之絕對自由義，而忽略此自由無限心乃是道德創生之實體，致使其落在既謂白沙言心無象山之倫理學意涵，且受佛教影響，另一方面卻又要強調白沙以成聖為目標，因此仍屬儒家，此種外緣的判斷上。且就其所闡發的白沙心體義，其端倪只是「某種本然的，善惡喜怒未形的精神狀態」，心體推至究竟工夫亦只是充分的擴充主觀自我的結果，此不免讓人以為白沙言心只是一主觀意義的自由，而無客觀義。故筆者以為，此書對於白沙言心體，從心體言的自然，在義理闡發上仍不夠充盡、完備。

〔註51〕《宋明理學史》，頁151、154～169。

　　張學智先生首先指出白沙為學用力處，只是「自得」二字；白沙以自得之學，上承象山，下開陽明，是程朱理學向心學過度的轉折點。接著，從白沙的悟、白沙工夫的轉變，來體現白沙思想的意蘊。第一次的悟，是從康齋學的未得，轉而捨繁求簡，從靜中養出端倪。張先生強調，這次的悟使白沙學問發生了根本的轉折。第二次的悟，則從端倪的擴充進而悟得心中之理與宇宙萬物本來只是自自然然、好似本來如此之境界，而工夫也只是義理融液、操存洒落。在此，張先生特別強調，靜坐只是白沙思想的關鍵、起始，絕非學問的全部。基本上，單就白沙思想進程觀之，張先生說法同上區分，而此當可成為論述白沙思想的一種方式。但就對白沙重主體這一特點，張先生確實比前說（即指侯外廬先生等主編的《宋明理學史》一書）更能抓住這一義理的精髓，亦即「自得」二字，且能以「自得之學」來稱謂白沙思想，並以之為白沙在學術史上的意義。但除對這些說法的肯定外，筆者認為張先生對白沙本體的說解仍是有商榷的地方。張先生謂白沙「靜中養出端倪」：「此端倪實際上是善良意志與能夠統御和指導具體行為的原則的合一。這種合一的初級形態是朦朧的，易消逝的，所以稱為端倪。」但何謂善良意志？是根於吾人內在固有的道德理性嗎？張先生並未具體說明。又，所謂善良意志與原則的合一。此原則是指純粹根於善良意志，是意志之自我立法嗎？顯然，張先生也未能清楚說明。若從他後文所述，「端倪中善良意志是天賦的，統御和指導具體行為的原則是平時體驗所得以一種凝聚的狀態、神秘的狀態呈現在心中」、「『擴充』，則是把當下的、具體時空中得到的體驗、道理歸併到無時空限制、時時呈露的意志、趨向中去，使之成為後者內在的蘊含」，或可謂張先生所說的「意志」一詞，乃指道德理性，即吾人內在固有之道德心體。但此心體據張先生的表述，卻是未能直接給出道德法則者，乃是必須通過感性經驗，將這些內容轉化為心體意蘊，而成為心體內容的一部分。〔註52〕筆者以為，張先生雖然很能表現他在義理解析上的用心，但仍混淆了兩層存有論的區分。就現象界說，人對經驗現象的理解固然不離時空，且為時空所限，但就智思界說，從實踐理性而言，固然不離經驗現象，但絕非即是經驗現象物，且不為經驗現象所限。簡單地說，心體固然不容已地必然要求實現在吾人生命中，使吾人生命得以轉化並體現絕對價值意涵，但這不代表此不容已之要求自身已含著經驗物。就此不容已之要求而言，只是一理當如此，而此

〔註52〕《明代哲學史》，頁39～52。

便是道德法則；此中絕無夾雜一點感性經驗成分在其中，否則便不是絕對的、普遍的天理自身。因此，張先生對本體的體會，以為須從經驗而得，且須通過工夫將這些已獲得的經驗消融、洒落一番，才進而歸併到心中，與心合一起來的說法，實是對本體錯誤的了解。

相較於前兩書只是在行文中表示白沙為學是有進程的，馮達文先生、郭齊勇先生主編的《新編中國哲學史》則明確指出白沙思想是有三個層次的發展，並以「自得」一詞貫穿白沙一生的進學階段，以為「自得」是白沙學說最後的歸宿。此書對白沙為學三階段的區分，基本上同於上兩書，並無顯著差異。唯一較為不同的是，此書視「自然」為白沙靜坐有得的內容，也就是心與理一的心理狀態；此狀態強調一切都只是自然而然、不待安排。且又謂白沙思想必須到晚期，也就是經過二十餘年的努力，才大悟到廣大高明實不離乎日用，也才接近道德實踐中的得。〔註53〕若是，靜坐階段所得之自然，豈無道德實踐之意？因此書並未對諸概念作細部義理闡發，故難以確定其意。但至少從此書對白沙思想進程的確定，且以「自得」一詞貫穿其中，筆者以為尚有值得注意的地方。

總地說來，注意到白沙思想是有進程的，這一部份至少有助於釐清諸概念在義理發展中所居的地位，且若能確定其時間順序，也能避免概念與概念間的混淆。但甚為可惜的是，這些論述雖能點出白沙思想進程這一特點，但都未能與其義理論述作一相互的闡發，致使雖能提出這樣有意義的看法，卻未能充盡的闡明這個特點在白沙學中的價值。又，筆者以為諸書對於白沙義理的闡發仍不夠明確，且未能清楚了解道德實踐雖不離經驗，但絕非經驗物，也不為經驗物所限的道理，因而仍混淆了此二層的區分。因此，筆者以為實有必要在這些立論基礎上，作更進一步的義理闡發工作。另外，諸書雖然能點出白沙思想是有進程的，但何以作如此區分，在說解上仍過於籠統，因此筆者將依照相關文獻作細部的論述，以證明白沙思想進程確實理當如此區分。

又除此三個面向的討論方式，還有一種論述是平鋪直敘，只是將白沙諸概念平列論之，如陳來先生等：〔註54〕

〔註53〕《新編中國哲學史》（下冊），頁118～122。
〔註54〕還有，復旦大學哲學系中國哲學教研室編《中國古代哲學史》一書。此書對白沙論述主要也是從「靜中養出端倪」與「以自然為宗」這兩個理論做論述，但對於這兩者關係如何，何以白沙要提出這兩個理論，卻都沒有做進一步的申論。參該書，頁663～668。

　　陳來先生以爲白沙築春陽臺日靜坐其中，最後終於有所悟，且從此建立他自己一套思想體系。〔註55〕但觀陳來先生論述，則以爲白沙思想可從兩方面立論：一爲靜坐見心體，另一則爲「以自然爲宗」。前者，陳先生強調這是白沙學問的特色，且可以上推伊洛傳統。至於靜坐所體驗的心體、端倪，陳先生指出這除了有神祕體驗的一面外，還具有倫理意義的善端。最後，陳先生總結白沙此心學義，謂白沙雖沒有提出或論證心即理，但顯然已將己之爲學工夫心學化，且稍後的陽明便是沿著這個方向，進一步發展了心學的基本思想。後者，陳先生認爲白沙之所以爲明代心學先驅，不但是因爲他徹底的走反求內心路線，而且還表現出一種超道德境界的追求。此精神境界的特點即是樂或洒落或自然。其中，自然還兼有達到此種境界的工夫意義；使心不滯在一處，此方法便是自然，而達到此境界便是自然。觀陳先生的論述，雖然都點到白沙思想的特點，但對於白沙「靜坐見心體」與「自然爲宗」彼此有何關連，卻未做進一步的闡述。但暫且不論陳先生論述的方式，筆者以爲就陳先生的論述裡，吾人還是有所得。如以自然爲工夫，且同時是境界之說，便值得吾人重視。畢竟白沙工夫說到底，終只是自然而然的體現，而此體現同時即是境界，因此陳先生以白沙言自然爲一工夫境界義，確實值得注意。

　　但總地來說，陳說只是平鋪方式的論述，終究只能幫助吾人對白沙諸概念有進一步的了解，除此之外，便無更具體的義理闡發上的助益，因此對於這樣的論述方式，筆者並不予以參考。

　　最後，統觀前人的研究成果，且在諸多研究基礎上，筆者從中反省，並提出兩點作爲本論文的基調：一、白沙思想之全幅意蘊端在「自得」二字；重視道德主體在實踐上的意義。二、白沙思想是有進程的，且這個進程隨著對本體體悟的根本扭轉、深化，工夫也隨之改變。因此，從工夫的偏重，就可以見出白沙對本體體會的不同；從對本體體悟的層層深進，也可見出每一個工夫的轉變在每一過程中所代表的意義。因此可謂工夫與本體在白沙思想的發展中是一體呈顯的。

第三節　研究方法

　　何謂「研究方法」？徐復觀先生曾謂：「方法是研究者向研究對象所提出

〔註55〕《宋明理學》（第二版），頁190～197。

的要求，及研究對象向研究者所呈現的答覆，綜合在一起的一種處理過程。」若是，吾人只需追問研究對象，並從他的著作結構探得他的思想結構即可。但事實上卻不盡如此。徐先生指出：

> 西方哲學家著作的展開，也就是他們思想的展開；這便使得讀者易
> 於把握。但中國的思想家很少是意識的以有組織的文章結構來表達
> 他們思想的結構，而常是把他們的中心論點分散在許多文字單元中
> 去；同時，在同一篇文字中又常關涉到許多觀念、許多問題。即使
> 在一篇文章或一段語錄中，是專談某一觀念某一問題；但也常只談
> 到某一觀念、某一問題對某一特定的人或事所須要說明的某一側
> 面，而很少下一種抽象的可以概括全般的定義或界說。

因此徐先生認為，如果不能找到梨洲所說的學者的「宗旨」，那麼那些材料依然是無頭無尾的東西。但何以中國思想家如此表現他的思想？徐先生認為，那是因為中國思想家思想的建立，是從他個人的生活體驗，經過層層的反省與提煉而將其說出，並由此顯出合於邏輯的結構。這也可以說是「事實眞理」與「理論眞理」的一致點、結合點。但這種結構，是以一種潛存的狀態而存在。若是，面對中國思想家這樣的特點，筆者以爲唯有如徐先生所謂「把這種潛存著的結構如實的呈現出來」，方能眞切呈顯中國思想家之義理內涵。〔註56〕

但如何才能眞正的將中國思想家這種潛存的結構如實呈現？觀徐先生上述的說法，實已提供了三個切入點作爲研究的路徑：一、研究主題必須明確；二、在文獻擇取方面必須有理路；三、必須掌握理論核心概念。就第一點，徐先生謂研究方法是指「研究者向研究對象所提出的要求，及研究對象向研究者所呈現的答覆，綜合在一起的一種處理過程」，而筆者本論文研究目的只單追問白沙思想爲何，故可謂「專家研究法」。第二點，徐先生認爲，中國思想家的思想只是以一種潛存的狀態，散見於他諸多的文獻中。筆者認爲既然前人研究白沙思想已有一定的基礎，筆者實可憑藉此基礎，以白沙基本義理脈絡作爲主要文獻考核的判斷依據，這樣就可避免茫茫追索於片段枝節的文字。第三點，徐先生認爲中國思想家若無梨洲所說的「宗旨」將其全部思想貫穿起來，不免只是無頭無尾的東西（材料）。對此，筆者以爲若能探得思想家最核心的思想概念，這樣在理解上便不會左右搖擺。而對白沙研究而言，

〔註56〕 參氏著：〈研究中國思想史的方法與態度問題〉代序，《中國思想史論集》（臺北：臺灣學生書局，2002 年），頁 1～3。

最重要的問題當是探得其思想本質為何。若是，以下將就這三個研究路徑再作進一步地說解以明此意：

首先，本文採「專家研究法」論證白沙思想意涵，理由在於回顧前人研究成果的最大問題，正因多試圖從思想史角度證明白沙思想的價值與定位，但最後都不免因問題關涉過多而導致論述失敗。其原因可能有二：其一，白沙本人並不重視義理的闡發，雖然詩作極多，但詩本身特點就在它的不確定性上，又如何通過這些詩作呈顯出白沙思想的意蘊？其二，白沙站在一個思想的轉折處，其義理必有承繼與創新的部分。若未能釐清這些觀念，便汲汲與其他思想家做比較，最後不免在論述上顯得支離與混漫。有鑑於此，筆者以為解決此問題最佳方式，便是回頭單就白沙思想部分，好好的釐清與辨析。先確定其義理後，待日後再做進一步的相關比較研究，這樣或許能有比較好的成果表現。

至於文獻的使用與論述方式，由於筆者希望通過白沙思想進程的方式呈顯白沙內部義理內涵，因此原則上主要依據確定寫作時間的文獻作為梳理對象，其餘則參酌引用。但倘若遇到重要文獻，然其寫作時間卻尚未明確，筆者則將依其文意判斷。其理由在於，思想發展若是「一根同質之發展」〔註57〕，則在本質意涵上當有其一致性：前期可能已蘊含後期的思想，後期思想亦承前期而來。因此，若無確切寫作時間，而暫以義理來做分期判斷，理應非獨斷作為，且若他日證得該文獻時間序，或亦更能證明此二期在義理上本為「一根同質之發展」之意義。又白沙詩固然佔其著作大半，但誠如筆者所說，詩本身有有其自身特點，未若書信、論、記等來得明確。〔註58〕因此，本文論述主要採書信、論、記作為研究素材，詩則酌予引用。

最後，筆者欲說明的是，對白沙思想的討論，固然可以牽涉到極廣的問題，如與敬齋、陽明思想的比較，與佛老的關係等，但筆者於此暫不深入論

〔註57〕這個概念是參考蔡仁厚說法而來——「（陽明）後三變則是一根同質的發展，是同一個系統的圓熟完成，在工夫上雖有困勉與純熟之別，在義理骨幹上則並沒有什麼改變」；重在說明義理本質並沒有差別。蔡仁厚：《王陽明哲學》（臺北：三民書局，2007 年），頁 11。

〔註58〕苟小泉亦指出，白沙詩數量雖豐，但富有哲學思想詩作卻很少。且苟小泉引古人語「詩無達詁」表示，儘管能確定白沙某一詩作具深刻思想，但能否一定可以將白沙原本思想揭示，這便是個疑問。但儘管苟小泉如此言說，實亦不廢詩作在詮釋白沙義理中的價值。氏著：〈導論〉，《陳白沙哲學研究》，頁 5～6。

述。理由在於，閱讀前人研究所得的教訓——倘若研究論題過於龐雜，最後
多半導致論述焦點模糊，甚至論述不明或前後矛盾；因此筆者只單就一個問
題追問白沙，而這個問題即是白沙思想本質為何？這一個思想本質的探討，
其依據本自牟宗三先生的說法：儒學本質關鍵即在能否肯定道德主體；若能
肯定，則是掌握到儒家本質意義，若否，則論述再多，實踐再真切，終究是
不對題。〔註59〕倘若白沙能真切地肯定道德主體，把握住心即理的真義，則
不論他的工夫主張為何，他的語言使用近似何家何宗，都不足以否定他身為
儒者的意義。又或由此推說他的思想受何人何派所影響，這也是後話，也不
足以動搖他的根本學說的意涵。因此，本論文全文的論述，只單就白沙思想
是否能掌握儒學本質意涵作考量，其餘暫不深入涉獵，以期能較為明確且清
楚地體現出白沙思想中最重要的理論意義。

第四節　為學歷程：兩次未得到自得

從前人研究觀之，筆者以為在這些紛雜的論述中，確實有必要重新梳理
白沙思想意涵，使其每一個概念都有其合理的意義。但問題是該如何論述？
承前歸結前人研究成果，並得兩個要義：其一、白沙學思想精髓在自得二字；
其二，白沙為學是有進程的。但如何呈顯此二義？觀前人所論，雖肯認白沙
思想是有進程的，但卻都未能針對這個問題進行詳論、闡發，並表現這一個
進程關鍵只在實踐主體自身。因此本論文在進入正文的論述前，將先就這個
問題作仔細的申論，以證明白沙思想的論述從進程說起，並扣緊在道德主體
這一線索上是有它論述上的意義。

當然，在論述之前，筆者將先交代論述這個進程所使用到的文獻，並說明
何以如此看待的緣由。筆者以為：〈復趙提學僉憲〉一文既是白沙自述其為學
經歷，則這個論述內容很能代表此文寫作時間前的思想階段。至於此後的發
展，雖然白沙並未再次論及，但從白沙弟子對老師思想一生的回顧，多少也能
反應白沙後來思想發展的內容。因此，以下論述分作兩個部分：首先，以白沙
〈復趙提學僉憲〉一文為主，以見白沙對自己思想發展的描述為何。接著，以

〔註59〕參《從陸象山到劉蕺山》，頁84～92。關於牟宗三所強調的儒學本質意涵，筆
　　　者在第四節有較詳細的引用與論述。又，對於其他思想家的義理分判，如朱
　　　子、象山、康齋等人的思想，基本上也是從這個角度作衡量、批判，以審核
　　　他們和白沙思想間的關係與異同。

東所的論述爲主，甘泉的論述爲輔，以呈顯白沙後期思想的意涵。〔註60〕但何以以東所爲主，甘泉爲輔？筆者的理由在於〈白沙先生墓表〉一文寫作時間爲「弘治庚申春三月望後」（1500 年），距離白沙卒時「弘治十三年庚申二月初十日」（1500 年）最近，且寫作此文是在諸弟子共同許諾下完成。〔註61〕〈白沙先生行狀〉則是東所在「弘治十四年，歲在辛酉閏七月甲申」（1501 年）完成，距離白沙卒後一年半。東所在〈行狀〉最後表明「湛之爲行狀也，倉促事多未備，某竊懼久而湮晦無傳，暇日因重爲補葺，以爲天下後世君子告，且備異日史氏采錄焉」。〔註62〕〈白沙先生改葬墓碑銘〉則是甘泉寫於白沙卒後二十一年，正德辛巳十六年十一月十二日（1521 年）。〔註63〕此時甘泉自己思想已臻成熟，不免以己之見解加入其中，〔註64〕故以東所說法爲主。以下論述之：

〔註60〕之所以以東所、甘泉說法爲論述對象，原因在於：據〈年譜〉，憲宗成化十七年春，白沙五十四歲，番禺張詡來從學。孝宗弘治七年二月，白沙六十七歲，增城湛若水來從學。弘治十三年二月，白沙七十三歲卒。「臨歿，具書促某（按即東所自謂）至白沙，……告門人羅冕曰：『吾道付某矣。』執某手曰：『出宇宙者子也，子其勉之。』」而甘泉則有白沙〈江門釣瀨與湛民澤收管〉三首：「小坐江門不記年，蒲袍當膝幾回穿。如今老去還分付，不賣區區散箸錢。皇王帝伯都歸盡，雪月風花未了吟。莫道金針不傳與，江門風月釣臺深。江門漁父與誰年，慚愧公來坐榻穿。問我江門垂釣處，囊裏曾無料理錢。」詩後白沙自註：「達摩西來，傳衣爲信，江門釣臺亦病夫之衣鉢也。茲以付民澤，將來有無窮之託。珍重，珍重。」可見二人在白沙心中的地位。見《陳獻章集》，卷6，頁 644；附錄二，頁 820、850、861～862。

〔註61〕參東所〈白沙先生行狀〉：「先生歿後，門人聚議，以湛雨爲行狀，李承箕爲墓誌銘，梁儲爲傳，而墓表則屬之某也。」《陳獻章集》，附錄二，頁 861、882、884。

〔註62〕《陳獻章集》，附錄二，頁 882。又，《陳獻章集》未收錄甘泉所寫的〈行狀〉。

〔註63〕此時甘泉約 55 歲。《陳獻章集》，附錄二，頁 885。

〔註64〕甘泉對於白沙靜坐之說即未能肯定。如〈新泉問辯錄〉，甘泉云：「靜坐，程門有此傳授，伊川見人靜坐，便嘆其善學，然此不是常理。日往月來、一寒一暑，都是自然常理流行，豈分動靜難易？若不察見天理，隨他入關入定，三年九年，與天理何干？若見得天理，則耕田鑿井、百官萬物、金革百萬之眾，也只是自然天理流行。孔門之教，居處恭、執事敬、與人忠，黃門毛式之云：『此是隨處體認天理。』甚看得好。無事時不得不居處恭，即是靜坐也；執事與人時，如何只要靜坐？使此教大行，則天下皆靜坐，如之何其可也！明道終日端坐如泥塑人，及其接人，渾是一團和氣，何等自然！」（鍾彩鈞彙編：《泉翁大全集》（台北：中央研究院漢籍電子文獻，2004 年），卷68，頁2）依據版本爲：〔明〕洪垣等編，《泉翁大全集》85 卷，臺北：國家圖書館藏，嘉靖十九年刻，萬曆二十一年修補本。又據鍾彩鈞對甘泉哲學進程的區分，此時是甘泉「西樵退隱時代（50～57 歲）」，正是甘泉建立自己思想體系時期。〈湛甘泉哲學思想研究〉，中央研究院中國文哲研究所，《中國文哲研究集刊》第十九期（2001 年 9 月），頁 369。

白沙曾自謂其學：

> 僕才不逮人，年二十七始發憤從吳聘君學，其於古聖賢垂訓之書，蓋無所不講，然未知入處。比歸白沙，杜門不出，專求所以用力之方，既無師友指引，惟日靠書冊尋之，忘寢忘食，如是者亦累年，而卒未得焉。所謂未得，謂吾此心與此理未有湊泊脗合處也。於是舍彼之繁，求吾之約，惟在靜坐。久之，然後見吾此心之體隱然呈露，常若有物，日用間種種應酬，隨吾所欲，如馬之御銜勒也。體認物理，稽諸聖訓，各有頭緒來歷，如水之有源委也。於是渙然自信曰：「作聖之功，其在茲乎！」有學於僕者，輒教之靜坐。蓋以吾所經歷粗有實效者告之，非務為高虛以誤人也。（〈復趙提學僉憲一〉，《陳獻章集》，卷 2，頁 145）

據《陳獻章集・年譜》載，白沙二十七歲（景帝景泰五年）從康齋學，隔年歸白沙，閉戶讀書，後又靜坐，直至三十九歲（憲宗成化二年）復遊太學，因和楊龜山〈此日不再得〉韻，祭酒邢讓以為眞儒復出，一時從遊者眾。此書信作於白沙五十二歲（憲宗成化十五年），若以分期點視之，至少在白沙五十二歲前其學思歷程、理論主張當是如此：第一階段（27～28 歲），問學於康齋，後日靠書冊尋之。第二階段（約 28 歲後至 52 歲），靜坐，後見得此心之體隱然呈露，常若有物。

　　這封書信表現了白沙在工夫上的轉變，而工夫的轉變往往也透顯出對本體體悟的不同，因此吾人也可從中掌握白沙對本體體會為何。就工夫論言，白沙指出其工夫進程：首先是師友指引，其次是閉門苦讀，最後則是「惟在靜坐」；並指出前二者終究「未得」。所謂「未得」，白沙自註「謂此心與此理未有湊泊脗合處」。觀白沙自述，筆者以為前二者當是同一個工夫，且目的皆在於憑藉讀書使心與理湊泊脗合。〔註 65〕對此，筆者認為白沙既學於康齋，而康齋屬朱學一路，工夫主讀書以明理，因此，若謂白沙心與理未有湊泊脗合之意乃針對朱學而發，當是無誤。且梨洲評康齋，雖然就其學聖之心，及其對後學者影響有極高的評價，但就其義理內涵觀之，仍不得不謂康齋「一

〔註 65〕 不論是東所的〈白沙先生墓表〉、〈白沙先生行狀〉，或是甘泉的〈白沙先生改葬墓碑銘〉，也都是將白沙問學於康齋，以及閉戶讀書一事，視為同一工夫、同一為學階段。參《陳獻章集》，附錄二，頁 879～880、883～884。

稟宋人成說，言心則以知覺而與理爲二」。〔註66〕又以陽明爲例。陽明早年（27歲）也是遵循朱子的爲學方法──「居敬持志爲讀書之本，循序致精爲讀書之法」；且儘管「思得漸漬洽浹」，但終究深感「物理吾心終若判而爲二」。〔註67〕而這種以讀書作爲獲得心與理湊泊脗合的方式，確實也具體表現在白沙第一階段的爲學修養上，因此吾人確實可以由此推說，白沙第一階段工夫本自康齋而來，且所謂未得也是針對康齋教法而發的反省。

既然朱學讀書明理之方未能有所得，「於是舍彼之繁，求吾之約，惟在靜坐」。顯然白沙在工夫上有一新的擇取，這一擇取就是從「繁」到「約」的改變。但何謂繁？何謂約？白沙何以用「繁」與「約」這兩個概念作對比？筆者以爲這裡有更深一層的涵義值得探索。但在針對此問題作討論前，將先參酌象山與朱子間的論辯，以獲得更明確的論述線索。象山曾批評朱子讀書明理工夫太過支離、繁瑣，不如他的易簡工夫，直發明本心來得確當。〔註68〕而朱子也不滿象山的「易簡」〔註69〕，以爲這只是使學者「如村愚目盲無知之人，撞牆撞壁，無所知識。使得這心飛揚跳躑，渺渺茫茫都無所主。若涉大水，浩無津涯，少間便會失心去」〔註70〕。觀二人的爭辯，雖表面上似乎只是繁與簡的不同，但事實上正如牟宗三先生所說的，二者思想差異若只是以博與約，太簡與支離視之，而未能眞切地正視其中的本質問題，終不免淪爲寡頭方法論問題，且落入永遠循環、永不得決的無意義爭吵中。但這本質問題爲何？牟先生指出，這關鍵就在能不能相應於道德實踐本義。儒家內聖

〔註66〕 關於梨洲對康齋學聖之心的肯定，可見於〈崇仁學案一〉，卷1，頁5。至於梨洲評論康齋對學生影響的部份，以及康齋自身的義理內涵，則可參〈崇仁學案〉，卷1，頁1。

〔註67〕 〔明〕王陽明：〈年譜一〉，《王陽明全集》（上海：上海古籍出版社，2006年），卷33，頁1224。

〔註68〕 象山：「墟墓興哀宗廟欽，斯人千古不磨心。涓流積至滄溟水，拳石崇成泰華岑。易簡工夫終久大，支離事業竟浮沈。欲知自下升高處，眞偽先須辨只今。」〔宋〕陸象山：〈鵝湖和教授兄韻〉，《陸九淵集》（北京：中華書局，2008年），卷25，頁301。據〈語錄上〉記載，這首詩作於鵝湖之會，且朱子聽聞這首詩後，「大不懌」。見《陸九淵集》，卷34，頁428。

〔註69〕 先生（按，朱熹）謂祖道曰：「陸子靜答賢書，說簡『簡易』字，卻說錯了。『乾以易知，坤以簡能』，是甚意思？如何只容易說過了！乾之體健而不息，行而不難，故易；坤則順其理而不爲，故簡。不是容易苟簡也。」〔宋〕朱熹著，〔宋〕黎靖德編：〈陸氏〉，《朱子語類》（北京：中華書局，1999年），卷124，頁2972。

〔註70〕 〈陸氏〉，《朱子語類》，卷124，頁2978～2979。

之學其本質意涵在於自覺地作道德實踐，這是第一義工夫，而象山的「易簡」直承孟子、《中庸》、《易傳》而來，直下肯定此超越的心體，故能體現孔孟之教的精蘊。但朱子卻徒落在外在的知解，留情於傳注，故未能真切地體會孟子心體的本義，因而終究與道德實踐本義相扞隔。而所謂「支離」，亦在此意義下稱之。牟先生進一步指出，倘若朱子能自覺道德實踐本義在於當下肯定心體之超越性，則其重知解一面亦可作爲儒家第二義之助緣工夫。此猶如象山固然肯定心體之超越性，但仍不廢涵養操存、讀書講明文字一事。只是這些工夫必以本心之直貫，沛然莫之能禦爲頭腦，方得以成立。〔註71〕依此觀白沙此語，雖未明言這繁到約的工夫擇取，是從朱子學的向外窮索轉至象山的易簡工夫〔註72〕，但可確信的是白沙這一去「繁」的決定，實已宣示了他放棄朱學純從外在讀書以明理之一路。

但可以說白沙這「求吾之約」即同於象山直發明本心義？所謂「舍彼之繁，求吾之約」，可謂其意義不在繁與約的差別，而在能否相應於道德實踐本義？對此，孟子曾謂：「孟施舍似曾子，北宮黝似子夏。夫二子之勇，未知其孰賢，然而孟施舍守約也。昔者曾子謂子襄曰：『子好勇乎？吾嘗聞大勇於夫子矣：自反而不縮，雖褐寬博，吾不惴焉；自反而縮，雖千萬人，吾往矣。』孟施舍之守氣，又不如曾子之守約也。」〔註73〕孟施舍的守約雖似曾子，但他不過是「不在與人相較處求勝而直在自己心上求絕對的勝」，比諸北宮黝此固然是免除了「外在的獨強形勢必不能長久維持」的危機，實顯其生命仍是盲動不安，己心與外界仍是對立，未若曾子能直從道德層次上反求諸己。〔註74〕姑且不論曾子守約是如象山解直從心上發〔註75〕，抑或如朱子詮釋的「反

〔註71〕參見牟宗三：《從陸象山到劉蕺山》，頁81～92。

〔註72〕畢竟象山的「易簡工夫」（象山「易簡」二字出自《易傳・繫辭上傳》，著重在「乾以易知，坤以簡能。易則易知，簡則易從。易知則有親，易從則有功。有親則可久，有功則可大」一語，在教學上也多發揮《易傳》「易簡」精神。（參彭永捷：《朱陸之辨──朱熹陸九淵哲學比較研究》（北京：人民出版社，2002年），頁213～217））是立大本，直發明本心，與白沙「求吾之約，惟在靜坐」仍有差別。此留待下章討論。

〔註73〕《孟子・公孫丑上》。

〔註74〕曾昭旭等著：《孟子義理疏解》（臺北：鵝湖出版社，2004年），頁226～233。

〔註75〕象山：「告子不動心，是操持堅執做，孟子不動心，是明道之力。」〈語錄上〉，《陸九淵集》，卷34，頁421～422。

身循理，所守尤得其要」〔註76〕，至少其意義皆強調內省、內求，不假外物。依此可推測白沙守「約」之意，彼既認爲求於外（不論師友指引或書籍典冊，對於我而言皆是外）是彼是繁，工夫當在「求吾之約」，則其所謂「約」當同於曾子「反求諸己」之意；工夫既內求於我，自然可「舍彼之繁」之工夫。且就其自述悟道內容來看，所謂「見吾此心之體隱然呈露，常若有物，日用間種種應酬，隨吾所欲，如馬之御銜勒也。體認物理，稽諸聖訓，各有頭緒來歷，如水之有源委也」，則其所謂「求吾之約」理當同於象山，直下肯定一超越的心體，且當此心體挺立其自己之際，事事物物亦即在我一心之朗現中得其理才是。且白沙從「繁」到「約」的擇取，其所體悟的本體意涵，乃從「吾此心與此理未有湊泊脗合處」到直下肯定「見吾此心之體隱然呈露，常若有物」。〔註77〕因此，筆者以爲對白沙此由繁到約的工夫擇取，即未能純從工夫表象的異同去判斷他思想的發展，而是必須正視他這一扭轉實有一更根本的體悟，更深一層涵義的體現，亦即儒家道德實踐的本義植根於心體之超越性。張永儁先生曾謂，陽明思想是由朱學的格物窮理轉而爲由心來格物，並稱此爲「心學的哥白尼式革命」。〔註78〕筆者以爲，白沙這種捨繁求約，且在義理本質上有其根本的扭轉，實亦可稱爲「心學的哥白尼式革命」。又徐復

〔註76〕 〔宋〕朱熹：《孟子集注》（以〔宋〕當塗郡齋本爲底本），《朱子全書》第陸冊（上海：上海古籍出版社；合肥：安徽教育出版社，2002 年），頁 281。

〔註77〕 對於白沙「所謂未得，謂吾此心與此理未有湊泊脗合處也。於是舍彼之繁，求吾之約，惟在靜坐」一語的詮釋，筆者採楊祖漢老師的建議，以爲當是白沙否定心與理「湊泊」一路，而直以靜坐悟得本體之意。其理由在於，白沙整體思想確實重在肯定道德主體，強調心體內在於我、當下自覺，而非落在心如何湊泊此理。但觀前人研究，一般詮釋者多認爲白沙後來思想仍建基在心與理如何「湊泊脗合」的義理架構上。如古清美以爲白沙思想最關鍵、最核心的問題，即「吾此心與此理未有湊泊脗合處」一語——其理論從此問題開始追尋，其工夫究竟也以達致此爲目標。（《明代理學論文集》，頁 32、34、35）；呂妙芬：「從陳獻章『所謂未得，謂此心與此理未有湊泊脗合也』看，所謂『自得』之『得』應當指著心體呈露之後，得以湊泊於天理而說的。」（《胡居仁與陳獻章》，頁 85）；黃明同在論述白沙〈復趙提學僉憲〉一文，也認爲白沙作聖之功目的正是爲了「使自己的心與天地之道相吻合」，亦即使心與理湊泊。（《陳獻章評傳》，頁 34、101）馮達文、郭齊勇主編的《新編中國哲學史》亦謂白沙所尋找的是一種心與理一的心理狀態。（參該書，頁 120）等。

〔註78〕 張永儁這段話見於他的學生王繼華的博士論文。《王陽明實踐哲學研究》（中國文化大學哲學研究所，2009 年 6 月），頁 132。

觀先生曾謂,「中國文化總是走著由上向下落,由外向內收的一條路」〔註79〕。而白沙這種舍繁求約,向內收的反省路徑,正也表現了徐先生所說的中國文化特質。

　　但吾人可否謂白沙此一本體、工夫意涵的扭轉,其內涵已完全等同象山言心學之意?觀白沙語,所謂「於是舍彼之繁,求吾之約,惟在靜坐」,又謂「有學於僕者,輒教之靜坐,蓋以吾所經歷粗有實效者告之,非務為高虛以誤人也」,靜坐在白沙悟道過程中似乎居重要地位,且白沙也認為通過靜坐,人是可以體道的。就這點上,反觀象山文集,如〈與高應朝〉「思子約書中有『宜于靜未宜於動』之說,此甚不可。動靜豈有二心?既未宜於動,則所謂宜於靜者,亦未宜也」、〈則以學文〉「欲明夫理者,不可以無其本。本之不立,而能以明夫理者,吾未之見也。宇宙之間,典常之昭然,倫類之燦然,果何適而無其理也」等文〔註80〕,「靜坐」顯然不是悟道關鍵,重點仍在發明本心、立大本。〔註81〕依唐君毅先生說法,儒家之傳自象山發明「心即理」之本心

〔註79〕《中國思想史論集》,頁245。

〔註80〕《陸九淵集》,卷5,頁64;卷32,頁378。又如〈與潘文叔〉「得書知為學有進,甚慰!但所謂息墮急迫兩偏,此人之通患。若得平穩之地,不以動靜為變。若動靜不能如一,是未得平穩也。涵泳之久,馳擾暫殺,所謂饑者甘食,渴者甘飲,本心若未發明,終然無益。若自謂已得靜中工夫,又別作動中工夫,恐只增擾擾耳。何適而非此心?心正則靜亦正,動亦正;心不正,則雖靜亦不正矣。若動靜異心,是有二心也。此事非有真實朋友不可。」卷4,頁57。〈語錄上〉「樂記曰:『人生而靜,天之性也;感於物而動,性之欲也。物至知知,而後好惡形焉。不能反躬,天理滅矣。』……且如專言靜是天性,則動獨不是天性?」卷34,頁395。

〔註81〕牟宗三以為象山思想主要有六大端:辨志、先立其大、明「本心」、「心即理」、簡易及存養。此六點皆本孟子而說,並無新說。(《從陸象山到劉蕺山》,頁3～5)依此反觀白沙強調「靜坐」,似乎在工夫進路上,與象山有別。又,陳北溪曰:「象山教人終日靜坐以存本心,無用許多辯說勞攘。此說近本,又簡易直捷,後進易為悚動。若果是能存本心,亦未為失。但其所以為本心者,只是認形氣之虛靈知覺者。」(〔明〕黃宗羲:〈象山學案〉,《宋元學案》,卷58,頁318。(本文《宋元學案》引自《黃宗羲全集》第三冊至第六冊(杭州:浙江古籍出版社,2005年)以下引文基本上只標明學案名,卷及頁碼。)「若江西之學,不讀書,不窮理,只終日默坐澄心,正用佛家之說。在初學者,理未明,識未精,終日兀坐,是乃槁木死灰,其將何用!」(〈北溪學案〉,卷68,頁695)而白沙在〈書蓮塘書屋冊後〉一文,亦言及其靜坐工夫是有本有源,且謂「二程之得於周子也,朱子不言有象山也。」(《陳獻章集》,卷1,頁65)似乎皆表示象山以靜坐工夫為主。但觀象山文獻,象山確實未有如北溪、白沙所說的主靜坐工夫,反而更多表現出對靜坐、性靜之說的不滿。對

即是工夫，乃無獨立於工夫論外的心性論（此意排除了朱子理氣之本體論系統，及格物窮理的知識論），陽明言本心之體即良知，致良知即良知之自致，亦明言即本體即工夫，更無致良知工夫外之心性本體論。而王學諸派之異，亦皆緣於工夫之異致使對良知本體所見不同。〔註 82〕在此意義下，倘若白沙體道是通過靜坐而得，非如象山直發明本心、當下即是，則二者對本體所見是否可以直接畫上等號？這確實是可以存疑的。畢竟，如王學諸派固然皆肯定心體，但因彼此工夫上的差異，因而對良知本體的體會仍有所不同。但白沙曾謂：

> 周子《太極圖說》：聖人定之以中正仁義而主靜。問者曰：聖可學歟？曰：可。孰爲要？曰：一爲要；一者，無欲也。《遺書》云：「『不專一則不能直遂』，『不翕聚則不能發散』。『見靜坐，而歎其善學。』曰：『性靜者可以爲學。』」二程之得於周子也，朱子不言，有象山也。此予之狂言也。婁氏何居焉？（〈書蓮塘書屋冊後〉，《陳獻章集》，卷 1，頁 65）

顯然，主靜坐以悟道並非白沙憑空想像，或援釋道而得，乃是自覺放棄朱子工夫理論，直承濂溪、二程、象山而來。此猶如象山乃自覺直承孟子而得。〔註 83〕若如此，謂白沙通過靜坐而得的心體，同於象山直下肯定的心體，似乎二者在理論上毫無疑義；然此意可成立嗎？象山在〈與高應朝〉的書信中強調，工夫只是立大本，絕無動靜之別〔註 84〕，在其〈語錄上〉亦否定《樂記》「人生而靜也，天之性也」的說法〔註 85〕。顯然不同於白沙從濂溪主靜、二程靜坐工夫而來的理論主張。因此，若謂白沙思想是同於象山的，似乎在義理詮解上仍有商榷餘地。或可謂白沙已同於象山，肯定一超越的心體，但因工夫

此，筆者以爲北溪既站在象山學說的對立面，故其言象山靜坐未必正確，且觀其評論，也多以負面來論述，故其說未必中肯。而白沙本人主靜坐，雖未明言「朱子不言有象山」，象山究竟說什麼，但就其行文，應是認爲象山也同他一樣，主張靜坐工夫。也因此二人說法都有他們各自的立場，未若直以象山文獻作依據——靜坐在象山學說中，未必是悟道的關鍵。

〔註 82〕 《中國哲學原論‧原性篇》，《唐君毅全集》卷十三，頁 470～471。

〔註 83〕 〈語錄下〉：「某嘗問：『先生之學亦有所受乎？』曰：『因讀《孟子》而自得之。』」《陸九淵集》，卷 35，頁 471。

〔註 84〕 《陸九淵集》，卷 5，頁 64。

〔註 85〕 象山：「《樂記》之言亦根於老氏。且如專言靜是天性，則動獨不是天性耶？」《陸九淵集》，卷 34，頁 395。

擇取的不同，致使對心體的體會仍有不同之處。但白沙既言「朱子不言有象山」，此語理當亦非空言，亦應有其實義。故筆者認為白沙此「求吾之約，惟在靜坐」之工夫扭轉，以及其所體悟到的「見吾此心之體隱然呈露，常若有物」之本體意涵，理當與象山思想有一連結。畢竟，就目前研究而論，在白沙之前就屬象山思想最足以作為心學代表，因此若謂白沙在此階段已轉為肯定心體，則此心學義當可上承象山，並與之作一比較；此或能更顯白沙心學特點。另外，白沙既言其學從濂溪至象山，並強調主靜、靜坐，且此正與象山反對「靜」相對反，故考核濂溪、二程等思想，或許更能理解白沙言「朱子不言有象山」之意，且較能勾劃出白沙從靜坐悟道後其整個思想的面貌；畢竟就其自言，濂溪等人思想顯然是他理論發展的基礎。

再者，如前所述，陽明早年亦學於朱子格物工夫，亦同於白沙深覺心與理為二，並皆放棄此法，且最後也是通過靜坐悟道。〔註86〕然陽明心學卻為牟宗三先生所肯定〔註87〕，但對白沙卻認為雖意識到「若無孟子工夫，驟而語之以曾點見趣，一似說夢」，然其本人並無孟子工夫。〔註88〕對此，筆者以為牟先生對思想家的分判當在其是否能發明本心，肯定心體直貫創生義上。故若就白沙自述其為學歷程判斷，其思想關鍵當同於陽明皆肯定心體才是；若如此，則白沙理當有孟子工夫，而牟先生對白沙的評論則有待商榷。抑或牟先生認為，陽明固然通過靜坐體道，並使其諸生「靜坐僧寺，使自悟性體，顧恍恍若有可即者」，但其終究認為靜坐只是「因吾輩平日為事物紛拏，未知

〔註86〕據陽明年譜記載，陽明27歲讀晦翁〈上宋光宗疏〉有曰：「居敬持志為讀書之本，循序致精為讀書之法。」乃悔前日探討雖博，而未嘗循序以致精，宜無所得；又循其序，思得漸漬洽浹，然物理吾心終若判而為二也。沉鬱既久，舊疾復作，益委聖賢有分。偶聞道士談養生，遂有遺世入山之意。陽明37歲至龍場，因「惟生死一念尚覺未化，乃為石墎自誓，曰：『吾惟俟命而已。』日夜端居澄默，以求靜一；久之，胸中灑灑。……因念：『聖人處此，更有何道？』忽中夜大悟格物致知之旨，寤寐中若有人語之者，不覺呼躍，從者皆驚。始知聖人之道，吾性自足，向之求理於事物者誤也。乃以默記五經之言證之，莫不脗合，因著《五經臆說》。」〈年譜一〉，《王陽明全集》，卷33，頁1224、1228。

〔註87〕牟宗三認為陽明37歲在貴州龍場驛悟良知，雖然一般人對陽明此經驗多加以種種猜測，但就陽明自道，其主要問題是對朱子而發無誤，且不管其主觀機緣為何，其義理系統客觀地說屬孟子學此是無疑的。牟先生進一步認為，自孟子之後，除陸象山、王陽明外，很少有人能接得上儒家內聖之學。《從陸象山到劉蕺山》，頁216。

〔註88〕《從陸象山到劉蕺山》，頁286。

爲已，欲以此補小學收放心一段功夫耳」〔註89〕因此肯定陽明思想在心學上的意義，而白沙則因極肯定靜坐所收到的實效，並以此教人，故認爲白沙未若陽明有孟子工夫。但筆者以爲，牟先生理當不如此看問題方是，畢竟如前分判朱子與象山之支離與簡易問題，牟先生即直從是否肯定心體義論之，並認爲倘若只看工夫表象，未能深得理論本旨，未免流於「寡頭的方法論」〔註90〕問題。依此，顯然又得回到前面所欲探討的白沙心體義爲何的本質上的問題。畢竟，蕺山亦曾質疑白沙「靜中養出端倪，不知果爲何物」〔註91〕，而他的學生黃宗羲卻有「有明之學，至白沙始入精微。其喫緊工夫，全在涵養。喜怒未發而非空，萬感交集而不動，至陽明而後大。兩先生之學，最爲相近，不知陽明後來從不說起，其故何也」〔註92〕此另一種看法。但無論如何，至目前爲止從對白沙靜坐工夫的描述，以及通過與象山直發明本心的主張相對，多少已能勾勒出白沙倘若仍屬心學一脈，則其心學特點當有異於象山之處，且實收攝了北宋濂溪、二程主靜、靜坐等內涵。又在此基礎論述下，或亦能理解蕺山、梨洲彼此說法在白沙思想中的意義。當然，在解明這些問題之前，筆者仍認爲唯有先明確確立白沙思想意涵，方可清楚地進一步釐定這些問題，而這也正是筆者此文寫作目的。

再者，對於牟宗三先生的批評〔註93〕，吾人可否在義理上爲白沙作一權說或同情的理解。牟先生對白沙評論見於牟先生評論泰州心齋（王艮，字汝止，號心齋。1483～1541年）、東崖（王襞，字宗順，號東崖。1511～1587年）處。首先他引梨洲論王東崖處：

> 先生之學，以不犯手爲妙。「鳥啼花落，山崎川流，飢食渴飲，夏葛冬裘，至道無餘蘊矣。充拓得開，則天地變化，草木蕃；充拓不去，則天地閉，賢人隱。」……此雖本於心齋樂學之歌，而龍溪之授受，亦不可誣也。白沙云：「色色信他本來，何用爾脚勞手攘？舞雩三三兩兩，正在勿忘勿助之間。曾點些兒活計，被孟子打併出來，便都

〔註89〕〈年譜一〉，《王陽明全集》，卷33，頁1230～1231。
〔註90〕《從陸象山到劉蕺山》，頁83。
〔註91〕〈師說〉，《明儒學案》，頁12。
〔註92〕〈白沙學案〉，卷5，頁78。
〔註93〕事實上，牟宗三對白沙的評論只是順著對王艮父子的批評說下，因此若以爲牟先生直認爲白沙學說只是如此，於此是不可確定的。但因牟先生的說法，有值得吾人對白沙思想做深一層反省之處，因此筆者於此亦將之做一個論題點思考。

是鳶飛魚躍。若無孟子工夫，驟而語之以曾點見趣，一似說夢。」
蓋自夫子川上一嘆，已將天理流行之體一口迸出。……至明而為白
沙之藤蓑，……然而此處最難理會，稍差便入狂蕩一路。所以朱子
言曾點不可學，明道說康節豪傑之士，根本不貼地；白沙亦有說夢
之戒。（〈泰州學案〉，卷32，頁839～840）

牟先生認為《論語》中所載曾點樂趣〔註94〕，不過師生間一時表現出的輕鬆、
樂趣而已，並無關道體流行的境界表述。但宋儒卻作此聯想。然牟先生以為
儘管有這聯想也無妨，畢竟這種境界可以說是儒家內聖之學所共同承認的，
也是應有的義理，也可以說是儒釋道所共同的。〔註95〕倘若如此，白沙重視
「自然」，何以又為牟先生所批評？對此，牟先生在其文中進一步指出，這種
境界既是共同的，且須視個人造詣，此即非實踐關鍵所在，多說無益。且承
此立論基礎，牟先生以為白沙固然知道「無孟子工夫，驟而語之以曾點見趣，
一似說夢」，然其既「以自然為宗」，又喜言境界，故本身實無真正孟子工夫。
〔註96〕然孟子工夫為何？參牟先生說解，孟子以心講性，重視實踐主體，以
為人皆可為堯舜，問題只在能否表現出來（當下挺立）；〔註97〕「求則得之，
舍則失之」，求舍在我，關鍵只在「心」。依前白沙自述其學歷程，顯然是從
靜坐而得，非如孟子言工夫直下肯定心體當下呈顯，若如此，謂白沙真「無
孟子工夫」似乎是無誤的。

　　但吾人在此是否仍可為白沙作一詮解，亦即白沙固然在工夫特點上未若
孟子明朗，然就其仍肯定道德主體，且亦有其工夫主張之前提下，仍可認為
白沙理論亦有其實義，而非僅將「實踐工夫當做四時景致玩弄」〔註98〕？或
猶有進者，白沙固然主張「學宗自然」，喜言境界，但這一說法是在他理論發
展至究竟處所提出，而非在學問建立之初即標舉此；在此意義下，其理論主
張便有實義，非僅將實踐工夫當做四時景致玩弄。對此，以上所引白沙〈復
趙提學僉憲〉一文乃是白沙五十二歲所寫，可代表白沙五十二歲前的工夫主
張；此時並沒有強調「自然」，也無對境界有特別的描述，反而著重在對心體
的體悟。因此就這一時期，若言白沙「學宗自然」，喜言境界，而無工夫實義，

〔註94〕　《論語・先進》「子路、曾晳、冉有、公西華侍坐」一則。
〔註95〕　參《從陸象山到劉蕺山》，頁282～287。
〔註96〕　《從陸象山到劉蕺山》，頁286。
〔註97〕　《中國哲學十九講》（臺北：臺灣學生，1999年），頁80。
〔註98〕　《從陸象山到劉蕺山》，頁286。

顯然言之無據。然牟先生謂「白沙『學宗自然』，且喜言境界」，確實是有其根據，絕非憑空杜撰而得。若如此又當如何理解？筆者認爲這問題實正顯示白沙理論有一發展脈絡，非直下破空而出，極立一高明境界要後學者如此學之。對此，筆者以爲可參白沙弟子說法做爲佐證，而白沙弟子中又以東所、甘泉爲代表。

東所在白沙歿後，爲其寫〈墓表〉、〈行狀〉，〔註99〕甘泉則寫〈改葬墓碑銘〉，二人在其文章中皆有敘述白沙思想歷程，筆者以爲此可說明白沙五十二歲後思想的發展。

> 先生之始爲學也，激勵奮發之功多得之康齋。自臨川歸，足跡不至城府。……閉戶讀書，盡窮天下古今典籍，旁及釋老、稗官、小說。徹夜不寢，少困則以水沃其足。久之乃歎曰：「夫學貴乎自得也。自得之然後博之以典籍，則典籍之言我之言也。否則，典籍自典籍，而我自我也。」遂築一臺名曰春陽，日靜坐其中，足不出閫外者數年，故其答某問學詩曰：「古人棄糟粕，糟粕非眞傳。渺哉一勺水，積累成大川。亦有非積累，源泉自涓涓。至無有至動，至近至神焉。發用茲不窮，緘藏極淵泉。吾能握其機，何必窺陳編？學患不用心，用心滋牽纏。本虛形乃實，立本貴自然。戒愼與恐懼，斯言未云偏。後儒不省事，差失毫釐間。寄語了心人，素琴本無弦。」久之，又歎曰：「夫道非動靜也。得之者，動亦定，靜亦定，無將迎，無內外，苟欲靜即非靜矣。」於是隨動隨靜以施其功。故示其門人張某詩曰：「知夜則知朝，西風漲暮潮。千秋一何短，瞬息一何遙。有物萬象間，不隨萬象凋。舉目如見之，何必窮扶搖。」又曰：「登高未必高，老腳且平步。平步人不疑，東西任回顧。豈無見在心，何必擬諸古？異體骨肉親，有生皆我與。失之萬里途，得之咫尺許。得失在斯須，誰能別來去？明日立秋來，人方思處暑。」（〈白沙先生行狀〉，《陳獻章集》，附錄二，頁879～880）

> 壯從江右吳聘君康齋遊，激勵奮起之功多矣，未之有得也。暨歸杜門，獨掃一室，日靜坐其中，雖家人罕見其面，如是者數年，未之

〔註99〕〈行狀〉之完成雖晚於〈墓表〉，但因〈墓表〉「或浩歌長林，或孤嘯絕島，或弄艇投竿於溪涯海曲，忘形骸，捐耳目，去心志」一語頗費解說，因此先論〈行狀〉，再論〈墓表〉。

有得也。於是迅掃夙習，或浩歌長林，或孤嘯絕島，或弄艇投竿於
溪涯海曲，忘形骸，捐耳目，去心志，久之然後有得焉，於是自信
自樂。(〈白沙先生墓表〉，《陳獻章集》，附錄二，頁883)

就〈行狀〉、〈墓表〉觀之，白沙問學於康齋，閉門讀書，乃至靜坐，其工夫
轉變一如〈復趙提學僉憲〉一文所述；不同的是，「靜坐」在東所的敘述裡，
顯然不是白沙最後的體道工夫——靜坐固然得「吾能握其機，何必窺陳編」
的體悟，但就白沙後期思想觀之，卻仍「未之有得」。但何以「未得」？在論
述這問題前，筆者且先釐清〈復趙提學僉憲〉與〈行狀〉二文之不同處；這
觀涉到白沙對靜坐的態度，以及靜坐在體道上的意義，連帶著也影響到所謂
「未得」之意，故不得不先予以論述。在〈復趙提學僉憲〉一文中，白沙是
通過靜坐悟得道德實踐關鍵在己，且唯有當下肯認心體之超越性，方能「日
用間種種應酬，隨吾所欲，如馬之御銜勒也；體認物理，稽諸聖訓，各有頭
緒來歷，如水之有源委也」。在〈行狀〉，東所則先具體描述白沙所謂「舍彼
之繁，求吾之約」之內容，以為這正是白沙對朱學重讀書明理的不滿——「夫
學貴乎自得也。自得之然後博之以典籍，則典籍之言我之言也。否則，典籍
自典籍，而我自我也」。且東所認為，白沙是在自覺到「學貴乎自得」，才提
出靜坐工夫。且通過靜坐的實踐歷程，真切地體會到「吾能握其機，何必窺
陳編」；心體內在於我，工夫唯戒慎恐懼已足〔註100〕。觀二者差別，前者重在
工夫實踐，通過實踐而提出對本體的體會；後者重在對本體的體悟，亦即先
意識、自覺到本體是什麼，然後才通過工夫以實證之。對此，筆者認為不論
是白沙自述的先靜坐才悟道，或是東所所謂的白沙是先對本體有所體悟，方
採取靜坐工夫，實二者皆可同時成立。理由在於，儒家對本體的體會本不離

〔註100〕 《中庸》「天命之謂性，率性之謂道，修道之謂教。道也者，不可須臾離也；
可離，非道也。是故，君子戒慎乎其所不睹，恐懼乎其所不聞。莫見乎隱，
莫顯乎微，故君子慎其獨也。」道體深微不可測，不可以耳聞目睹，故君子
要時刻戒慎，以存天理。(參楊祖漢：《中庸義理疏解》(臺北：鵝湖出版社，
1997年)，頁96) 道體既然深微不可測，不能以耳聞目睹見，則通過讀書自
然亦未能見到道體；道體是超越的，不為時空所限，雖不離經驗，但非經驗
物。但另一方面，君子是可以體道的。既可以體道，道又不在時空中為吾人
所認知，則道唯有內在於吾人心體。至此，人方可謂通過戒慎工夫，即可存
此天理。若是，則白沙「戒慎與恐懼，斯言末云偏」，之所以「未偏」，理
當是自覺到道體內在於我，且通過戒懼工夫，自能體會此超越的心體。而白
沙這一自覺、這一體會，自與讀書明理一路不同。

工夫而獨存，而工夫亦是關連著主體對本體體會而來，二者是二而一，一而二。此猶如前引唐先生所說的，儒家之傳自象山發明心即理之本心即是工夫，即無獨立於工夫論外的心性論。依此，對東所所載白沙靜坐未有所得，此「未得」即必須含著對本體、工夫的反省而來，亦即對靜坐的不滿，同時隱含著對本體體悟的不同；因對本體體悟有所不同，故不能再滿足於只是靜坐工夫。若是，以下將正式討論何以靜坐仍未有所得之意。

　　白沙言「於是舍彼之繁，求吾之約，唯在靜坐」，又謂「久之，然後見吾此心之體隱然呈露，常若有物」。東所載白沙體悟「學貴乎自得」，並通過靜坐而得「吾能握其機，何必窺陳編」。承前牟先生所述，儒家之學關鍵在於能不能自覺地作道德實踐，當下肯定心體之超越性；白沙通過靜坐使其悟得超越之體，並因此自得自信，以為這才是悟道關鍵，但事實上就白沙思想發展整體而觀，靜坐固然重要，但其重要並非靜坐本身，而在通過靜坐所能達致的體道的目的而論，也就是如牟先生所說的，關鍵仍在悟得一超越之心體。因此，固然靜坐在白沙為學中有它重要的意義，但並不可認為是白沙全部思想的內涵。更明確地說，靜坐之所以重要，在於白沙思想的轉折乃因通過靜坐而得。又這個說法，或許相背於目前研究一般多站在完全肯定靜坐在白沙思想中的意義者，但筆者認為東所說法是能印證筆者的論點，且白沙相關文獻亦可證明此。但詳細論證留待第三章，此處只稍微論說，以明何以靜坐只是階段性工夫。東所既謂白沙體會到「學貴乎自得」，因而「遂築一臺名曰春陽，日靜坐其中」，後又謂白沙雖「主靜而見大」，但「由斯致力，遲遲至於二十餘年之久，乃大悟廣大高明不離乎日用。一眞萬事眞，本自圓成，不假人力」。〔註101〕顯然白沙在悟得心體後，其對本體的體會並非只是停滯在須待靜坐而悟體階段，乃是進而悟得本體本是超越的、遍在的，本不為時空經驗所限，更不拘泥在何種工夫型態上。因此，當進而對本體有「一眞萬事眞，本自圓成，不假人力」的體會，其對靜坐的態度也隨而轉變，也因而進至下一階段的工夫體現。

　　白沙云「夫道非動靜也。得之者，動亦定，靜亦定，無將迎，無內外，苟欲靜即非靜矣」，即表示正因對本體有深一層的體悟，因而自覺到若工夫只是靜坐，不免仍有所偏，不能全然體現本體眞實自然流行之意，因而自覺地改採「隨動隨靜以施其功」。又因這只是東所的記載，因而不能確定白沙是否

〔註101〕東所：〈墓表〉，《陳獻章集》，附錄二，頁 883。

是先悟得本體，而後才採取「隨動隨靜以施其功」，還是在靜坐工夫已達究竟，實已無需偏於靜而自然體現本體，因而悟得本體本是自然而然，但誠如前論靜坐悟得一超越之心體意同，本體工夫本無二致，且其爲學關鍵重在悟得本體爲何。故吾人於此思考的仍是白沙這一階段的體悟爲何？就文獻觀之，白沙雖首言「道非動靜」，但又續云「得之者，動亦定，靜亦定，無將迎，無內外，苟欲靜即非靜矣」，因此雖開頭以「道」爲名，但其所謂「道」則是從道的活動處言；所謂道體的「活動」義，牟宗三先生曾謂，儒學發展至孟子乃將存有問題提升至超越面而由道德本心言之，因此是將存有問題攝於實踐問題中，亦即將實體性的存有攝於本心的活動中，由此以降至宋明儒學，若能相應孟子學者，亦必能肯定心即理，道體即活動即存有；〔註102〕白沙既言「得之者，動亦定，靜亦定，無將迎，無內外，苟欲靜即非靜矣」，顯然亦認爲心體之呈顯同於道體之活動，是不爲現象所圍，且不落入相對動靜中，因此若對本體體悟偏於靜，則實對本體之掌握仍有不盡之處。若是，則可謂白沙此階段之體悟，乃承上階段對主體自覺而來，亦即悟得一超越之心體，且由此有進一步的體會，即了解到本體本無分動靜，只是一自然而然之呈顯。

再者，白沙言「得之者，動亦定，靜亦定，無將迎，無內外，苟欲靜即非靜矣」，當引自明道「所謂定者，動亦定，靜亦定，無將迎，無內外」一語〔註103〕。牟宗三先生曾謂明道雖言「定性」，實通篇皆就心言。畢竟，不是性體自己有定不定的問題，也不是性體自己有不定而須吾人去定住它，而是在表現性體過程裡，吾人是否能眞得順適表現性體所命。因此，這是在工夫中主觀地看性，不是客觀地說性體自己；既是主觀地看性，此即是工夫上的問題，在工夫上要求心性之定。更進一步地說，雖說「定性」，實是要求性之表現時心定，故關鍵仍在心。〔註104〕然心與性的關係爲何？牟先生認爲表現或體現性體必須要靠心的自覺活動，沒有心的自覺活動，性體只是潛存、無法彰顯。又心之自覺活動固然可上下講，然在明道，本心與性是一，其工夫乃是一積極地說本心當體呈現，無一毫隱曲，故其謂「動亦定，靜亦定，無將迎，無內外」，亦是從本心性體體物不遺、體事無不在言此中自無內外之別，

〔註102〕參《心體與性體》第一冊（臺北：正中書局，1999 年），頁 26～27。
〔註103〕程顥、程頤撰：〈定性書〉，《二程集》（北京：中華書局，2006 年），頁 460。此文題目標作〈答橫渠張子厚先生書〉，但呂本作〈答橫渠先生定性書〉，於此簡稱〈定性書〉。
〔註104〕《心體與性體》第二冊（臺北：正中書局，1999 年），頁 235。

當體朗現即全體是用、全用是體；靜既不空守孤明，或空虛寂寞，動亦不徇象喪心，或爲物所累，故自常貞定而無處不洒然。〔註105〕以此反觀白沙，彼雖引明道諸語，且亦從活動處言道，在工夫中主觀看道，但就其「得之者」等語，似乎較明道對「形而上之本心」義更爲豁達。畢竟明道雖通篇可說皆就心言，但行文仍從「定性」說，未若白沙強調「得之者」一語必然著重在主體實踐上。筆者以爲白沙擇取靜坐工夫之時，曾謂明道工夫亦是如此；此處又表現出對明道語的體悟，並因此有新的工夫發展。若如此，明道思想對白沙思想的影響當是不可忽略的要素，故若要呈顯白沙此階段思想之特點，與明道思想的相較是不可或缺的論述方式。

　　在肯定道德主體當下自覺，「動亦定，靜亦定，無將迎，無內外，苟欲靜即非靜矣」，則白沙工夫具體主張則爲「隨動隨靜以施其功」。「隨動隨靜」指無論所處情境爲何，心當體即是，無一絲隱曲。以此工夫對應同階段本體的體會，可謂二者在意涵上完全相符一致；心體本是自然而然，隨時體現，工夫亦只是使此心如如呈顯，無分動靜。因此本體工夫只是一自然而然、道德心體之充分朗現而已，若是，「以自然爲宗」一詞自然可以成立，且東所〈行狀〉對白沙思想發展的記載，亦可謂完全符合心學理之當然的發展——從靜坐中悟得一超越之心體，進而了解本體實無分動靜，只是一自然而然之流行。此猶如象山固然肯定心即理，工夫在於立大本，發明本心，但仍須說到慈湖的「不起意」方爲圓熟；陽明良知學的知善知惡，雖很能體現道德善惡判斷之不容已，但也必須說到龍溪的「四無」方是透徹。當然，白沙這一對心體的自覺到超自覺過程，仍容待正文通過文獻細細論證方得以確立，但至少在義理表現上，東所〈行狀〉所載的白沙思想發展的歷程是可以理解的。依此，以下將續論較具爭議性的語句，即東所〈墓表〉「於是迅掃夙習，或浩歌長林，或孤嘯絕島，或弄艇投竿於溪涯海曲，忘形骸，捐耳目，去心志，久之然後有得焉，於是自信自樂」一語。

　　東所〈行狀〉與〈墓表〉二文在寫作時間上相距不遠，按理來說思想內涵當有其一致性，否則要不就是白沙思想本來就雜亂無章、毫無理緒，要不就是他的弟子東所胡亂記載；但毋寧相信白沙思想理當有此意，且其弟子理當如此記載。問題是此「相信」仍必須建基在有效的立論上，否則純從主觀臆想並無任何意義，且白沙之所以被視爲近於道家者，其根據往往也是從「於

〔註105〕參《心體與性體》第二冊，頁235～239。

是迅掃凤習，或浩歌長林，或孤嘯絕島，或弄艇投竿於溪涯海曲，忘形骸，捐耳目，去心志，久之然後有得焉，於是自信自樂」這段話而發，因此唯有正視之，方得以解決此疑難。

依東所載，白沙「隨動隨靜以施其功」之具體作爲爲「或浩歌長林，或孤嘯絕島，或弄艇投竿於溪涯海曲，忘形骸，捐耳目，去心志」。其中，「或浩歌長林，或孤嘯絕島，或弄艇投竿於溪涯海曲」等行爲，儘管目的或在於修養而非避世，但從其表面的行爲來看似乎仍與孔子的積極入世有別〔註106〕；再者，「忘形骸，捐耳目，去心志」，從字面上看近於《莊子・大宗師》「墮肢體，黜聰明，離形去知」〔註107〕。其次，就儒家道德實踐而言，此種親近山林表現是否有其實踐的必要性〔註108〕？且「心志」一詞在《孟子》乃

〔註106〕孔子積極入世態度，在《論語・憲問》：「子路宿於石門。晨門曰：『奚自？』子路曰：『自孔氏。』曰：『是知其不可而爲之者與？』」一則最可代表。另外，孔子對於避世於山林中的隱者，亦曾感嘆說：「鳥獸不可與同群，吾非斯人之徒與而誰與？天下有道，丘不與易也。」《論語・微子》當然另一方面，孔子亦有避世語，如〈公冶長〉「子曰：『道不行，乘桴浮于海。從我者其由與？』」但整體而言，孔子所表現的態度仍是比較積極入世的，且可謂乃是從日用常行中體現仁道，尤其從其諸弟子問仁，而孔子具體答之可知。參《論語・顏淵》「顏淵問仁。子曰：『克己復禮爲仁。一日克己復禮，天下歸仁焉。爲仁由己，而由人乎哉？』」、「仲弓問仁。子曰：『出門如見大賓，使民如承大祭。己所不欲，勿施於人。在邦無怨，在家無怨。』」〈子路〉「樊遲問仁。子曰：『居處恭，執事敬，與人忠；雖之夷狄，不可棄也。』」等。

〔註107〕莊子這幾句話不論是〔唐〕成玄英：「雖聰屬於耳，明屬於目，而聰明之用，本乎心靈。既悟一身之非有，萬境皆空，故能毀壞四肢百體，屏黜聰明心智者也」（〔清〕郭慶藩編：《莊子集釋》（上）（台北：萬卷樓，1993年），頁285）；〔宋〕林希逸：「坐忘，則盡忘之矣，此『有無俱遣』之時……四肢耳目皆不自知。」（《莊子鬳齋口義校注》（北京：中華書局，1997年），頁123）；〔清〕陳壽昌的「渾同視物色相俱空」言「一切放下」。（《南華眞經正義》（臺北：新天地書局，1977年），頁58）；鍾泰的「忘其身」、「忘其知」，「是爲我法兩忘」。（《莊子發微》（上海：上海古籍出版社，2008年），頁164）皆要去執、忘我的工夫境界體現。

〔註108〕白沙在〈與林蒙菴〉一書中提及「蒙菴官于朝也，則行乎朝；僕之居山林也，則行乎山林。蒙菴欲以其道施諸人，僕猶未免於自治，其不能無憂一也，在己在人則殊耳。……古之爲士者，急乎實之不至；今之爲士者，急乎名之不著。周子曰：『實勝善也，名勝恥也。』僕竊願與諸公共勉焉」（《陳獻章集》，頁241~242），顯然白沙以爲工夫實處不從山林或爲官辨，而在能否「憂」道（《論語・衛靈公》「君子憂道不憂貧」）而已。另外，楊祖漢老師亦謂接近山林與否，不是儒學判斷根據；人接近大自然，與人歸不歸隱，二者並不相干，但倘若是嚮往歸隱，此又是另一個問題；若不是嚮往歸隱，則遊山玩水亦是一種修養。引自2009年1月20日，論文討論會。

指道德實體〔註109〕，非如《莊子》從心知造作解〔註110〕，則「去心志」一詞當如何理解？對此種種詰難，於此確實很難一時釐清，必待章節討論中就白沙思想整貌觀之，方可批判白沙言此或弟子載此之意義。然此處或仍可稍稍爲之辯駁，即《莊子・大宗師》中所謂「墮肢體，黜聰明，離形去知」，據其上下文觀之：

> 顏回曰：「回益矣。」仲尼曰：「何謂也？」曰：「回忘仁義矣。」曰：
> 「可矣，猶未也。」他日，復見，曰：「回益矣。」曰：「何謂也？」
> 曰：「回忘禮樂矣。」曰：「可矣，猶未也。」他日，復見，曰：「回
> 益矣。」曰：「何謂也？」曰：「回坐忘矣。」仲尼蹴然曰：「何謂坐
> 忘？」顏回曰：「墮肢體，黜聰明，離形去知，同於大通，此謂坐忘。」
> 仲尼曰：「同則無好也，化則無常也。而果其賢乎！丘也請從而後也。」
>
> （《莊子・大宗師》）

此雖是工夫，實亦是一種境界體現〔註111〕，非如白沙言此只是工夫表現，且

〔註109〕 《孟子・公孫丑上》，孟告論辯言及志與氣的關係，孟子以爲志是本，氣是末；志即心體，是可以決定生命的道德方向，賦予生命及一一事象以價值的主宰。參曾昭旭等著：《孟子義理疏解》，頁 235～239。

〔註110〕 《莊子・大宗師》雖有「心志」一詞，但不論理解爲如〈逍遙游〉「其神凝」、〈達生篇〉「用志不分，乃凝於神」之心志專一於道（如成玄英疏，郭慶藩編：《莊子集釋》（上），頁 231；陳壽昌：《南華眞經正義》，頁 47；鍾泰：《莊子發微》，頁 133；方勇、陸永品著：《莊子詮評》（成都：巴蜀書社，2007 年），頁 241），或解爲「志作忘，無思也」（張默生原著，張翰勛校補：《莊子新釋》（山東：齊魯書社出版，1996 年），頁 193；王叔岷：《莊子校詮》（上）（台北：中央研究院歷史語言研究所，1999 年），頁 212），就其上下文觀之，心終究只是一有限心、執心，是會損害自然大道的；所謂「不以心捐（作『損』解）道」是也。參《莊子詮評》，頁 204；《莊子新釋》，頁 193。

〔註111〕 據唐君毅（《中國哲學原論・原道篇・卷一》，《唐君毅全集》卷十四（臺北：臺灣學生書局，2004 年），頁 367～370、398）、高柏園（《莊子內七篇思想研究》（臺北：文津出版社，2000 年），頁 183～184）、楊國榮（《以道觀之——莊子哲學思想闡釋》（臺北：水牛出版社，2007 年），頁 136～143）等人看法，「坐忘」同於「心齋」，皆是去成心工夫；然依原文所述，既是對「坐忘」內容的描述，且孔子聽聞後尚且謂須向顏子學習，顯然此非單純工夫而已。且林希逸闡明此段文義時亦指出，此一段乃借顏子之名以形容造道之妙。（《莊子鬳齋口義校注》，頁 123），高柏園解〈大宗師〉一文亦指出，此文內容主要是環繞「眞人」觀念而展開，並認爲此中當論及工夫論之種種語句時，不但可做爲工夫論的指標，同時也可做爲境界層次的指標，二者實爲一體之二面。（同上，頁 171、179～180）故謂顏回的坐忘既是工夫亦是境界是可成立的。

「自信自樂」是在「久之然後有得」之後。故吾人或可謂白沙僅以此做為手段，並非將其視為所欲達至的目標。而白沙此態度，或同於其對佛教工夫修養一般〔註112〕，因自覺重點在於主體實踐之自得，且關懷點亦在此，故並無避諱參酌了或近於何種學說。

又或白沙這一「或浩歌長林，或孤嘯絕島，或弄艇投竿於溪涯海曲，忘形骸，捐耳目，去心志」的表現，乃因悟得道無分動靜，若工夫只是執持於靜，則未免落於一偏，且徒把捉一超越的心體，故有「去心志」，投身自然的行為；而這表現背後或即是一種「去光景」的工夫——牟宗三先生詮解羅近溪（羅汝芳，字惟德，號近溪。1515～1588年）思想，以為其承王學發展而下，已無分解必要，問題僅在如何破除光景〔註113〕，「當下渾淪順適」，故工夫以無工夫姿態呈現；這不是說不需要工夫，也不是在義理分解上立一新說，只是無說可立，甚至一無工夫可立，唯有一當下呈現〔註114〕——畢竟，牟先生雖然把白沙歸為「只是玩弄光景（廣義光景）」一類，但如果我們從白沙強調靜坐而見一超越之心體，進而自覺到未能只是把捉一超越之體，本體當在自然而然中體現其自己這樣一個為學歷程來看，似乎白沙當可以同於牟先生所說的，也是一種去光景的表現〔註115〕。若如此，白沙所說的自然而然、曾點樂趣，儘管與近溪之無工夫之工夫體現路徑不同，但也可以說是一種無工夫之工夫的表現，且對應於儒學實踐要求，亦非空言，亦有其實義。對此，續觀甘泉對白沙思想歷程的記載，亦可得到印證：

> 從學於吳聘君，聞伊洛之緒。既博記於羣籍，三載罔攸得；既又習靜於春陽臺，十載罔協於一，乃喟然歎曰：「惟道何間於動靜，勿忘

〔註112〕白沙：「佛氏教人曰『靜坐』，吾亦曰『靜坐』；曰『惺惺』，吾亦曰『惺惺』；調息近於數息，定力有似禪定，所謂『流於禪學者』，非此類歟？」〈復趙提學僉憲三〉，《陳獻章集》，卷2，頁147。

〔註113〕牟先生以為「破光景」有二義：就廣義，指無真切工夫，僅以良知之流行，自然、灑脫為其宗旨；狹義則單就懸空描繪良知如何如何，卻未能致使良知真實流行於日用間而言。而羅近溪之「破光景」主要就狹義而言。參《從陸象山到劉蕺山》，頁287～288。

〔註114〕參《從陸象山到劉蕺山》，頁288～298。

〔註115〕牟宗三所謂「去光景」當有三步驟：首先，對良知本身有所悟解；接著，經此一悟解，「良知即凸起而被投置於彼，成為一對象或意念，不復是天明」，此時良知本身便產生光景；最後，體悟到一切分解講說或執此一對治相，都只是外在的、表面的，工夫當只是一當下呈現。參《從陸象山到劉蕺山》，頁290～291、296～298。

勿助何容力，惟仁與物同體，惟誠敬斯存，惟定性無内外，惟一無
欲，惟元公、淳公其至矣。」故語東白張子曰：「夫學至無而動，至
近而神，藏而後發，形而斯存。知至無於至近，則何動而非神？故
藏而後發，明其幾矣；形而斯存，道在我矣。夫動，已形者也；形，
斯實矣。其未形者，虛而已矣。虛，其本也，致虛所以立本也。」
語南川林生曰：「夫斯理無内外，無終始，無一處不到，無一息不運。
會此則天地我立，萬化我出，而宇宙在我矣。得此欛柄，更有何事？
上下四方，往古來今，渾是一片。自茲以往，更有分殊合要理會？
終日乾乾，存此而已。」（〈白沙先生改葬墓碑銘〉，《陳獻章集》，附錄二，頁
884）

甘泉也是認爲白沙思想是有發展的，且其歷程：從學於康齋、博記於羣籍、
習靜於春陽臺，到體會到「道何間於動靜，勿忘勿助何容力」；基本上，都同
於東所的記載。且從甘泉重視白沙道無分動靜，強調工夫只是勿忘勿助，亦
可呼應東所所載的白沙體道究竟，本體工夫只是一體流行、自然而然；相較
於靜坐去把抓一超越之心體，這一個「勿忘勿助」的工夫，不可不謂是針對
這一把抓相而來的消解與融通，並回歸到道德實踐本是自然而然、當下呈顯
之意。

　　但儘管甘泉敘述近於東所，二人仍有不同：東所固然在〈墓表〉一文中
認爲白沙靜坐「未之有得」，但在〈行狀〉所謂「吾能握其機，何必窺陳編」，
實又表明了靜坐對白沙仍是有所得的；此「得」重在悟得一超越之心體。而
〈行狀〉說法，也同於白沙自己在〈復趙提學僉憲〉一文中對靜坐的肯定。
反觀甘泉說法，「習靜於春陽臺，十載罔協於一」，似乎表示靜坐對白沙而言
只是未有所得；然果如此，則白沙自述對靜坐的肯定當如何回應？對此，筆
者提出兩種可能：其一，甘泉之說亦承白沙主張而來，只因甘泉從學於白沙，
白沙已 67 歲，與其在 52 歲作〈復趙提學僉憲〉一文就時間上已有距離，思
想上亦已有發展，因此當甘泉問學白沙，所得於白沙者自然爲白沙晚年看法，
而甘泉亦理當順白沙之說，以爲白沙早時靜坐工夫仍爲未得。﹝註116﹞其二，

─────────────

﹝註116﹞白沙另一弟子林光亦嘗謂：「先生初築春陽臺，日坐其中，用功或過，幾致心
　　　　病，後悟其非，且曰：『戒慎與恐懼，斯言未云偏。後儒不省事，差失毫釐間。』
　　　　蓋驗其弊而廢也。」〈白沙學案下〉，卷6，頁112～113。可見，甘泉之說亦
　　　　當有其根據。

甘泉固然理解靜坐在白沙思想中有它一定的意義，但因其自身理論反對靜坐或反對主靜之說〔註117〕，故僅謂靜坐工夫致使白沙「十載罔協於一」。但無論如此，於此益見白沙思想確實是有發展的。又，從東所與甘泉對白沙靜坐態度的不同，或亦可揣測二人在承繼白沙思想同時，實各自又表現了白沙思想可能存在的不同面相與發展。對此，筆者將在正文就二人思想對白沙學的吸收，做較為深入的討論，以期見出此意。

但無論如何，於此稍檢別東所的〈行狀〉與甘泉的〈改葬墓碑銘〉亦可發現其中梗概：首先，東所在〈行狀〉中載，白沙先體會到「學貴乎自得」方採靜坐工夫，並通過靜坐自覺到「吾能握其機，何必窺陳編」。這一個步驟同於白沙〈復趙提學僉憲〉一文，從「未得」到「於是舍彼之繁，求吾之約，惟在靜坐」，並通過靜坐「見吾此心之體隱然呈露，常若有物」。因此可說這一個時期不論是白沙自述，或是東所的記載，其工夫重點皆在主體自覺。爾後，東所載白沙從主體自覺到自覺心體既內在於我，當無分動靜，「得之者，動亦定，靜亦定」，亦可表明白沙思想理路發展的一致性——從主體自覺到超自覺，亦即強調得此欛柄，進至境界工夫渾是一體；也因此吾人可理解白沙何以認為「靜坐」仍有所不足，須達致「隨動隨靜以施其功」方是究竟。故整體觀之，東所的記載就義理發展脈絡來看是有它的合理性。反觀甘泉。甘泉以為白沙在靜坐「十載罔協於一」後，才體會到「道何間於動靜」，工夫只是勿忘勿助；此時方是白沙思想所在，其餘都只是為學的過程，都只是「未

<hr>

〔註117〕甘泉在〈白沙子古詩教解卷之上・和楊龜山此日不再得韻〉提及「夫先生主靜而此篇言敬者，蓋先生之學，原於敬而得力於靜」，又謂「此主靜之全功，無非心之敬處」，並結語「按此，則敬與靜無二心，無二道」（《陳獻章集》，附錄一，頁701～703），似乎不反對「靜」，以為「敬」與「靜」同。然其在〈答余督學〉一文，謂「古之論學，未有以靜為言者。以靜為言者，皆禪也。……故善學者，必令動靜一於敬，敬立而動靜渾矣，此合內外之道也」（鍾彩鈞彙編：《泉翁大全集》，卷8，頁11），卻直指「靜」為非，並高舉「敬」。反觀白沙，白沙言敬主要僅有二處：「聖人之學，惟求盡性。性即理也，盡性至命。理由化遷，化以理定。化不可言，守之在敬。有一其中，養吾德性。」（〈與民澤〉，《陳獻章集》，卷4，頁278）；「進亦人所憂，退亦人所憂；得亦人所憂，失亦所人憂。所憂非憂道，所憂其可留；所憂非憂貧，所憂其可休。古來嚮道人，能辨憂所由。去去凌九霄，行行戒深溝。敬此之謂修，怠此之謂流。」（〈贈世卿〉，《陳獻章集》，卷4，頁300）除〈與民澤〉一則確實有以敬為本之意，然其餘卻未顯如此。當然，或可謂白沙儘管未言「敬」，卻仍可說其思想實可隱含此意，但這終究是引申義。

得」，都不足以代表白沙。但甘泉說法可以成立嗎？甘泉將白沙「道何間於動靜」之意，歸本於濂溪、明道，且重在濂溪的「無欲」〔註118〕，明道的〈識仁〉〔註119〕、〈定性〉〔註120〕。並認爲白沙經由這一體悟，方有與張生、林生諸語。就「道何間於動靜」一句，其意當同於東所所載的「道非動靜」一語；但白沙這一體悟是否是受濂溪的「無欲」所影響，筆者以爲這是有討論空間的，畢竟白沙主張靜坐或強調主靜，已明白說明這是從濂溪而得，〔註121〕倘若此處廢靜坐、主靜，又說是從濂溪思想而得，顯然在說法上有不一致。〔註122〕且參東所的說法，「蓋其學初則本乎周子主靜，程子靜坐之說，以立其基。……其後造詣日深，則又以進乎顏氏之卓爾。雖欲從之，末由也已之地位，而駸駸乎孔子無意必固我之氣象矣。其學有本原，進有次第，的然可據如此。」〔註123〕倘若白沙思想一如甘泉所載，一開始就是以悟得「道非動靜」爲全部思想內容，那麼東所所謂白沙「本乎周子主靜，程子靜坐之說」似乎即是贅語，甚可說是有誤的；然觀白沙〈復趙提學僉憲〉一文，顯然甘泉說法相對東所而言，未必較爲可信。又或甘泉此說，實爲強調白沙此從「靜坐」到「隨動隨靜以施其功」是一思想深化過程，亦即東所所謂「其後造詣日深」、「其學有本原，進有次第」之意，而非直棄「靜坐」在白沙思想中的意義，因此乃將濂溪「主靜」與明道〈定性〉等同視之。但這終究只是推測之詞，

〔註118〕濂溪：「聖可學乎？曰：可。曰：有要乎？曰：有。請問焉，曰：一爲要。一者，無欲也。無欲則靜虛動直。靜虛則明，明則通；動直則公，公則溥。明通公溥，庶矣乎」（《通書・聖學第二十》，頁 31）；「聖人定之以中正仁義，而主靜，（自註云：無欲故靜。）立人極焉」（〈太極圖說〉，頁 6）。《周敦頤集》（北京：中華書局，2009 年）。

〔註119〕明道：「學者須先識仁。仁者，渾然與物同體，……識得此理，以誠敬存之而已……『必也事焉而勿正，心勿忘，勿助長』，未嘗致纖毫之力，此其存之之道。」《河南程氏遺書》卷第二上，《二程集》，頁 16～17。

〔註120〕明道：「所謂定者，動亦定，靜亦定，無將迎，無內外。」〈定性書〉，《二程集》，頁 460。

〔註121〕白沙：「伊川先生每見人靜坐，便嘆其善學。此一靜字，自濂溪先生主靜發源，後來程門諸公遞相傳授，至于豫章、延平二先生尤專提此教人，學者亦以此得力。……然在學者，須自量度如何，若不至爲禪所誘，仍多著靜，方有入處。若平生忙者，此尤爲對症之藥。」〈與羅一峰二〉，《陳獻章集》，卷 2，頁 157。

〔註122〕筆者以爲，如果要說白沙此階段仍是從濂溪主靜而得，還有一種可能的解釋，亦即針對濂溪主靜之說做反省。

〔註123〕〈白沙先生行狀〉，《陳獻章集》，附錄二，頁 880。

在甘泉〈改葬墓碑銘〉一文確實未見此意，因此筆者將待正文釐定，以期見出甘泉如此記載之用心。

另外，文中甘泉載「與東白張子曰」一則，甘泉視為是白沙在悟得「道無動靜」後的書信，然東所〈行狀〉卻將它〔註124〕視為是白沙靜坐後的體悟，且在悟得「道無動靜」之前。究竟何人說法較為恰當？對此，筆者以為倘若肯定「靜坐」在白沙思想中占有一重要環節，則東所說法在時間點上是有其合理性，但倘若將白沙靜坐視為真正悟道前的一個經歷，則甘泉說法即不可廢。觀前人研究，顯然多半認為靜坐在白沙思想是有其重要意義，甚且將靜坐視為悟到自然之關鍵工夫。若是，則甘泉對白沙靜坐所抱持的觀點則需商榷。但無論如何，甘泉此一態度確實引發吾人再次思考白沙靜坐的意義，亦即倘若肯定靜坐在白沙思想中的意義，則吾人當該如何詮解，較能顯出靜坐在白沙思想中所居的地位。再者，甘泉引〈與林郡博〉〔註125〕一文，據北京中華書局《陳獻章集》有附註曰：「（〈與林郡博〉）文後，羅本、林本、蕭本有『辛卯四月』四字」〔註126〕。「辛卯四月」，依《年譜》，時白沙44歲；就這個時期與其他文獻相比較，白沙仍然重視靜坐，且工夫仍有對治相，如〈與伍光宇〉「近過胡按察，請教以心馭氣之術，試效立見驗，但日用應接事煩，不免妨奪，工夫不精。今欲自五月一日為始，以家事權屬之老母，非大賓客，令諸見管待。及光宇未復白沙，借尋樂齋靜居百日，有驗即奉還也」等語〔註127〕，未如〈與林郡博〉一文中所呈顯的「上下四方，往古來今，渾是一片」這種一體的表現。且在時間點上，伍光宇於白沙44歲卒，因此〈與伍光宇〉一文寫作時間當不晚於白沙44歲。若是，〈與林郡博〉與〈與伍光宇〉二文在義理上有無衝突？吾人又如何回應甘泉的說法？對此，筆者提出兩點思考：首先，義理的發展並非割裂的，之所以有進程，往往前期已醞釀著後期思想發展的可能。而分期的目的，只是為了讓理論呈顯更立體、更明確而不得不然的方法。因此，若前期已隱含或表現後期思想，這也不足以因而否定前期基本立場。其次，當回歸文獻，全面檢視白沙言此之意，而非取一二句便認定白沙必然只是此意。

〔註124〕筆者按，白沙48歲作〈復張東白內翰〉（《陳獻章集》，卷2，頁131～132）一文，並將此文括而成詩，為〈答張內翰廷祥書，括而成詩，呈胡希仁提學〉（《陳獻章集》，卷4，頁279～280）。參《陳獻章集》，附錄二，頁817。

〔註125〕此內容在〈白沙學案上〉，名為〈與林緝熙〉。參該書，卷5，頁87。

〔註126〕《陳獻章集》，卷2，頁217。

〔註127〕《陳獻章集》，卷3，頁238。

　　總體而言，從白沙〈復趙提學僉憲〉、東所〈墓表〉、〈行狀〉，以及甘泉〈改葬墓碑銘〉諸文一路論下可知，白沙思想進程確實可分作三階段：首先讀書以明理，其次靜坐養出端倪，最後則隨動隨靜以施其功。第一次到第二次工夫的轉折乃質變，即體悟道德實踐關鍵在我，「求吾之約」即可，故工夫擇取乃從讀書至靜坐；工夫效驗則從「此心與此理未有湊泊脗合」至「吾此心之體隱然呈露，常若有物」。第二次至第三次的轉變則是程度的深化，是一義理必然發展：一旦自覺心體內在於我，則隨著對本體體悟的深化，自然體會道與我本是如此、自然而然，工夫亦只是使心體如如呈顯其自己而已；若是，本體發用又如何區分動靜。因而工夫擇取，乃從靜坐進至隨動隨靜以施其功，工夫效驗則從體悟一超越之心體進至本體本然如此、「自信自樂」、「人與天地只此自然、流行」。不過值得一提的是，既然白沙第二階段到第三階段的發展，是同一個系統的圓熟完成，工夫只在困勉與純熟的差別，則儘管區分為兩階段，然實在文獻呈顯上非劃然為二，而是較凸顯出其工夫慢慢進程直至圓熟相。梨洲對陽明學發展的記載，有所謂前三變、後三變之意。蔡仁厚先生謂，陽明前三變是異質的轉變，後三變則是一根同質的發展，雖在工夫上有困勉與純熟之別，但在義理骨架上並沒有什麼改變。〔註128〕筆者在梳理白沙、東所、甘泉諸文亦發現，對白沙思想的理解確實也可通過所謂「異質的轉變」與「一根同質之發展」這樣的脈絡來掌握其內部義理系統，只是在歸類上，白沙第一階段（問學於康齋，閉戶讀書時期。約白沙 27～28 歲）到第二階段（靜坐悟得一超越之心體時期。約白沙 28～52〔註129〕歲）是為「異質的轉變」，第二階段到第三階段（悟得道無分動靜，工夫重在隨動隨靜以施其功。約白沙 54〔註130〕～73 卒）即為「一根同質的發展」。順此，以下各章節安排將為：

第一章　緒論

第二章　為學初始：讀書以明理

　　白沙此期主要依循康齋教法，而康齋思想一般歸為朱子學，故此章對比

〔註128〕蔡仁厚：《王陽明哲學》，頁 1～17。

〔註129〕白沙 52 歲寫作〈復趙提學僉憲一〉。事實上，思想發展不可能割裂為二，因此以 52 歲為界，只是論述上的方便，且因時期的劃分主要從〈復趙提學僉憲一〉一文而得。

〔註130〕以 54 歲為第三階段開始，也同上註之意，只是說法上的方便，且因根據亦因論述上採東所說法為主，而東所問學於白沙，時值白沙 54 歲。

學者將以朱子、康齋爲主。又白沙對此時期的描述著墨不多，主要以反省爲主，故此章論述方式將以朱子、康齋說法爲主要論述內容，期從中透顯出何以白沙在習得此法後，仍覺此心與此理未有湊泊脗合。

第一節　從康齋言心見白沙言「此心與此理未能湊泊脗合」之意

第二節　從康齋重讀書見白沙所謂「舍彼之繁」之意

第三章　爲學進階：靜中養出端倪

「於是舍彼之繁，求吾之約，惟在靜坐」，此從繁到約的擇取是白沙思想的大躍進；從象山對朱子的批評，即可見出白沙何以言此。再者，此期白沙之所以採取靜坐工夫，乃自覺從濂溪主靜、二程靜坐等而來，但「主靜」與「靜坐」二者概念如何釐清，亦將通過此對比見出白沙此期之特點。

第一節　未得到自得：義理本質的扭轉

第二節　對康齋學的反省

第三節　以靜坐爲悟道工夫

第四章　爲學究竟：大悟自然眞義

白沙「夫道非動靜也。得之者，動亦定，靜亦定，無將迎，無內外，苟欲靜即非靜矣」，可與明道〈定性〉，強調「一體」作個理解。且此時期，白沙強調「自然」，或可從靜坐到隨動隨靜以施其功見出白沙「自然」之意。最後，筆者將從東所與甘泉對白沙「自然」之意的繼承，以見出白沙學可能發展的面相。

第一節　未得到自得：本體工夫的深化

第二節　以自然爲工夫

第三節　從東所、甘泉見白沙自然之意

第五章　結論

第五節　理論限制

每一種論述方式都有其侷限，此猶如看到手的一面，必然缺漏了另一面。此便是人在現象世界的限制。本論文亦然。筆者理解，當提出一個研究的論述主軸，必然同時限制了其他可能的議題；當提出了一個研究方法，必然僅能見到思想家所呈顯的義理內涵之一面。但無論如何，至少可安慰的是，筆者的努力或許可爲此研究對象拼湊出其中一塊重要的論題。但這只是自我期許。更重

要的是，筆者以為於此必須提出此論文之限制，以供後學者一個研究線索。

　　本論文論述限定在兩條主軸：一、全文論述集中在白沙思想的議題上；另一、以思想分期的方式呈顯白沙思想的進程。此論述方式之優點固然在於議題鮮明，且可清楚呈顯白沙思想的進程。但限制在於：

　　一、由於集中議題討論，因此對於目前研究白沙者所關注的問題，如白沙與明初朱子學的關係、白沙在陸王思想中所扮演的橋樑為何、白沙與其弟子們思想的關係、白沙與陽明思想的關係、白沙與陽明弟子思想的關係等，多未能深入探討，僅能就相關問題稍微論述。

　　二、由於焦點集中在白沙，故儘管論及白沙思想之承繼關係，但仍只是點到為止，未能分章、分節一個個具體論述。

　　三、由於此文只關注白沙本質義理內涵為何，因此對於白沙是否受到佛老的影響，以及影響程度多寡，並未申論。

　　四、思想分期倘若要有強烈的說服性，必須建基在文獻本身皆明確記載其寫作年份，但考核白沙《年譜》等，筆者最終仍未能盡善盡美地確立白沙每一文獻的時間點，此實屬筆者寫作此文之缺憾。不過，此論文重點既在義理的發掘，而非史料考證工作，且思想發展本身除了具有延續性外，又有其超時空限制的可能性，因此筆者僅能暫時權說此分期亦當有其可靠性：文獻之安排，除考慮其寫作時間點外，並斟酌此文獻所呈顯出的義理內涵；以待後學者做更進一步的研究。

第六節　預期成果

　　限制的本身，往往同時就是他的優點。筆者此論文既限制在此兩條主軸上，則其優點亦正表現在其限制上。因此，可以確定其預期成果如下：

　　一、大方向而言，可以明確、清楚地展示白沙思想意涵，且具體地見出白沙思想的進程。

　　二、細部而論，則可歸納七點：

　　（一）可以見出白沙在每一個「未得」，或「自得」中，所體現出的思想意義。

　　（二）可以見出白沙如何從康齋學轉出；更重要的是，此轉出所代表的意義。

（三）可以明確了解「靜中養出端倪」，此語所包含的義蘊。

（四）可以區分「靜坐」與「靜」在白沙思想中各自所代表的意義。

（五）可以了解白沙所謂「自然」究竟包含哪些含意。

（六）可以明白「靜坐」與「自然」各別在白沙思想中所居的地位。

（七）最後可確定白沙思想宗旨可定於哪一二字，及其理由為何。

第二章　爲學初始：讀書以明理

　　關於白沙此期學習內容及心得，文獻實不多，頂多只能從他後來的自述及旁人的記載略知一二，故本章論述將採通過對朱子、康齋思想的相互闡發、比較，以透顯白沙何以通過讀書以明理仍覺此心與此理未能湊泊脗合。又儘管朱子思想全方位的涵括理氣、心性、工夫等等的討論，但因朱學發展至明初，已偏向實踐篤行與重視心體一面。〔註1〕如錢穆謂明儒爲了矯元儒考索註解文字書本風氣，因而偏向約禮一邊，而少博文之功。〔註2〕陳榮捷以爲「此輩程朱後學，改變其學說之原有方向。……吾人已確切覺察早期明代新儒學已對形而上學及格物窮理諸論題之知性方面較少興趣，而於心之存養與居敬諸工夫，則較多關注。」〔註3〕張學智亦謂「明代前期儒者，特別是薛瑄與吳與弼，較少在本體論上闡發，且以此爲虛玄。他們認爲，本體論前賢已道盡無餘蘊，後來的儒者只需遵循前代儒者設定的修養路徑去實行即可。」〔註4〕本文重點既在白沙早期思想探索，並採縱向考察方式上溯至康齋、至朱子，因此本文對朱子討論將有所擇取，且主要以康齋對朱子思想的吸收與發展爲主，以見白沙如何在康齋思想下的朱學轉而爲明代心學之發軔者。至於明初

〔註1〕 張君勱認爲，明代思想家重視內心體驗，放棄了宋代所重視的注釋經典。氏著：《新儒家思想史》（北京：中國人民大學出版社，2006年），頁247。古清美也認爲，明代不論是述朱，或宗主白沙、陽明者，皆具極端重視「心體的證悟」此一特色。氏著：〈明代朱子理學的演變〉，《慧菴存稿一‧慧菴論學集》，頁42。另外亦可參考氏著：〈自序〉，《明代理學論文集》，頁1、4，以及呂妙芬：《胡居仁與陳獻章》，頁31～32。
〔註2〕 錢穆：《中國學術思想史論叢》（七），頁5～6。
〔註3〕 陳榮捷：《朱學論集》，頁334，頁340。
〔註4〕 張學智：《明代哲學史》，頁27。

諸儒的討論，前人論述已詳，且本文關注點在白沙，故此處並不逐一討論。

第一節　從康齋言心見白沙言「此心與此理未能湊泊脗合」之意

一、所謂「未得」，非謂白沙未獲或不解康齋學說

　　在理解白沙「所謂未得，謂吾此心與此理未有湊泊脗合處也。於是舍彼之繁，求吾之約，惟在靜坐」之意前，首先須釐清的是白沙言「未得」是在何種意義下言此「未得」：是基於康齋既無教授學問，而白沙亦無所得；抑或雖理解康齋學說，但仍覺未契，因而在學問上有所轉出？對此，先觀後人記載：

楊起元（復所）〔註5〕言：

> 予少時聞白沙先生學於吳康齋先生。吳先生無講說，使先生劚地植蔬編籬。吳先生或作字，先生研墨，或客至，則令接茶。如是者數月而歸，竟無所得於吳先生也。（〈白沙語錄序〉〔註6〕）

屈大均言：

> 白沙之於吳聘君也，為之執役數月而不敢請益一言，其後賀黃門欽於白沙亦然。《廣東新語‧學語》〔註7〕

似乎說明白沙雖問學於康齋，但康齋對白沙卻無講說，只恁地命他作小學工夫，且白沙自身亦「不敢請益一言」、「竟無所得於吳先生也」。又據梨洲記載：

> 陳白沙自廣來學。晨光纔辨，先生手自簸穀。白沙未起，先生大聲曰：「秀才，若為懶惰，即他日何從到伊川門下？又何從到孟子門下？」（〈崇仁學案一〉，卷1，頁3～4）

顯然白沙並不認真問學於康齋，甚且為康齋叱為「懶惰」。若如此，謂白沙於康齋處「未得」，似乎須理解為康齋既無教授學問，且白沙從中亦無所得。〔註8〕然果真如此？就康齋自己講說：

〔註5〕　楊起元，字貞復，號復所。師事羅近溪。參〈泰州學案三〉，卷34，頁56。
〔註6〕　引自〈年譜〉，《陳獻章集》，附錄二，頁806。
〔註7〕　〔清〕屈大均：《廣東新語》（北京：中華書局，1997年），卷10，頁310。
〔註8〕　《中國古代哲學史》一書中指出，從白沙學經歷來看，白沙問學康齋僅半年，且無所得，因此其思想主要是靠自己刻苦鑽研、力行踐履而得。復旦大學哲學系中國哲學教研室編，頁663。

大要入門，只在撥置他書。一以四書及伊洛關閩諸子，專心循序熟讀，勿忘勿助，優柔厭飫於其間，積久自然有得，不可強探向上，此味眞難知之，正文公所謂雖淡而實腴也。(〈與九詔書丙午〉,《康齋集》，卷8，頁29)〔註9〕

跋涉西還訪舊居，故人心緒總何如。平生拙學無他技，到處逢人勸讀書。(〈贈故里親友〉,《康齋集》，卷2，頁32)

勝地久聞蕃俊傑，歸鞭今喜到華居。丁寧篤世無他術，禮義多循飽讀書。(〈次湖芥〉,《康齋集》，卷2，頁46)

可知，康齋並非無講說，且還「到處逢人勸讀書」，因此對其門人白沙並無道理不教他讀書、不傳授其學。且從康齋的〈學規〉觀之：

一須用循序熟讀小學四書本文，令一一成誦；然後讀五經本文，亦須爛熟成誦，庶幾逐漸有入。此簡工夫須要打捱歲月方可，苟欲早栽樹、晚遮陰，則非吾所知也。一學者所以學爲聖賢也，在齋務要講明義理、修身愼行，爲事如欲涉獵以資口耳、工詩對以事浮華，則非吾所知也。一古人讀書皆須專心致志，不出門戶，如此痛下工三五年，庶可立些根本，可以向上。如或作或輟，一暴十寒，則雖讀書百年，吾未見其可也。(《康齋集》，卷8，頁43～44)

白沙既在康齋處學習，理當亦依循此學規要求而行；若順此學規，讀書次序、爲聖之道，以及工夫步驟等等，當都有得於康齋。且從白沙自述的，「比歸白沙，杜門不出，專求所以用力之方，既無師友指引，惟日靠書冊尋之，忘寢忘食，如是者亦累年」〔註10〕看來，白沙固然僅問學康齋半年，但此期學習方式仍本康齋所教，以讀書作爲學習之法。因此，若謂康齋對白沙毫無講說，且白沙未得康齋之學，確實是不正確的。

　　白沙嘗自述其學言：

僕才不逮人，年二十七始發憤從吳聘君學，其於古聖賢垂訓之書，蓋無所不講，然未知入處。比歸白沙，杜門不出，專求所以用力之方，既無師友指引，惟日靠書冊尋之，忘寢忘食，如是者亦累年，而卒未得焉。所謂未得，謂吾此心與此理未有湊泊脗合處也。於是

〔註9〕　〔明〕吳與弼：《康齋集》,《四庫全書珍本》集部（臺北：臺灣商務印書館，1973年）。
〔註10〕　〈復趙提學僉憲一〉,《陳獻章集》，卷2，頁145。

> 舍彼之繁,求吾之約,惟在靜坐。(〈復趙提學僉憲一〉,《陳獻章集》,卷2,
> 頁145)

此更證明了康齋並非無所傳授其學,甚且「於古聖賢垂訓之書,蓋無所不講」。
白沙在〈書玉枕山詩話後〉一文中亦指出康齋論學「多舉古人成法,由濂、
洛、關、閩以上達洙泗」〔註11〕。且白沙歸,康齋為其大書「孝思」二字題
其堂,並為之作記〔註12〕,白沙亦讚康齋「尊師道,勇擔荷,不屈不撓,如
立千仞之壁,蓋一代人豪也」〔註13〕,而東所認為白沙之學,「激勵奮發之功
多得之康齋」〔註14〕。因此,白沙所謂「未知入處」、「未得」,即未能循復所
等人所載,從未得、未解師說處理解;反之,當重在白沙雖習得康齋之學——
——用心於「古聖賢垂訓之書」以上達聖賢之理,但因其自身終究未契此讀書
法,致使在「心」、「理」關係上未得其解,最後乃走向「舍彼之繁,求吾之
約,惟在靜坐」此另一修養途徑。

但須注意的是,白沙固然對康齋的讀書法有所「未得」,但並不代表他完
全否定康齋之學。如其云:

> 予少無師友,學不得其方,汨沒於聲利、支離於粃糠者,蓋久之。
> 年幾三十,始盡棄舉子業,從吳聘君游。然後益歎迷途其未遠,覺
> 今是而昨非,取向所汨沒而支離者,洗之以長風,蕩之以大波,惴
> 惴焉,惟恐其苗之復長也。坐小盧山十餘年間,履跡不踰于戶閾,
> 俛焉孳孳,以求少進于古人,如七十之徒于孔子,蓋未始須臾忘也。
>
> (〈龍岡書院記〉,《陳獻章集》,卷1,頁34)

白沙從不自覺到自覺人之所以為人之義,乃因體悟到趙孟之所貴非良貴,口
耳之欲亦只是「小體」;此所貴、所欲對存在而言,皆屬次要,皆非存在本質,
故視之為「支離」。而其之所以有此一悟,依其所言關鍵就在「從吳聘君游」。
白沙又云「坐小盧山十餘年間,……以求少進于古人,如七十之徒于孔子,
蓋未始須臾忘也」。「坐小盧山十餘年間」一語,據東所〈行狀〉「遂築一臺名
曰春陽,日靜坐其中,足不出閫外者數年」〔註15〕、甘泉〈改葬白沙先生墓

〔註11〕 〈書玉枕山詩話後〉,《陳獻章集》,卷1,頁70。
〔註12〕 〈孝思堂記〉,《康齋集》,卷10,頁9～10。
〔註13〕 〈書玉枕山詩話後〉,《陳獻章集》,卷1,頁70。
〔註14〕 〈白沙先生行狀〉,《陳獻章集》,附錄二,頁879。
〔註15〕 《陳獻章集》,附錄二,頁879。

碑〉「既又習靜於春陽臺十載」〔註16〕的敘述，當指白沙「舍彼之繁，求吾之約，惟在靜坐」的階段；亦即對康齋學「未知入處」，自己用力讀書亦「未得」後因有所悟而擇取的新的工夫修養階段。然白沙此處卻云「蓋未始須臾忘也」，顯然在工夫擇取上的改變，並不表示白沙全然否定或廢棄康齋的教導。〔註17〕也因此，儘管以下主要針對康齋學理論中關於白沙所謂「未得」、不契之處作討論，但對於其他康齋對白沙影響部分，如爲聖的決心、義利價值上的擇取，則皆予以正面的肯定。

二、康齋論心乃心與理爲二的心

　　一般研究康齋者，在文獻上多重在〈日錄〉的解析，並認爲康齋的「不輕著述」，致使在解析其思想時，不得不從其身心修養處著手，以描繪、勾勒出其可能的義理內涵。〔註18〕但筆者以爲，儘管〈日錄〉確實可見康齋爲學的用心、實踐過程的體悟，但就整體康齋學說的把握則仍不足，且未能充分表現康齋對概念理解的特點。因此，若要對其思想有一確實的掌握，康齋的書信與論理詩是不可忽略的理論依據，且由此方能眞正豁顯康齋義理內涵。當然，在強調理論分析之際，亦不能忽略研究對象本身的特點；既然康齋爲學乃從身心體驗處著手，因而筆者論述亦將由此切入，並通過此梳理過程點出康齋思想精髓所在：「夫心，虛靈之府，神明之舍」。

〔註16〕《陳獻章集》，附錄二，頁884。

〔註17〕張學智謂儘管白沙學術宗旨與康齋大異其趣，但就康齋立志於聖賢之學，清苦自立，甘於淡泊的精神卻爲白沙所得。(《明代哲學史》，頁39～40)古清美亦認爲白沙固然有其自己疑問不能解決，但若謂其學問乃是「完全棄去前半段，然後在靜坐中自己另外得來，這並不是十分正確的」，且古清美認爲，至少康齋的身體力行、奮發精進對白沙是有影響的。(《明代理學論文集》，頁30～31) 黃明同則具體指出康齋對白沙影響有三：一是儒家思想淵源的系統傳授；二是學習精神的激勵和學習方法的啓發；三是耕、讀、教三位一體的吳氏生活模式的影響。並認爲從白沙後來的生活道路，便足見這些影響的客觀存在。(《陳獻章評傳》，頁33)

〔註18〕如古清美：「康齋看來純然一鄉村老儒，不輕著述，不求仕進，但篤志聖學，體貼於身心之際。……若要條理、分析康齋思想並不容易，因康齋既棄箋注之事，又何肯在心性上加以分解議論。」《明代理學論文集》，頁19。陳榮捷在討論明初諸儒對明代心學影響問題上，論及康齋亦只引蕺山對康齋人格的稱讚，以及康齋〈日錄〉中諸語，並由此即謂「與弼個人生活之自勵，其門人深受其薰沐」，並引《四庫全書總目提要》，以爲白沙得康齋「靜觀涵養」部分。《朱學論集》，頁338。

　　康齋用心處為何？據康齋文獻，可歸納出兩點：一為安貧，另一則為克己。蕺山即謂康齋之學「大要在涵養性情，而以克己安貧為實地」〔註19〕。但不論是安貧或是克己，皆足以體現儒家實踐要點，如安貧更深一層意涵即「義利之別」〔註20〕，克己目的則在體現「仁」〔註21〕。再進一步論，不論是「義利之別」或是「克己復禮為仁」，二者追論到底，最終必然要逼顯出人此一實踐主體為何；是自身即是道德法則給出者，抑或法則須從外而來。而此問題之回答，正亦顯示理學與心學在義理本質上的不同。今舉朱子與象山對「克己復禮為仁」一詞的理解為例，並藉此分析以對照出康齋在二家義理系統上的取向。

　　朱子在《論語集注》中注「克己復禮為仁」一詞，謂：

> 仁者，本心之全德。克，勝也。己，謂身之私欲也。復，反也。禮者，天理之節文也。為仁者，所以全其心之德也。蓋心之全德，莫非天理，而亦不能不壞於人欲。故為仁者必有以勝私欲而復於禮，則事皆天理，而本心之德復全於我矣。〔註22〕

在此段文，可從三個方面理解，首先，「克己」與「復禮」是一或二；其次，「復禮」之禮是否即等同「理」；最末，「為仁」一詞如何理解。而這三點彼

〔註19〕〈師說〉，《明儒學案》，頁11。鍾彩鈞亦重視克己（克制脾氣）與安貧（安於貧賤）在康齋思想中的意義，以為這兩個工夫正反映心性論的發展：克己關連著儒家對中和的重視，安貧則表現在不怨不尤的道德工夫，合二者則可謂如伊川重在建立人的道德主體，非如明道主張天人一本。〈吳康齋的生活與學術〉，中央研究院中國文哲研究所，《中央文哲研究集刊》第十期（1997年3月），頁284～287。

〔註20〕「義利之別」一詞參王邦雄等著：《孟子義理疏解》，頁254～262。康齋謂「富貴不淫貧賤樂，男兒到此是豪雄，然此心極難，不敢不勉」（《康齋集》，卷11，頁15），亦嘗詩云：「精脩從此可容閒，勘破當年義利關。隨處動心兼忍性，何憂不到古人班」（《康齋集》，卷1，頁35）亦表明其安貧之意在於體現儒者義利之別。

〔註21〕如康齋〈日錄〉云「心本太虛，七情不可有所干，物之相接，甘辛鹹苦，萬有不齊，而吾惡其逆我者，可乎？……於是中心洒然，此殆克己復禮之一端乎！……懼學之不繼也，故特書於冊冀，……漸進於克己復禮之地，此吾志也」（《康齋集》，卷11，頁4～6），「一事少含容，蓋一事差，則當痛加克己復禮之功」（《康齋集》，卷11，頁8）。康齋雖未明言「克己」或「克己復禮」其目的在「為仁」，但此二詞本源自《論語‧顏淵》，為儒學實踐重要論題，因此不論康齋言「克己」或「克己復禮」其目的終在「為仁」當是無誤。只是此「為仁」之具體內涵為何，則端賴其整體理論而定。

〔註22〕《論語集注》，《朱子全書》第陸冊，頁131。

此又環環相扣，且關鍵處就在朱子如何理解「克己復禮」一詞。畢竟，克己之「克」字雖是從實踐主體上說，但倘若其動力根據在外，則一方面道德主體性不顯，另一方面「克己復禮」之必然性亦未得彰顯。進而，儒家之重道德實踐主體義即相對薄弱，人之不容已之必然要求亦未能挺立。故此處討論將著重於第一點討論，並由此關連其餘兩點之意涵。

　　以下先就《朱子語類》中朱子與其弟子的討論作爲說明，以反顯朱子在《集注》中的詮釋。首先，朱子以爲「禮是自家本有底，所以說箇『復』，不是待克了己，方去復禮」，以爲克己便是復禮，不是作兩截工夫。〔註23〕但朱子又認爲若說「克己者，所以復禮；非克己之外，別有所謂復禮之功」，此又「說得忒快了」〔註24〕。顯然朱子認爲在「禮是自家本有底」的前提下，克己方能謂便是復禮，但因克己並非復禮之所以然之根據，因此克己並不意味著一定能復禮。那麼究竟在朱子的理解中此爲一節抑或兩節工夫？觀朱子解釋，「不會作工夫底，克己了，猶未能復禮；會做工夫底，才克己，便復禮也」〔註25〕，又說「固是克了己便是理。然亦有但知克己而不能復於禮，故聖人對說在這裡。卻不只道『克己爲仁』，須著箇『復禮』，庶幾不失其則」〔註26〕。然何以朱子說法如此攪擾？乃因朱子此說已預設了辯說對象。其一爲佛老，朱子謂「然而世間卻有能克己而不能復禮」，如佛老即「元無這禮，克私了，卻空蕩蕩地」〔註27〕。因而認爲「克己」須著箇「復禮」，並以「復禮」爲主〔註28〕，並謂「克己是大做工夫，復禮是事事皆落腔窠。克己便能復禮，步步皆合規矩準繩；非是克己之外，別有復禮工夫」〔註29〕。另一即明道。朱子並不贊同明道所謂「克己則私心去，自能復禮；雖不學禮文，而禮意已得」的說法，以爲「也說忒高了」〔註30〕，並在此批判前提下，認爲「克己」非即是「復禮」。統合此二批判對象及論點，朱子歸結地說「克己復禮」固然不做兩節看，然「克己」

〔註23〕　〈論語二十三〉，《朱子語類》，卷41，頁1047～1049。
〔註24〕　〈論語二十三〉，《朱子語類》，卷41，頁1047。
〔註25〕　〈論語二十三〉，《朱子語類》，卷41，頁1047。
〔註26〕　〈論語二十三〉，《朱子語類》，卷41，頁1045。
〔註27〕　〈論語二十三〉，《朱子語類》，卷41，頁1048。
〔註28〕　「聖人之教，所以復禮爲主。」〈論語二十三〉，《朱子語類》，卷41，頁1045。
〔註29〕　〈論語二十三〉，《朱子語類》，卷41，頁1046。
〔註30〕　〈論語二十三〉，《朱子語類》，卷41，頁1047、1049。

與「復禮」仍有精粗之別〔註31〕，因此二者「是合掌底說」〔註32〕。

朱子說法何須如此曲折？若如明道直下肯認一超越本心，且心體當下自覺、當下呈顯，自然能表現出仁、表現出義、表現出禮、表現出智此四端。至於禮文制度是否熟稔，自然不礙其發心之初衷。故明道能謂「克己則私心去，自能復禮；雖不學禮文，而禮意已得」；此「禮」即非指「禮文」，乃就四端而言的「禮」自身。但朱子顯然未能肯定此心體之超越性。朱子在〈中庸章句序〉〔註33〕即明白指出：

> 蓋嘗論之：心之虛靈知覺，一而已矣，而以為有人心、道心之異者，則以其或生於形氣之私，或原於性命之正，而所以為知覺者不同，是以或危殆而不安，或微妙而難見耳。然人莫不有是形，故雖上智不能無人心，亦莫不有是性，故雖下愚不能無道心。二者雜於方寸之間，而不知所以治之，則危者愈危，微者愈微，而天理之公卒無以勝夫人欲之私矣。精則察夫二者之間而不雜也，一則守其本心之正而不離也。從事於斯，無少間斷，必使道心常為一身之主，而人心每聽命焉，則危者安、微者著，而動靜云為自無過不及之差矣。〔註34〕

「心」只是一認知心，其本然狀態只是一「虛靈知覺」之作用；當心表現其清明，則可認知天理，此時心可視為「道心」，但心同樣可依於形氣之私而為人心，因此如何使心在面對「形氣之私」和「性命之正」時，仍可做出恰當的抉擇──道心為主，人心聽命，此即為朱子用心工夫所在。〔註35〕由此吾

〔註31〕參〈論語二十三〉，《朱子語類》，卷41，頁1046～1047。

〔註32〕〈論語二十三〉，《朱子語類》，卷41，頁1049。

〔註33〕此〈序〉作於淳熙十六年（一一八九），朱子六十歲。此序中關於人心、道心的討論，已為其日後相關討論的依據，故可說是最後的見解。參李明輝：〈朱子對「道心」、「人心」的詮解〉（上），《鵝湖月刊》，第三三卷第三期（2007年9月），頁13。

〔註34〕《中庸章句》，《朱子全書》第陸冊，頁29。

〔註35〕李明輝在〈朱子對「道心」、「人心」的詮解〉（上）一文中亦指出朱子此是將「人心」、「道心」視做心的兩個層面：心是以「知覺」為功能，覺於天理便是道心，覺於人欲便是人心。《鵝湖月刊》，第三三卷第三期（2007年9月），頁13。古清美在〈明代前半期理學的變化與發展〉一文中論朱子的「心」亦提及，朱子固然有「心具眾理」、「心與理一」等語，但就其不能「反心以求理」──「理」在物與在我心一般，但必須就事窮理，須就萬殊體會，絕不可以心會理、不可去一本上尋，否則便落入想像安排。且著重在其為意識活動之主體，只說其「靈明不昧」之作用看來，其心終只是現實的心。氏著：《明代理學論文集》，頁4～13。

人亦不可謂朱子不重心，只是他所理解的心僅從實然處見〔註36〕，只從自由抉擇處用心，未能直截肯定一自由無限心是能當下振拔現實中隨時可能下墮的人性，因而不免減損了人實踐道德之內在、自覺的動力。亦基於此，當朱子解「克己復禮」，謂「克，勝也。己，謂身之私欲也。復，反也。禮者，天理之節文也」，固然可說此是「道心爲主，人心聽命」，但心終究不過是認知心，不等於理自身，故「克己」不必然即是「復禮」。且單就「克己」之所以能克，其動力、判準亦非根於心，乃必須先通過「博文」此先備工夫；唯有「博文」才能理明，理明方能在「克己」時有一是非標準作爲依據。〔註37〕也因此工夫固然用在心，但心與理終究有間。

其次，朱子以爲「復禮」之「禮」字是爲「天理之節文」，「不可將『理』字來訓『禮』字」〔註38〕。其因在於「克去己私，固即能復天理。不成克己後，便都沒事」〔註39〕，且「若但知克己，則下稍必墮於空寂，如釋氏之爲矣」〔註40〕。然「理」與「禮」有何不同？朱子舉例說，「且如坐當如尸，立當如齊，此禮也。坐而倨傲，立而跂倚，此己私也。克去己私，則不容倨傲而跂倚；然必使之如尸如齊，方合禮也。故克己者必須復此身於規矩準繩之中，乃所以爲仁也」〔註41〕。禮的目的在於使人有規矩準繩得以客觀的遵守，理的意義則使人在「克己」之際有一明確的價值判斷標準。前者重在行爲的客觀化，後者則偏重在價值上的擇取；然此些皆非由心而發，益證明朱子言心不但不能給出一價值判斷標準，本身亦無道德實踐動力致使人不容已地體

〔註36〕　朱子言道心、人心實只是心的兩個面向，都爲已發，皆屬氣。且這是對「道心與人心」的心性論解讀。參李明輝：〈朱子對「道心」、「人心」的詮解〉（上），《鵝湖月刊》，第三三卷第三期（2007年9月），頁14、15。

〔註37〕　朱熹：「博文須是窮究得箇事理都明，方解去『克己復禮』。若不博文，則自家行得是與不是，皆不知。所以《大學》先要致知、格物，方去正心、誠意。……今若不博文，只要撮箇尖底，也不解說得親切，也只是大概綽得，終不的當。」〈論語二十三〉，《朱子語類》，卷41，頁1058。

〔註38〕　〈論語二十三〉，《朱子語類》，卷41，頁1045。

〔註39〕　〈論語二十三〉，《朱子語類》，卷41，頁1045。

〔註40〕　〈論語二十三〉，《朱子語類》，卷41，頁1045。

〔註41〕　〈論語二十三〉，《朱子語類》，卷41，頁1046。又朱子固然區分理與禮之不同，但亦有將二者混同而言者，如「禮是自家本有底，所以說箇『復』，不是待克了己，方去復禮。克得那一分人欲去，便復得這一分天理來；克得那二分己去，便復得這二分禮來。且如箕踞非禮，自家克去箕踞，稍稍端坐，雖未能如尸，便復得這些箇來。」〈論語二十三〉，《朱子語類》，卷41，頁1047。

現其自己。而其所謂仁，亦在明理、克己，進而使自己行為合於禮後方稱之，故朱子乃謂「蓋克去己私，便是天理，『克己復禮』所以為仁也。仁是地頭，『克己復禮』是工夫，所以到那地頭底。」〔註42〕所謂「仁是地頭」，當指「心之全德，莫非天理」此心之應然狀態言；但正因心與理為二，故此只能就境界上說、理想上說，實則心與理、與禮終究分隔。

朱子未能肯定一道德主體，故不免在理解「克己復禮」一詞上曲曲折折，反觀象山直下肯定一超越的心體則相對簡易、明白多了。象山謂：「後世言《易》者以為《易》道至幽至深，學者皆不敢輕言。然聖人贊《易》則曰：『〈乾〉以易知，〈坤〉以簡能。易則易知，簡則易從。……易簡而天下之理得矣。』……又曰：『一日克己復禮，天下歸仁焉』……古聖賢之言，大抵若合符節。蓋心，一心也，理，一理也，至當歸一，精義無二，此心此理，實不容有二。……如是則為仁，反是則為不仁。仁即此心也，此理也。」〔註43〕〈與趙然道〉亦謂：「夫子所謂『克己復禮為仁』，誠能無毫髮己私之累，則自復於禮矣。禮者理也，此理豈不在我？使此志不替，則日明日著，如川日增，如木日茂矣。必求外鑠，則是自湮其源，自伐其根也。」〔註44〕因此，不論是心、是理、是仁、是禮，在象山實只是一內在不容已之動力必然要求呈顯於外，且此動力自身亦即是道德法則之根據。因而，是非價值判斷從此而出，使人從私欲中振拔而起亦從此出，辭讓恭敬之行亦本於此。故在象山，「克己復禮」只是一事，亦即心體之當下呈顯，主體之道德實踐即客觀天道之流行，故象山乃謂「宇宙便是吾心，吾心即是宇宙」〔註45〕。

儒家實踐本義為何？《論語》曰：「為仁由己，而由人乎哉」〔註46〕，孟子謂：「求則得之，舍則失之，是求有益於得也，求在我者也。」〔註47〕，皆

〔註42〕 〈論語二十三〉，《朱子語類》，卷41，頁1058。

〔註43〕 〈與曾宅之〉，《陸九淵集》，卷1，頁4～5。

〔註44〕 《陸九淵集》，卷12，頁159。除此之外尚有〈與邵叔誼〉：「『一日克己復禮，天下歸仁焉』，此復之初也。鈞是人也，己私安有不克者？顧不能自知其非，則不知自克耳。」《陸九淵集》，卷1，頁1～2。〈與李信仲〉：「大抵為學，不必追尋舊見。此心此理昭然宇宙之間，誠能得其端緒，謂『一日克己復禮，天下歸仁焉』，又非疇昔意見所可比擬。此真吾所固有，非由外鑠，正不必以舊見為固有也。」《陸九淵集》，卷13，頁173。

〔註45〕 〈年譜〉，《陸九淵集》，卷36，頁483。

〔註46〕 《論語·顏淵》。

〔註47〕 《孟子·盡心上》。

以自覺地作道德實踐、直下肯定超越心體作爲儒學第一義工夫。象山體現孔孟精蘊，直下肯定「克己復禮」即是心體當下呈顯、當下振拔，使下墮之人心復反於天理，而朱子卻未能肯定此義，因而曲曲折折在克己之前又先須「明理」，克己後又須「復禮」，致使人心不斷向外求索，成聖之路成爲難以企及的嚮往。〔註 48〕依此作爲判準，吾人即可判斷康齋的「安貧」、「克己」其所體現的是否爲儒學本義；若否，即可確立白沙所謂的「未得」確實是從儒學本質意涵作根本的反省，而其所謂的「此心之體隱然呈露」此種肯定一超越心體義亦顯其價值。以下將分論康齋「安貧」、「克己」，以分別透顯其內在意涵：

首先，康齋以爲固然「無時無處不是工夫」〔註 49〕，但眞正地踐履當從至難至危處試驗過，始能無往而不利〔註 50〕，而對他來說最切要地莫過於日日面對地貧賤逼人的考驗。如其〈日錄〉中常言：

> 貧困中，事務紛至，兼以病瘡，不免時有憤躁。（《康齋集》，卷 11，頁 3）

> 讀罷，思債負難還，生理寒澀，未免起計較之心。徐覺計較之心起，
> 則爲學之志不能專一矣。（《康齋集》，卷 11，頁 14）

但他並不因此屈服於現實生活，反而更加砥礪自己。嘗謂「看來人不於貧困上著力，終不濟事，終是脆儒」〔註 51〕，「夜枕細思，不從這裏過，眞也做人不得」〔註 52〕，且作詩云「困窮拂亂力難勝，天意分明增不能。思到此心收歛處，聰明睿知自然生」〔註 53〕。畢竟，康齋認爲「窮通得喪，付之天命可

〔註 48〕 對朱子而言，其自身並不認爲成聖之路甚難，且謂「人生道理合下完具」（〈學四〉，《朱子語類》，卷 10，頁 161），「聖人稟性與常人一同」（〈學二〉，《朱子語類》，卷 8，頁 133），聖人之所以爲聖人「只是做得人當爲底事盡」（〈學二〉，《朱子語類》，卷 8，頁 133），因此認爲人「又安得不以聖賢爲己任」（〈學二〉，《朱子語類》，卷 8，頁 133）。再者，朱子亦認爲「聖賢千言萬語，只是使人反其固有而復其性耳」（〈學二〉，《朱子語類》，卷 8，頁 133），因此工夫只在「直截要學堯舜」（〈學二〉，《朱子語類》，卷 8，頁 133）。而本文之所以言朱子學致使「成聖之路成爲難以企及的嚮往」，此乃從後設立場所做的批判，非謂朱子本身即認爲成聖是難以企及的理想。

〔註 49〕 〈日錄〉，《康齋集》，卷 11，頁 41。

〔註 50〕 〈日錄〉，《康齋集》，卷 11，頁 10。

〔註 51〕 〈日錄〉，《康齋集》，卷 11，頁 17。

〔註 52〕 〈日錄〉，《康齋集》，卷 11，頁 25。

〔註 53〕 〈有悟〉，《康齋集》，卷 1，頁 39。

也。然此心必半毫無愧，自處必盡其分，方可歸之於天」〔註54〕，又謂「雖貧窶大甚，亦得隨分耳。夫子曰：『不知命，無以爲君子也。』」〔註55〕。顯然，康齋認爲就人的有限性言，富貴窮通、死生夭壽都不是人所能掌握的，因此唯有「付之天命」、「隨分」即可；但另一方面，正因面對此艱難，仍能「自持」〔註56〕，因而得以體現人之無限性存在之意義〔註57〕，亦即方作得人。而康齋此「義命」〔註58〕之意，正如孟子所謂「口之於味也，目之於色也，耳之於聲也，鼻之於臭也，四肢之於安佚也，性也，有命焉，君子不謂性也。仁之於父子也，義之於君臣也，禮之於賓主也，智之於賢者也，聖人之於天道也，命也，有性焉，君子不謂命也」〔註59〕此「性命對揚」〔註60〕之意。

　　生命的方針確立了，但如何落實在具體生命中？康齋謂「自今須純然粹然，卑以自牧，和順道德，方可庶幾。嗟乎！人生苟得至此，雖寒餓死，刑戮死，何害爲大丈夫哉！苟不能然，雖極富貴，極壽考，不免爲小人。可不思以自處乎」〔註61〕，又謂「凡事須斷以義，計較利害便非」〔註62〕。而康齋此義，固然是用心於安貧，實即顯一儒者生命情懷；此生命情懷乃從「義利之別」〔註63〕上作工夫，亦如其詩所云「精脩從此可容閒，勘破當年義利關」〔註64〕。而此正爲儒學道德實踐之關鍵處，在《孟子》亦常言此，如〈告子上〉孟子舉魚與熊掌之例，要人「二者不可得兼，舍生而取義」；又引詩云「既醉以酒，既飽以德」，要人追求眞正「良貴」者；在〈梁惠王上〉，孟子勸諫梁惠王亦直言「王何必曰利？亦有仁義而已矣」等等。但孟子別「義」

〔註54〕　〈日錄〉，《康齋集》，卷11，頁13。
〔註55〕　〈日錄〉，《康齋集》，卷11，頁27。
〔註56〕　如康齋詩云「清苦丈夫志，風霜善自持」（〈清苦吟〉，《康齋集》，卷2，頁2），「萬事信隨遇，一身當自持」。（〈遊園〉，《康齋集》，卷7，頁21）
〔註57〕　如康齋詩云「始知陋巷簞瓢樂，千載同符只此心」。（〈即事〉，《康齋集》，卷2，頁36）
〔註58〕　康齋詩云「陽和非不愛，義命貴安之」。（〈清苦吟〉，《康齋集》，卷2，頁2）
〔註59〕　《孟子‧盡心下》。
〔註60〕　楊祖漢等著：《孟子義理疏解》，頁61～65。
〔註61〕　〈日錄〉，《康齋集》，卷11，頁13。
〔註62〕　〈日錄〉，《康齋集》，卷11，頁17。
〔註63〕　《孟子義理疏解》，頁254。
〔註64〕　〈十二月十四日絕句〉，《康齋集》，卷1，頁35。

或「利」的根據在於不學而能、不慮而知〔註65〕，且「知皆擴而充之」〔註66〕、「求則得之」〔註67〕之本心上；亦即道德主體即是法則給出者。然康齋固然亦可謂從義利之別上實踐、體現其儒者生命價值，但其根據終究異於孟子本於內在主體自發之意。如康齋謂「人須於貧賤患難上立得腳住，克治粗暴，使心性純然，上不怨天，下不尤人，物我兩忘，惟知有理而已」〔註68〕，詩云「仁者無怨尤，節士多饑寒。至理無定在，君子隨時難」〔註69〕。「理」倘若是內在心體之不容已要求，則此要求應是自明的，關鍵只在自己能否純粹依此要求而行；若說道德實踐甚爲艱難，亦當難在人往往明知理當如此，卻又常常不果斯，而此方可謂孟子「求則得之，舍則失之，是求有益於得也，求在我者也」〔註70〕之意。然康齋儘管以「理」爲則，卻謂「至理無定在，君子隨時難」，顯然在實踐修養上固然仍能體現一道德人格——「仁者無怨尤，節士多饑寒」，但就其義理內涵分析，其所謂「理」仍「是求無益於得也，求在外者也」〔註71〕。然果眞如此？參看康齋〈詩〉云：「何憂不到古人班，只把遺經子細看。學久自然查滓化，心斯廣矣體斯胖」〔註72〕，〈日錄〉載「平生經營，今日不過如此，況血氣日衰一日，若再苟且因循，則學何可向上，此生將何堪，於是大書『隨分讀書』於壁以自警，窮通得喪、生死憂樂一聽於天，此心須澹然，一毫無動於中可也」〔註73〕，似乎其義利之別之用力所在不在發明本心，而在「隨分讀書」；若在讀書，則所明之理儘管爲聖人所言，終「求在外者也」。〔註74〕

〔註65〕《孟子・盡心上》。

〔註66〕《孟子・公孫丑上》。

〔註67〕《孟子・盡心上》。

〔註68〕〈日錄〉，《康齋集》，卷11，頁17。

〔註69〕〈枕上作〉，《康齋集》，卷2，頁15。

〔註70〕《孟子・盡心上》。

〔註71〕《孟子・盡心上》。

〔註72〕〈十二月十四日絕句〉，《康齋集》，卷1，頁35。

〔註73〕〈日錄〉，《康齋集》，卷11，頁14～15。

〔註74〕鍾彩鈞先生認爲康齋言理不必然如此清楚，定然指向「求在外者」之意，此中有模糊空間。對此，筆者以爲倘若只觀康齋言理諸語，鍾先生之說似乎可以成立，且觀其他討論康齋思想者，如古清美〈明代前半期理學的變化與發展〉（氏著：《明代理學論文集》，頁22～23）、曾明泉〈吳康齋本色——創造性傳承之明代教育家〉（《鵝湖月刊》，第三二卷第三期（2006年9月），頁6～7）等，雖都認爲康齋本體論、工夫論不出朱學之域，「黃宗羲評述康齋『言心，則以知覺而與理爲二』，顯然有所見」，但在細論康齋思想時，不免又從

因此，康齋義利之別之克己工夫固然用心於身心實踐上，但已顯示其思想內涵異於孟子，未能直下肯定一超越之心體，反而求之於外而顯出明理之艱難相。以下所論「克己」工夫亦表現此意。

康齋謂：

> 人之病痛，不知則已，知而克治不勇，使其勢日甚，可乎哉？志之不立，古人之深戒也。（〈日錄〉，《康齋集》，卷11，頁26）

體驗處謂康齋實「將理學重心位移心性體驗」、其義理內涵乃「仁義內在、性理本具而隨處流露」。且最後皆提出，正因康齋此從實踐而展現出的人格表現，因而影響了心學的開展。對此諸說，筆者以為皆有道理，但仍可有一問：不論體驗為何，康齋究竟能否肯定心即理義？能否不因聖人、不因典籍，只此心之不容已之要求即是天理之全幅內涵？若能肯定此，方可謂確實展現儒家心學本質要義；若否，則不論修養達致如何渾化之境，從心學本質要義觀之，都只是外緣，都是不對題。且對主體自身而言，若未能自覺本心即是天理之給出者，則不論對理的談論多內在（如從本體宇宙論式言，天命之性下貫而為氣質之性，因而人本有此性理內在），此理與心終是有距離的，終究不是心自發之無條件命令，也因此都只是「求於外者也」。觀康齋文獻，固然言理似乎有近於心即理義，但推到底，理終究不是心自發的，終究須賴讀書以明聖賢之理，則此便是落後一著工夫，終是未得心學本義，故確實可謂「求在外者也」。依此，觀鍾先生等人的考量，雖都有其思考面相而不可忽略——尤其從康齋實踐處考量，不得不承認他確實有重心的特點——但倘若回歸義理本質，單就其義理型態衡量，則不得不謂康齋在肯定心即是理之給出者這一步終究未能透徹，終究仍有隔閡。又依此再論康齋對白沙思想的影響，固然康齋在實踐用心處給予白沙極大的鼓舞，但這並不代表康齋思想中必然含有或一定得含有心學成素，這裡是沒有必然性的關聯。或謂，康齋實踐的用心促使白沙心學的產生。但這只是外緣的影響，既是外緣，就沒有本質上必然要說成一致，否則便是從外緣來決定本質，這在義理說解上是不通的。梨洲謂康齋「一稟宋人成說，言心則以知覺而與理為二」，白沙雖出其門，「當為別派」，又謂「微康齋，焉得有後時之盛哉」，（〈崇仁學案〉，卷1，頁1）正是表現了義理上的區分與實踐用心的影響是可相行不悖的：康齋思想「一稟宋人成說」，與白沙「當為別派」的判斷，是從義理本質上作的區分；「微康齋，焉得有後時之盛哉」一語，則是從外緣因素稱讚康齋對明代心學的貢獻。故根本無需因康齋對白沙為學上的影響，因而認定康齋言理、言心理當有心學的影子或成分。筆者以為，義理分判是什麼型態當就是什麼型態，過於模稜兩可反而未顯該思想家之特點與貢獻，甚且使人誤以為該思想家不成一理論系統；又儘管從義理型態作分判，實更可保住該思想家在實踐上的特殊表現，甚且可謂，從其實踐之用心正顯該思想型態可有的境界表現。也因此，筆者對康齋言理「求在外者也」的判定即：既然康齋言心終究未能肯定"即是理"義，則其「理」畢竟只是「求在外者也」；此「求在外」之意一如孟子對本體的理解，若心不即是理，則此理便是在心之外，便非心之所發。

因此在他二十歲時，當自覺自己氣質偏於剛忿，便「欲下克之之功」〔註75〕，且嘗詩云「由來氣質已偏枯，俗染彌深愈失初。於此不加鏖戰勇，卻從何處着工夫」〔註76〕。據楊希閔編《明吳康齋先生與弼年譜》〔註77〕看來，康齋確實一生皆在此性格中奮鬥不已。如其謂：

> 苦不能克去血氣之剛，平居則慕心平氣和，與物皆春，少不如意，躁急之態形焉。（〈日錄〉，《康齋集》，卷11，頁3）

> 夜，病臥，思家務，不免有所計慮，心緒便亂，氣即不清。（〈日錄〉，《康齋集》，卷11，頁4）

此血氣之剛固爲人的氣質〔註78〕，但此氣質往往偏於一方，未得中正平和氣象，固不免仍有私意；且又順此氣質表現，人不免流於過而不善，故確實須有對治工夫，亦即朱子所謂「勝身之私欲」〔註79〕工夫。而對此工夫，康齋以爲當以道爲本，克「氣質」存「天理」。康齋謂：

> 堂堂大本固無偏，達道離離自粹然。氣質萬殊非我性，克治何惜日乾乾。（〈中和齋〉，《康齋集》，卷7，頁3）

> 日日寒簷讀我書，觀生愈似掛鈎魚。人情固莫分輕重，事體焉能知

〔註75〕 〈日錄〉，《康齋集》，卷11，頁4。

〔註76〕 〈變化氣質消磨習俗〉，《康齋集》，卷1，頁38。

〔註77〕 楊希閔：《明吳康齋先生與弼年譜》（臺北：臺灣商務印書館，1981年）。

〔註78〕 此處筆者不用「氣質之性」一詞，乃因「氣質之性」固然發於橫渠——「形而後有氣質之性，善反之則天地之性存焉。故氣質之性，君子有弗性焉」（《正蒙‧誠明篇第六》，《張載集》（北京：中華書局，2008年），頁23），「氣質之性」乃就人的氣質之偏或雜，即氣質之特殊性而說的一種性；但因朱子有其特別的詮解——「問氣質之性。曰：『纔說性時，便有些氣質在裏。若無氣質，則這性亦無安頓處。』」（〈性理一〉，《朱子語類》，卷4，頁66）、「論天地之性，則專指理言；論氣質之性，則以理與氣雜而言之。未有此氣，已有此性。氣有不存，而性卻常在。雖其方在氣中，然氣自是氣，性自是性，亦不相夾雜」（〈性理一〉，《朱子語類》，卷4，頁67），乃將「氣質之性」理解爲天命之性下貫在氣質之中而爲氣質所拘限的性。故爲了避免詞語使用的混淆，此處不使用「氣性」或「氣質之性」，而採「氣質」二字。又康齋固然未對其所謂的「血氣之剛」一詞多做詮解，但就其謂「氣質萬殊非我性」看來，其所謂「血氣之剛」確實當從「氣質」一詞理解較爲恰當，且通過此亦可見出朱學所強調的，氣是氣、性是性，理氣二分之理論系統。又關於「氣質之性」與「天地之性」的詮解，筆者乃參牟宗三：《心體與性體》第一冊，頁508～509而得。

〔註79〕 此爲朱子注「克己」一詞之意。參《論語集注》，《朱子全書》第陸冊，頁167。

卷舒。百行自應誠是本，一身端合道為樞。聖賢龜鑑昭昭在，爭奈
靈臺不易虛。（〈自警〉，《康齋集》，卷4，頁41～42）

先生天下士，遇我獨情親。剪燭論心夜，焚香讀易晨。己私須盡克，
天理必全純。惆恨春宵夢，分明笑語溫。（〈夢洗馬先生〉，《康齋集》，卷
1，頁4）

康齋所謂「氣質萬殊非我性」，當就價值上的擇取而言，非謂對自然生命全然
採取一否定態度。而此意同於前論「安貧」處所引孟子「性命對揚」之意，
皆在於強調自然生理官能此些種種欲求固然是人的天生欲求，但因此中是有
限制的，人的價值與意義未能在此處彰顯，因而君子不會以此作為人的本性。
〔註80〕但康齋的判斷標準為何？康齋云「堂堂大本固無偏，達道離離自粹
然」、「百行自應誠是本，一身端合道為樞」，顯然是以誠為本、以道為樞；亦
即以形而上之道體作為人道德實踐之根據。但此道體與我此一實踐主體關係
為何？就前所論「安貧」，康齋以「理」作為義利之別之判準，然其所謂「理」
並非發於實踐主體自身，乃須「求在外者也」，因此理與實踐主體關係是有間
的。依此，吾人或可推論此處所言的「誠」、「道」等概念，同於康齋對「理」
的理解，是與實踐主體有距離的。然果真如此？因康齋並無在概念上著墨分
析，因此對此問題之檢視仍須從康齋實踐處著手，判斷則從若道德實踐主體
（即「心」）即是法則（即「理」，即「天道」）給出者，則理與心是一；反之，
為二：

一日，以事暴怒，即止。數日，事不順，未免胸次時生磊嵬。然此
氣稟之偏，學問之疵，頓無亦難，只得漸次消磨之，終日無疾言遽
色，豈朝夕之力耶。勉之毋怠。（〈日錄〉，《康齋集》，卷11，頁9）

文公先生謂：「延平先生終日無疾言遽色。」與弼常歎何脩而至此，
又自分雖終身不能學也。文公先生又云：「李先生初間也是豪邁底
人，後來也是琢磨之功。」觀此，則李先生豈是生來便如此，蓋學
力所致也。……因思延平先生所與處者，豈皆聖賢？而能無疾言遽
色者，豈非成湯「與人不求備，檢身若不及」之功效歟！而今而後，
吾知聖賢之必可學，而學之必可至。人性之本善，而氣質之可化也

〔註80〕 參考楊祖漢等著：《孟子義理疏解》，頁62～63。

的然矣，下學之功此去何如哉〔註81〕！（〈日錄〉，《康齋集》，卷11，頁3
～4）

纖私滌盡未爲難，要識時中是孔顏。此箇路頭何處問，苦心空使鬢
毛斑。（〈病中枕上作〉，《康齋集》，卷2，頁9）

康齋認爲氣稟之偏端賴「漸次消磨」，方足以保持平和之氣，以致「終日無疾
言遽色」。但對此「琢磨之功」的體會，乃藉由閱讀朱子文集而得——李延平
「初間也是豪邁底人」，之所以能「終日無疾言遽色」，乃「學力所致」，並由
此認爲「聖賢之必可學，而學之必可至」。但「學」什麼？康齋謂「纖私滌盡
未爲難，要識時中是孔顏。此箇路頭何處問，苦心空使鬢毛斑。」「時中」一
詞，當本自《中庸》「君子中庸也，君子而時中」一語，乃強調君子隨時隨地
都能實現中庸之道。〔註82〕顯然康齋認爲「克己」工夫未難，但須學於聖人方
能體會、實踐此中庸之道，而此方爲難處，畢竟「此箇路頭何處問，苦心空使
鬢毛斑」。然就孟子所言學聖之意——「人皆可以爲堯舜」〔註83〕，非謂眞從
聖人之言、之行揣量摹寫以體會聖人如何「時中」，乃因堯舜之道本易知易行，
人人能爲，只要肯立下聖賢之志，則事事物物都可啓發己心，隨時隨地都能躬
行實踐，此就直下肯認超越之心體言。〔註84〕因而康齋謂學聖人「此箇路頭何
處問」，即表明其所謂法則非發於實踐主體自身，乃從外在去尋個路頭，也因
此致使自己「苦心空使鬢毛斑」；康齋此意，即完全背離孟子言易知易行之意。
依此，康齋謂「克己」之「克」，固然可謂此要求發於我自身，仍爲一道德實
踐活動，但因其價值根據、判斷標準——以誠爲本、以道爲樞——皆非根源於
道德主體，乃冀求從聖人之言、之行體會而得，如「枕上熟思，出處進退惟學
聖賢爲無弊」〔註85〕、「隨處惟歎聖人難學」〔註86〕、「眾理森嚴盡在書，朝經
暮史志何如。須將萬事皆依理，先聖前賢定不迁」〔註87〕，因此其所謂理、所

〔註81〕不論是朱子理學或象山心學，其理論皆爲性善論者，只是朱子言性善乃從性
　　　　即理言，象山則從心即理言之。故二者差別不在此，乃在能否肯定實踐主體
　　　　自身即是法則給出者。因此康齋此處謂「人性之本善」，並不足以判斷其所謂
　　　　心即有道德本心義。
〔註82〕參楊祖漢：《中庸義理疏解》，頁119。
〔註83〕《孟子·告子下》「曹交問曰」一則。
〔註84〕參楊祖漢等著：《孟子義理疏解》，頁76～78。
〔註85〕〈日錄〉，《康齋集》，卷11，頁13。
〔註86〕〈日錄〉，《康齋集》，卷11，頁39。
〔註87〕〈題鳳橋書屋〉，《康齋集》，卷7，頁26。

謂誠、所謂道，實皆與實踐主體有間；心是不能立法的心，是與理爲二的心。

依此，吾人即可檢視康齋在理學（以朱子爲代表）與心學（以象山爲代表）二家義理系統的取向爲何。依前論，理學與心學就義理本質區分，其根本關鍵就在「人此一實踐主體爲何」——自身即是道德法則給出者，抑或法則須從外而來。且從朱子與象山對「克己復禮」一詞的詮釋可知，朱子對法則的體會，顯然認爲法則須從外而得，在根本上已不同於象山能直下肯認實踐主體自身即是法則的給出者；而後者的體會實較能貼近孟子心學義。依此判準，檢視康齋的安貧或克己之意，儘管康齋言安貧、克己其決定根據在於理或天道、誠體，但不論是理或是天道、誠體卻非根於實踐主體自身，乃從外而得者。依此，顯然康齋在義理系統取向上當爲朱學。

又既然康齋思想在本質上爲朱學系統，則可進一步追問，既然實踐主體非法則的給出者，則其所理解的實踐主體意涵爲何；亦即其所謂「心」之意涵爲何。對此，康齋謂：

> 夫心，虛靈之府，神明之舍，妙古今而貫穹壤，主宰一身而根柢萬事，本自瑩徹昭融，何垢之有；然氣稟拘而耳目口鼻四肢百骸之欲爲垢無窮，不假浣之之功，則神妙不測之體，幾何而不化於物哉！
>
> （〈浣齋記〉，《康齋集》，卷10，頁13～14）

> 心本太虛，七情不可有所干。物之相接，甘辛鹹苦，萬有不齊，而吾惡其逆我者可乎？但當於萬有不齊之中，詳審其理以應之，則善矣。於是中心洒然。此殆克己復禮之一端乎！蓋制而不行者硬苦，以理處之則順暢。（〈日錄〉，《康齋集》，卷11，頁5）

> 田圜工夫日破除，小窗燈火夜詩書。月華皎潔雲輕後，夏景清涼雨霽餘。百體無拘知氣泰，一塵不累識心虛。從今莫惜慇懃學，好古方能屢起予。（〈夜讀康節先生詩後作〉，《康齋集》，卷1，頁37）

心不論是「虛靈之府」，或是「太虛」、「虛」，其意皆含兩面說：一爲心乃「虛靈之府」，能爲「神明之舍」；心具此神明，故能「妙古今而貫穹壤，主宰一身而根柢萬事」。一爲「心本太虛」，「本自瑩徹昭融」，但因氣稟物欲之故，致使「神妙不測之體」，終化於物。又謂心本不該爲七情所擾，但倘若要「中心洒然」、「一塵不累」，唯有「詳審其理以應之，則善矣」。由此可知，康齋言心乃爲一虛靈之心；因心可具理，故能主宰一身、應萬事，但因心不是理，只是一虛靈之體，故其自身會爲七情所擾而役於物。因此若欲使心保持其本

然狀態——因「虛」故能容物，「靈」故能神妙作用——其根本方法亦唯賴「以理處之」〔註 88〕，亦即使心具此理。且從康齋此段對心的定義，即可呼應前康齋所謂「人性之本善，而氣質之可化也的然矣」。理是超越的、遍在的，是作爲一切存在之所以然之根據，故人亦稟此性理於我自身，故我是善的；心之所以爲心，乃因心是能具此理的心，且自身活動不已、神妙莫測，故其本然狀態當是具此理而宰萬物；氣質是形而下的、是末，是被心主宰的對象，因此是可被改變的，但另一方面因心只是虛體，故亦可能窒礙心的活動，致使心不再靈明而執於物欲而受物化。依此總地說來，康齋對理、對心、對氣的看法爲：理是形而上的，本身是不活動的，須賴心的神妙作用；心能具理，但其自身不是理，只是形而下者，故易爲氣所擾而爲物，但因其作用在於具理而妙萬物，故又不只是氣；氣是形而下者，是被主宰的對象，故就人情而言，是可依於理而變化氣質，或順物欲而不善。

承此說，上推朱子所論心、理、氣等關係。首先就心性關係，引《朱子語類》「問：『靈處是心，抑是性？』曰：『靈處只是心，不是性。性只是理。』」〔註 89〕、「問：『心是知覺，性是理。心與理如何得貫通爲一？』曰：『不須去著實通，本來貫通。』『如何本來貫通？』曰：『理無心，則無著處。』」〔註 90〕、「性雖虛，都是實理。心雖是一物，卻虛，故能包含萬理」〔註 91〕、「心以性爲體，心將性做餡子模樣。蓋心之所以具是理者，以有性故也」〔註 92〕等語可知，朱子言心只是虛靈、只是知覺，並不是性體自身；性只是理。理作爲一切存在的根據，物物皆得其理〔註 93〕，故「心」亦得其性理。又心既

〔註 88〕　〈日錄〉，《康齋集》，卷 11，頁 5。
〔註 89〕　〈性理二〉，《朱子語類》，卷 5，頁 85。
〔註 90〕　〈性理二〉，《朱子語類》，卷 5，頁 85。
〔註 91〕　〈性理二〉，《朱子語類》，卷 5，頁 88。
〔註 92〕　〈性理二〉，《朱子語類》，卷 5，頁 89。
〔註 93〕　此關涉朱子理氣論。朱子從形而上下言，以爲理先氣後，（〈理氣上〉，《朱子語類》，卷 1，頁 3）且謂「有此理，便有此天地；若無此理，便亦無天地，無人無物，都無該載了」（〈理氣上〉，《朱子語類》，卷 1，頁 1）。但另一方面，朱子亦認爲之所以言理先氣後，乃是「必欲推其所從來，則須先說有是理」（〈理氣上〉，《朱子語類》，卷 1，頁 3），亦只是爲強調「理是本」（〈理氣上〉，《朱子語類》，卷 1，頁 2），若就實然存在，「理氣本無先後之可言」（〈理氣上〉，《朱子語類》，卷 1，頁 3），且「理又非別爲一物，即存乎是氣之中：無是氣，則是理亦無掛搭處」。故吾人可謂吾人所見、所覺、所感知的都是氣，而此些氣之所以如此存在，皆因有理作爲其所以存在之根據；故儘管是氣，又非能謂只是氣，畢竟此一切乃理使之然故。

以「虛靈」作爲他的本體〔註94〕，且心之所以爲心乃性理故，則心能包含萬理，「理便在心中，心包蓄不住，隨事而發」〔註95〕；亦可謂因心知之明之攝具故，使性能爲其內容而具有之。〔註96〕接著論心、理（性）、氣（氣質）的關係。朱子謂：

> 人之所以生，理與氣合而已。天理固浩浩不窮，然非是氣，則雖有是理而無所湊泊。故必二氣交感，凝結生聚，然後是理有所附著。凡人之能言語動作，思慮營爲，皆氣也，而理存焉。故發而爲孝弟忠信仁義禮智，皆理也。然而二氣五行，交感萬變，故人物之生，有精粗之不同。……然就人之所稟而言，又有昏明清濁之異。故上知生知之資，是氣清明純粹，而無一毫昏濁，所以生知安行，不待學而能，如堯舜是也。其次則亞於生知，必學而後知，必行而後至。又其次者，資稟既偏，又有所蔽，須是痛加工夫，「人一己百，人十己千」，然後方能及亞於生知者。及進而不已，則成功一也。孟子曰：「人之所以異於禽獸者幾希。」人物之所以異，只是爭這些子。若更不能存得，則與禽獸無以異矣！某年十五六時，讀中庸「人一己百，人十己千」一章，因見呂與叔解得此段痛快，讀之未嘗不竦然警厲奮發！人若有向學之志，須是如此做工夫方得。（〈性理一〉，《朱子語類》，卷4，頁65～66）

> 或問：「若是氣質不善，可以變否？」曰：「須是變化而反之。如『人一己百，人十己千』，則『雖愚必明，雖柔必強』。」（〈性理一〉，《朱子語類》，卷4，頁65）

> 先生言氣質之性，曰：「性譬之水，本皆清也。以淨器盛之，則清；以不淨之器盛之，則臭；以汙泥之器盛之，則濁。本然之清，未嘗不在。但既臭濁，猝難得便清。故『雖愚必明，雖柔必強』，也煞用氣力，然後能至。」（〈性理一〉，《朱子語類》，卷4，頁72）

朱子以爲人雖皆稟此性理而生，但因氣質之故而有「上知生知之資，是氣清

〔註94〕 「虛靈自是心之本體，非我所能虛也。耳目之視聽，所以視聽者即其心也，豈有形象。然有耳目以視聽之，則猶有形象也。若心之虛靈，何嘗有物！」〈性理二〉，《朱子語類》，卷5，頁87。

〔註95〕 〈性理二〉，《朱子語類》，卷5，頁85。

〔註96〕 參考牟宗三：《心體與性體》第三冊（臺北：正中書局，1995年），頁472。牟氏謂「心以性爲體」，此「體」是內容義。

明純粹，而無一毫昏濁，所以生知安行，不待學而能，如堯舜是也。其次則亞於生知，必學而後知，必行而後至。又其次者，資稟既偏，又有所蔽，須是痛加工夫，『人一己百，人十己千』，然後方能及亞於生知者」的分別。但儘管如此，朱子以爲人性本善，且「人物之所以異，只是爭這些子」，因此人必須成爲聖賢，此方是人。﹝註97﹞若如此，此中即有工夫可言，而工夫之目的即在變化氣質；唯有變化氣質，人才能不爲氣質所限，使心能具此性理而行。故朱子強調人是可變化氣質，且以水爲喻，「本然之清，未嘗不在」，端在能否「煞用氣力」、「痛加工夫」。若可，亦只是恢復其本然之性、天地之性，因此及其成功一也。

　　從朱子言心、性關係，言心、理、氣關係，對照康齋言心、性關係，言心、理、氣關係可知，康齋此說確實承朱子而來，且康齋所用心的變化氣質，正是朱子工夫論用心所在。因此可謂，就基本心性理氣義理架構而言，康齋確實謹守朱子理論，並確實地依從此理論而用心於己身心修養上。

　　朱子對心亦有以「水」爲喻﹝註98﹞，謂「心如水，性猶水之靜，情則水之流，欲則水之波瀾」﹝註99﹞、「心不定，故見理不得。今且要讀書，須先定其心，使之如止水，如明鏡。暗鏡如何照物」﹝註100﹞，而康齋亦是如此，只是康齋對此譬喻有更多體會上的描述：

> 枕簞清涼午夢濃，覺來鳩語太從容。寸心似水無纖浪，認取鄒書夜氣功。（〈午枕〉，《康齋集》，卷1，頁37）

> 數日家務相因，憂親不置，書程間斷，胸次鄙吝甚可愧恥。竊思聖賢吉凶禍福一聽於天，必不少動於中，吾之所以不能如聖賢而未免

───────────────

﹝註97﹞　朱子云：「凡人須以聖賢爲己任。世人多以聖賢爲高，而自視爲卑，故不肯進。抑不知，使聖賢本自高，而已別是一樣人，則早夜孜孜，別是分外事，不爲亦可，爲之亦可。然聖賢稟性與常人一同。既與常人一同，又安得不以聖賢爲己任？」〈學二〉，《朱子語類》，卷8，頁133。

﹝註98﹞　朱子亦以水（海水）喻「性理」，如「又問：『有是理而後有是氣。未有人時，此理何在？』曰：『也只在這裏。如一海水，或取得一杓，或取得一擔，或取得一碗，都是這海水。但是他爲主，我爲客；他較長久，我得之不久耳。』」（〈理氣上〉，《朱子語類》，卷1，頁2～3）、「天命之性，若無氣質，卻無安頓處。且如一勺水，非有物盛之，則水無歸著」（〈性理一〉，《朱子語類》，卷4，頁66）。

﹝註99﹞　〈性理二〉，《朱子語類》，卷5，頁93。

﹝註100﹞　〈學五〉，《朱子語類》，卷11，頁177。

動搖於區區利害之間者，察理不精，躬行不熟故也。吾之所爲者，惠迪而已。吉凶禍福，吾安得與於其間哉！大凡處順不可喜，喜心之生，驕侈之所由起也；處逆不可厭，厭心之生，怨尤之所由起也。一喜一厭，皆爲動其中也，其中不可動也，聖賢之心如止水。或順或逆，處以理耳，豈以自外至者爲憂樂哉！嗟乎！吾安得而臻茲也。勉旃勉旃毋忽，七月初二日書於南軒。（〈日錄〉，《康齋集》，卷 11，頁 6 ～7）

此外，尚有「人事全稀心似水」〔註101〕、「寸心元似水」〔註102〕等語。可見心隨時會爲外物所擾，且一旦動搖其中，則不免流於不善；亦即未能稱理而行。故唯有使心如水般保持其平靜無波的狀態，方能使具理的心體現出來，純粹依照理的要求而行。而康齋此種以水爲喻，強調心必須保持清明狀態，亦可上推至荀子言心之意：

聖人知心術之患，見蔽塞之禍，故無欲無惡，無始無終，無近無遠，無博無淺，無古無今，兼陳萬物而中縣衡焉。……何謂衡？曰：道。故心不可以不知道；心不知道，則不可道而可非道。……人何以知道？曰：心。心何以知？曰：虛壹而靜。心未嘗不臧也，然而有所謂虛；心未嘗不兩也，然而有所謂一；心未嘗不動也，然而有所謂靜。……虛壹而靜，謂之大清明。……故人心譬如槃水，正錯而勿動，則湛濁在下而清明在上，則足以見鬚眉而察理矣。微風過之，湛濁動乎下，清明亂於上，則不可以得大形之正也。心亦如是矣。故導之以理，養之以清，物莫之傾，則足以定是非、決嫌疑矣。小物引之，則其正外易，其心內傾，則不足以決庶理矣。〔註103〕

姑且不論荀子所論「道」之意是否同於康齋，但二者所論「心」，則有可相比論之處。在荀子，心是可以知道的心，但其前提必須使心保持「虛一而靜」的狀態；亦即爲大清明的心。荀子並以水爲喻，以爲心如同水一般，當心虛一而靜，則可知「道」，且「足以定是非、決嫌疑」，猶如水靜止不動，則可照物、見膚理；一旦爲外物所動，則心不復清明，不再一於道，則自然「不

〔註101〕 〈寢息偶成〉，《康齋集》，卷 7，頁 11。

〔註102〕 〈對月〉，《康齋集》，卷 7，頁 21。

〔註103〕 〔清〕王先謙：〈解蔽篇第二十一〉，《荀子集解》（北京：中華書局，1997 年），卷 15，頁 394～397、401。

足以決庶理」，此猶如水一旦受外物擾動，自未能照身之全形。又從此喻可知，荀子的心固然可知道，但並非即是道，心與道是二；但因修養關鍵在於心能知道，且唯賴心方能進一步「定是非、決嫌疑」，故工夫須用在心。而康齋言心亦以水爲喻，且唯有「心如止水」方同於聖人之心，方能「或順或逆，處以理耳」，因此對康齋而言，其工夫亦同於荀子，關鍵在於如何使心保持「虛一而靜」〔註104〕此一大清明之境。

　　心既爲康齋用力之處，且關鍵在於如何使具理之心不爲外物所蔽，因此康齋提出諸多對治心的工夫：

> 人心秉至靈，胡爲自狼狽。十年磨一鏡，漸覺塵埃退。清曉旭日升，竹樹欣相對。欲記丹青圖，斯意恐難會。（〈曉起即事〉，《康齋集》，卷1，頁26）〔註105〕

> 靜把平生一細思，可堪桃李不勝吹。何能挽得千溪水，淨洗靈臺一片私。（〈感懷〉，《康齋集》，卷2，頁6）〔註106〕

> 病枕醒來鎮不眠，起看星象聽鳴泉。寸心欲處能容物，始識天君本泰然。（〈中夜偶成〉，《康齋集》，卷2，頁29）〔註107〕

不論是「十年磨一鏡，漸覺塵埃退」，抑或「淨洗靈臺一片私」，還是「寸心欲處能容物」，其目的皆在去私、除蔽；心不爲物所蔽，自能保持其本然狀態。但此本然狀態在康齋而言，只是虛靈神妙作用，故去蔽、除私亦只是恢復此而已。然此只是消極義。就積極義，若心能時時保持其虛靈狀態，不但能爲「神明之舍」，也因而「始識天君本泰然」，則自然事事以理處之，故康齋更強調「持敬」對心的作用，如其云「人須整理心下，使教瑩淨，常惺惺地方

〔註104〕康齋強調心本虛外，亦強調「靜」，如「長契靜者心」（〈圃內〉，《康齋集》，卷1，頁15）、「虛閣明窗靜裡心」（〈偶成〉，《康齋集》，卷6，頁38），引邵雍語「心靜方能知白日」（〈日錄〉，《康齋集》，卷11，頁4）。而其所謂靜，正如荀子言「心未嘗不動也，然而有所謂靜，不以夢劇亂知謂之靜」（〈解蔽篇第二十一〉，《荀子集解》，頁396）之意。

〔註105〕強調要琢磨之功者，尚有詩〈閱九韶吟稿〉「漸磨貴自期」。（《康齋集》，卷1，頁10）

〔註106〕「洗心」之說，尚可參〈璿慶生辰〉，《康齋集》，卷7，頁8；〈浣齋記〉，《康齋集》，卷10，頁13～14等。

〔註107〕強調「收斂」，尚可參〈有悟〉，《康齋集》，卷1，頁39；詩〈夢覺作〉「寸心凝斂絕邪思」（《康齋集》，卷2，頁3）；〈日錄〉「日愈覺收斂爲至要」（《康齋集》，卷11，頁35）；〈與友人書〉，《康齋集》，卷8，頁25～26。

好。此敬以直內工夫也。嗟夫！不敬則不直，不直便昏昏倒了，萬事從此墮，可不懼哉」〔註108〕、「予幼承父師之訓，嘗讀先儒『釋日新』之旨，每恨洗滌工夫未聞焉，……於是退而求諸日用之間，從事乎主一無適及整齊嚴肅之規，與夫利斧之喻而日孜孜焉，廉隅辨而器宇寧，然後知敬義夾持，實洗心之要法」〔註109〕，此即以「持敬」工夫使心保持其本然狀態而無失。〔註110〕但無論如何，從此些論述即可見出康齋對心、理關係的理解，確實不同於心學言工夫即心之當下振拔即是去私亦同時顯本體，反倒類似主僕關係：主人是理，僕人是心。主人不做事，只給命令，而僕人若無私心，即可依命行事，反之則否。但無論如何，事之成，主仍是主，僕仍是僕。朱子亦嘗謂：「『天命之謂性。』命，便是告箚之類；性，便是合當做底職事，如主簿銷注，縣尉巡捕；心，便是官人；氣質，便是官人所習尚，或寬或猛；情，便是當廳處斷事，如縣尉捉得賊。情便是發用處。性只是仁義禮智」〔註111〕，亦表示心與理爲二。也因此，儘管康齋文獻中可見「本心」、「良心」等詞，但仍不代表其同於象山「本心」義，觀其文獻即可見出此意：

> 一事少含容蓋一事差，則當痛加克己復禮之功，務使此心湛然虛明，則應事可以無失。……苟本心爲事物所撓，無澄清之功，則心愈亂，氣愈濁，梏之反覆，失愈遠矣。（〈日錄〉，《康齋集》，卷11，頁8）

> 與弼深以剛忿爲言，始欲下克之之功，……厥後克之之功雖時有之，

〔註108〕〈日錄〉，《康齋集》，卷11，頁16。

〔註109〕〈浣齋記〉，《康齋集》，卷10，頁14。

〔註110〕康齋言「持敬」同於朱子，亦有動靜之別——靜時涵養、動時察識，如〈日錄〉：「一事少含容，蓋一事差，則當痛加克己復禮之功，務使此心湛然虛明，則應事可以無失。靜時涵養，動時省察，不可須臾忘也。苟本心爲事物所撓，無澄清之功，則心愈亂，氣愈濁，梏之反覆，失愈遠矣。」（《康齋集》，卷11，頁8）；也同於朱子以爲動時工夫不易（朱子此意可見朱子對五峰察識涵養工夫的反省，以及〈答湖南諸公〉一文），未若靜時敬更能將心收斂凝聚，如康齋云「夜靜臥閣上，深悟靜虛動直之旨，但動時工夫尤不易云」（〈日錄〉，《康齋集》，卷11，頁36）、「靈臺須靜養，物理貴精求」（〈次學者韻〉，《康齋集》，卷2，頁8）、「緩步途間，省察四端，身心自然約束。此又靜時敬也」（〈日錄〉，《康齋集》，卷11，頁12）。陳榮捷在〈早期明代之程朱學派〉一文中指出，康齋重「存養」、「持敬」，實已爲白沙「確立其方向而預爲之所」。但就此處討論可知，康齋思想仍不脫朱學矩矱，故如何謂白沙心學是從康齋「存養」而得？又陳氏通過此說明指出，明初諸儒對明代心學有影響。顯然此種論證極其薄弱，未足以成立其說。參氏著《朱學論集》，頁343。

〔註111〕〈性理一〉，《朱子語類》，卷4，頁64。

其如鹵莽滅裂何！十五六年之間猖狂自恣，良心一發，憤恨無所容
身。去冬今春用功甚力，而日用之間覺得愈加辛苦，疑下愚終不可
以希聖賢之萬一，而小人之歸無由可免矣。五六月來，覺氣象漸好，
於是益加苦功，逐日有進，心氣稍稍和平，雖時當逆境，不免少動
於中，尋即排遣，而終無大害也。二十日又一逆事排遣不下，心愈
不悦，蓋平日但制而不行，未有拔去病根之意，反復觀之，而後知
吾近日之病，在於欲得心氣和平，而惡夫外物之逆以害吾中，此非
也。〈〈日錄〉，《康齋集》，卷11，頁4～5）〔註112〕

第一段引文雖言「本心」，但因「澄清之功」目的只在於「務使此心湛然虛明」，
且其所謂「克己復禮之功」之決定根據亦非發於實踐主體自身，故其所謂「本
心」絕非孟子的「本心」義；孟子言本心，所謂「所欲有甚於生者，所惡有
甚於死者，非獨賢者有是心也，人皆有之」，即表明此絕對價值之要求乃內在
於每一存有，此是自明、不假外求，且心的當下呈顯即是實事實理，根本無
須「以理處之」此一步驟〔註113〕。第二段引文，「良心一發，憤恨無所容身」，
此句的確表現出孟子言「良心」：「孔子曰：『操則存，舍則亡。出入無時，莫
知其鄉。』惟心之謂與」之意，〔註114〕然細究內文，所謂「疑下愚終不可以
希聖賢之萬一，而小人之歸無由可免矣」、「於是益加苦功，逐日有進，心氣
稍稍和平」、「又一逆事，排遣不下，心愈不悦，蓋平日但制而不行，未有拔
去病根之意」，則又不免質疑其所謂「良心」眞可謂同於孟子言「良心」本義。
畢竟，孟子雖言「子服堯之服、誦堯之言、行堯之行，是堯而已矣」，但並非
眞要人模仿聖人之言、之行，反倒重在「堯舜之道，孝弟而已矣」、「夫道若
大路然，豈難知哉」，問題只在「人病不求耳」。〔註115〕因此，康齋倘若在易
知易行之處，謂「疑下愚終不可以希聖賢之萬一」，實即背離孟子肯定「人皆
可以爲堯舜」之意。且孟子言「良心」，端在顯發道德本心，非如康齋重在氣
性上要求「心氣和平」，因此在本質意義上二者所謂「良心」之意實已判然爲
二。

〔註112〕言此者尚有詩〈感懷〉「萬物人皆備，一心誰不良」（《康齋集》，卷1，頁15）；
詩〈曉起即事二首之一〉「晨朝氣清爽，良心還烱然」（《康齋集》，卷 1，頁
20）。

〔註113〕《孟子・告子上》「魚，我所欲也；熊掌，亦我所欲也」一則。

〔註114〕《孟子・告子上》「牛山之木嘗美矣」一則。

〔註115〕《孟子・告子下》「曹交問曰：『人皆可以爲堯舜，有諸？』」一則。

　　依此論述，吾人實已可明確地指出，康齋言心確實是與理爲二的心；儘管在實踐上，心可以表現出其主宰的作用，且在面對事事物物上，亦能給出一恰當合宜的決斷，但此背後實意涵著，此心必須保持其虛靈狀態，這樣理才能眞正具於心中，使心在活動時能有一標準在其中而無偏失。畢竟，在康齋的理解裡，心並沒有「思」的能力，道德法則必須從外而來。〔註116〕在此意義，儘管康齋言「始知陋巷簞瓢樂，千載同符只此心」〔註117〕、「乾坤那得有今古，千載斯人只此心」〔註118〕、「寸心含宇宙，不樂復何如」〔註119〕，亦只能表示正因人皆有此虛靈之心，故能將此不活動的性理具體彰顯出來，而人之所以爲人之價值亦得以在其中體現，且在此意義下，所謂「寸心含宇宙」之「含」字，其意則同於心是「神明之舍」之「舍」字，皆表示心與理有間，理非心之所發。

　　總地說來，康齋固然用心於實踐，但因仍本朱學對心的看法——工夫雖用在心，但重點卻在使心保持虛靈神妙，而理非心所發，卻爲心活動之準則——致使白沙雖未必否定康齋之學，但其在心、理關係上確實始終未契，總覺有間。而此未契、有間，關鍵即在康齋未能肯定道德主體即是法則給出者，而此正爲白沙言「未得」之意。後白沙肯定道德心體，所謂「吾此心之體隱然呈露，常若有物：日用間種種應酬，隨吾所欲，如馬之御銜勒也；體認物理，稽諸聖訓，各有頭緒來歷，如水之有源委也」亦即是對此做根本反省，且同時體悟了德性意義自覺的可貴。也因白沙此一體悟，因而在道德實踐上其所謂「未得」之意，亦因此具有其理論價值的意義；道德實踐不在心如何湊泊胳合此理，關鍵當僅在心體自身，此方是有得。

〔註116〕康齋曾詩云：「嘗聞〈洪範〉「思能睿」，只恐邪思亂性眞。能於思處分眞妄，便是存心格物人。妄想能除心即清，心清一氣自和平。時行時止非人力，愼勿憧憧役此生。」〈枕上偶成〉，《康齋集》，卷2，頁26。〈洪範〉「思曰睿」之「思」，當同於《孟子・告子上》「心之官則思；思則得之，不思則不得也」之「思」字，皆爲思誠思善之思，亦即德性意義之自覺義。（參楊祖漢等著：《孟子義理疏解》，頁90～91），也因此「思曰睿」後可謂「睿作聖」。但依康齋詩，顯然康齋不認爲心思是能給出道德法則，反而認爲此「只恐邪思亂性眞」。若如此，可謂康齋言心只是純粹虛靈作用，自身並無道德自覺的可能；故唯賴理方能應事。

〔註117〕〈即事〉，《康齋集》，卷2，頁36。

〔註118〕〈游孺子亭次朱子詩韻〉，《康齋集》，卷2，頁44。

〔註119〕〈道中作九首之六〉，《康齋集》，卷1，頁19。

第二節　從康齋重讀書見白沙所謂「舍彼之繁」之意

　　白沙在言「未得」之後續云：「於是舍彼之繁，求吾之約，惟在靜坐」；所謂「彼之繁」，即指康齋所授讀書之法。但問題是，不管是理學家或心學家理當皆不廢讀書，如象山謂「如中庸大學論語諸書，不可不時讀之，以聽其發揚告教」〔註120〕、「讀書須是章分句斷，方可尋其意旨」〔註121〕，白沙教子亦嘗詩云：「四書與六經，千古道在那。願汝勤誦數，一讀一百過」〔註122〕。因此問題當不在讀書此一事上，乃在對讀書所抱持的態度爲何。然如同上段所言，白沙並未細論「舍彼之繁」之意，因而以下論述仍以康齋文獻爲主，並輔以朱子觀點，由此或可見出白沙所謂「彼之繁」之意。

一、希聖、學聖乃康齋重讀書之故

〈提要〉：

> 其（按，即康齋）講學之功備見於日錄。第一條即稱乙巳夢見孔子、文王，第二條又稱夢見朱子，後又稱丙子三月初一日夢訪朱子。五月二十五夜夢孔子之孫奉孔子之命來訪。辛巳食後倦寢，夢朱子父子來枉顧。此猶可云向慕之極，因心生象，於理亦或有之。至稱新居栽竹夜歸，其妻亦夢一老人攜二從者，云孔夫子到此相訪，則無乃其妻戲侮弄之，而與弼不覺歟！觀其稱隨處惟歎聖人難學，又稱一味學聖人，克其不似聖人者。其志趣之獨高在此，其刻畫之過甚亦即在於此矣。（《康齋集》，頁 2～3）

姑且不論康齋妻是否有戲侮弄之之意，但就〈提要〉所摘引〈日錄〉中所謂康齋屢夢聖人之事看來，康齋一生確實對「聖人」嚮往至極。值得留意的是，康齋此「聖人」形象是具體的，有其對象性——以孔子、朱子爲主；此意與孟子所謂「聖人」之意〔註123〕——聖人與我同類，則聖人是人，我也是人；聖人之所以爲聖，非天生即承聖人之名，乃吾內心道德之理念心生嚮往之，

〔註120〕〈與戴少望〉，《陸九淵集》，卷 5，頁 63。
〔註121〕〈與傅聖謨三〉，《陸九淵集》，卷 6，頁 79。
〔註122〕〈景暘讀書潮連，賦此勗之〉，《陳獻章集》，卷 4，頁 313。
〔註123〕此一論述根據本於《孟子‧告子上》「公都子曰：告子曰：『性無善無不善』」一則；〈告子上〉「富歲子弟多賴」一則；〈告子下〉「曹交問曰：『人皆可以爲堯舜，有諸？』」一則。

故尊其爲聖。故此「聖人」之於我，重點不在其具體對象爲何，乃在藉此聖人典範，激起吾人內在本有之道德本心，促使人更有自信地實現並完成其道德人格——顯然有所不同。但儘管如此，康齋此一味希聖、學聖卻亦有其理論根據。康齋云：

> 早枕思，當以天地聖人爲之準則。因悟子思作《中庸》，論其極致亦舉天地之道以聖人配之，蓋如此也。嗟夫！未至於天道，未至於聖人，不可謂之成人，此古昔英豪所以孜孜翼翼以終身也。(〈日錄〉，《康齋集》，卷11，頁16)

康齋以爲子思作《中庸》，「論其極致亦舉天地之道以聖人配之」，顯然認爲天地之理就在聖人人格中體現，聖人所體現的行儀規矩即是天道之內涵，故天道之客觀實在性即是聖人此一具體形象。故對人而言，「當以天地聖人爲之準則」、「未至於天道，未至於聖人，不可謂之成人」；此處雖謂「天地聖人」，但「天地」終只是虛說，聖人方是實說，畢竟在道德實踐上，聖人之言、之行是具體可見的，可作爲學習的對象，故在實踐工夫上，唯有以聖人爲標的，具體體現聖人生命內涵，方可謂之成人。〔註124〕如其謂「細袪今古惑，多漱聖賢芳」〔註125〕、「出處進退惟學聖賢爲無弊」〔註126〕。但《中庸》言聖人之意，果如康齋所言，其目的在於作爲人學習、效法的對象？對此，觀《中庸》文獻：

> 誠者，天之道也；誠之者，人之道也。誠者不勉而中，不思而得，從容中道，聖人也。誠之者，擇善而固執之者也。(第二十章)

> 大哉！聖人之道！洋洋乎，發育萬物，峻極於天。優優大哉！禮儀三百，威儀三千，待其人而後行。故曰：「苟不至德，至道不凝焉」。故君子尊德性而道問學，致廣大而盡精微，極高明而中庸。溫故而知新，敦厚以崇禮。是故，居上不驕，爲下不倍。國有道，其言足以興；國無道，其默足以容。《詩》曰：「既明且哲，以保其身。」其此之謂與！(第二十七章)

《中庸》言聖人，雖表示聖人的道德實踐之行，便是天地之道的具體化；且唯有至德的聖人，方能眞實體現天道的內涵。但這不意味著人的道德實踐須

〔註124〕康齋此意具體見於〈與章士言訓導書〉、〈屬志齋記〉，見於後文申論。

〔註125〕〈題庸軒〉，《康齋集》，卷1，頁11。

〔註126〕〈日錄〉，《康齋集》，卷11，頁13。

唯聖人是從，僅能表示聖人真誠惻怛體現其生命，故能感通潤物，興發人的
生命，鼓舞人的意志，致使人受此感化，生命都得而善化。畢竟，聖人之所
以能興發、鼓舞人心，**關鍵並不在聖人**——「不勉而中，不思而得」的聖人
亦是人——而在吾人內在本有之心體；亦即善即在心中，即是性。而人之所
以不善，只因人受氣性障蔽，未能直接順遂地盡其性而已；但倘若能「擇善
而固執之」——此擇善之善，亦根於心——即能復其本性，則此刻人的具體
生命活動，便如天道生化般自然而然。〔註127〕因此，康齋將「聖人」不僅作
為風行草偃的典範人物，甚至作為人學習模仿的對象，就此意義，實不同於
《中庸》言聖人仍從本心誠體內在於我之意言之。又，康齋對《中庸》的體
會，豈本自朱子而得？對此，觀朱子解此《中庸》之意：

> 問「誠者天之道，誠之者人之道」。曰：「誠是天理之實然，更無纖
> 毫作為。聖人之生，其稟受渾然，氣質清明純粹，全是此理，更不
> 待修為，而自然與天為一。若其餘，則須是『博學、審問、慎思、
> 明辨、篤行』。如此不已，直待得仁義禮智與夫忠孝之道，日用本分
> 事無非實理，然後為誠。有一毫見得與天理不相合，便於誠有一毫
> 未至。如程先生說常人之畏虎，不如曾被虎傷者畏之出於誠實，蓋
> 實見得也。今於日用間若不實見得是天理之自然，則終是於誠為未
> 至也。」（〈中庸三〉，《朱子語類》，卷64，頁1563）

朱子於此固然亦是將聖人同於天，但觀其文意並非因而要人學聖〔註128〕，反
倒強調聖人之所以為聖，乃因其氣質清明純粹，全是此理，因此不待修為，
自然就能與天為一，而其餘之人正也因氣質故——此氣質從昏濁駁雜處言，
自然未能同於聖人不待修為即同於天，乃必須通過博學、審問等實下工夫，
使己之日用常行都能完全符合天理，這樣方能謂已達至誠體境界。因此可謂
朱子言此用意並非同於康齋直要人學聖人，而是在於區分聖人與常人的不
同，且由此不同，要人自知氣稟之害，並勇猛直前，自消己惡〔註129〕；畢竟，

〔註127〕 參楊祖漢：《中庸義理疏解》，頁194～197、230～231。
〔註128〕 此學聖之意，乃指學習氣質純粹、不待修為的聖人的言行。
〔註129〕 朱子：「人之性皆善。然而有生下來善底，有生下來便惡底，此是氣稟不同。
　　　　且如天地之運，萬端而無窮，其可見者，日月清明氣候和正之時，人生而稟
　　　　此氣，則為清明渾厚之氣，須做箇好人；若是日月昏暗，寒暑反常，皆是天
　　　　地之戾氣，人若稟此氣，則為不好底人，何疑！人之為學，卻是要變化氣稟，
　　　　然極難變化。如『孟子道性善』，不言氣稟，只言『人皆可以為堯舜』。若勇
　　　　猛直前，氣稟之偏自消，功夫自成，故不言氣稟。看來吾性既善，何故不能

人的本性是善的，且既是善的，則不管氣質如何，都有義務變化氣質。又，朱子此意，亦可見於另一段對話中：對於天之道與人之道的理解，問者最後總結謂「此有兩節意」，而朱子答以「如此見得甚善」。〔註130〕

　　但儘管在理解《中庸》意涵上，康齋或不同於朱子之意，但對於「聖人」此一形象之重視，康齋是否本自朱子而發？對此，觀朱子對「聖人」的理解：

　　「凡人須以聖賢為己任。世人多以聖賢為高，而自視為卑，故不肯進。抑不知，使聖賢本自高，而己別是一樣人，則早夜孜孜，別是分外事，不為亦可，為之亦可。然聖賢稟性與常人一同。既與常人一同，又安得不以聖賢為己任？……人性本善，只為嗜慾所迷，利害所逐，一齊昏了。聖賢能盡其性，故耳極天下之聰，目極天下之明，為子極孝，為臣極其忠。」某問：「明性須以敬為先？」曰：「固是。但敬亦不可混淪說，須是每事上檢點。論其大要，只是不放過耳。大抵為己之學，於他人無一毫干預。聖賢千言萬語，只是使人反其固有而復其性耳。」（〈學二〉，《朱子語類》，卷8，頁133）

朱子雖然強調人要以聖賢為己任，但此意並非要人惟聖賢是從。「聖賢」形象在這裡主要是表現兩個意義：其一，聖賢雖然天生氣質純然、粹然，但這不代表聖賢與我在道德實踐要求上有所差別。事實上，就稟性（此性從天地之性之說〔註131〕）而論，聖人與我同然，聖賢能成其為聖賢，我亦必須以成為聖賢為職志。此是人的分位，任誰都不能推託。因此，儘管我的氣性未若聖賢，但聖賢既可成為聖賢，我亦理當如此。另一方面，正因聖賢氣質純然、粹然，故其體現全是此理，因而人能通過聖賢言語，體悟人固有之善性；此意重點不在聖賢言語，而在聖賢言語背後所體現的天理自身，此方有其普遍

為聖賢，卻是被這氣稟害。如氣稟偏於剛，則一向剛暴；偏於柔，則一向柔弱之類。人一向推託道氣稟不好，不向前，又不得；一向不察氣稟之害，只昏昏地去，又不得。須知氣稟之害，要力去用功克治，裁其勝而歸於中乃可。濂溪云：『性者，剛柔善惡中而已。故聖人立教，俾人自易其惡，自至其中而止矣。』《責沈》言：『氣質之用狹，道學之功大。』」〈性理一〉，《朱子語類》，卷4，頁69。

〔註130〕〈中庸三〉，《朱子語類》，卷64，頁1564。

〔註131〕關於朱子的天地之性與氣質之性的理解，朱子嘗謂：「論天地之性，則專指理言；論氣質之性，則以理與氣雜而言之。未有此氣，已有此性。氣有不存，而性卻常在。雖其方在氣中，然氣自是氣，性自是性，亦不相夾雜。至論其徧體於物，無處不在，則又不論氣之精粗，莫不有是理。」（〈性理一〉，《朱子語類》，卷4，頁67）

義、超越義，且爲聖人與我皆然之根據。故總地說來，「聖賢」此概念之意義，對朱子來說，關鍵不在聖賢此一具體形象，乃在聖賢所呈顯的理體自身，及其聖賢成其爲聖賢所代表的實踐上的意義，因此重點仍在「理」。若是，則康齋對朱學的體悟，可說已從朱子的重理，轉而爲直接仿效聖人言行爲依歸。因此，相較於明理的工夫，在康齋或許對聖賢言語更爲重視。但或有人謂，朱子亦要人學聖賢言語，如：

> 或問爲學。曰：「今人將作箇大底事說，不切己了。……。聖賢千言萬語，儘自多了。前輩說得分曉了，如何不切己去理會！如今看文字，且要以前賢程先生等所解爲主，看他所說如何，聖賢言語如何，將己來聽命於他，切己思量體察，就日用常行中著衣喫飯，事親從兄，盡是問學。若是不切己，只是說話。今人只憑一己私意，瞥見些子說話，便立箇主張，硬要去說，便要聖賢從我言語路頭去，如何會有益。此其病只是要說高說妙，將來做箇好看底物事做弄。如人喫飯，方知滋味；如不曾喫，只要攤出在外面與人看，濟人濟己都不得。」（〈學二〉，《朱子語類》，卷8，頁140）

單從文字上來看，確實朱子要人遵守聖賢言語，並「將己來聽命於他」。故若謂康齋孜孜學於聖人乃承朱子而來，似乎是有其理據的。但就整段文意觀之，朱子言此實有其針對性：批評象山直從己心便以爲是天理，直謂「六經皆我註腳」[註132]，卻不知此不過是一己之私意。畢竟，對朱子來說，唯有純然、粹然之聖人，方能眞正體現天理的內涵，一般人則僅能實地作工夫，以期達至無一毫不與天理相合的境地，且由此方可謂此心即自然之天理，否則皆有私意，皆非誠體。故朱子於此固然肯定聖賢言語，並且要人遵守，但重點仍不在聖賢，乃在聖賢言語背後所體現出來的理則；此理方是人著衣吃飯、事親從兄之超越根據，而人之道德實踐便是要體現此天理之實義。以下引文更能表現朱子重理之意：

> 今之學者自是不知爲學之要。只要窮得這道理，便是天理。雖聖人不作，這天理自在天地間。「天高地下，萬物散殊；流而不息，合同而化」，天地間只是這箇道理流行周遍。不應說道聖人不言，這道理便不在。這道理自是長在天地間，只借聖人來說一遍過。且如《易》，只是一箇陰陽之理而已。伏羲始畫，只是畫此理；文王孔子皆是發

〔註132〕〈語錄上〉，《陸九淵集》，卷34，頁395。

明此理。吉凶悔吝，亦是從此推出。及孔子言之，則曰：「君子居其
室，出其言善，則千里之外應之；出其言不善，則千里之外違之。
言行，君子之樞機；樞機之發，榮辱之主也。言行，君子之所以動
天地也，可不謹乎！」聖人只要人如此。且如《書》載堯舜禹許多
事業，與夫都俞吁咈之言，無非是至理。(〈學三〉,《朱子語類》，卷9,
頁156)

人之為學關鍵就在「天理」二字，而此天理作為天地間一切存在之根據，它
是超越的、遍在的，因此不管聖人言或不言，此理長存、長在，而人之所以
為人，便是要實現此天理之意。若是，則對朱子而言，對理的體會更甚於對
聖賢的學習、仿效，畢竟「這道理自是長在天地間，只借聖人來說一遍過」。
但儘管如此言，卻不可謂朱子不重視「聖賢」所代表的意義，畢竟唯有聖賢
方能體現天理之自然，也唯有聖賢之事業、之言語，「無非是至理」。只是在
此本末輕重關係上，朱子仍以「理」為首出，而聖賢的意義則落在其能體現
天理之意涵上。若是，則儘管康齋重聖賢亦重理，但其在實踐上更強調學習
聖賢，而非聖賢所代表的天理之意涵。由此觀之，則吾人於此不得不謂，今
人研究認為康齋特點在於不重形上之理，只重實踐工夫——具體地學習聖
賢，體貼聖賢言語之意即可——亦不無其道理，且由此可見，至少在康齋，
儘管對本體體會仍本於朱子，但在工夫實踐的體悟上已有一偏的發展。

　　但無論如何，康齋此意與其言「心」在理論上有其一致性，也因此希聖、
學聖在其理論系統中仍有其實踐上的意義。康齋謂：

竊僕嘗觀古人道德著於一身，而事業光於千古者，豈無其由不自小
其量，而用心純也？……夫聖至於堯舜周公孔子，無以復加矣，而
其量豈自足，而心豈少息哉？後之英雄之士，卓然特立者，其量蓋
期於堯舜周公孔子，而其心亦以堯舜周公孔子之心為心。一念慮、
一動作，數聖人常在目前：道德，視數聖人為未克；事業，視數聖
人為未大。用力孜孜而不足，量詎容小而心敢不純哉！故能卒有所
就。降及其次，則以先進大賢自期，而用力於德行事業者，亦無不
至而亦各得其效。夫期於聖人雖未至，不失為大賢；期於大賢雖未
至，不失為賢者。……僕雖不敢當足下之所期，亦不敢不以習俗為
戒，而奮志乎古之大賢也。……今年自春初，專玩《大學》、《語》、
《孟》、《中庸》，覺漸有所得，……，然後知聖賢之道，豈獨古而不

達時宜，豈眞迂而闊於事情，豈誠僻而且怪。……賴天之靈，祖宗

之澤，父兄師友之教，今得少有所持循以進，何其幸也。(〈與章士言

訓導書〉，《康齋集》，卷8，頁16～18)

若能肯定本心誠體內在於我，則固然言聖人之心即我之心，但重點仍在如何
發明本心，使內在心體當下挺立。但因康齋言心，只是虛靈神妙之心，固然
有其活動性，但並非即理自身，因此在工夫實踐上，唯有依從已是理體的聖
人〔註133〕作爲吾人內在虛靈之心之道德法則；通過「以堯舜周公孔子之心爲
心」之修養過程，便能時時內省，反求諸己此一念慮、此一動作在聖人爲如
何如何，而自己又有無合此要求而行。〔註134〕也因此康齋認爲，若能以聖人
爲標的，儘管未必成爲聖人，但因是以聖人爲體，至少在人格修養上還是能
有所成就——「期於聖人雖未至，不失爲大賢；期於大賢雖未至，不失爲賢
者」。又接續此意，康齋進一步具體指出學聖意涵爲何：

世之志於學者，孳孳旦暮，不可謂不勤也，其所求言語文字之工，
功名利達之效，而己志雖益勤，學雖益博，竟何補於身心哉？是則
非聖賢志學之旨矣。聖賢教人必先格物致知以明其心，誠意正心以
修其身，修身以及家而國而天下不難矣。故君子之心，必兢兢於日
用常行之間。何者爲天理而當存，何者爲人欲而當去，涵泳乎聖賢
之言，體察乎聖賢之行，優柔厭飫，日就月將，毋期其近效，毋欲
其速成，由是以希賢而希聖，抑豈殊途也！予年弱冠，賦屬志詩，……
當是時於聖賢爲學之方，頗得其萬一，而自謂古人有不難到者，不
意多病侵陵，與事乖迕……昔者之志回視如夢，其悲歎之極，……
此無他，志不加屬之過也。……予感其齋名同予詩也，因告以自得
之由與自棄之實，而勉其不可不造厥極焉。(〈屬志齋記〉，《康齋集》，卷
10，頁1～3)

既然修養關鍵在「聖人」，則康齋提出所謂學，當以「聖賢志學之旨」爲學，
否則「己志雖益勤，學雖益博，竟何補於身心哉」。但聖賢志學之旨爲何？康
齋謂「聖賢教人必先格物致知以明其心，誠意正心以修其身，修身以及家而

〔註133〕聖賢之道，亦即天地之道，聖賢即理體自身，故其所言、所行皆具超越、遍
　　　在之精神意涵，因此康齋乃謂「聖賢之道，豈獨古而不達時宜，豈眞迂而闊
　　　於事情，豈誠僻而且怪」。
〔註134〕康齋在〈日錄〉中嘗載「學聖人無他法，求諸己而已」。《康齋集》，卷11，
　　　頁38。

國而天下不難矣」，此即《大學》格物、致知、誠意、正心、修身、齊家、治
國、平天下，朱子所謂「此八者，《大學》之條目也」〔註135〕。此八者包含立
人與立己的問題，但以立己爲關鍵，故康齋言「必先格物致知以明其心，誠
意正心以修其身」。但《大學》言「立己」，重在對天賦的光明德性有所自覺，
使光明澄澈的心靈歸於主宰正位，致使心靈本具之理具體呈現在行爲操守
中。也因此，其所謂「致知」、「格物」仍從心靈之虛明靈覺處言，以爲人心
本具眾理，只要對此心靈有所自覺，自能在面對事事物物之際皆能推其本然，
求得事理之極。畢竟，一念自覺，自能體悟心靈本具萬物之理，因而在念念
自覺中，亦能使心靈所具之理具體呈現於行事之中。〔註136〕而康齋言此卻強
調「君子之心，必兢兢於日用常行之間。何者爲天理而當存，何者爲人欲而
當去，涵泳乎聖賢之言，體察乎聖賢之行……由是以希賢而希聖，抑豈殊途
也」，顯然正如其一貫主張，明心、修身的關鍵仍在聖賢；通過對聖賢之言、
聖賢之行的體察與涵泳，逐步體會到聖人所言之理——善即在聖人中見，即
是理，並藉此理則判定「何者爲天理而當存，何者爲人欲而當去」。

　　但既然理在聖人中見，吾心又只是虛靈作用的心，何以謂通過聖賢即可
幫助吾人同於聖賢？對此，康齋謂：

> 風威遍野號，雪花滿空墜。誰謂惜苦寒，正喜兆豐歲。紅爐坐終日，
> 黃卷靜相對。至哉聖賢言，妙契心自醉。（〈即事〉，《康齋集》，卷 1，頁
> 13）

> 夜氣向虛朗，剪燭更已深。大哉仁義言，沃我萌蘗心。才質各高下，
> 性命無古今。聖賢懇垂訓，而我何陸沉。（〈讀孟子〉，《康齋集》，卷 1，
> 頁 13）

固然「至哉聖賢言，妙契心自醉」，然此「自醉」之由，其因仍在「性命無古
今」一語。誠如上論康齋謂「人性之本善，而氣質之可化也的然矣」之意，
此處所謂「才質各高下」亦表示人之「才質」屬「氣」，是形而下、是有限的，
故有高下之別；但因人亦稟天地之性而生，而天地之性乃超越的、遍在的，
故在人此性命之義自能不受時間所限，亦即無古今之別。因此，人心雖只是
一虛靈之心，但因一切存在皆稟此超越之性理而生，故當聖人體現天道之內
涵，展示一「何者爲天理而當存，何者爲人欲而當去」之絕對價值判準時，

〔註135〕《大學章句》，《朱子全書》第陸冊，頁 17。
〔註136〕參岑溢成：《大學義理疏解》（臺北：鵝湖出版社，1997 年），頁 40～43。

人自能在品味聖人之言時而妙契其中，使心去湊泊此理。也因此康齋以爲識理明道唯有通過希聖、學聖方可獲得：

> 僕聞天下之至美者，莫如聖人之道，昭明易見，簡易易行；然世鮮能之者，不學故耳。原其故有二焉：懵然無知而不事夫學者，庸人也；學焉而弗克者，未誠也。惟其未誠也，是以事物交前，理欲互戰，順理乎繫累於欲，從欲乎有所不屑，撓乎其中，憖乎其心，苟一念之或失，則聖人之道斯遠，而習俗之溺彌深，幾何不并其少有所得者而亡之，惡在能有充哉！是雖曰學，與不學同也。僕坐此患十年餘矣，抱憖朝夕，亦云至矣。今年從春來，一以《大學》、《語》、《孟》、《中庸》熟玩，一日，恍然似粗有所見，乃喟然歎曰：「聖人之道，果易曉也，果易行也。而今而後，吾知免夫朝夕之憖，而有以超然樂乎羣物之表矣。」因益加力焉，所見益似親切。……今將釋子之憖，而進子於樂地不難矣。蓋爲之之機在我，而爲之之方則具於聖賢之書，胡爲而不勉之也？（〈與徐希仁訓導書〉，《康齋集》，卷8，頁15～16）

理既在聖人中見，且人皆稟此性理而生，故聖人之道本「昭明易見，簡易易行」，關鍵只在學、不學而已。而所謂「不學」，康齋指出要不「懵然無知」所致，要不雖學卻「未誠」，因而如同未學狀態。若如此，則康齋所謂「學」當包含兩面：一爲須熟讀聖賢之書，另一則必須將所學之理眞誠無妄的體現出來。就前者，康齋固然云「聖人之道，果易曉也，果易行也」，但若完全不學，如庸人般，則聖人仍是聖人、我仍是我。因此唯有熟玩聖賢之書，方能體會聖人之道，方能將所知之理作爲心的活動準則，使自己在應物之際能無失。故康齋乃云「爲之之方則具於聖賢之書」。就後者言，理固然在聖賢處見，且通過對聖賢之書的把握，人即能知理、明理，然倘若未能澄澈其心，自覺地要純粹依從聖人之道而行，則此道德之學仍舊無效；即與「不學」同。因此，唯有自覺地要實現聖人之理，方能將所知之理眞誠無妄地表現在人倫事物中，而此方謂之學。故康齋乃謂「爲之之機在我」，此即點出實踐主體在道德實踐過程中的重要性。但就整體所謂「學」而言，雖謂缺一不可，但最終仍須歸本於讀書之功。對此，康齋謂：

> 來書云，嘗肆力於四書。此可謂不枉用其力，而得學之本矣。僕雖欲言，奚言哉？豈惟僕也，雖聖賢復生教人，又豈出此？僕與足下

別後，工夫亦只此書而已。足下又云，雖能一時理會紙上陳言，於身心竟無所裨。此語尤有意味，正好商量。蓋人患不知反求諸己，書自書，我自我，所讀之書徒爲口耳之資，則大失矣。今足下既自知無益身心，則當漸向有益。惟專心於此，篤信之，固守之，深好之，讀以千萬而不計其功，磨以歲月而不期其效，優柔厭飫於其中，則日新之益自有不期然而然者矣。（〈復日讓書〉，《康齋集》，卷8，頁30）

所謂「反求諸己」亦只是要人在書與我之間無所間隔；倘若有所間，則其解決方式亦在要人讀書。畢竟康齋認爲正因有此自覺，方愈能體會如何讀書更能得聖人之理，也因此愈要深信聖賢之書，愈要從此鑽研去，這樣「自有不期然而然者矣」。而康齋此說之關鍵，正扣緊上所述聖人之理即在聖人之書中，唯有讀聖人之書方能明聖人之理，方能體會天道性理之內涵，亦唯有此方對自我身心有益。故在此理論基礎下，讀聖賢之書在康齋的學說中成爲重要的課題。

二、讀書要點在於熟讀玩味聖賢之意

人既本有此性理，可以爲善，但何以不善？既不善，人有如何復反其性，而歸於善？對此問題，康齋指出人之不善，乃因心未能保持虛靈狀態以具理，並認爲若要復反本然之善，唯有通過工夫修養方可。而此工夫之擇取，乃基於理在聖人中見，故人當用心於聖賢之書，方可使心具此性理而爲善；人此一存在之價值方得以彰顯。因此，對此「讀書」，康齋甚爲重視，並具體闡述其論點：

人之所以異於禽獸者，以其備仁義禮智四端也。四端一昧，則失其爲人之實，而何以自異於禽獸哉！然蜂蟻之君臣、虎狼之父子、豺獺之報本、雎鳩之有別，則以物而猶具四端之一，人而陷溺其心於利欲之私，流蕩忘返，反有不如一物者矣。欲異於物者，亦曰反求吾心固有之仁義禮知而已，欲實四者於吾身，舍聖賢之書則無所致其力焉。豐城楊德全遊太學，歸覲，與予同舟，談論累日，慨然有志乎此，而慮其還鄉或汩於人事，且俗染未易革也。徵言爲進修之方，復以爲戒。予曰：「天下之事，公私、理欲、義利、善惡兩端而已，其勢常相低昂，此重則彼輕，彼重則此輕，輕重分而利害判矣。知者不患彼勢之重，顧吾所以積累增益吾勢之力何如耳。子歸淨掃

一室，置古聖賢格言於几，事親之餘，入室正襟端坐，將聖賢之書
熟讀玩味，體察於身，一動一靜，一語一默之間，必求其如聖賢者，
去其不如聖賢者。積功既久，則其味道希賢之勢日重，而舊習凤染
之勢日輕，不患不造古人門庭矣。凡親友相見，一以是忠告而善道
之，則秉彝好德之心人所固有，吾見其相與踴躍共進於此，又何患
乎人事之汩哉！勉之，勉之，無怠。」（〈勸學贈楊德全〉，《康齋集》，卷8，
頁42～43）

康齋首先標舉人禽之別，以爲人之可貴正因人具此四端；倘若未能彰顯此性
理，則人之所以爲人之價值未能挺立，則人與禽獸無別，甚至低於禽獸。而
康齋此說，乃從道德價值上立論人之可貴、可欲之處。接續此論，康齋續云，
人之所以不善乃因「陷溺其心於利欲之私」中，若欲復反本善——「反求吾
心固有之仁義禮知」，彰顯其自身之可貴——「欲實四者於吾身」，則必須實
下義利之別之工夫，而此工夫「舍聖賢之書則無所致其力焉」。畢竟，何者爲
義當存，何者爲利當去，此判準唯有依從聖賢之理方得。故在此意義下，康
齋具體指出讀書步驟爲「淨掃一室，置古聖賢格言於几，事親之餘，入室正
襟端坐，將聖賢之書熟讀玩味，體察於身，一動一靜，一語一默之間，必求
其如聖賢者，去其不如聖賢者」，並認爲通過此法「積功既久，則其味道希賢
之勢日重，而舊習凤染之勢日輕，不患不造古人門庭矣」。所謂「熟讀玩味，
體察於身」，當重在將聖賢之言具體實踐在日用中，通過動靜語默的考察，反
覆思考、體貼聖賢之言，此一刻聖賢如何行事，此一刻聖賢如何言語，並在
此過程使自己身心更加貼近聖賢，由此心自然能超脫於利欲中，而仁義禮智
四端亦自能如實呈顯。而康齋此意，亦屢屢見於其他文獻：

早晚多看中庸，似有小益。凡人宜以聖賢正大光明之學爲根本，則
外物之來有以燭之，而吾心庶得以不失。此心一失，幾何不爲水之
流蕩，雲之飄揚，莫之據哉！吾之所恐此而已，所慕此而已，汲汲
若不及，茫茫若有亡，不知日之夕、昏之旦也。（〈與九韶書〉，《康齋集》，
卷8，頁21）

朝來聽取別時歌，善惡由來不共科。欲向事幾明擺析，工夫不厭讀
書多。（〈留贈湖田萬氏二首之二〉，《康齋集》，卷2，頁32）

坐外南軒，滌硯書課，綠陰清晝，佳境可人，心虛氣爽，疑此似躡
賢境，惜讀書不博耳。（〈日錄〉，《康齋集》，卷11，頁10～11）

即可見康齋用心於讀書之目的，實在欲通過此工夫，體會聖賢之理，使「外物之來有以燭之，而吾心庶得以不失」，畢竟善惡之由必須辨明，而此辨明之根據在聖人中見，且心若欲不失，亦必須有理在其中，方足以主宰萬事而不為物所牽引。此外，康齋亦指出讀書多寡亦關乎是否已成聖之判斷。畢竟，理在聖人，境界亦是聖人的境界，因此個人之修養是否已達聖人之境，仍必須回歸聖人之言以判定己是否已列聖賢之位。故一切工夫修養皆必須以聖賢之書為重。〔註137〕但聖賢之書，從周公、孔子已降，至北宋五子直至朱子等，此些皆為聖賢之言，則吾人學習次序當該為何？對此，康齋謂：

> 大要入門，只在撥置他書。一以四書及伊洛關閩諸子，專心循序熟讀，勿忘勿助，優柔厭飫於其間，積久自然有得，不可強探向上，此味真難知之，正文公所謂，雖淡而實腴也。(〈與九韶書丙午〉，《康齋集》，卷8，頁29)

> 令郎在侍，宜篤教之熟讀《小學》、《四書》、《五經》本文，養其德性，毋令踈放。閣下課程亦不出此大要。《小學》書尤不可不痛加工夫，須逐篇逐條玩味入心，見聖賢教人之意昭然見於言外，如此庶幾有進。愚意常以為後世萬事之不逮古先者，闕此以為之基也。《小學》既熟，方好用工。《四書》、《五經》須令成誦，使其言如自己出，則味自別。古人云：『讀書千遍，其義自見。』非虛言也。《四書》、《五經》本文既熟，方可讀注，旁及子史。讀書如不循序致精，只欲泛然雜看，終不濟事，徒敝精神，枉過歲月，大可惜也。……學者某近年全然惰了，役於利慾，罔克自持，原其所由，正以平昔小學功踈，讀書鹵莽，根本不立，故外物易以動搖。可戒也，可戒也。

> (〈與曰讓書〉，《康齋集》，卷8，頁31～32)

> 別後日新如何，區區自正月初一日至十五日，玩得《論語》一周。十五夜誦《大學》并《或問》，亦一周。身心似少有長進。人能如此接續用工去，何患無益，祇是或作或輟，則終不濟事耳。昨日讀真

〔註137〕鍾彩鈞：從事聖賢之學必有方法，就是遵從聖賢所教的大學程序。康齋把八條目更精約為明心，修身、達於天下，而明心與修身又是渾成一片，歸於存天理去人欲，故說「君子之心必就就於日用常行之間，何者為天理而當存，何者為人欲而當去」。心與理渾成一片，反映康齋同時重視德性主體與日用常行，兩者是渾成的，皆以學習、體現聖賢為目的。〈吳康齋的生活與學術〉，中央研究院中國文哲研究所，《中央文哲研究集刊》第十期，頁291。

西山《大學衍義》，觀其敘堯舜三代之盛，君之所以爲君，臣之所以爲臣，皆本於大學格物致知誠意正心修身之功。漢唐之治，君之慕學雖或甚篤，臣之輔導雖或甚切，然於大學之道不明，是以卒於漢唐而已。然則人之爲學而不本於大學，皆非也。足下之志果何如耶？令嗣前日臨別，言或四月至吾山中。今方正月，而待四月，其惰慢不立爲何，如且或之一字，尤可見其惰慢之實。噫！其不可教也，明矣！足下亦蹈覆車之跡乎？夜來又看《衍義》，敘經史所載兄弟之事，宜親近而不宜踈遠，宜忠厚而不宜刻薄，痛快深切，讀之令人悚然毛髮皆豎，念不得與士望兄弟一共觀之。(〈與傅秉彝書〉，《康齋集》，卷8，頁20)

從這三段文可見康齋教人讀書之次序。首先，爲學之初必須熟讀小學，且「須逐篇逐條玩味入心，見聖賢教人之意昭然見於言外」，又謂小學乃一切學習基礎，「小學既熟，方好用工」。而康齋此意，當是強調爲學立志的重要；此立志意味著確實將聖賢之言體貼於身心，使心在應物之際皆以此爲主宰，並通過此一實踐過程，使聖賢之言具體在日用中顯。這樣，聖賢之言不只是聖賢之言，其內在意義已眞實的爲我所有。接著小學工夫，康齋指出當背誦四書五經，「使其言如自己出」。因此背誦關鍵不在記憶文字，而在如何使這些文字都能納進自己生命中，猶如此些文字皆出於己口，皆發於己心。猶有進者，康齋以爲此中亦能體現個體生命之意涵，彰顯自我存在之價值，畢竟此是每一個體依其自己奮力學習而得，故「味自別」。最後「四書五經本文既熟」，康齋以爲此時即可讀注，亦可「旁及子史」。此乃因心中志向已明，根本已立，聖人之言、之意已具體融入在自我的生命中，因此不論是讀注或是讀子史，皆不足以搖動我內心已昭然明白之理。此外，康齋強調讀書須「勿忘勿助，優柔厭飫於其間」，這樣「積久自然有得」；但何時有得，此是難以知曉、難以說明，總之「不可強探向上」〔註138〕。但無論如何，康齋強調學習必須持之以恆，萬萬不能懶惰，否則「終不濟事」。

除此爲學次序，康齋亦論及宋儒學說：

二生忽喜後先來，無德相資愧爾才。黃卷有師當自勉，關閩濂洛是

〔註138〕所謂「不可強探向上」，此「上」當指下學而上達之「上達」之意。人所能追求的、努力的，僅在「下學」處，亦即循序讀聖賢書，至於何時達此境界，此未可強說。康齋此意，實即朱子所謂「一旦豁然貫通」等語。

梯階。朱子云：「四子，六經之階梯；近思錄，四子之階梯。」（〈程
庸承府主命，李觀光章取則皆集小陂，講顏子喟然之章，賦此以勉焉〉，《康齋集》，
卷4，頁2）

剛恨平生學聖難，餘齡程課肯容慳。洛閩幸有階梯在，精白斯心日
夜攀。（〈自得亭對雨書懷〉，《康齋集》，卷7，頁42～43）

康齋雖謂為學次第當以小學始，接著四書五經本文，最後才旁及注、子史，
然對關閩濂洛之學卻有其偏重處。就康齋案引朱子之說，以為「四子，六經
之階梯；近思錄，四子之階梯」，顯然其所謂「階梯」之說亦承朱子而來。但
無論如何，至少可從中理解康齋對經書的解讀，乃以關閩濂洛之學作為其詮
釋根據；關閩濂洛之學，又以朱子思想為依據。由此亦可知，何以康齋屢屢
夢見朱子之故；畢竟，朱子乃其通往聖賢之路之鎖匙。

　　論述至此，已可確立讀書在康齋學說中的意義——讀書目的在於明聖賢
之理，並通過此理，使心能具此理而應物無失。但前亦論及「心」此一概念
在康齋只是「虛靈之府，神明之舍」，故若欲使心保持其虛靈狀態則必須收斂
其心，而此實賴另一種工夫，亦即持敬工夫。也就是說，在康齋工夫論中當
有兩路：其一，持敬的工夫，使心保持湛然虛明的狀態。另一，讀書明理的
工夫，使聖賢之言、之行能具體體貼於身心，以期自己亦能同於聖人。但觀
康齋文獻，尤其是〈日錄〉，似乎在實際操作上康齋往往直以讀書對治他的心：

於近思錄中所得，比向日大有逕庭，中心洒然，如沉痾去體，觀百
卉生意可愛。（〈日錄〉，《康齋集》，卷11，頁25）

心是活物，涵養不熟，不免搖動。只常常安頓在書上，庶不為外物
所勝。（〈日錄〉，《康齋集》，卷11，頁18）

應事後即須看書，不使此心頃刻走作。（〈日錄〉，《康齋集》，卷11，頁18）

讀書便能「中心洒然，如沉痾去體」；應事更須讀書，致使心「不為外物所勝」，
不使之「頃刻走作」。似乎從這些文字亦可推斷，康齋重讀書目的僅在於治心，
無關乎明聖賢之理。且若如此，對應目前研究謂康齋重實踐，工夫僅用在對
治心，並不關涉明理問題。〔註139〕似乎，二者在說法上亦有其一致性。但誠

〔註139〕張學智即謂：「讀書在吳與弼絕不像朱熹那樣，是以書中的義理消去心中鄙
吝，而是靠讀書來靜定心的憧憧往來與向外馳求。」《明代哲學史》，頁27。
侯外廬等在《宋明理學史》一書中亦指出，吳與弼期通過讀聖賢書以變化氣
質。《宋明理學史》，頁137。

如上述所論，康齋之所以重視讀書，實是爲了明聖賢之理，而此明理固然相對朱子而言，已有所偏，但倘若直謂康齋一切用心只在治心，不免失之偏頗，未若言康齋思想直接承繼、運用朱子持敬窮理工夫，至於形而上天道性理的解析確實相對缺乏；畢竟形上之理就在聖人中見，因此只要習得聖人之言、之行即可；謂其重實踐，其意義亦在於此。當然不可否認的是，〈日錄〉所載內容確實爲康齋具體實踐所得之體會，且其中強調要將心安頓在書上的說法，亦有其實質上的意義。畢竟，天理本在，倘若通過讀書就能明白此理，那麼人自能知道應當如何行爲，便能使心不受外物干擾而爲物。就具體實踐方法言，則直以書對治心即可；此乃因理即在其中。但儘管如此，就義理架構視之，康齋基本上仍守朱子持敬窮理系統，對治心的工夫仍重在收斂，使其不執於物而爲物：

> 去歲小孤奉書已達，且聞不以鄙言爲妄，戒酒進學，非喜聞過而勇於行者能如是乎？可喜可敬。近會吳德讓言足下忽有虛弱之疾，此讀書過苦所致，最宜善自調攝。區區向時不曉事，其進太銳，往往盡力於書，且高大其聲，耗喪元氣，極爲大害。居京時得疾，已不敢大聲讀書。居鄉，曾於友人家講《大學》，數日精神疲甚，舊疾復作，自此不敢過用精神。每讀書，但隨力所到爲之，少倦則止；惟此心不可間斷。爲學本當日就月將，優游涵泳，方能持久。若要急迫速成，徒自苦耳，終不濟事。大抵聖賢授受，緊要惟在一敬字。人能衣冠整肅，言動端嚴，以禮自持，則此心自然收斂，雖不讀書，亦漸有長進。但讀書明理以涵養之，則尤佳耳。苟此心常役於外，四體無所管束，恣爲放縱，則雖日夜苦心，焦思讀書，亦恐昏無所得，脫講說得紙上陳言，於身心竟何所益，徒敝精神，枉過歲月，甚可惜也。此區區平昔用功，少有所見如此，足下其諒之。（〈與友人書壬寅〉，《康齋集》，卷8，頁25～26）

從康齋此書即可明白見出其持敬窮理工夫仍是兩節：持敬目的在於使心收斂，讀書則在明理。當然兩節亦可是說是一個工夫，畢竟讀書明理亦能涵養虛靈之心，使心具此理而無所搖動；若能如此，亦能不爲外物所勝。但無論如何，康齋仍以爲對治心的工夫必須以敬爲主，此乃「聖賢授受」之旨；倘若無此工夫，直以讀書就要用心於身心，不免「徒敝精神，枉過歲月」，終致有病。但吾人須注意的是，康齋如此明確強調持敬重於讀書，文獻僅見此處，

且此處所以抒發此意，乃因有人讀書過苦導致「虛弱之疾」，因此康齋勸說讀書不宜「急迫速成」，當「優游涵泳，方能持久」之背景下寫成。而從前論述可知，基本上康齋仍以讀書教人為主，且認為唯有此方能明聖人之理，方能「反求吾心固有之仁義禮知」，因此康齋學說重讀書、重聖人此一特點是無有疑義的。

康齋既以朱子作為其學聖對象，且其學說基本上仍承朱子而來，則於此不得不申論朱子言「讀書」之意，以便再次凸顯康齋雖以朱學為宗，但其在義理體悟上亦有其偏重性，且由此亦可見出白沙所謂未得確實針對其師義理主張而發。〔註140〕

朱子謂：

> 聖門日用工夫，甚覺淺近。然推之理，無有不包，無有不貫，及其充廣，可與天地同其廣大。故為聖，為賢，位天地，育萬物，只此一理而已。（〈學二〉，《朱子語類》，卷8，頁130）

> 學問須是大進一番，方始有益。若能於一處大處攻得破，見那許多零碎，只是這一箇道理，方是快活。然零碎底非是不當理會，但大處攻不破，縱零碎理會得些少，終不快活。「曾點漆雕開已見大意」，只緣他大處看得分曉。今且道他那大底是甚物事？天下只有一箇道理，學只要理會得這一箇道理。這裏纏通，則凡天理、人欲、義利、公私、善惡之辨，莫不皆通。（〈學二〉，《朱子語類》，卷8，頁131）

朱子在〈總論為學之方〉，首先即明白標示其所謂學，關鍵就在「天理」；此理無所不包、無所不貫，而人之所以為聖、為賢，為天地宰，其根據亦在此理而已。因此，人之為學雖就在日用中作工夫，但究其根柢，實為了明得此理、顯發此理。而朱子此意，在上段論及康齋以希聖、希賢為其學問關鍵，已點明此意，此處再次強調則是為了凸顯因二人偏重不同——朱子以理為首出，一切的學問都在明理，實踐此天理的意涵，而康齋從天理就在聖賢中見，因而認為一切學問只要將聖賢言行內化到己之言行即可，故相較於朱子而言，更重聖賢在實踐上的意義——因而呈顯出對讀書態度亦有所不同。朱子謂：

〔註140〕 鍾彩鈞亦認為康齋窮理主要指讀聖賢書而已，故其範圍實比朱子狹窄。〈吳康齋的生活與學術〉，中央研究院中國文哲研究所，《中央文哲研究集刊》第十期，頁291。

讀書已是第二義。蓋人生道理合下完具，所以要讀書者，蓋是未曾經歷見許多。聖人是經歷見得許多，所以寫在冊上與人看。而今讀書，只是要見得許多道理。及理會得了，又皆是自家合下元有底，不是外面旋添得來。（〈學四〉，《朱子語類》，卷10，頁161）

學問，就自家身己上切要處理會方是，那讀書底已是第二義。自家身上道理都具，不曾外面添得來。然聖人教人，須要讀這書時，蓋爲自家雖有這道理，須是經歷過，方得。聖人說底，是他曾經歷過來。（〈學四〉，《朱子語類》，卷10，頁161）

朱子將讀書視爲第二義，乃本於其對理的重視。畢竟，天地之性人人本有，而此是孟子所以謂人性善之根據；只因天地之性下貫在氣質中，而氣質有清濁厚薄的不同，致使人有不善的表現，但倘若人能變化氣質，則人終究可以爲善，可以是善的。也因此朱子於此謂，「人生道理合下完具」、「自家身上道理都具，不曾外面添得來」，便是強調性理本在，人是有爲善的可能與要求。但正因人的氣性不同，而聖人由於氣質純然、粹然，可以全然見得天理之自然，因此人不免須賴聖賢典籍，讀聖賢書，使己亦能從中「見得許多道理」〔註141〕。但朱子強調，儘管如此，實踐之根據仍在人自家之性理上，因此固然要讀聖賢書，但此終究是「第二義」。朱子謂：

學問，無賢愚，無小大，無貴賤，自是人合理會底事。且如聖賢不生，無許多書冊，無許多發明，不成不去理會！也只當理會。今有聖賢言語，有許多文字，卻不去做。師友只是發明得。人若不自向前，師友如何著得力！（〈學四〉，《朱子語類》，卷10，頁161）

相較於康齋對讀書一事的重視，甚且認爲唯有將聖賢言語步步體貼，方可達至聖賢之境，朱子卻認爲讀書只是「第二義」，爲學的根據仍本於自家合下元有底道理。畢竟，對朱子而言，「自家身上道理都具，不曾外面添得來」，因此不

〔註141〕朱子於此強調人之所以要讀，乃因聖人說這些都是「他曾經歷過」。但筆者不認爲朱子此意，是從經驗知識來理解此「經歷」之意。畢竟，若從經驗現象說明誰經歷的多，所以他人就從這些經歷習得他未曾經歷的東西，則此經歷畢竟是有限的。且聖人之所以爲聖，絕非因他經歷的比我們一般人多，而是聖人可以全然體現天理之自然故。也正因聖人氣性故，所以他可以體會天理的內涵，而我們一般人也因氣性故，所以沒有辦法體會自家本有的性理，因而不得不憑藉聖賢書籍來領略自家的性理；此便是聖賢的經歷。故相較於自家本有的性理而言，聖賢所說的道理，雖然也是性理的內容，但終究不是我自身親身體會出來的，所以仍是「第二義」。

論賢愚、小大、貴賤，都理當實現此固有之性理，此方爲人之爲人之義。又在此前提下，朱子認爲，若聖賢不生，因而無有一些經歷使人見得，人仍必須去體現此性理，又若儘管有聖賢，有聖賢言語，聖賢亦只是彰顯此性理之意，最終仍須賴人自己去體現此固有之性理；此是人必然如此之要求，此是理性的命令。因此，不管有無聖賢，有無聖賢言語，人都必須去「理會」。依此，可反觀康齋對聖賢的重視。康齋既將理託諸於聖賢，以爲人必須習得聖賢言語，體貼聖賢用心，這樣方能實現成聖成賢的理想，顯然相較於朱子「人生道理合下完具」之自信更託之於外，因而對聖賢言語亦步亦趨，反而未能顯一「胸次放開，磊落明快，恁地去」〔註142〕之道德理性之自信。由此就不難理解何以〈提要〉評其「觀其稱隨處惟歎聖人難學，又稱一味學聖人，克其不似聖人者。其志趣之獨高在此，其刻畫之過甚亦即在於此矣」，而白沙不滿亦在此，「人要學聖賢，畢竟要去學他。若道只是箇希慕之心，卻恐末梢未易轄泊，卒至廢弛。若道不希慕聖賢，我還肯如此學否？思量到此，見得箇不容已處，雖使古無聖賢爲之依歸，我亦住不得，如此方是自得之學」〔註143〕。

至於康齋將讀書亦用來對治其心，使心不爲外物所勝，不使之頃刻走作，實亦見於朱子：

> 人常讀書，庶幾可以管攝此心，使之常存。橫渠有言：「書以維持此心，一時放下則一時德性有懈。」其何可廢！（〈學五〉，《朱子語類》，卷11，頁176）

> 初學於敬不能無間斷，只是才覺間斷，便提起此心。只是覺處，便是接續。某要得人只就讀書上體認義理。日間常讀書，則此心不走作；或只去事物中袞，則此心易得汩沒。知得如此，便就讀書上體認義理，便可喚轉來。（〈學五〉，《朱子語類》，卷11，頁176）

> 本心陷溺之久，義理浸灌未透，且宜讀書窮理。常不間斷，則物欲之心自不能勝，而本心之義理自安且固矣。（〈學五〉，《朱子語類》，卷11，頁176）

朱子認爲讀書可以管攝此心，使之常存；通過讀書而明得此理，既體認此理，則心自不能爲外物所勝，而本心的義理亦能自安且固。若是，則與康齋將心「安頓於書上」，似乎在義理上有相通處。或亦可謂朱子讀書除了窮理之外，

〔註142〕〈學四〉，《朱子語類》，卷10，頁164。
〔註143〕〈與賀克恭黃門三〉，《陳獻章集》，卷2，頁133。

實亦將讀書用來對治其心。但事實上，朱子基本主張並非如此：

> 夫讀書固收心之一助，然今只讀書時收得心，而不讀書時便爲事所
> 奪，則是心之存也常少，而其放也常多矣。且胡爲而不移此讀書工
> 夫向不讀書處用力，使動靜兩得，而此心無時不存乎？然所謂涵養
> 工夫，亦非是閉眉合眼如土偶人，然後謂之涵養也，只要應事接物
> 處之不失此心，各得其理而已。（〈答陳膚仲〉，《晦庵先生朱文公文集》卷
> 四十九，《朱子全書》第貳拾貳冊，頁 2268）

朱子固嘗謂讀書可助於收心，但他更認爲若只是藉由讀書來收心，不讀書時
卻往往爲事所奪，則不若「移此讀書工夫向不讀書處用力，使動靜兩得，而
此心無時不存乎」。且朱子以爲眞正涵養工夫，在於「應事接物，處之不失」，
而其要點即在於此心能不能各得其理。因此，讀書關鍵仍在明理，而不在治
心。以此觀康齋以讀書治心之說，雖然康齋讀書用意在於明聖賢之理，但從
其〈日錄〉，亦即其實際工夫之操作上看，卻往往以讀書來收斂此心，使心保
持其安定狀態，且認爲一旦不讀書，就「未免心中不寧」〔註144〕，因此讀書
一事「頃刻不可離也」。由此亦可見出，康齋雖在朱子學系統說下，但就具體
修爲上，仍與朱子有間，甚且朱子所提撕點醒之處，康齋卻深以爲必須如此。

　　總地說來，康齋思想仍本朱子學系統而來，只在在義理的體悟上，康齋
亦有他自己的體會，且此體會固然亦可上推朱子，但卻未必是朱子所重的，
或爲朱子所肯定：就道德實踐之本質而論，康齋確實同於朱子，固然肯定性
理人人本具，是爲人實踐道德的根據，但對於道德實踐最重要的基本精神，
亦即意志之自我立法之立法性卻未能肯認，因而未能肯定心即理，而只是性
即理之義理系統。又在工夫論上，康齋固然守著朱子持敬窮理的主張，但事
實上其內涵已有所偏。其中，最顯著的就是對聖賢此一概念的體會。對朱子
而言，人的道德實踐意義在於性理人人本有，只因聖賢氣質全然純粹，故能
體現天理之自然，而一般人卻必須變化其氣質，直至無一絲毫人欲夾雜其中，
方可謂達至誠體自身。也因此聖賢在這裡表現兩方面意義：其一，性理人人
本有，聖賢能成爲聖賢，儘管我的氣質較爲駁雜，我亦必須使己爲聖賢。其
二，聖賢所體現的，亦即是天理之自然，因此人可憑藉聖賢言語來體會自家
道理（人人本有之性理）。但朱子強調，此「憑藉」眞的只是「憑藉」，關鍵
仍在自己本有的自家道理上。因此，儘管無聖賢言語，人仍必須實現此固有

〔註144〕〈日錄〉，《康齋集》，卷 11，頁 24。

之性理。故對朱子而言,「理」才是首出的關鍵,明理才是實踐的目的。但對康齋來說,理既然在聖賢中見,且聖賢既已講明、實現此天理之意義,則對後學者而言,只要遵循聖賢之言、之行,便能同聖賢一樣而爲聖賢。因此,工夫便落在學聖賢、讀聖賢書即可,至於對於性理的探討就非首要。

康齋此推說,從朱學的理論系統看來,此發展似乎是可說得通的。但若有問題,則問題出在哪裡?首先,從儒家實踐本質意涵而觀,朱子已未能肯定道德主體即是法則給出者,因此性理意義固然本有,且可謂對人亦有實踐上的要求,但就實踐動力而言,相對於心即理系統已略顯薄弱。而康齋即承此性即理系統而說。其次,朱子固然未能肯定此心之發即是天理之全幅內涵,但他非常強調性理對人在實踐道德上的意義,也就是說,儘管動力不從心講,但性理本身對人就有責成性,而人因固有此性理,因此儘管氣質駁雜,仍必須實現此性理之意涵。又在此意義下,聖賢只表示性理之眞實性,而人必須體現此性理,以及人可藉聖賢言語,來體會自家道理;朱子特別強調,此憑藉只是「第二義」,關鍵仍在自家道理上。〔註145〕但康齋卻忽略了朱子所強調的性理的意義,而只注意到朱子所謂聖賢言語即是天理之意,因而將人的道德實踐完全歸諸聖賢,以爲只要熟習、體貼聖賢言語即可成聖。也因有此不同,康齋此學聖、希聖之說,固然可謂能習得聖賢言語中諸多道理,但對於道理背後眞正須去掌握的絕對的性理,不免往往落空,最後僅淪爲枝枝節節的道理,以及未能與之湊泊的心。

承此論述,觀白沙所謂「未得」,又謂在工夫上「舍彼之繁」之意,即可見出白沙不契之處。畢竟,就實踐本質意涵而言,康齋已未能直下肯認此超越之心體,且就工夫動力,理又掛搭在聖賢上,而未能正視性理人人固有,此便是動力來源,因而自然使得白沙對此學問產生不契與反省。畢竟,心既不是道德本心,理又從聖賢處說,則心與理又有何關係?且聖賢是聖賢,我是我,聖賢所得之理,畢竟是他自己所得,而我又如何通過他的「得」而言此亦是我的「得」?再者,聖賢的典籍雖說能表現聖人的道理,但書中所載的理則細細瑣瑣,人又如何能窮盡此些經典,確實按圖索驥、步步依循聖人

〔註145〕關於朱子動力從性理說,且此動力對人實踐是有影響的。此說法乃參楊祖漢先生在康德《歷史哲學論文集》,〈論俗語所謂:這在理論上可能是正確的,但不適合於實踐〉,「I.論在一般而言的道德中理論對實踐的關係」之上課筆記。

之路而行呢？在諸多種種困惑，以及繁雜的讀書步驟要求中，可想而知白沙不得不另尋他法——「於是舍彼之繁，求吾之約，惟在靜坐」，以解決他在康齋學中「未得」的困境。

第三章　爲學進階：靜中養出端倪

在申論白沙此期思想前，首先須就「文獻使用」作說明：承前所論白沙第二階段到第三階段乃爲「一根同質之發展」，彼此理論有其必然關連，轉變亦只是程度的深化，因此若某文獻寫作時間不明〔註1〕，筆者以爲僅需依其文意將之置於適當位置即可。而此作法或悖於本文乃通過作品時間序來表示白沙思想之發展與轉變之意圖，但在未能考證出此作品寫作時間之前，目前所採取作法亦僅依此方式判定。另一方面，此二階段理論既然在本質義上有其一貫性，並非截然劃分——前期可能已醞釀後期之思想，後期思想亦承前期思想而來；因此目前暫用義理來作分類，亦非獨斷作法，且若他日能考證出此文獻之時間序，亦更能見出此二期之「一根同質之發展」之意義。

其次乃針對本章「理論說解之次序」作說明：本章主要論述重點在於「於是舍彼之繁，求吾之約，惟在靜坐。……見吾此心之體隱然呈露，常若有物」一語。就具體實踐而言，先悟本體而後有工夫提出，還是先有工夫而後才悟本體，此沒有絕對標準，且可能同時並進；但就理論說解，應仍可勾勒出一理性發展過程。此猶如舜「聞一善言，見一善行，若決江河，沛然莫之能禦」

〔註 1〕 白沙文獻的集成並非依照時間序列排列而成，目前可考者多爲文中已明載其寫作時間者。另外，清阮榕齡作《白沙年譜》亦對白沙作品做相當的考證，並附於白沙年歲後，且標明「本集」、「本集詩」；但事實上對照白沙所有作品數量，阮氏所考證出的作品量仍有限。就此而言，若欲對白沙思想作分期確實有難處。因此，除參考阮榕齡的考證外，筆者亦儘量依照白沙與其書信、寫詩對象之交往時間序來判定其可能寫作時間點，以期盡可能的貼近每一作品在其某一思想發展階段上的意義。

〔註2〕此一當下自覺，當下悟道的體現；此一證悟固然關鍵，然非究竟，畢竟「苟得其養，無物不長；苟失其養，無物不消。孔子曰：『操則存，舍則亡。出入無時，莫知其鄉。』惟心之謂與」〔註3〕，因此仍賴工夫以存養之。而此即顯證體與工夫之兩面。白沙既言其所謂未得，乃「此心與此理未有湊泊脗合處」，則其所謂得或悟，亦當仍就此心與理關係而發；亦即從強調心理關係如何「湊泊」到體悟二者根本無需湊泊。也因此才有所謂「於是舍彼之繁，求吾之約」之「於是」二字之轉折語，而此方顯理性發展之合理性。〔註4〕

　　故本章將先討論白沙如何體悟心、理關係，且由此進一步確立其「心」之意涵，並從中見出其如何反省「希聖希賢」，與「讀聖賢書」之一事。又儘管有此證體一步，但若無工夫存養，終究亡失，因此必然有工夫的提出並實踐之。對白沙而言，此工夫即是靜坐，且通過此工夫，確實讓他有所得；此「得」乃實踐上的證成，亦呼應了其所悟乃是一真實無妄之實理。但何以擇取此工夫？對此質問，白沙提出其根據乃承濂溪等人而來，且確實以此教人，以為「以吾所經歷粗有實效告之，非務為高虛以誤人」。因此，接著本章論述將環繞「靜坐」此一主題，並由此關連白沙何以擇取靜坐之由，以及靜坐與其本體體悟有無直接關係；又連同此工夫的擇取，白沙如何有效地吸收濂溪等人理論作為一己之理論基礎。當然，因白沙自述其思想乃「二程之得於周子也，朱子不言有象山也」，因此本章論述將採濂溪等人思想作對照，以顯白沙此期之特點。

〔註2〕《孟子‧盡心上》。

〔註3〕《孟子‧告子上》。孟子固然言舜「聞一善言，見一善行，若決江河，沛然莫之能禦」，但亦謂「舜發於畎畝之中，……故天將降大任於是人也，必先苦其心志，勞其筋骨，餓其體膚，空乏其身，行拂亂其所為，所以動心忍性，曾益其所不能。……然後知生於憂患，而死於安樂也」（《孟子‧告子下》），亦非謂舜一悟之後了百當。

〔註4〕古清美卻以為白沙思想最關鍵、最核心的問題，即「吾此心與此理未有湊泊脗合處」一語——其理論從此問題追尋開始，其工夫究竟亦以達致此為目標。《明代理學論文集》，頁32、34～35。黃明同在論述白沙〈復趙提學僉憲〉一文，亦以為白沙做聖之功目的正是為了「使自己的心與天地之道相吻合」；亦即使心與理湊泊。（《陳獻章評傳》，頁34、101）此意同於古清美。馮達文、郭齊勇主編的《新編中國哲學史》亦謂白沙所尋找的是一種心與理一的心理狀態。該書，頁120。

第一節　未得到自得：義理本質的扭轉〔註5〕

一、自覺實踐關鍵在己

　　誠如上述，白沙既言未得，又強調此未得乃「謂吾此心與此理未有湊泊脗合處」，後又謂「於是舍彼之繁，求吾之約」等，顯然此中有一思想上的轉折或體悟，致使學問自此有重大改變。對此，白沙曾回憶道：

> 半江改稿，翻出窠臼，可喜。學詩至此，又長一格矣。前輩謂學貴知疑，「小疑則小進，大疑則大進」。疑者，覺悟之機也。一番覺悟，一番長進。章初學時亦是如此，更無別法也。凡學皆然，不止學詩即此，便是科級，學者須循次而進，漸到至處耳。近稿錄在別紙，別後所作惟此耳。緝熙諸稿覽畢還一字。章復廷實心契。前日半江遣子來白沙拜謝，至則仙舟行矣。幸照。（〈與張廷實主事十三〉，《陳獻章集》，卷2，頁165）

此前輩即是陸象山。象山嘗謂「為學患無疑，疑則有進。孔門如子貢即無所疑，所以不至於道」〔註6〕，「小疑則小進，大疑則大進」〔註7〕。白沙承此觀

〔註5〕　承緒論，白沙有兩次思想的翻進，雖皆從「未得」到「自得」，但前後兩次的意義並不相同。第一次的未得到自得是質變：「未得」指「此心與此理未能湊泊脗合」，而所謂「得」，即自覺道德實踐關鍵在於主體自身，亦即此理即吾心之不容已之要求，且此要求雖發於我此一主體，但因不夾雜個人主觀私欲、目的，只是純粹的、理當如此之要求，也因此此要求有其客觀性。又由此一逼顯，即見出我與理是一：心即理義。楊祖漢先生以為白沙於此特強調道德主體在實踐上的意義，實是心學共同的氛圍，此不是為了在學術上扭轉理學，而是在客觀義理上，必須這樣講才可以。這裡沒有見仁見智的問題，只是非得如此，這才是談道德實踐的根據。而白沙此階段從未得到自得，亦正是逼顯出此見體的重要性。而楊祖漢先生此說，實即同於牟宗三對道德實踐本質意涵的規定，亦即道德實踐關鍵在於能否肯定一超越之心體，而筆者全文之立論主軸亦從此而發。第二次的未得到自得則是「一根同質之發展」。所謂未得，亦不過自覺本體無分動靜，若偏於靜，則是對本體體悟不夠透徹；所謂得，亦即得於此。因此不論得或未得，實皆本於心學自信己心之意。統體而言，筆者以為白沙兩次思想的翻進，關鍵都在「自得」二字，且此自得之意正表示道德實踐之本質關鍵在於主體之自覺，主體方是道德法則之給出者。為了表現白沙思想此一最重要的意義，筆者在章節名稱的安排，決定重複使用相同名稱，亦即「未得到自得」，以凸顯白沙此思想所蘊含的意義與價值。於此說明。另外，楊祖漢先生的說法，摘引自2009年8月18日論文討論會的筆記。

〔註6〕　〈語類下〉，《陸九淵集》，卷35，頁472。

點，亦認為「疑者，覺悟之機也。一番覺悟，一番長進」，並謂「章初學時亦是如此，更無別法也」，即指出其學轉變關鍵就在對其所學能有所疑。但事實上，朱子亦重視「疑」，只是其所謂疑，「讀書理會道理，只是將勤苦捱將去，不解得不成。……前輩固不敢妄議，然論其行事之是非，何害？固不可鑿空立論，然讀書有疑，有所見，自不容不立論。其不立論者，只是讀書不到疑處耳。將《精義》諸家說相比並，求其是，便自有合辨處」〔註 8〕，「學者讀書，須是于無味處當致思焉。至于群疑並興，寢食俱廢，乃能驟進」〔註 9〕，「讀書無疑者，須教有疑；有疑者，卻要無疑，到這裡方是長進」〔註 10〕，仍不脫以文字章句、習聞習見作為其學問之用力處。反觀象山，其既認為子貢不至於道乃因「無所疑」，顯然其所謂「疑」，即非從學問積累處言，而是對道體能否有所體悟。如象山在其〈語錄〉屢言子貢，「夫子問子貢曰：『女與回也孰愈？』子貢曰：『賜也，何敢望回。回也聞一以知十，賜也聞一以知二。』此又是白著了夫子氣力，故夫子復語之曰『弗如也。』」〔註 11〕、「子貢在夫子之門，其才最高，夫子所以屬望、磨礱之者甚至。……當時若磨礱得子貢就，則其材豈曾子之比。顏子既亡，而曾子以魯得之。蓋子貢反為聰明所累，卒不能知德也」〔註 12〕，即強調學之關鍵不在聰明，而在能否知德，能否「疑」；「疑」方能反身而求，方能在非積累處有所得。白沙既肯定象山言「疑」之意，則其所謂疑自然亦不從學問積累處言，乃重在己身之反省，故其謂：

> 疑而後問，問而後知，知之真則信矣。故疑者進道之萌芽也，信則
> 有諸己矣。《論語》：曰「古之學者為己。」〔註 13〕

疑，即是對其所學的反省。對白沙而言，即是對康齋學問的反省，即是對此心與此理未能湊泊脗合的反省；此反省，非著墨在經驗知識的理解，畢竟白沙並非未得其師教誨，亦非未解師說，乃是重在如何通過所學用諸於身心，

〔註 7〕 〈年譜〉：「……伯兄總家務，嘗夜分起，見先生觀書，或秉燭檢書。最會一見便有疑，一疑便有覺。後嘗語學者曰：『小疑則小進，大疑則大進。』」《陸九淵集》，卷 36，頁 482。

〔註 8〕 〈學五〉，《朱子語類》，卷 11，頁 190。

〔註 9〕 〈學四〉，《朱子語類》，卷 10，頁 163。

〔註 10〕 〈學五〉，《朱子語類》，卷 11，頁 186。

〔註 11〕 〈語類上〉，《陸九淵集》，卷 34，頁 396。

〔註 12〕 〈語類上〉，《陸九淵集》，卷 34，頁 396～397。

〔註 13〕 〈白沙學案上〉，卷 5，頁 92。

眞切地對此道德實踐有所體會。而此方是「知之眞」，方能信得此實踐之義乃是一眞實無妄之不容已要求。故白沙謂「疑者進道之萌芽也，信則有諸己矣。《論語》：曰『古之學者爲己。』」畢竟，唯有疑才有當下醒覺之機，唯有信才能眞切地將之用於身心之實踐上，而此方是「爲己之學」。〔註14〕

白沙學問既從「疑」中而有所醒覺，則其覺悟之內涵爲何？對此，白沙云：

> 承諭，進學所見，甚是超脫，甚是完全。病臥在床，忽得此束，讀之慰喜無量，自不覺呻吟之去體也。終日乾乾，只是收拾此而已。〔註15〕此理干涉至大，無內外，無終始，無一處不到，無一息不運。會此則天地我立，萬化我出，而宇宙在我矣。得此霸柄入手，更有何事？往古來今，四方上下，都一齊穿紐，一齊收拾，隨時隨處，無不是這個充塞。色色信他本來，何用爾腳勞手攘？舞雩三三兩兩，正在勿忘勿助之間。曾點些兒活計，被孟子打倂出來，便都是鳶飛魚躍。若無孟子工夫，驟而語之以曾點見趣，一似說夢。會得，雖堯、舜事業，只如一點浮雲過目，安事推乎？此理包羅上下，貫徹終始，滾作一片，都無分別，無盡藏故也。自茲已往，更有分殊處，合要理會。毫分縷析，義理儘無窮，工夫儘無窮。書中所云，乃其統體該括耳。（〈與林郡博七〉，《陳獻章集》，卷2，頁216～217。白沙44歲〔註16〕）

白沙此書信中固然言理、言工夫，又言境界，但其最根本核心只在「終日乾乾，只是收拾此而已」，因此以下將從此立論說下。另外，由於此書信在目前研究之文獻使用上，往往視爲此是白沙對自然境界的表述，但事實上從義理考察、寫作時間的考證，卻未必如此，因而在闡述完此書信基本義理後，將再次針對此些問題作討論。

〔註14〕 對於白沙重「疑」的態度，實是他自得之學重要的悟道關卡，不可輕忽。張學智即認爲白沙把疑作爲學問進步的重要條件；所謂疑，不在名物制度之考訂，字義之訓詁，文句之解釋，而在疑前人習聞習見、耳熟能詳的道理是否眞對自己的身心修養有助益。《明代哲學史》，頁44。古清美亦認爲白沙所疑者不在文字章句，也不在對老師的信心，而在如何臻於聖境；認清了那個純淨的本心，對於聖學的尋求、學習才能自動自發、眞信眞行。《明代理學論文集》，頁33。

〔註15〕 〈與林緝熙〉：「終日乾乾，只是收拾此理而已。此理干涉……。」〈白沙學案上〉，卷5，頁87。

〔註16〕 《陳獻章集》，註2，「文後，羅本、林本、蕭本有『辛卯四月』四字」。

「終日乾乾，只是收拾此而已」，「終日乾乾」一語本自《乾》九三爻「君子終日乾乾，夕惕若，厲無咎」。〈象傳〉曰：「終日乾乾，反復道也。」「反復」，強調踐行之意；說明君子剛健奮發，具體實踐道體而無所偏失。〔註17〕〈文言〉釋云：「君子進德修業。忠信，所以進德也；修辭立其誠，所以居業也。……故乾乾因其時而惕，雖危無咎矣。」君子終日乾乾目的在於進德修業；「修業」，意旨在「修辭立其誠」，仍著重於德性培養〔註18〕，而非追求外在文飾。〔註19〕而白沙於此則推進一步謂，君子剛健奮發，無非是爲了「收拾此理」。但「理」既是超越的、遍在的，作爲一切存在的根據，何以謂人剛健奮發，具體實踐道德生命，便能收拾此理？顯然，此理必須根於道德主體自身，是道德主體自發之要求。因此要求並無夾雜個人私欲在其中，只是純粹的、不容已的理當如此，故雖謂發於主體自身，卻又有其客觀性；就其客觀性言，此便是天理。也因此白沙所謂「終日乾乾，只是收拾此而已」，其關鍵並不在理，而在剛健奮發的君子；君子之所以剛健奮發，乃因其內在固有之道德心體。若人能自覺此心體內在於我，肯認主體自覺，則心體一發，理就在其中，而此便是「收拾」〔註20〕之意。

〔註17〕參黃壽祺、張善文：《周易譯注》（上海：上海古籍出版社，2000年），頁9～10。氏注：「反復，《本義》：『重復踐行之意』，《周易玩辭》：『三以自修，故曰反復；道，合理的行爲』。」因此，「『終日乾乾』，反復道也」其意爲「『整天健強振作』，說明反復行道不使偏差。」

〔註18〕在《論語》中，亦可見出孔子非常重視此意。如「子貢問君子。子曰：『先行其言，而後從之。』」（〈爲政〉）、「子曰：『君子恥其言而過其行。』」（〈憲問〉）、「子張問行。子曰：『言忠信，行篤敬，雖蠻貊之邦行矣；言不忠信，行不篤敬，雖州里行乎哉？』」（〈衛靈公〉）。

〔註19〕參黃壽祺、張善文：《周易譯注》，頁13～14。氏注：「『進德修業』，《正義》：『九三所以終日乾乾者，欲進益道德，修營功業，故終日乾乾匪懈也』。」又注：「《折中》引程子曰：『修辭立其誠，不可不仔細理會，言能修省言辭，便是要立誠，若只是修飾言辭爲心，只是僞也。修辭立其誠，正爲立己之誠意』。」

〔註20〕參明代其他學者對「收拾」二字的理解，如萬廷言（問學於羅念菴），「弱冠即知收拾此心，甚苦思，強難息，一意靜坐，稍覺此中恰好有箇自歇處，……時有解悟，見謂弘深，反之自心，終苦起滅，未有寧帖處。心源未淨，一切皆浮，幸得還山，益復杜門靜攝，默識自心」（〈江右王門學案六・督學萬思默先生廷言〉，卷21，頁579～580），蔣信（先後師事陽明、甘泉）：「心元是純粹至善，……故周子揭無欲二字，爲聖功之要。非收拾此心，到得動而無動，靜而無靜處，不得言無欲，非無欲，卻何從見得性善」（〈楚中王門學案・僉憲蔣道林先生信〉，卷28，頁733～734），「收拾」二字似乎都同於白沙，強調此是對象本有，非從外而得。

又，牟宗三先生詮解明道「『終日乾乾』，君子當終日對越在天」一語，謂〈乾・文言〉以「進德修業」解「終日乾乾」，而明道於此則有更推進一步。此更推進一步，在於強調「君子當終日對越在天」。牟氏謂，「對越在天」有兩義：一是原始之超越地對。凡詩書中說及帝、天，皆是超越地對，帝天皆是人格神之意。一是經過孔子之仁與孟子之心性而爲內在地對。此是經過孔子之仁與孟子之心性，逐漸轉成的道德的、形而上的實體義，超越的帝天與內在的心性打成一片，無論帝天或心性皆變成能起宇宙生化或道德創造之寂感眞幾；就此而言「對越在天」便爲內在地對——面對既超越又內在的道德實體而承擔下來，以清澈光暢吾人之生命，此便是內在地對——此是進德修業之更爲內在化與深邃化。〔註21〕而白沙於此言「『終日乾乾』，只是收拾此（理）而已」，一方面重在人的主體自覺；理就在心的當下呈顯而爲眞實，關鍵只在道德主體自身，另一方面亦將此心即理義變成「能起宇宙生化或道德創造之寂感眞幾」。故白沙續云「此理干涉至大，無內外，無終始，無一處不到，無一息不運。會此則天地我立，萬化我出，而宇宙在我矣」，又謂「得此霸柄入手，更有何事？往古來今，四方上下，都一齊穿紐，一齊收拾，隨時隨處，無不是這個充塞」，即是將此內在之道德主體與超越之帝天打成一遍，並且認爲當人當體承擔此既超越又內在之道德生命，實同時便能妙運、創生天地萬物；當然，關鍵仍在道德主體能否自覺。

另外，在此書信中可見白沙言境界之意，如「得此霸柄入手，更有何事？……舞雩三三兩兩，正在勿忘勿助之間」，而一般強調白沙言「自然」者亦多引用此語。〔註22〕牟宗三先生批評白沙喜言境界，亦從此立論，並認爲

〔註21〕參《心體與性體》第二冊，頁22～23。

〔註22〕古清美直將此文爲白沙心體呈露後的境界描述語。（《明代理學論文集》，頁35）黃桂蘭以爲白沙學宗自然，至於如何契合自然，則賴心去直叩自然，心物交感，以得心理之一貫，而此即是心與理「湊泊」之意，亦即「隨處體認天理」。又其中，白沙此意最顯著者乃見於〈與林郡博〉一書。（《白沙學說及其詩之研究》，頁41～48）呂妙芬以爲此書信表達，若能會得此天理，即能與天地萬物同體而達自然之境之意，因此重點仍在「自然」。（《胡居仁與陳獻章》，頁85）張學智將此書信視爲白沙多年體驗後所得之境界語，重在「心中之理與宇宙萬物融合爲一，並且這種融合自自然然，好似本來如此」。（《明代哲學史》，頁44）當然，還有將此文視作白沙工夫論意義之「自然」，亦即著重爲學過程當順其本心自然之意。復旦大學哲學系中國哲學教研室編：《中國古代哲學史》，頁667。

白沙固然強調孟子工夫，但事實上自己卻無此工夫。〔註23〕對此問題回應，筆者以爲需先考慮兩點：一爲此書信寫作時間，另一爲對「境界」概念之掌握。前者，此書信確定寫作時間爲白沙44歲，此時白沙仍重靜坐，且與東所、甘泉論「自然」在時間點上至少相距十年之久。故以此書信作爲白沙重自然之主要論據，顯然就時間點而言是不合理的。〔註24〕其次，「境界」一詞標誌著人對人生價值的確認；此中包含對眞實存在和意義世界的追尋，且最終在於體現特定的理想人格。而此中若要對此理想境界作一理性上之保證，本體論之提出乃是必要的；又若要具體體現此理想人格，工夫論亦是不可或缺的。〔註25〕因此儘管言境界，實仍關連著此思想家如何理解本體，以及其工夫論內涵爲何之問題。觀此書信內容，固然白沙言「吾與點也」〔註26〕之境，但事實上其重點並非著墨於此，乃重在主體自覺，以爲當此既超越又內在之心體一呈顯，則天理之全幅內涵即在其中，關鍵只在能否「收拾此」、「會此」、「得此欛柄入手」。故白沙乃謂，若無孟子實下工夫，「一似說夢」，而所謂境界亦只是空言。若如此，此書信反而是在告誡林郡博勿耽溺於當下所得的體悟。畢竟固然此體悟即是天理之全幅內涵，但我與理本一，「會得，雖堯、舜事業，只如一點浮雲過目，安事推乎」，因此重點仍須回到實踐的本義，在每一當下皆如實做去，此方是「終日乾乾」，道德實踐之眞義。也因此，白沙乃再次強調「此理包羅上下，貫徹終始，滾作一片，都無分別，無盡藏故也，……

〔註23〕關於牟宗三對白沙批評部分，已見第一章，此處主要針對第一章所提出的問題作回應。

〔註24〕張學智謂「白沙這封信寫於成化七年，這時他44歲。按他的弟子張詡敘述，正是他『或浩歌長林，或孤嘯絕島，或弄艇投竿於溪涯海曲，……久之然後有得焉，於是自信自樂』之時。」（《明代哲學史》，頁46）事實上，東所此段並沒有標示白沙年歲，因此張學智之說其根據不知爲何。倘若僅依照其所引《陳獻章集》中東所的〈白沙先生墓表〉一文，則張學智此說毫無根據。又東所的〈白沙先生墓表〉「其爲道也，主靜而見大，蓋濂洛之學也。由斯致力，遲遲至於二十餘年之久，乃大悟廣大高明不離乎日用。一眞萬事眞，本自圓成，不假人力」，以及〈白沙先生行狀〉「蓋其學初則本乎周子主靜，程子靜坐之說，以立其基。其自得之效，則有以合乎見大心泰之說。……其後造詣日深，則又以進乎顏氏之卓爾。雖欲從之末由也已之地位，而駁駁乎孔子無意必固我之氣象矣。其學有本原，進有次第，的然可據如此。迨其晚年，超悟極於高遠，則又有非他人所能窺測，言語所能形容者矣」二文觀之，可以確定的是白沙言「自然」當是晚年的體悟。

〔註25〕參付長珍：〈提要〉、〈引論〉，《宋儒境界論》（上海：上海三聯書店，2008年）。

〔註26〕《論語‧先進》。

自茲已往，更有分殊處，合要理會。毫分縷析，義理儘無窮，工夫儘無窮」，即是表達實踐的本質在於每一當下的體會，此方是道德實踐的用心處。依此反觀牟先生等人說法，以爲白沙此信旨在表現一自然之境，顯然就有其不盡處，且未見白沙言此之用心。當然，「孟子工夫」爲何？純從此書信實仍未得確說，但至少可肯認的是，相較於對境界的描述，白沙更重視工夫的實下做去，使每一當下都合於道德理性之要求；亦即〈象傳〉所謂「終日乾乾，反復道也」。

既然實踐關鍵在主體自身，且理就在道德主體中見，則白沙進一步謂：

> 承諭：「義理須到融液處，操存須到灑落處」。某僻處海隅，相與麗澤者，某輩數人耳。抱愚守迷，無足以副內翰期待之重。然嘗一思之，夫學有由積累而至者，有不由積累而至者；有可以言傳者，有不可以言傳者。夫道至無而動，至近而神，故藏而後發，形而斯存。大抵由積累而至者，可以言傳也；不由積累而至者，不可以言傳也。知者能知至無於至近，則無動而非神。藏而後發，明其幾矣。形而斯存，道在我矣。是故善求道者求之易，不善求道者求之難。義理之融液，未易言也；操存之灑落，未易言也。夫動，已形者也，形斯實矣；其未形者，虛而已。虛其本也，致虛之所以立本也。戒慎恐懼，所以閑之而非以爲害也。然而世之學者不得其說，而以用心失之者多矣。斯理也，宋儒言之備矣。吾嘗惡其太嚴也，使著於見聞者不睹其眞，而徒與我嘵嘵也。是故道也者，自我得之，自我言之可也。不然，辭愈多而道愈室，徒以亂人也。君子奚取焉？僕於義理之原，窺見髣髴，及操存處大略如此，不知是否。疾病之餘，言不逮意，惟高明推而盡之。還示一字，僕之幸也。（〈復張東白內翰〉，
> 《陳獻章集》，卷2，頁131～132。白沙48歲）

> 古人棄糟粕，糟粕非眞傳。眇哉一勺水，積累成大川。亦有非積累，源泉自涓涓。至無有至動，至近至神焉。發用茲不窮，緘藏極淵泉。吾能握其機，何必窺陳編？學患不用心，用心滋牽纏。本虛形乃實，立本貴自然。戒慎與恐懼，斯言未云偏。後儒不省事，差失毫釐間。寄語了心人，素琴本無絃。（〈答張內翰廷祥書，括而成詩，呈胡希仁提學〉，
> 《陳獻章集》，卷4，頁279～280）

不論是書信或是詩作，白沙當是針對朱子學做反省。又，既然詩的寫成，主

要以書信內容作依據，則以下論述將以書信爲主，詩作爲輔。再者，就書信內容觀之，固然一氣說下，但在詮解上，仍可分作兩部分做討論：前者，就朱子學重讀書一事作反省。〔註27〕後者，從此反省中，提出自己爲學的體會。

前者，白沙將學區分爲二：一爲有由積累而至者，有可以言傳者；另一，有不由積累而至者，有不可以言傳者。但白沙作此區分何意？詩云：「古人棄糟粕，糟粕非眞傳。眇哉一勺水，積累成大川。亦有非積累，源泉自涓涓。至無有至動，至近至神焉。發用茲不窮，緘藏極淵泉。」學有積累，有非積累。積累者，雖然通過不間斷的學習，可以獲得極大的知識，但白沙認爲這不是眞正的學；既不是學，儘管知識再豐，對學本身而言，亦不過是「糟粕」。但何謂學？關鍵就在是否有本有源。白沙以爲，若學只是通過外在的學習，儘管積累再多，此終究非根於本心而發，且儘管順此要求而有良好的品德，但此品德根據終在外，終非「眞傳」。白沙進而指出，人之所以爲學，事實上其根據就在吾人自己；此學不須通過外在的積累，也不需要憑藉他人言語教說，只是我自己理當如此之不容已之要求。但白沙此說根據爲何？白沙謂「夫道至無而動，至近而神，故藏而後發，形而斯存」。前引文既論，白沙所體會的理，就在吾心之不容已處見；心即理。則此處雖以「道」來表述此根源義，亦不礙其強調道德主體之用心。畢竟整句話的理解：「至無」是講本體性格，從超越性講；「動」則指隨時在我，從內在性講。「至近」，表道體就在當下流行中見，亦從內在性講；「神」則指此道體流行神妙莫測，此又從超越性言之。「藏」，道體必待超越的逆覺體證，故從超越性言；「發」則指此道體之具體展現亦賴我之彰顯而得，故又爲內在性。「形」，表一形著過程，此自指內在性言；「形而斯存」，則指道通過「形」而具體化，故可謂超越者在我〔註28〕——雖以道爲名，但更強調此超越的道體必在人的實踐中見，且唯有通過人

〔註27〕 此處所謂對朱子學重讀書的反省，乃建基在白沙從康齋處所得的對朱子學的理解而言。畢竟，承前章所論，朱子未必以聖賢、讀書爲首出，但至康齋，確實從此作爲實踐修養的著力點。而白沙既問學於康齋，雖謂學朱子，但事實上乃得康齋所體會的朱子學。故若言反省，當從此處説。又白沙在〈古蒙洲學記〉，謂「聖朝倣古設學立師，以教天下。師者傳此也，學者傳此也。……立吾誠以往，無不可也。此先王之所以爲教也。舍是而訓詁已焉，漢以來陋也；舍是而辭章已焉，隋唐以來又陋也；舍是而科第之文已焉，唐始濫觴，宋不能改，而波蕩於元，至今又陋之餘也。」可知白沙確實反對爲學落在只是經驗知識的積累。（《陳獻章集》，卷1，頁28）

〔註28〕 此些詮解乃本楊祖漢先生在2008年9月12日博士生論文討論會之説法。

的自覺，此理之超越性方獲得眞實的肯認。故此無非是爲了表明此體既超越又內在之意，且此內在性必然關連著主體，從人自覺實踐此道德生命，當下承擔，見得自我生命之純粹性，與絕對之價值義。也因此詩云，「發用茲不窮，緘藏極淵泉」，之所以不窮，乃因吾心即是此無盡藏，端在吾人自覺得肯認之、實踐之，自然不容已地湧現此應然之理則。

　　既然爲學不從外求，端在內在固有之本心，則白沙進一步指出「知者能知至無於至近，則無動而非神。藏而後發，明其幾矣。形而斯存，道在我矣」。知者之所以能知，乃因所知對象發於主體自身，因此當主體當下自覺之、肯認之，則此超越之性理就在我一心之彰顯中體現其自己；更具體地說，從我之實踐之不容已處，便見天理之神妙莫測，故可謂「道在我矣」，「吾能握其機，何必窺陳編」。接著，承此對本體的體會，白沙進而回應張東白「義理須到融液處，操存須到灑落處」一語。張東白究竟和白沙說了什麼，於此不得而知，只能於此推想，既然白沙回應張氏，所謂爲學不由積累而得，且「道在我矣」，則張氏或認爲白沙之所以「未得」，不過是其爲學少了積累工夫，或積累工夫尙未達至「融液」、「灑落」所致。而筆者之所以如此推想，亦有理據，畢竟白沙在提出爲學不由積累而得，又謂「道在我矣」後，又進而謂「義理之融液，未易言也；操存之灑落，未易言也」。境界是人在實踐過程中的體會，而此體會亦唯有實踐者方能知之；又雖說能知，此畢竟是實踐之事，非經驗語言所能表達，因而誰能確定達至何種程度便是「融液」、便是「灑落」。又或以積累、言傳來規定「融液處」、「灑落處」，但積累、言傳並非爲學之本質內涵，因此更不可能由此來界定「融液」、「灑落」之意。因此，白沙乃總結「是故道也者，自我得之，自我言之可也。不然，辭愈多而道愈窒，徒以亂人也。君子奚取焉」，「後儒不省事，差失毫釐間。寄語了心人，素琴本無絃」。關鍵仍在實踐主體自身之體悟，畢竟對道的體悟乃根於主體理性。

　　但於此又須特別提出的是，白沙所強調的主體的自覺，又有他自己的體會。對道體的體會既不能通過積累而得，亦不能憑藉言傳而得，唯有反求諸己，方能體悟到此體有本有源；端在自己能否當下實踐之。又儘管自己有所得，但此畢竟是實踐之事，他人亦唯有通過他自己的實踐方能體會。但問題是，實踐固然是主體之事，但此主體之要求既不從私欲而發，亦不含任何經驗目的，則理當亦有其客觀普遍性，可以推諸四海皆準，何以於此又謂不可言、不可說？對此，白沙答道「夫動，已形者也，形斯實矣；其未形者，虛

而已。虛其本也，致虛之所以立本也。」「動」從道體之內在性言，以爲我之
當下體現即是天理之內涵；道之眞實意涵從我處見。但儘管從我處見，我之
存在另一方面卻又不離經驗現象而存在，我之作爲亦不離經驗現象。因此，
當我體現道體內涵時，此一行動同時意味著已具體落實在經驗中，且爲經驗
因果所限。也因此當我說這是一個純粹道德活動時，此活動亦僅能就此一當
下言，且不離當下的時空背景因素而成立，故在價值上雖謂純粹的、絕對的，
但就整體事件而言，亦只是現象之一事。故在此意義下，所謂「動，已形者
也，形斯實矣」，表示此道體之內涵爲我所形著，並使其具體化在一事中而爲
實事實理；但此具體化亦意味著，此道體之意涵亦被侷限在此一事中，而未
能充盡其自身「無一處不到，無一息不運」之無限性意義。因此，若要眞實
體悟道體之無限性意涵，自不能著於一言一行——儘管此一言一行，皆爲一
心所發；而是必須從其超越性、無限性處體悟心體之絕對義。而此超越義相
對於具體之實事實理而言，其內容是無、是虛：無並非空無一物，乃是可生
天生地，作爲一切存在的根據，故言「至無」；虛亦非縹渺無定，或只是一凌
虛觀照，乃是眞實作用於事中而給出一應然之則。只是此理當如此之要求是
爲形式原則，此中無實質內容，故謂之「虛」。所以，所謂「虛其本也，致虛
之所以立本也」，即指本體意涵只是一形式原則，吾人若要對本體有眞實掌
握，即必須復返本心，悟得此超越之性理。〔註29〕

〔註29〕張學智在其《明代哲學史》一書中，亦針對此「虛」字作申論。張氏謂，虛
　　　　這個概念可有兩方面的意思，一是虛而無，一是虛而實。虛而無是萬緣放下，
　　　　心境空靈，一切感受、情感、知識退聽於無。這種虛有似道家所謂虛。虛而
　　　　實是形無而實有，如形而上的道、理等，虛是虛其形體，實是有其功用。陳
　　　　獻章所謂虛，是這後一種虛。又謂，白沙本體爲有，表現形式爲無，所以工
　　　　夫多從無上講，也就是以工夫之虛顯本體之有。「致虛」即是通過工夫使人心
　　　　與道的這種形式上虛無但卻無時無刻不在發生功用的性質爲一。這就是「致
　　　　虛所以立本」。簡單地說，張氏認爲白沙本體是實有，且此實有之體是有作用
　　　　的，只是此作用並沒有具體內容，所以說表現的形式是無；既然本體表現形
　　　　式是無，則修養方式主要也從無、虛作工夫；以虛、無爲工夫，就能顯本體
　　　　之有。筆者以爲張氏此說法未必全對。去私欲以顯體，此固是工夫修養的一
　　　　種，但此種並非因本體的用有此特色，才有此工夫，只因此體本不從經驗而
　　　　得，亦非經驗之事，且人唯有純粹化自己，才能體悟此超越之心體，故方有
　　　　此工夫提出；關鍵仍在對本體的體悟，而非本體的表現爲何。又筆者不認爲
　　　　白沙此處是強調當以虛爲工夫，而是重在因此體只是形式原則，因此根本無
　　　　法通過言說、積累方式而得，所以工夫關鍵只在於「自得」。又張氏將「義理
　　　　須到融液處，操存須到灑落處」視爲白沙最上乘工夫，且認爲此即是自然之

對於爲學關鍵的體悟，白沙從虛來理解本體意涵，亦見於其他文獻，甚且明言此是心學法門，可見白沙對此虛體概念的重視：

> 予既書婁克讓〈蓮塘書屋圖後〉，蔣世欽繼之以大塘書屋之請，予賦五言近體一章，既以答世欽，世欽少之，予乃究言詩中之旨。首言大塘書屋乃中書蔣世欽所建，頷聯言爲學當求諸心，必得所謂虛明靜一者爲之主，徐取古人緊要文字讀之，庶能有所契合，不爲影響依附，以陷於徇外自欺之弊，此心學法門也。頸聯言大塘之景，以學之所得，《易》所謂「復，其見天地之心乎！」此理洞如，然非涵養至極，胸次澄徹，則必不能有見於一動一靜之間。縱百揣度，祗益口耳。所謂何思何慮，同歸殊塗，百慮一致，亦必不能深信而自得也。末聯借方士之丹，以喻吾道之丹，足歸之龍門者，明其傳出於程子而人未知之也。拙見如此，未知是否？然予於世欽不可謂無意矣。所病者，辭采不足以動人耳。世欽胡爲而少之？予以世欽厭夫爲文字章句之學者，勇於求道，不恥下問於予，予是以重言之。謂予俯仰於時，姑喋喋以塞夫人之意，非予所以處世欽也。（〈書自題大塘書屋詩後〉，《陳獻章集》，卷1，頁68～69。白沙56歲）

所謂「爲學當求諸心，必得所謂虛明靜一者爲之主，徐取古人緊要文字讀之，

真樂，並謂「『義理須到融液處』意指『須以道德實踐爲主，以知識積累爲次』」。對此，筆者並不十分認同，並且認爲背離白沙本意。畢竟，不論是白沙的書信，或是詩作，最反對的就是誤信積累工夫可以體道。又，「義理須到融液處，操存須到灑落處」，就正文申論，筆者仍認爲此亦是白沙不認爲可言說的部分。畢竟實踐的關鍵在自得，既在自得，則言說何處方是境界，對白沙而言，此又說多了。（參氏著，頁47～49）另外，古清美對此話的理解近於張氏的說法，同樣以義理消融貫通、操存灑落自然視爲最高修養境界，並以虛爲工夫。只是他將「動」理解爲經驗行爲的動，如整齊嚴肅，並認爲白沙要人在動以前作工夫：虛的工夫即是將宋儒所說的理暫時放下，準備一個「潔淨無礙的心」，將這些理論進行消化、融攝，等醞釀融合成熟，「這些現成的理重新呈露而爲一心，如此心與理便能湊泊脗合」。筆者不認爲此說可以成立。首先，「動」，當指本體之動：表示此體是有活動性的，只是此活動之體必然落在經驗而爲實事實理，因此不免已有其具體內容，故謂「形斯實矣」。其次，白沙既強調自得，當肯認此理不由外求；只因心之不容已之要求，此要求本身無個人主觀私欲在其中，因而有其客觀性，就其客觀性言心即理。但依古氏說法，此理仍考量到宋儒所說的理，又考量到理論涵養多不多的問題，顯然人在這裡的自主性仍未能挺立；人若未能挺立自己，又如何當體承擔此無限之價值生命意涵，又如何言自得？（《明代理學論文集》，頁34）

庶能有所契合，不爲影響依附，以陷於徇外自欺之弊」，正是強調爲學關鍵在於自反本心，體悟到此心之所以爲心，乃因不受任何感性經驗條件所限，只是依純粹不容已之理當如此之要求：此要求既無經驗內容在其中，只是一形式原則、應然之理，故言「虛」。此理昭昭明明，推諸四海皆準，且當人當下承擔此既超越又內在之體，只見得個體生命之無限價值義，人之自尊自性亦由此挺立，故言「明」。此心體固然要求在事中實現其自己，但其本體自身並不因此顯一相對動靜相。且相對於現象的不斷的變動，此本體反而呈顯一「靜」的狀態——此靜非相對動靜而言的靜，乃是絕對的「靜」。此體不容言說，亦無實質內容可指稱，乃昭昭明明、神妙莫測，卻又本然如此，無所謂動靜，只是不容已地體現其自己，故謂之「一」；表其絕對義。「虛明靜一」既表本體意涵，則爲學目的自然以悟得此虛明靜一爲基本。白沙以爲，若根本確立了，則自然不爲他人言說所影響，而落入自欺的嫌疑。因此，確立根本，是道德實踐的關鍵所在。

實踐要點既在此虛明靜一之體，白沙進而謂，若能眞切自覺之，便能見此天地之心。但白沙亦強調，固然此理根於內在心體，因而人對此理很能明白清楚的了解，但問題是，若未能眞切的肯認之，實踐之，亦即未能當下承擔此義理生命，則此理再怎麼清楚的了解，終究是未能具體地轉化個體存在的意義；且儘管人能意識到此性理，並且通過言語將它表述出來，但這也不過是言說而已，對於道德實踐，並沒有任何意義。接著，白沙引《易·繫辭傳下》強調，並不是說對理有清楚的體會不重要，只是若未能眞切的體現在個體生命裡，就不是眞正的自得，就不能深信人眞得本有此道德本心，且此心是眞的能轉化個體生命的價值。當然，《易·繫辭傳下》「天下何思何慮？天下同歸而殊塗，一致而百慮，天下何思何慮？日往則月來，月往則日來，日月相推而明生焉。寒往則暑來，暑往則寒來，寒暑相推而歲成焉。往者屈也，來者信也，屈信相感而利生焉」，在於強調天地流行的自然而然，而君子只要持守正道，自能「朋從爾思」、「貞吉悔无」。〔註30〕但就白沙上下文，顯然白沙引此並非是爲了說明道體自然流行義，反倒著重在實踐主體自身，以爲唯有眞切的自得，理的意義才有其眞實內涵。

當然，從前兩則引文看來，吾人可知，白沙確實喜以《易》來說明自得的重要。以下引〈安土敦乎仁論〉一文，更可見白沙從《易》而得的體會：

〔註30〕參考黃壽祺、張善文：《周易譯注》，頁261～262。

〈易上繫〉曰：「安土敦乎仁。」予曰：「寓於此，樂於此，身於此，聚精會神於此，而不容惑忽，是謂之曰『君子安土敦乎仁也。』」比觀〈泰〉之〈序卦〉曰：「履而泰，然后安。」又曰：「履得其所則舒泰，泰則安矣。」〔註31〕是泰而后可安也。夫泰，通也。泰然后安者，通於此，然后安於此也。然九二曰「包荒，用馮河」，是何方泰而憂念即興也。九三曰「艱貞无咎」，則君子於是時愈益恐恐然如禍之至矣。是則君子之安於其所，豈直泰然而無所事哉？蓋將兢兢業業，惟恐一息之或間，一念之或差，而不敢以自暇矣。有於予心符。或曰：「君子不已勞乎？」應曰：「〈乾〉之〈象〉曰：『天行健』，天之循環不息者，健而已。君子執虛如執盈，入虛如有人，〔註32〕未嘗少懈者，剛而已。天豈勞哉？君子何爲不暇乎？」（〈安土敦乎仁論〉，《陳獻章集》，卷1，頁56～57）

此段文白沙從兩個層面立論：首先，白沙從〈易上繫〉「安土敦乎仁」一語說下，強調道德實踐有本有源。且正因有此本源，人方能在此體現其自己，且自信自樂。接著說明，固然實踐有本有源，但仍賴人自己去體現它、實現它。

前者，白沙引〈易上繫〉「安土敦乎仁」，謂「寓於此，樂於此，身於此，聚精會神於此，而不容惑忽，是謂之曰君子安土敦乎仁也」。白沙所聚焦字眼：「此」，何意？推其所引「安土敦乎仁」一詞，據其上下文脈，乃指若能明白《易》的道理，就能隨寓而安，敦厚施行仁義。〔註33〕然《易》的道理爲何？

天尊地卑，乾坤定矣。……乾道成男，坤道成女。乾知大始，坤作成物。乾以易知，坤以簡能。易則易知，簡則易從；易知則有親，易從則有功；有親則可久，有功則可大；可久則賢人之德，可大則賢人之業。易簡，而天下之理得矣；天下之理得，而成位乎其中矣。

（《周易·繫辭傳上》第一章）〔註34〕

〔註31〕 事實上「履得其所則舒泰，泰則安矣」一句不見於〈序卦〉。

〔註32〕 「執虛如執盈，入虛如有人」一語語自《禮記·少儀》，但意涵當已爲白沙所引申，故於此暫不討論〈少儀〉之意。

〔註33〕 「安土敦乎仁，故能愛」，「安土」，猶言安處其環境。這是說明通《易》者有安土、敦仁之德，故能泛愛天下。《折中》引《朱子語類》曰：「安土者，隨寓而安也；敦乎仁者，不失其天地生物之心也。安土而敦乎仁，則無適而非仁矣，所以能愛也。」（黃壽祺、張善文：《周易譯注》，頁537）

〔註34〕 《周易·繫辭傳上》。〈繫辭傳〉上下各分十二章，舊說略有異同，以孔穎達《正義》、朱熹《本義》所分較爲通行。今取朱子說。（黃壽祺、張善文：《周易譯注》，頁530）

聖人設卦觀象，繫辭焉而明吉凶，剛柔相推而生變化。……是故君子所居而安者，《易》之序也；所樂而玩者，爻之辭也。是故君子居則觀其象而玩其辭，動則觀其變而玩其占。是以自天祐之，吉無不利。（《周易‧繫辭傳上》第二章）

《易》與天地準，故能彌綸天地之道。仰以觀於天文，俯以察於地理，是故知幽明之故；……安土敦乎仁，故能愛。範圍天地之化而不過，曲成萬物而不遺，通乎晝夜之道而知，故神無方而《易》無體。（《周易‧繫辭傳上》第四章）

第一章首言天地變化是有其理則的，而此理則亦作用在人而表現為男女。接著，明言天地之道雖為一切存在之根據，又為一切存在之生生之理，但此理乃易知易從，因而在人亦能將其體現於日用中，以成就己賢人之德、賢人之業。此中值得注意的是，此章雖從形而上天道流行、生成變化說下，但單就其所謂「易知易從」之意，即可明白此章之意並非以存有來說明道德，乃是以道德價值來規定存有，是一道德實踐為中心的形而上學思想。畢竟，天道之所以易知易從，乃因此理即是吾內心不容已之要求，此要求必然體現賢人之德、賢人之業；亦即成就一道德人格生命。故雖從形而上天道言下，但此上達必通過下學方能體會之，故仍是以道德來規定形而上之意涵。

天道與我感通無礙，故次章言聖人能觀天地、「設卦觀象」，而君子亦能通過對《易》的掌握，體會天地生生之意在於成就一道德世界，而人亦理當順此理則實踐人之所以為人之義；此方不悖天地生物之心，而人方能與天地同體。而順此章之意，可推出兩點：一為天、聖人與我是一，同體流行；肯定人超越性一面。另一，聖人是人，我也是人，聖人可體會天道流行之意，我理當亦可。畢竟，此理「易知易從」；道體既超越又內在。又在此理論基礎下，可推出第四章之意。此章開頭雖言，聖人「性之也」〔註35〕，故其作《易》自然與天地之道相匹配，也因此《易》的道理可包含天地之道；但其重點卻不在此，而在人亦能通過對《易》的體會，明白天地之道在人即是體現個體道德生命，在物即是推曉一切存在皆有其理則，進而亦能從己出發，對人、對物、對一切存在皆能助成之、化育之，也因此能「不過」、「不憂」，且「能愛」。

〔註35〕「堯舜，性之也；湯武，身之也。」《孟子‧盡心上》朱注：「堯舜天性渾全，不假修習。……尹氏曰：『性之者，與道一也』。」《孟子集注》，《朱子全書》第陸冊，頁436。

承此而論，所謂「寓於此，樂於此，身於此，聚精會神於此」之「此」字乃指天地生化之理、道德創生之理；人之所以存在，正在於體現此天地之理，實踐此道德之理，因此白沙乃謂此「不容惑忽」。但另外亦可見出，《易》之內涵包羅上下，天地鬼神變化、人事吉凶禍福盡在其中，但白沙所重的仍在施行仁義一事，因此可謂白沙固然重《易》，但其所重者仍在人實踐道德此一義上。後白沙又引〈泰〉之〈序卦〉。〈泰〉之前為〈履〉，〈序卦〉謂「物畜然後有禮，故受之以〈履〉」。禮之著重仍在於體現道德之義，如《論語·陽貨》所謂「禮云禮云，玉帛云乎哉？樂云樂云，鐘鼓云乎哉」。因此若能戰戰兢兢，循禮而行，則能〈履〉而通〈泰〉。而〈泰〉卦之意即不僅在行為上合乎禮節而通泰，乃是對道德心體有充分的體會，因此能「泰，然後安」、「泰者通也」。故白沙謂「通於此，然後安於此」，所通、所安皆是強調此體內在於我，有本有源，故人能自覺之、體現之、實踐之。

後者之意從「然九二曰包荒用馮河」說起，但白沙所解之意，與《易》之意略有不同，在申論此引文前，先指出其差別。〈泰〉「九二，包荒，用馮河，不遐遺。朋亡，得尚于中行。」「包荒」，包，猶言「籠括」；荒，《集解》引虞翻曰「大川也」。此以籠括大川，喻九二陽剛居中，胸懷廣闊而能包容一切。「用馮河，不遐遺」，《爾雅·釋訓》：「馮河，徒涉也」，即涉水過河；「不遐遺」，「不遺遐」的倒裝。此承前句義，說明九二既有包荒之德，即可涉越長河，廣納遠方賢德。也因此能不結黨營私，能夠佑助行為持中的君主。〔註36〕「九三，無平不陂，無往不復；艱貞無咎，勿恤其孚，于食有福。」「無平不陂，無往不復」，這兩句以平變陂，去轉復為喻，說明九三處內卦之終，為上下卦轉折點，當防通泰轉為否閉。「艱貞無咎」，即表九三不可處泰忘憂，宜多戒惕；若知艱守正，則不但能「無咎」，且能取信於人、常保俸祿。〔註37〕白沙云「然九二曰『包荒，用馮河』，是何方泰而憂念即興也。九三曰『艱貞无咎』，則君子於是時愈益恐恐然如禍之至矣」。九三爻辭之意同於一般解

〔註36〕引黃壽祺、張善文：《周易譯注》，頁108～109。「包荒」一詞多解為「包含荒穢」，如伊川（《周易程氏傳》卷第一，《二程集》，頁755）、朱子（〈周易上經第一〉，《周易本義》，《朱子全書》第壹冊，頁41）皆解為此。但象山卻言「〈泰〉之九二言包荒，包荒者，包含荒穢也。當泰之時，宜無荒穢。蓋物極則反，上極則下，……故荒穢之事，常在於積安之後也。」（〈雜著〉，《陸九淵集》，卷21，頁258）顯然對此解有一反省。

〔註37〕引黃壽祺、張善文：《周易譯注》，頁109。

此爻位之意〔註38〕，但九二則略有不同。伊川云：「二以陽剛得中，上應於五；五以柔順得中，下應於二。君臣同德，是以剛中之才，爲上所專任，故二雖居臣之位，主治泰者也，所謂上下交而其志同也。故治泰之道，主二而言。包荒、用馮河，不遐遺，朋亡，四者處泰之道也」〔註39〕，是以此爻之意重在說明世道通泰，往往體現了治世之臣胸襟廣闊，秉公無私〔註40〕，非九三所強調的，物理循環，升必降，泰必否，故要在泰之盛與陽之將進而爲之戒〔註41〕。但白沙卻將九二與九三爻辭之意皆視爲「艱貞无咎」之意；「知天理之必然，方泰之時，不敢安逸，常艱危其思慮，正固其施爲」〔註42〕，顯然忽略九二爻位有其獨立之意義。但白沙對九二的理解亦非全非，〈序卦〉云「泰者通也，物不可以終通，故受之以否」，故〈泰〉九二雖重在世道通泰，臣德故也；但另一方面亦含警戒之意，若臣未能守此四者處泰之道，終究從泰至否，如伊川解此四者亦有此意，如「治之之道，必有包含荒穢之量，……。若無含弘之度，有忿疾之心，則無深遠之慮，有暴擾之患，深弊未去，而近患以生矣，故在包荒也」、「自古泰治之世，必漸至於衰替，……自非剛斷之君，英烈之輔，不能挺特奮發以革其弊也，故曰用馮河」。〔註43〕因此可謂，白沙固然解《易》，但其重點仍在通過《易》來闡明自己的哲思，非純粹依從《易》卦爻之位來解。

但何以白沙如此重視戰戰兢兢、「艱貞无咎」之意？筆者以爲白沙此意同於其在〈書自題大塘書屋詩後〉「此理洞如，然非涵養至極，胸次澄徹，則必不能有見於一動一靜之間。縱百揣度，衹益口耳。所謂何思何慮，同歸殊塗，百慮一致，亦必不能深信而自得也」。畢竟，此體固然內在於我，而人之價值亦在此中挺立。但倘若人自己不去自覺之、實踐之，則此價值意涵終究隱而未顯，而人之所以存在，其生命亦無法眞正獲得安頓。若是，則人每日蒙昧

〔註38〕 如伊川（《周易程氏傳》卷第一，《二程集》，頁756）；朱子：「戒占者艱難守正，則無咎而有福。」（〈周易上經第一〉，《周易本義》，《朱子全書》第壹冊，頁42）皆是此意。

〔註39〕 《周易程氏傳》卷第一，《二程集》，頁755。

〔註40〕 黃壽祺、張善文：《周易譯注》，頁109。朱子亦以爲此爻之意，強調「九二以剛居柔，在下之中，上有六五之應，主乎泰而得中道者也」〈周易上經第一〉，《周易本義》，《朱子全書》第壹冊，頁41。

〔註41〕 參《周易程氏傳》卷第一，《二程集》，頁756。

〔註42〕 《周易程氏傳》卷第一，《二程集》，頁756。

〔註43〕 《周易程氏傳》卷第一，《二程集》，頁755。

度日，與禽獸又有何差別？因此，白沙從「安土敦乎仁」處肯定人固有此既超越又內在之心體作為人價值之根據後，又進而強調此體之彰顯唯待人自己去實踐，這樣人之為人義方得以真實的被肯認、被確立。因此白沙乃謂，「豈直泰然而無所事哉」，「蓋將兢兢業業，惟恐一息之或間，一念之或差，而不敢以自暇矣」，亦即每一當下都必須依從此體之要求而行，與我的心體相符應〔註44〕。接著，白沙自問自答「君子不已勞乎」，以強調雖然此體對人有要求，有命令，使人必須非如此為而為，但因此要求、此命令是根於主體，是自己實踐理性認為理當如此，這樣人才能安、才能樂，因此又怎麼會有「不已勞乎」之勉強呢？而白沙此意，實亦呼應〈與林郡博〉一文所謂「終日乾乾，只是收拾此而已」；實踐關鍵在於主體自身，只要人在每一當下肯認之、實踐之，即能悟得道德心體即是天理之全幅內涵。而天理之流行既是生生不息，人理當於此亦表現其剛健奮發之意。另外，值得注意的一點，白沙對此本體的體會如上引文皆以「虛」來指涉之。於此所論，吾人更可確定其所謂「虛」，非空無一物，或是虛空之義，乃是能給出一價值判斷標準，使君子在一息、一念間皆有準的，能具體落實在日用中而為實事實理：所謂「執虛如執盈，入虛如有人」，即表示此體雖沒有具體內容，只是一理當如此之要求，故謂之「虛」，但因此要求必然落實在日用中而有其實義，且能起創生作用，使人在應事接物之際都有其主宰，有本有源，故又謂之「如執盈」、「如有人」，以表此本體並非真只是虛空無物之意。

二、自證己心即是天理

白沙既自覺實踐關鍵在己，自然重在人如何去體會此內在之心體；又此體白沙從「虛」、從「至無」處體會，自然認為不能藉名言概念來指涉，也未能透過師友的教導，只有自己真切的體會方可謂得此心體。而白沙此意，從上所引文獻亦可見出此意。如「是故道也者，自我得之，自我言之可也。不

〔註44〕「符」一字在明代用法一般表「相合」、「吻合」、「符應」之意。如龍溪：「虞廷觀人，先論九德，後及於事，乃言曰『載采采』，所以符德也。」（〈浙中王門學案二〉，卷12，頁281）瀘水（鄒東廓孫，德泳，號瀘水）：「君子只憑最初一念，自中天則。若就中又起一念，搬弄伎倆，即無破綻，終與大道不符。」（〈江右王門學案一〉，卷16，頁409）白沙此處言「有於予心符」，亦即強調每一實踐當下，都必須純粹依從此心要求而發，這樣人方能真正安於此、樂於此，真正體現人之所以為人之價值。

然，辭愈多而道愈窒，徒以亂人也。君子奚取焉」、「此理洞如，然非涵養至極，胸次澄徹，則必不能有見於一動一靜之間。縱百揣度，祗益口耳。所謂何思何慮，同歸殊塗，百慮一致，亦必不能深信而自得也」，皆重在自證己心而言自得之意。以下申論之：

> 遠色霽初景，清風振遙林。子來入我室，弄我花間琴。正聲一何長，
> 幽思亦已深。願留一千歲，贈子瑤池音。黍稷雜萑葦，邪思亂正性。
> 人爲一鹵莽，諉曰天之命。白日朝出東，須臾復西暝。良時誠可惜，
> 逝矣悲莫競。大舜卷婁之，莊周竟奚取？人生貴識眞，勿作孟浪死。
> 誰能去中土，徜佯朝鮮里？白首金石交，視我南川子。我否子亦否，
> 我然子亦然。然否苟由我，於子何有焉？人生寄一世，落葉風中旋。
> 胡爲不自返，濁水迷清淵。(〈贈陳秉常〉四首，《陳獻章集》，卷 4，頁 286
> ～287)〔註45〕

白沙以爲人之不善乃不能純粹爲善故，此是自招；但人又往往推諉於天命，未能正視一己生命之所向。因此，白沙乃警語，生命有限，若未能即時振拔，終究徒然。但人的方向爲何？舜年老體衰，莊周又有何可取？顯然白沙不認爲對生命價值的體悟，須由前賢、前哲決定，乃必須通過自我生命眞實體會，方是眞切獲得，而此方爲眞，亦可謂不輕率爲之。畢竟，理就在我心中，求舍在我，只待我眞實感悟，何須向外求得？因此白沙乃謂「我否子亦否，我然子亦然。然否苟由我，於子何有焉」，即勉陳秉常，是非價值判斷若由外而得，則此判斷只是他律，對自我道德理性之涵養，對價值人格之提昇，終究無益。唯有自己眞切地面對自我生命，反求諸己，自能體悟性體本昭昭明明，之所以不明亦自我招致故。因此，自得對道德實踐而言，甚爲關鍵，而白沙對此意，亦極爲重視：

> 丙戌之秋，余策杖自南海循庾關而北涉彭蠡，過匡盧之下，復取道
> 蕭山，沂桐江艤舟望天台峰，入杭觀于西湖。所過之地，盼高山之
> 漠漠，涉驚波之漫漫；放浪形骸之外，俯仰宇宙之間。當其境與心
> 融，時與意會，悠然而適，泰然而安。物我於是乎兩忘，死生焉得
> 而相干？亦一時之壯遊也。迨夫足涉橋門，臂交群彥；撤百氏之藩
> 籬，啓六經之關鍵。于焉優游，于焉收斂，靈臺洞虛，一塵不染，
> 浮華盡剝，眞實乃見。鼓瑟鳴琴，一回一點，氣蘊春風之和，心游

〔註45〕《年譜》，白沙 47 歲，「九月，門人南海陳庸、……同領鄉薦。」

太古之面，其自得之樂亦無涯也。出而觀乎通達，浮埃之濛濛，游氣之冥冥，俗物之茫茫，人心之膠膠，曾不足以齼其一哂，而況於權爐大熾，勢波滔天，賓客慶集，車馬駢塡！得志者揚揚，驕人於白日；失志者戚戚，伺夜而乞憐。若此者，吾哀其爲人也。嗟夫！富貴非樂，湖山爲樂；湖山雖樂，孰若自得者之無愧怍哉！客有張璟者，聞余言拂衣而起，擊節而歌，曰：「屈伸榮辱自去來，外物於我何有哉？爭如一笑解其縛，脫屣人間有眞樂。」余欲止而告之，竟去不復還。噫，斯人也，天隨子之徒與！振衣千仞岡，濯足萬里流。微斯人，誰將與儔？（〈湖山雅趣賦〉，《陳獻章集》，卷4，頁275～276。白沙39歲）

此賦作於白沙靜坐十年後，可謂白沙靜坐體道之心得，而此賦寫作背景乃因白沙「講學之暇，時與門徒習射禮。流言四起，以爲聚兵。……時學士錢溥謫知順德縣，雅重先生，勸亟起，毋詒太夫人憂。先生以爲然，遂復遊太學」〔註46〕，隔年春，南歸。因此，此賦開頭從交代時序至「一時之壯遊也」，主要由景寫情，體現人與物一體無隔、自然圓融。但此境道家可描繪、佛家亦然，儒者面對此自然亦可有此情趣，畢竟，此中皆可顯主體自由無礙之精神；主體自由，不爲自然因果所限，人與物無對，與天亦感通無隔，自能顯出一圓融妙境。因此，白沙此境體會所由爲何？則須見下文方可確立其意。

由「迨夫足涉橋門」至「吾哀其爲人也」，乃由景入人（世）；白沙入京，日與當時名士論學、交遊，所謂「撤百氏之藩籬，啓六經之關鍵」，一方面顯示白沙問學不自設門戶，另一方面亦顯示其目的皆在體現六經本質意涵。但此意涵爲何？如何方能體悟聖人之理？關鍵即在「心」。承上，白沙對本體的體悟重在對虛體的掌握，亦即體會心之所以爲心，乃因此心爲一自由無限心，是道德法則之給出者；但此法則只是形式原則，通過心之必然要求呈顯在事上，方見其眞實內容，但就體自身言，仍只是一形式原則，故亦只是「虛」而已。白沙於此言心，亦重在心之超越性言；唯有體悟心體之純粹性，只是一不容已之要求，方可眞實體悟此超越之性理即吾內在之心體。且唯有此體悟，人方能超拔於自然因果，體現一絕對自由之精神生命。所謂「鼓瑟鳴琴，一回一點，……其自得之樂亦無涯也」，即是在此意義下所呈顯之樂境；「無涯」，即表現一超拔於自然因果，體現一絕對自由之意，故其樂乃自得之樂，

〔註46〕〈年譜及傳記資料〉，《陳獻章集》，附錄二，頁809。

求在我故眞樂。在此意義下，既對心體有所悟，則由此主宰面對人倫事物，自能通達無礙，且顯一價値判準與取捨。白沙以爲，人之所樂、所貴，在於自由無限心之體現，使人超拔於經驗現象中，與物無對，與我無對，只是一無古無今之自得之樂。由此心境觀照現實世界，即可明白人心不明，致使己昏擾於其中，未能自拔。猶有進者，人面對權勢，無不以爲此是可貴、可求，因而自喪己性，殊不知「趙孟之所貴，趙孟能賤之」〔註47〕，可貴者唯有此同然之心。

因此，白沙歸結其所悟，謂「嗟夫！富貴非樂，湖山爲樂；湖山雖樂，孰若自得者之無愧怍哉！」富貴與湖山在層次上相等，皆爲經驗之物，求舍仍受因果所限；湖山之遊，仍須某種因緣促使方能成行，如白沙此遊亦非純粹爲遊而遊，乃因爲釋聚兵之疑而赴京。但湖山之樂之所以優於富貴，乃因此樂雖求在外，但此外是我與物爲對；若能消除我執，則我與物無分；我在此關係中，仍以我爲主，就決意而言，仍可謂自由。但富貴與否，其決定權全然在外，非自己努力即可獲得；我在此關係中，是被決定的對象，不得自由。因此，富貴相較於湖山而言，湖山爲樂，富貴非樂。但湖山雖樂，其求舍仍有機緣問題，不純然當體自由，此中仍有所限。眞正自由，在主體絕對自由，不爲因果所限，「求則得之，舍則失之，是求有益於得也，求在我者也」〔註48〕。但誠如前文所言，此絕對自由精神之體現在儒釋道皆可強調，境界之描繪亦可是共法，因此白沙所言之樂其本爲何？對此，觀白沙行文，從人心之不明、昏擾於事事物物中，進而言人以爲可貴、可求之富貴實非生命價値所在，最後歸結，唯有無愧於心方是自得，方爲眞樂。顯然白沙此說乃辨義利；此中有決定性判斷，給出一絕對價値判斷，表現出來的則是愧與無愧之別：若依於利，則「得志者揚揚，驕人於白日；失志者戚戚，伺夜而乞憐」，但無論如何皆已喪失人之所以爲人之義，故有愧；依於義，「《詩》云：『既醉以酒，既飽以德。』言飽乎仁義也，所以不願人之膏粱之味也」〔註49〕，道德主體當下挺立，求舍在我，自不爲經驗世界所圍，純粹體現至善之體，故無愧。由此而言之「自得」，不僅顯示一自由主體之生命情調，實亦體現一客觀義理之生命價値，而其所得者，亦吾人內心不容已之超越性體自身。白沙

〔註47〕 《孟子·告子上》。
〔註48〕 《孟子·盡心上》。
〔註49〕 《孟子·告子上》。

此意在孟子文獻內，亦屢屢見得。如「貴於己者」、「天爵人爵之分」，強調人之所貴，在於人固有之仁義，非他人所賦予者；唯有體現此仁義，人之價值與尊嚴方能挺立，自然也不會覺得自己有何不足。「大體小體」，則是點出人之可貴在於此心，而非無思、無覺的感性欲望；心是道德法則的給出者，若能體會此超越之性理即是吾人內在不容已之心體，自然能從其大體，體現一道德人格生命。〔註50〕此皆透過義利對揚方式，指點現實存在之人除此經驗世界外，仍可超拔此有限而體現一無限之價值；此價值展現，不通過經驗之物而得，純粹從己心而發，即可體悟此純粹至善之理，而此理即是吾人內在心體不容已之要求。只是在陳述上，白沙從人之以爲可貴者非良貴，轉而推說對大自然之靜觀默賞，悟出一美感式之樂境，最後才又歸至世間人倫，給出一客觀的價值判斷。就道德價值判斷而論，白沙似乎在說解上多繞了境兒，未若孟子直截。也或許如此，一般對白沙的評論，往往也從此處謂，白沙實有道家自然情懷；無目的的合目的性，自自然然，順物而生，不與物對之理境。

　　最後，客所謂，富貴之物本自外求，得與失與我何干？若能悟此道理，自能不受物欲牽引，全然體現內在本眞，此時現實生命即是價值生命，人自然表現純善之樂、德性之樂。而白沙此意，實乃藉張氏之言，點出道體高妙處就在日用中呈顯，世間眞樂即是天理流行具體化體現；此亦呼應其對本體的體會，亦即心體既超越又內在。而白沙最末欲強調此意，亦謂「噫，斯人也，天隨子之徒與！振衣千仞岡，濯足萬里流。微斯人，誰將與儔」，以表示此超拔於有限，體現一無愧作、自得自樂之境正是他人生追求的目標。但何謂「天隨子之徒與」？不論是振衣、濯足，其目的皆在去其污濁者以求清，在人，則去私欲以「復，其見天地之心」；「此理洞如，然非涵養至極，胸次澄徹，則必不能有見於一動一靜之間」。所謂去私，依本賦所言，當指從追求富貴中警醒、從存在的蒙昧中醒覺，體悟到人之所以爲人之可貴、可求者。若是，則所謂天隨子之徒，此子當指已對道德本體有所悟，且具體體現在日用中，面對人心之膠膠、權勢之誘惑，皆能不迷失其心，且不離世間而展現其無限價值意涵。在此意義下，此子固然是有限存有，但另一方面亦是無限價值存在；就其所體現之無限義言，天之意涵就在此子中見，人即天，天即人，故所謂天隨子之徒，亦即強調對本體的體悟自得是一關鍵，若無人自得

之,天道意涵終究只是隱而未顯。依此,則可檢別此意與《莊子・人間世》「與天為徒」之不同。畢竟白沙行文,謂客張氏言畢,便「竟去不復還」,好似一逍遙無待,後又言「天隨子之徒」,不免讓人起疑白沙所重實為逍遙自得之境,而非從無愧怍處言自得,因此寫文至此,不免再申論之。

《莊子・人間世》「與天為徒」一詞,其前後大意主要為,顏回將至衛國勸諫衛君,孔子問顏回將採何種方式勸諫衛君,顏回答之「端而虛,勉而一」,孔子以為不可;顏回又謂「內直而外曲,成而上比」,孔子亦以為不可。最後,孔子乃教之「心齋」工夫;內心齋戒而達忘我之境,乃虛己之最高境界,可以應無窮之變,非僅事君、避亂而已。〔註 51〕其中,顏回謂「內直者,與天為徒。與天為徒者,知天子之與己皆天之所子,而獨以己言蘄乎而人善之,蘄乎而人不善之邪?若然者,人謂之童子,是之謂與天為徒」。此天子與己皆天之所子,此天所顯之超越義究竟何意?是否同於白沙對天的理解,乃從己心愧或無愧此一決定性判斷所給出的道德取捨?參各家註,郭象注「物無貴賤,得生一也。故善與不善,付之公當耳,一無所求於人也」,又注「依乎天理,推己(性)〔信〕命,若嬰兒之直往也」;成玄英疏「言我內心質素誠直,共自然之理而為徒類。是知帝王與我,皆稟天然,故能忘貴賤於君臣,遺善惡於榮辱,……具此虛懷,庶其合理。」〔註 52〕林希逸「內直者,內以此理自守其直實也。此直字與真是相似。自天子之貴,下而與我,皆天之所生,則是皆出於自然者。豈敢以己言自私,……若無此自私之心,則其渾渾若童子然,則與天合矣,故曰與天為徒。」〔註 53〕王叔岷「『與天為徒』,則合天然之理。」〔註 54〕郭注所謂「付之公當」、「依乎天理」,顯然其理則非道德主體給出,人只能順適、無心,此便是自然。成疏則明指其理為自然之理、天然,人在此中,亦如郭注,要忘己、無私。至於林希逸,其對此「自然」似有進一步意思;天地生物,自自然然,但人能自守其真實——就此意,較其他註解,人可掌握道的意涵較重,但林氏亦未明言此所守之真實意涵為何。

〔註 51〕 參王叔岷:《莊子校詮》上冊,頁 117。

〔註 52〕 郭慶藩編:《莊子集釋》上,頁 143。

〔註 53〕 林希逸:《莊子鬳齋口義校注》,頁 61。另外,還有陳壽昌《南華真經正義》,其解主要在「童子」二字,以為須達至「純乎天真」。頁 28。鍾泰《莊子發微》,似致力儒道合,故其詮釋往往以《論》、《孟》語相互闡發。至於此段文解,謂「內直所以答以陽為充之教,曰與天為徒,曰人謂之童子,則無陽充孔揚之色矣。……不期乎人之善與不善,則無案人所感以求自適之心矣」,頁 82。

〔註 54〕 王叔岷:《莊子校詮》上冊,頁 128。

而王叔岷所謂「合天然之理」，當順郭、成而來。統體而言，莊子對天的理解，或對天此一意涵之賦予，確實不同於孟子、白沙直從道德意識規定天道生物之心，並由此給出價值是非判斷，反而要捨此客觀價值判斷，對天的體悟亦僅能軌約性的了解，以為唯有去除我執，人才能復歸於天；顯然天的意涵大過於人，人只是自然一部分，至於此自然之意為何，人亦未能明確指涉之。除〈人間世〉外，在〈大宗師〉亦有「與天為徒」一詞：「故其好之也一，其弗好之也一。其一也一，其不一也一。其一與天為徒，其不一與人為徒。天與人不相勝也，是之謂真人」。「與天為徒」與「與人為徒」相對〔註 55〕，表示真人可與天同，「無有而不一者」，亦可與人同，「彼彼而我我者」，且此同天、同人，「齊萬致，萬致不相非，天人不相勝，故曠然無不一，冥然無不在，而玄同彼我也」。〔註 56〕因此，所謂「天」是相對於「人」之概念，只表一自自然然、渾化一體之意，與人之禮、之刑、之知、之德不同層次。如是，則此意與白沙所謂「天隨子之徒」意涵更大相逕庭。畢竟，白沙言天之意即是我心之判準，所成就世界亦是人倫世界，自然自得亦從此言，因此既無須天人之分，亦無需透過真人來玄同天人之別，天即人，人即天，關鍵只在顯發此超越之心體。故由此論述，不論白沙行文或用語多顯道家自由無待之意，但究其實，其所得樂境仍本儒家從義利之辨入，體悟到仁之可貴、可求，乃本吾人內在之超越性理，其自得之樂亦從此體現之，故在本質上已與道家自由精神不同，因此更遑論白沙思想乃承道家而得。

闡明白沙「自得」之意後，即可依此義理梳理相關文獻，以使此意更加豁顯，並表現白沙理論之一貫。故續論之：

> 前九月得周文選書，知子仁久乞省家居，多賀多賀。又云在高亦養病歸，或不可起，不審此語何謂？前此獲手教及克恭書，感歎屢日。凡百且置之勿論，只平生問學一事，極索理會，不可悠悠。人一身與天地參立，豈可不知自貴重，日與逐逐者伍耶？某奉別後更無他，惟一味守此，益信古人所謂自得者非虛語。今幸老母粗康，地方無事，日夕與二三友討論所未至，亦殊不厭。惟有志者少，薄俗振作尤難，日邁月征，良可憂耳。聞羅先生杜門廣昌，張內翰會講西山，

〔註 55〕〈人間世〉區分三者，「與天為徒」、「與人為徒」、「與古為徒」。因僅順義理解析需要，故此便無細論。

〔註 56〕參考向郭注。郭慶藩編：《莊子集釋》上，頁 240。

> 克恭闢書齋于後圃靜坐,皆不以病廢學。子仁何日復京,尚希一札,
> 以慰惓惓。某自春間一病自汗,至今尚未脫體。臨紙牽勉,言不能
> 盡,惟亮察。(〈與董子仁〉,《陳獻章集》,卷2,頁229。白沙44歲左右〔註57〕)

白沙既區分學有由積累而得,不由積累而得,又謂其學乃不由積累而得,則
此處謂一切皆可置之勿論,「只問平生問學一事」,此學當指不由積累而得者。
後又言羅氏、張氏、呂氏,不論其工夫實踐是為杜門不出、與學者講學,抑
或書齋靜坐,皆能成其所謂學者。亦可證明白沙所謂學,既非經驗知識可通
過外在學習、認知而得,亦無所謂客觀教法使人依循,乃因人人本有,端賴
自己能否體悟之、實踐之;若可,一切無非學,若否,則自喪己性,「日與逐
逐者伍」。在此可否自覺、不自覺之判然二分下,白沙強調此學之所以重要,
乃因此是人之可貴、可求者;人一方面固然為一有限存有,但另一方面亦可
超拔於有限,體現一無限意涵,而其關鍵就在求則得之之自由無限心。而人
在此中方顯其存在之尊嚴與價值,亦方可謂與天地參立;雖言「人一身與天
地參立」,重在說天地人三者所以各為一極之道,但此道最後實即一道,並無
三道,且重在人極之參贊作用,即以人極處彰顯之道彰顯天地之道。〔註58〕
白沙謂其「惟一味守此」,其所守者,即是此可貴、可求之超越心體;人須自
覺的,即覺此方是人之良貴,舍此無他,亦無可論者。又此意義下,白沙通
過學而益信古人言自得之意,除再次強調其所謂學,乃實踐而得、對超越心
體之體悟而得,另一方面亦表明其所得,乃有所承;所承古人即是孟子。孟
子曰:「君子深造之以道,欲其自得之也。自得之,則居之安;居之安,則資
之深;資之深,則取之左右逢其原。故君子欲其自得之也。」〔註59〕若道理
是由外而得,則此外不免因各種可能而改變,不論此改變是就事本身而言,
或己對此事所採態度而言。總之,此道理未具普遍性。但倘若此道理根源於
我,且此我是在純粹無條件下不容已地要求自己必然如此不可,則此道理之
得便有真切性、普遍性。且因此得根源於我,故可謂此得乃本於吾內在良心,
是可欲、可求者;又因此是自己所願意的,不求於人,故亦是可貴的。而孟
子便在此意義下強調,若要從事道德實踐,唯有始於良心的自覺與體驗,亦

〔註57〕 《陳獻章集》,〔註1〕,「文後,羅本、林本、蕭本有『辛卯後九月二日,某
頓首』十字」。案,憲宗成化七年,辛卯年,白沙44歲。
〔註58〕 參牟宗三:《心體與性體》第二冊,頁34。
〔註59〕 《孟子・離婁下》。

即來自於「自得」，方可信守而無疑，且如實體會去，亦才能對人性內蘊有深微熟透的了解。且因此實踐皆根於內在心體之不容已，故在每一當下皆能體現其理想性、價值義。〔註60〕由此亦可知，白沙言「益信古人」，之所以能信，乃心同理同故，唯有反求內省，此信方真切，方可謂「益信」之；此信是實踐下的肯認。且由此推知，白沙之所以對其師友各種實踐入路都加以肯認，皆謂其學，其關鍵亦即在此。順此，吾人亦可了解，白沙從心理未能湊泊，到體會心即理，此一理路之發展，孟子「自得」之意，強調心體內在於我，確實有其重要意義。觀下文亦見此意：

> 予嘗語李德孚曰：「士從事於學，功深力到，華落實存，乃浩然自得，則不知天地之為大、死生之為變，而況於富貴貧賤、功利得喪、屈信予奪之間哉！」今觀其先世文溪先生遺稿，初涉其流，渺茫汪洋，若江河之奔駛，而又好為生語，險怪百出，讀者往往驚絕，至或不能以句，以謂文溪直文耳。徐考其實，則見其重內輕外，難進而易退，蹈義如弗及，畏利若懦夫，卓乎有以自立，不以物喜，不以己悲，蓋亦庶幾乎吾所謂浩然而自得者矣。然後置書以歎曰：「嗟乎，此文溪所以為文也。」……烏庫，自予為兒時，已聞文溪名而喜。少長，益嚮慕，而獨恨未識其心胸氣象為何如。比歲京師獲交德孚，亦嘗一閱其世譜。今幸寓目於先生之文，而知富貴果不足慕，貧賤果不足羞，功利得喪、屈信予奪一切果不足為累。天地之為大，死生之為變，自得者果不可得知。而奮乎百世之上，興起百世之下，孟軻氏果不予誣，其所恃者蓋有在也。故士必志道，然後足以語此。德孚好學，老當益壯。昭也尚亦有激於予之斯言也乎！（〈李文溪文集序〉，《陳獻章集》，卷1，頁8～9。白沙43歲）

此文白沙藉為《李文溪文集》寫〈序〉，申論其「自得」之意；闡發「自得」之意，可從三方面言：首先，何謂「自得」；其次，如何「自得」；最後，「自得」後所呈境界（或表現）為何。但因行文故，白沙並未條列分明，由前步步推論至後；然此為達論證清楚，姑且忽略此文另一目的——為《李文溪文集》一書寫〈序〉；直從其文句中闡發其義理，也因此對此文做重組安排。

　　首先，何謂「自得」？白沙云「奮乎百世之上，興起百世之下，孟軻氏果不予誣，其所恃者蓋有在也」、「徐考其實，則見其重內輕外，難進而易退，

〔註60〕參曾昭旭等著：《孟子義裡疏解》，頁154～155。

蹈義如弗及，畏利若懦夫，卓乎有以自立，不以物喜，不以己悲，蓋亦庶幾乎吾所謂浩然而自得者矣」。《孟子‧盡心下》：「聖人，百世之師也，伯夷、柳下惠是也。故聞伯夷之風者，頑夫廉，懦夫有立志；聞柳下惠之風者，薄夫敦，鄙夫寬。奮乎百世之上，百世之下聞者莫不興起也。非聖人而能若是乎，而況於親炙之者乎！」孟子雖在其他篇章謂「皆古聖人也。吾未能有行焉，乃所願，則學孔子也」，又謂「伯夷隘，柳下惠不恭。隘與不恭，君子不由也」〔註61〕，但事實上，伯夷、柳下惠在孟子評價中仍為聖人；前者，聖之清，後者，聖之和。只是相較於孔子，仍有不足，未若孔子聖之時者也，是一集大成者。且就人立志，本當以追求圓滿、至善為目標，既然有孔子此一理想人格，自以學孔子為標的，豈等而次之學以伯夷、柳下惠為願。但就伯夷、柳下惠自身人格言，實亦是一典型，亦足以起風化作用，故孟子在〈告子下〉、〈萬章上〉等則亦盛讚之，且指出一關鍵點：「三子者不同道，其趨一也。一者何也？曰仁也。君子亦仁而已矣，何必同」；純粹依從內在心體而發。畢竟，心同理同，人皆可為堯舜；聖人之所以可以為聖，乃因其行能依從內在心體要求，該行則行，該藏則藏，無一己之私意。而人見其行，自能受其感化，反求己心：聞伯夷之風者，自能奮拔己性，純粹依從道義而行；聞柳下惠之風者，自能感人之所感，一體流行而無礙。若再確立其概念，可謂伯夷體現的是「義」道，柳下惠體現的是「仁」道；雖皆是一心之不容已，但就心體當惻隱即惻隱、當羞惡即羞惡之活潑潑言，此中仍有一偏。但《孟子‧盡心下》所謂「奮乎百世之上，百世之下聞者莫不興起也」，其義理當重道德實踐本質，亦即心體是一，有其必然性與普遍性，故當聖人實踐之、體現之，自能興發人人本有之道德本性。而白沙引此，謂「奮乎百世之上，興起百世之下」，其意含亦當同於〈盡心下〉之語，故方有所謂「孟軻氏果不予誣，其所恃者蓋有在也」。之所以不誣，乃在實踐下證得，人人本有此心體——「其所恃者蓋有在也」；且因通過自我體證而得，故愈發信之，且居之安、資之深，取之左右逢其原。

依此，所謂「浩然自得」，其所得者，亦即吾人內在本心。此心體固然求舍在我，但如前白沙所謂，此學端在不由積累而得，須自我體證方可，且一再強調富貴雖樂、湖山雖樂，但終究非自得而無愧怍者為樂。顯然表示了一

〔註61〕此二段皆自《孟子‧公孫丑上》，前句引自「公孫丑問曰夫子加齊之卿相」一則，後句引自「孟子曰伯夷非其君不事」一則。

個意思，亦即人固然可體現此超越之心體，但不免仍耽溺、不自覺或未能振拔己性，致使己所得者，只是有限、相對之利害。對此，白沙乃詳述自得之意：所謂「重內輕外」，非謂本體有內外之別，或對本體體悟有內外之分，只是白沙於此強調道體內在於我，價值判準亦根於意志之自我立法，故強調內，以別他律道德從外而得。但儘管此體內在於我，人不免仍昏昏於物欲，或未能自覺，或未能純粹依從內在心體要求，致使在每一當下決斷處都有可能滑轉；此一滑轉，便是人心的墮落，即不善。因此，唯有兢兢業業，在每一義利判準當下，皆能反求諸心，警醒自己是否純粹或有所不足。而若能達至此實踐要求，人之所以為人之義便能當下挺立，此時人格圓滿具足，自能不局限於有限的存在；白沙以為若能如此，即是我所謂的浩然自得。因此，自得之意，即能自覺、自證此超越心體之內在於我。

其次，如何「浩然自得」？白沙云「故士必志道，然後足以語此」、「士從事於學，功深力到，華落實存，乃浩然自得」。因此士必志於此學，體會此學不由積累而得，乃必須通過己身實下證悟方可。又此學固然不由積累而得，乃通過己心之當下顯發，明辨義利即可，但因人不免在決斷處有所滑轉，因此不免有其對治相。故白沙以為若欲達至浩然自得之境，唯有心體如如呈顯，只是一眞實存在，雖身不離有限而獨存，但心只是一充沛廣大之流行，與物無對。當然，若欲達此境界，須其工夫已達對治而無對治相。若是，顯然白沙言自得與浩然自得亦有層次上的差別。前者，重在對本體的體悟，後者則著重在工夫究竟處言，可謂即工夫即境界。但無論如何，從義利之別中強調對本體的把握卻是一。

最後，「自得」後所呈境界（或表現）為何？白沙云「浩然自得，則不知天地之為大、死生之為變，而況於富貴貧賤、功利得喪、屈信予奪之間哉」、「今幸寓目於先生之文，而知富貴果不足慕，貧賤果不足羞，功利得喪、屈信予奪一切果不足為累。天地之為大，死生之為變，自得者果不可得知」。白沙此語，表現兩個視角：其一，就理性上對一體道者之體會。其既自覺人之所以為人，並非此一有限存有故，乃因可體現一純粹至善之理，且此理是絕對自由的、是超越遍在的，是作為一切存在的根據，則其面對天地之大亦不覺己身之渺小，面對死生亦能安之若命、無一朝之患。又既對天地、對死生，皆能以理事之，自能不落入於富貴貧賤、功利得喪、屈信予奪之計較考量。另一，就實踐者所體現之境界。其既自覺人之良貴，根於吾人本有之道德心

體，則其實踐自不離日用而體現之。日用之事爲何？亦即在每一決斷處，是依於義或依於利：依於義，則純乎天理；依於利，則自喪己性，如孟子所謂如「禽獸」。而此辨最顯明可見處，即在富貴貧賤、功利得喪、屈信予奪間，若能不爲其所累，自能顯一自在自得之樂。但心體之量無限，豈僅在人倫日用處見，在面對天地之廣大，死生之不測，理當亦能自安自適。只是白沙論及此，語帶和緩，所謂「自得者果不可得知」，固然爲謙虛之語——表示自己未達此境，不敢貿貿然評論之；誇讚之嫌——此文終究爲人寫序，不免有盛讚之語。但仍表示一個意思，亦即其強調的，此學非由積累而得，自不能由經驗客觀標準來衡量其所得多寡，又因關鍵在於自證己心、反求諸己，因此也只有自己知道自己是否純粹依從內在法則而行。故得與不得，不在人，也不爲人，只在是否自證己心；此即顯爲己之學之本義。

第二節　對康齋學的反省

一、希賢亦賢，希聖亦聖

　　白沙既體悟到實踐關鍵在自證己心，心即理，則無論有意或無意對康齋學做反省，終須回應兩個問題：其一，如何理解聖人。另一，道德實踐與聖人典籍、讀聖賢書關係爲何。又雖爲兩個問題，實後一問題是前一問題之進一步思考，因此關鍵仍在「聖人」此概念之體會；當然對聖人的體會，推其本然，關鍵仍在心。如前章論康齋對「聖人」態度，其聖人形象是具體的，有其對象性，非如孟子聖人之意，是吾人內在道德理性要求下的理想人格典範。再者，康齋引《中庸》，以爲聖人即是理體自身，因此人唯有依從聖人言行而言行，方可謂道德實踐；但事實上《中庸》中聖人之意，關鍵不在聖人，而在吾人本有之心體——因人人本有，故聖人興發人心從事道德實踐才有可能。而康齋之所以如此體會聖人，亦如前所述，乃因其對本體體會之故；心只是虛靈神妙之心，唯有以聖賢言行作根據，何者爲天理當存，何者爲人欲當去，方有可能在人格修養上有所成就。而白沙既在本體體會上有一根本的逆轉，則其對「聖人」體會當有別於其師，且從中亦可見出其反省。以下申論之：

　　　　人要學聖賢，畢竟要去學他。若道只是箇希慕之心，卻恐末梢未易

轗泊，卒至廢弛。若道不希慕聖賢，我還肯如此學否？思量到此，
見得箇不容已處，雖使古無聖賢為之依歸，我亦住不得，如此方是
自得之學。(〈與賀克恭黃門三〉，《陳獻章集》，卷2，頁133)

首先，白沙對「聖賢」是肯定的；此肯定，是價值意義的肯定，以為人之所
以為人，便是要體現聖賢之義。然此聖賢之義為何？即道德人格的完成；白
沙此意可謂對人的存在確立其方向，此方向亦即實現道德生命。但「對聖賢
的肯定」，是意涵著人須對聖賢之言、之行亦步亦趨，抑或聖賢之所以為聖賢，
乃根源於吾人道理理性自發之要求？對此，白沙謂，倘若只是嚮往聖賢美好
的德行，逐末於枝節模樣的學習，最終還是未能體現聖賢的真精神；此乃為
聖賢而聖賢，動力根源在外，終究未能貫徹。又既然學聖賢動力不從外而來，
則我又為何要學聖賢？白沙此問，實逼顯出人之所以為人之義；人自身本有
此不容已之動力，儘管無古聖賢作為學習對象，自己仍不容自己有一毫遲疑、
有一點不純粹，且停不住地要實現此道德要求，並將之具體實踐在自我生命
中。而從白沙此體會可知，其所謂「學聖賢」，重點並非有無具體聖賢存在，
乃根源於「己」；亦即「聖賢」這概念，實是每一存在者理性自發的要求，是
實踐道德的終極理想，因此既是發於己自身，故有無具體聖賢作為仿效、學
習並不重要，因為自己就是動力自身。順此推說，白沙此意一方面表示動力
在我，人皆可為聖賢，另一方面，此要求乃是絕對命令，是超越的法則，每
一個人必然以成聖為終極目標。前者，表現人的絕對自由義，故此實踐是為
自律道德；後者，表現道德之普遍性與必然性，是法則義。但總地來說，皆
是我一心之要求；此中包含形上根據、道德實踐，以及道德實踐之完成。最
後，白沙強調「如此方是自得之學」，一方面表示其所謂「學聖賢」，已不同
於康齋具體地將聖賢言行融入自己言行，反而重在自證己心之修養工夫上，
以為此方是自得之學；另一方面，亦可從此強調「自得之學」，呼應前所論白
沙重「自得」，實皆強調道德主體，旨在自證己心，心即理。以下將再引白沙
兩篇〈記〉，續申論白沙言「學聖賢」之意：

立山復州治之幾年，今雲南左布政使樂安謝公綬始領右方伯之命來
廣西，其民舉欣欣然喜而相告曰：「公復來，公復來。」盧陵彭君栗
適知州事，問於諸父老。諸父老跽而言曰：「是再造我民者，我何可
忘！吾州，古蒙州也，……時桂山巖恃險後下，一軍怒，將盡殲之。
公廉其脅從者，得七百餘人，釋遣歸農。……此公以好生一念之仁，

代血戰數萬之兵也。今也，吾民之亡者復，復而爲州。……公之再造我民也，我何可忘！」於是彭君籍記諸父老之言，將碑於學宮以傳，而謀於提學時可周先生。周先生三致彭君之懇於予，俾爲之記。嗟乎！彭君誠不私於公，而思惠其州之人士乎！請爲言之：七百死命歸農，何致羣兇之納欸？州亡州復在民，何關於公之一念？動於此，應於彼。默而觀之，一生生之機，運之無窮，無我無人無古今，塞乎天地之間。夷狄禽獸草木昆蟲一體，惟吾命之沛乎盛哉！程子謂：「切脈可以體仁。」仁，人心也。充是心也，足以保四海，不能充之，不足以保妻子，可不思乎？聖朝倣古設學立師，以教天下。師者，傳此也；學者，學此也。由斯道也，希賢亦賢，希聖亦聖，希天亦天。立吾誠以往，無不可也。此先王之所以爲教也。……夫士何學？學以變化氣習，求至乎聖人而後已也。求至乎聖人而後已也，而奚陋自待哉？孟子曰：「人皆可以爲堯舜。」……於是乎書。

（〈古蒙州學記〉，《陳獻章集》，卷1，頁27～28。作於白沙50歲後〔註62〕）

文之始，白沙先說明寫此〈記〉之由，乃因受人之託。接著，藉謝綬「好生一念之仁，代血戰數萬之兵」一事，申論己意。以下分做五點說明：首先，從謝綬「好生一念之仁」，此一念指點出人本有此仁體，且此仁體乃生生之義，作爲一切存在根據；此義扣緊明道的體仁。其次，從仁說到孟子的本心義，強調要擴充此心體。接者，說明設學立師，其目的在傳此、學此；自覺人人本有的心體，並由此建立道德人格。最後，再次強調學的目的，並引孟子語，說明學聖賢其動力根據人人本有。又雖細分五點，實則前二點旨在說明本體意涵，後三點則由此根據，強調學聖賢之意乃不由外而得。

首先，白沙從謝綬一事，謂「七百死命歸農，何致羣兇之納欸？州亡州復在民，何關於公之一念」，指點此一念非關經驗之事、非關利害之事，只是內在仁心之不容已，必然要求如此呈顯；而此呈顯，活活潑潑地，只是眞實生命的躍動，故在不安、不忍處，而有所謂「一念之仁，代血戰數萬之兵」之一事。而白沙此一體會，所謂「默而觀之」，乃是從仁心之自覺，豁醒仁體之實義。故從此「一念」推而言仁體只是「一生生之機，運之無窮，無我無人無古今，塞乎天地之間。夷狄禽獸草木昆蟲一體，惟吾命之沛乎盛哉」；亦

〔註62〕 文中，「成化丙申，巡撫都御史朱公英督兩廣軍征荔浦破賊，賊懼」、「明年丁酉，州治方成，進軍荔浦」，分別爲白沙49歲、50歲。

即從道德主體生命體會到仁體之流行亦只是生生之理、創生之大用，其既遍潤一切使一切存在得其生意，亦作爲一切存在之所以存在之超越根據，故亦不爲時空所限。而所謂「一體」，乃從仁心證成仁體之潤物不遺、周流遍在義言：當仁心當下自覺，只顯一眞生命的躍動，在不安、不忍之感通無隔下，我與物無對，只是一不容已地要求實踐其自己、體現其自己，而此要求、此體現，亦正見仁體之純粹性、絕對性，只是一於穆不已之生機流行。故在此意義下，所謂「一體」，即未能理解爲「同一本體」，乃當指「同一身體」；天地萬物與我同一身體，仁心一覺即知痛癢，仁心一發即能潤物、生物，關鍵只在道德生命顯發與否。而白沙此意，當同於明道「仁者，渾然與物同體」〔註63〕。「同體」一詞，牟宗三先生亦不從「同一本體」了解，以爲當是「一體」之意，只是此「一體」該如何理解，牟先生並沒有進一步規定。不過，從其所謂「此言與天地萬物爲一體，渾然無物我內外之分隔，便是仁底境界，亦就是仁體意義」來看，亦當同意從「同一身體」來理解。再者，牟先生認爲此語目的本在說仁，但卻是藉著「仁者」之境界來表示；由仁心之當下不安、不忍，直指客觀天道流行亦只是一於穆不已之創造眞機，生化之理。〔註64〕可知明道言仁心，即內在即超越，意在肯定一道德主體之實踐義。而白沙歸結此段云「程子謂：『切脈可以體仁。』」亦呼應了其所謂一念之仁，亦即明道言一體之仁，從不安、不忍處見仁心之不痿痺，只是一感通無礙、覺潤無方之實踐要求，故能創生萬物，使萬物在我覺之潤之中誘發其生機。

但對此仁體之體會，白沙並不只在感通無隔、覺潤無方處體會，亦在「反身而誠，樂莫大焉」處體證之。〔註65〕或可謂，直以孟子之本心收攝明道之一體之仁，所謂「仁，人心也」〔註66〕。而白沙此意，從其「惟吾命之沛乎盛哉」一語亦可見出端倪。畢竟，在明道乃通過「仁者」境界說明超越之「仁

〔註63〕程顥、程頤著：《河南程氏遺書》卷第二上，《二程集》，頁16。

〔註64〕牟宗三：《心體與性體》第二冊，頁220。

〔註65〕孟子曰：「萬物皆備於我矣，反身而誠，樂莫大焉。強恕而行，求仁莫近焉。」（《孟子・盡心上》）又，牟先生以爲仁體之實義可從兩面說：一是「反身而誠，樂莫大焉」；二是感通無隔、覺潤無方。前者是孟子所說，後者爲明道獨悟。而明道此悟，亦可謂從孔子言仁而來。牟宗三：《心體與性體》第二冊，頁220。

〔註66〕《孟子・告子上》。孟子曰：「仁，人心也。義，人路也。舍其路而弗由，放其心而不知求，哀哉！人有雞犬放，則知求之，有放心，而不知求。學問之道無他，求其放心而已矣。」

體」，而白沙雖亦強調一感通無隔之仁心顯發，但其意卻重在每一道德主體之「沛然莫之能禦」，必然有不安、不忍之要求上言。而此不安、不忍，不容已地要求體現其自己，實亦即孟子心體義。孟子言心，雖亦重感通無隔，心體當下呈顯，「萬物皆備於我」，但他更重「求捨在我」；唯有心體當下自覺，使一己之生命活動成為天理的流行，此方為人之所以為人之義。白沙從明道的仁體，進一步規定此即是人心，亦可謂其從感通無隔之仁體流行，亦即仁心之不安、不忍之要求；又由此不安、不忍，更進一步指點此即是吾人內在之心體，因而以孟子「仁，人心也」收歸「感通無隔、覺潤無方」、「反身而誠，樂莫大焉」之二義，並最後歸結在道德主體之實踐要求上。也因此白沙續云「充是心也，足以保四海，不能充之，不足以保妻子」，此承孟子四端之心而來，並重在心體當下自覺、擴而充之之義〔註67〕；心體既內在於我，唯有我之當下自覺、自證，並擴而充之，方能使身、家、國、天下，乃至一切，皆在我一心之遍潤、一心之順化中體現其自己、實現其自己；若否，則自限己心，人必陷溺在私欲中，依此推之，人我相處亦必計較利害、互相傾軋，若如是又如何保住妻子。因此，自證己心，體悟到人之所以可貴者，此意甚為重要。

　　既然心體內在於我，則當我自覺之、實踐之並擴而充之時，即能順化一切存在，使一切存在皆成其存在，故此心之自證、自覺此一工夫即甚為重要。因此，白沙以為不論是當今之世或是古時設學立教，其所教天下者，其目的不外乎使人自證己心，醒發人之道德意識。所謂，「師者，傳此也；學者，傳此也」，「此」即指此普遍之心體。當人自覺人之所以為人義，自能興發己心，實現道德人格之完整，「希賢亦賢，希聖亦聖，希天亦天」，只因我之道德心乃充沛、奮發，不容已地必然要求體現其自己，故我心趨向之，此人格之意義就在我之實踐中體現。畢竟，此只是一真實無妄之必然要求，自然在人格體現上無所局限。而白沙此「希賢亦賢，希聖亦聖，希天亦天」之意，實不同於濂溪。濂溪言：「聖希天，賢希聖，士希賢。伊尹、顏淵，大賢也。伊尹恥其君不為堯舜，一夫不得其所，若撻于市。顏淵不遷怒，不貳過，三月不

<hr />

〔註67〕《孟子‧公孫丑上》「凡有四端於我者，知皆擴而充之矣，若火之始然、泉之始達。苟能充之，足以保四海；苟不充之，不足以事父母。」〈梁惠王上〉「故推恩足以保四海，不推恩無以保妻子。古之人所以大過人者無他焉，善推其所為而已矣。」

違仁。志伊尹之所志，學顏子之所學。過則聖，及則賢，不及則亦不失于令名。」〔註68〕雖與白沙皆言「學」，但白沙言學重在發明本心，強調心體當下自覺、當下圓融，只是一眞誠無妄之誠體流行，因此所謂賢、所謂聖、所謂天，雖有工夫踐履上的差別，但在道德主體之當下呈顯、當下擴充下，賢聖天亦只是一義，因此說賢亦可、說聖亦可、說天亦可。但在濂溪，其意重在通過踐履以嚮往聖境工夫，因此賢、聖人到天便有工夫境界的差別，而每一階段境界的體現亦代表著實踐工夫的深化，以及每一工夫展現所代表的理想人格。而濂溪在此提出「伊尹、顏淵大賢也」，亦確然是典型之儒家精神，是爲宋明儒共同的意識。〔註69〕也因此，通過對此典範之嚮往，自然引發吾人自身之良貴者；儘管吾人之性未得其中，但至少通過聖人之教，能自覺地要求變化己性，使己亦能合於中正之道，體現誠體。〔註70〕但雖謂努力實踐之、體現之，此工夫歷程仍是無窮無盡。儘管如此，皆是誠體之要求，因此濂溪乃勉學者，若能以伊尹、顏淵爲志，雖然不及，亦不失其美名；此美名乃通過德性之要求，變化其氣質，使自己能體現善而爲言者。

　　不論是師之所傳，學之所學，皆在顯發吾人內在之心體。且順此道德實踐之要求，當自覺希賢、希聖、希天時自能亦賢、亦聖、亦天，此乃因此心即是天，天之所以爲天，皆在我一心之擴充中眞實其意涵。此意既確定，然白沙又再次追問「士何學」，究竟何故？蓋此意更落實地說，從工夫實踐上要求，以爲人之良貴在於此心體，人之所以爲人之義亦在於顯發此純粹無條件之道德要求；但人的氣性不免有偏，且順此氣性，人往往未能純粹依從己心而行。因此，白沙以爲士所學者，便是如何通過道德心之自覺，使氣性表現都能中節無失，以達聖人從心所欲不逾矩之境。但此「求至乎聖人而後已」，並非模仿聖人而得，乃是吾心自發之要求，因此儘管現實中並沒有聖人的存在，我仍然不容已地必然要求如此。此意猶如前「若道不希慕聖賢，我還肯

〔註68〕　《通書・志學第十》，《周敦頤集》，頁 22～23。

〔註69〕　參牟宗三：《心體與性體》第一冊，頁 344。

〔註70〕　《通書・師第七》：或問曰：「曷爲天下善？」曰：「師。」曰：「何謂也？」曰：「性者、剛柔善惡中而已矣。」不達。曰：「剛善：爲義，爲直，爲斷，爲嚴毅，爲幹固……。惟中也者，和也，中節也，天下之達道也，聖人之事也。故聖人立教，俾人自易其惡，自至其中而止矣。故先覺覺後覺，暗者求于明，而師道立矣。師道立，則善人多。善人多，則朝廷正而天下治矣。」（《周敦頤集》，頁 20～21）案，此標點斷句依牟宗三對此句義理系統的理解。牟宗三：《心體與性體》第一冊，頁 335。

如此學否」、「雖使古無聖賢爲之依歸，我亦住不得」之意，「聖人」此一理想
人格乃是吾心之自我要求實現，並非從外在學習、規範而得，因此此一實踐
工夫亦無須待聖人而發，我自身即是一不容已地必然如此。最末，白沙引孟
子「人皆可爲堯舜」，便是再次指點心體內在於我，人人本有，其呈顯亦不會
因人的材質氣性不同而不能呈現，只要人當下努力實踐之，即可體現道德人
格之圓滿性，亦即實現人之所以爲人之義，而此亦即達至聖賢理想之境。因
此，所謂「學聖賢」，關鍵即不在「聖賢」，而只在能否自證己心。而白沙此
意，亦可見諸下文：

> 父兄不以其言爲子弟師。業修於身，子弟習而化之。其爲教也不一，
> 因其世箕裘異焉耳。農商技藝各有教，豈直士哉！昔者堯、舜、禹、
> 湯、文、武、周公道大行於天下，孔子不得其位，澤不被當世之民，
> 於是進七十子之徒於杏壇而教之，擇善力行，以底于成德。其至也，
> 與天地立心，與生民立命，與往聖繼絕學，與來世開太平。若是者，
> 誠孔子之教也。大哉，教乎！今父兄愛其子弟，教以《六經》，誦之
> 也，惟恐其言之不熟；講之也，惟恐其旨之不明。似矣，不知其身
> 之所教，與七十子之進於聖人同歟？否耶？……謝氏之先以儒起
> 家，傳數世，至公父子兄弟，皆能以文章取科第，出爲當世用。肩
> 摩踵接，盛於一門，其得於龍岡者，不亦多乎？雖然，父兄之教，
> 子弟之學，將不但如是而已也。今之學於龍岡者，一短於藝課之外，
> 未有聞也。公能亮予言否耶？橫渠先生語學者「必期至於聖人而後
> 已」，予於謝氏，豈敢謂秦無人。（〈龍岡書院記〉，《陳獻章集》，卷 1，頁
> 33~34）

此記白沙亦從孔子之教說起，以爲孔子教人以成德爲目的；此德行的完成，
乃因根於內在仁心之要求，而此仁心如上所述，亦即是仁體之流行，能潤物、
化物，使一切存在皆在我一心之體現中成其存在。故此根源不只內在於我，
且是一切存在之根據，道德創生之本源。因此當仁心推其極，天地萬物與我
爲一，我自與天地立心，與生民立命，與往聖繼絕學，與來世開太平。〔註71〕

〔註71〕 白沙：「與天地立心，與生民立命，與往聖繼絕學，與來世開太平」，此語當
蛻自橫渠「爲天地立心，爲生民立命，爲往聖繼絕學，爲萬世開太平」。但白
沙此意，重在「宇宙在我」，顯發道德主體之無限義與絕對義，而橫渠此語雖
亦表現道德主體之不容已，但卻更重在表示傳承聖賢之道的使命。

而白沙此意，旨在表示道德實踐終極意涵，自是往古來今只是此一流行，天地萬物只是此一仁體；一切存在意涵，皆在我一心之中，我是可以參贊天地萬物。此意至爲顯發道德主體之絕對義與無限義。而白沙以爲孔子之教之偉大，亦正在於此，使人皆能自覺己心之可貴，純然體現一絕對自由之價值，而能不爲氣性所限，自尊自立的成就自我人格。

對照孔子之教，白沙以爲若「教」便是教人熟讀聖人經典，了解聖人言說的意旨，實已背離孔子教人之用心。當然，若更以讀聖賢之書，去求取功名，自是更末節之事。聖人之教爲何？自是要人實現其自我人格之圓滿，而此圓滿性從道德實踐入。聖人教人亦不在教人背誦經典，畢竟經典只是語言，只是積累之事。聖人教人乃是通過自己身教，使其子弟「習而化之」；此所以能化，其關鍵就在人人本有之心體，通過聖人的感物、潤物，人就會自我尊重，不容已地要求自己亦實現道德的善。因此，所謂「必期至於聖人而後已」，此聖人之理想要求乃亦發於主體自己之要求，其實現亦通過內在心體自覺實踐之、彰顯之而體現。故所謂學聖賢，或聖人之教，其根本皆不從外而來，端在道德主體自身之自覺。若是，反觀康齋所教，以及其對學聖賢之態度，即可發現白沙對此已有根本的扭轉：從一外在的學習模仿，歸本於道德主體之自覺。依此，亦可見出白沙對道德主體的體悟，確實已不同於康齋的體會。

二、以我觀書，非以書博我

康齋既認爲唯有學聖賢之言、之行，方有可能成聖、成賢，方可使心表現合理而不偏，則聖人之言——聖賢典籍，至爲重要。但白沙卻認爲「人皆可以爲堯舜」，端在道德心體能否當下顯發，且若能自證己心，自能見出個心體不容已，自能步步體現道德人格之純粹性，而達至理想人格境界、聖人境界。所謂聖人之教，亦非在於教人積累之學，乃是通過己身實踐工夫，使人在我感物潤物過程中自覺其自己，且不容已地要體現其自我道德生命。基於此，聖賢經典對於白沙而言，顯然就非重要教誨。但究竟白沙態度爲何，以下將申論之，以期確立白沙此態度所隱含之理論意義：

> 聖書春晚下漁磯，中歲行藏與願違。鷗鷺自來還自去，江山疑是又疑非。難將寸草酬萱草，且著鶉衣拜袞衣。但得聖恩憐老母，滿船明月是歸時。……。（略之二）欠服松花一大車，顚毛垂白齒牙踈。非關聖代無賢路，自愛清風卧絳廚。道上或逢人賣屨，眼中誰謂我

非夫？他時得遂投閒計，只對青山不著書。……憑君寄語張東所，

更與飛雲作後期。(〈留別諸友，時赴召命〉四首，《陳獻章集》，卷5，頁497

～498)〔註72〕

這首詩作於白沙55歲應召入京之作，故開頭即寫到皇帝下敕令詔書命他赴京，但白沙亦表明其不願出仕之心：鷗鷺與江山爲對，表明其寧維持個體精神自由，亦不願陷溺於是非相對之權利追逐中；寸草、萱草與鶉衣、袞衣爲對，一方面表示不願遠赴京城，因爲未能盡子女孝道，另一方面也表示家窮，卻未盡一己之力奉養母親而遺憾。〔註73〕接著，白沙即以此論調，展開其四首詩之內涵，並有所謂「他時得遂投閒計，只對青山不著書」一語。而一般研究者說明白沙不喜著述，多半引此語爲證，並由此與白沙不重經典態度作一呼應。但筆者以爲儘管白沙或有此態度，但就單此語便認爲白沙不喜著書，一來未能顧及此語在整首詩中所欲體現的意境，一來仍未能有較好地說明何以白沙有此態度。畢竟觀此詩（第三首）：首先，白沙說明自己年紀已大，經不起長遠顛簸的路程。此以年紀之長，強調自己不適宜做官。然後，以朝廷之愛才，說明是自己不願做官，不是朝廷不給機會。以此呼應自己應召入京一事，並再次表明自己不願出仕之心。接著，以賣鞋者爲喻，說明自己嚮往隱者生活。此亦呼應前，追求個體精神自由，不願陷溺在富貴是非中。最後，青山與書爲對，青山象徵自由自在、隱者生活，書相對喻有經世之心，所謂立德、立功、立言。白沙此四首詩既皆在表明其不願出仕，自然強調寧願投入青山、不願著書。此不願著書，乃基於不願爲官之心。若是，此語即未能作爲白沙不喜著書之例證。

但前人論證此，當亦有其所見。若白沙喜著書，至少表明其對書籍所以存在之意義，有某種肯定的態度；若否，則亦當有其理由，而此理由，或也

〔註72〕據《年譜》，憲宗成化十七年辛丑，白沙54歲，門人番禺張詡來從學。成化十八年壬寅9月，白沙應召入京。正符合此詩所謂「中歲行藏與願違」、「憑君寄語張東所」等語。故推測此詩寫作時間不晚於白沙55歲。

〔註73〕朱鴻林〈陳白沙的出處經驗與道德思考〉一文，曾對白沙一生出處及其態度做過詳細的論證，且認爲白沙並非不仕，只是在仕與不仕間考量：是否能行道，是否能夠布政稱職，以及時間點對不對。另外，也談到白沙此次應召入京的始末，以爲白沙在決定應召，及應召後是否出仕，多少仍表現出猶疑與矛盾的心情。但不論如何，就〈留別諸友，時赴召命〉一詩，所表現的態度則爲「起行時已有辭回事親的意識」。鍾彩鈞、楊晉龍主編：《明清文學與思想中之主體意識與社會‧學術思想篇》，頁12～53。

表現在其對經典的態度。但無論彼此關係如何，筆者所欲探討的仍是根本問題：白沙對聖人經典、讀聖賢書、著作，何以有如此態度，其根本關懷爲何。若能明此，不論白沙喜不喜著作，廢不廢經典，強不強調讀書，亦都是末事。但既是通過白沙文獻作梳理，以追討其背後原因，此些「末事」卻又是首要釐清的對象。以下將就白沙文獻論述之：

> 聖人與天本無作，六經之言天注腳。百氏區區贅疣若，汗牛充棟故可削。世人聞見多尚博，恨不堆書等山岳。……讀書不爲章句縛，千卷萬卷皆糟粕。野鳥晝啼山花落，舍西先生睡方著。（〈題梁先生芸閣〉，《陳獻章集》，卷4，頁323）

> 此心自太古，何必生唐虞？此道苟能明，何必多讀書？……聖道日榛塞，誰哉剪其蕪？夫子久不見，吾生何以娛？常恐歲月晚，況與音問踈。申以〈伐木〉章，以日三卷舒。（〈贈羊長史，寄遼東賀黃門欽〉，《陳獻章集》，卷4，頁294）

> 朽生何所營，東坐復西坐。搔頭白髮少，攤地青蓑破。千卷萬卷書，全功歸在我。吾心內自得，糟粕安用那！（〈藤蓑〉五首之五，《陳獻章集》，卷4，頁288）

白沙以聖人與天併言，乃因聖人所體現的道德生命就是天理之全幅內涵，而天理之流行就在聖人生命中見。又聖人與天其所體現的是道德之理、實踐之理，只是一純然、粹然的價值體現，自無須也無法以言語表述，因此也無所謂著作之事。就此義言，六經的存在只能視爲對實踐之理的補充說明，而非道德實踐從此而出；道德根源不在此。〔註74〕又六經既只是「注腳」，則六經以下的著作自然更爲末節。白沙嘗詩云「六經不假羣賢補，卻憶宣尼下手時」〔註75〕，即強調孔子之用心在於顯發人固有之仁心，使人皆能體現其道德生命，而六經的意義也在於此，所以根本無須後人的詮釋。且白沙以爲正因著作之繁，致使人競逐於知識的積累，斤斤計較於字句的解釋，反而忽略或未

〔註74〕當然，從另一方面理解六經此一著作的完成，理當亦是自然而然。畢竟聖人無心無爲、自然而然著作六經，六經之意亦當只是自然而然。而吾人在研讀六經，若能秉持聖人作六經的精神，則六經亦無所謂註腳不註腳的問題。但白沙於此卻從「註腳」二字來強調六經之意，顯然白沙有他自己的體會——今人著作不免有意有爲，且讀者用心亦有意有爲；因此，白沙此言理應非原則上否定著作，而是有所感而發此嘆語。

〔註75〕〈讀近思錄〉，《陳獻章集》，卷6，頁665。

能自覺聖人用心並不在此，人之所以成聖其根據亦不在此。依此，吾人可知白沙反對著作，並不是從經驗世界的判斷而做的判斷，乃是從道德價值世界去衡量什麼才是真實的。至於讀書亦然。且六經著作的目的，既不在章句訓詁，人當體會的是六經背後聖人用心方是。若能如此，自能醒覺道德實踐之本義，至於其他著作在此意義下不免只是「糟粕」。在第二首詩中，白沙直指此心之同然，人自能體現其道德生命；既然此心同此理同，則道就在我一心之體現中呈其自己，若是，又何必讀書以明理呢？因此，白沙不認為讀書是明理的首要工夫，或可以「六經之言天注腳」一語表示其只是助緣工夫，但終究非第一義工夫。此第一義工夫仍是發明本心。若是，著作一事自然也是次要，且如前詩批評的，正因著作之繁，致使人追逐於其中，反而使人自喪己性，未能真正體悟到人之良貴並不在此。由此亦可知何以白沙如此反對著作。〈藤蓑〉一首，白沙更不言聖人，更不言六經。畢竟，心體內在於我，求捨亦在我，只要我當下奮拔己心，心必不容已地體現其自己、實踐其自己。若是，一切道德實踐之關鍵只在我此一主體，我之當下顯發，就是天理之內涵；若是，書籍再繁，其所以存在之意義亦在我一心之體現中；若是，書籍視之為「糟粕」亦可，畢竟讀書非道德實踐之第一義工夫。

然於此不免疑惑，儘管讀書並非第一義工夫，然何以必須視之為「糟粕」？對此，白沙謂：

> 自炎漢迄今，文字記載著述之繁，積數百千年於天下，至於汗牛充棟，猶未已也。許文正語人曰：「也須焚書一遭。」此暴秦之迹，文正不諱言之，果何謂哉？廣東左方伯陳公取元所修〈宋史列傳〉中〈道學〉一編鏤板，與同志者共之。《宋史》之行於天下有全書矣，公復於此留意焉。噫！我知之矣。孔子曰：「十室之邑，必有忠信如丘者焉，不如丘之好學也。」後世由聖門以學者眾矣，語忠信如聖人，鮮能之。何其與夫子之言異也？夫子之學，非後世人所謂學。後之學者，記誦而已耳，詞章而已耳。天之所以與我者，固惛然莫知也。夫何故？載籍多而功不專，耳目亂而知不明，宜君子之憂之也。是故秦火可罪也，君子不諱；非與秦也，蓋有不得已焉。夫子沒，微言絕。更千五百年，濂、洛諸儒繼起，得不傳之學於遺經，更相講習而傳之。載於此編者，備矣。雖與天壤共弊可也。抑吾聞之：六經，夫子之書也；學者徒誦其言而忘味，《六經》一糟粕耳，

猶未免於玩物喪志。今是編也，采諸儒行事之迹與其論著之言，學
者苟不但求之書而求諸吾心，察於動靜有無之機，致養其在我者，
而勿以聞見亂之，去耳目支離之用，全虛圓不測之神，一開卷盡得
之矣。非得之書也，得自我者也。蓋以我而觀書，隨處得益，以書
博我，則釋卷而茫然。此野人所欲獻於公與四方同志者之芹曝也。

〈〈道學傳序〉，《陳獻章集》，卷 1，頁 20～21。白沙 58 歲〉〔註76〕

這篇序文白沙從許文正（〔元〕許衡，字仲平，號魯齋）語人曰：「也須焚書
一遭」〔註77〕，陳選（字士賢）只取〈道學〉一篇二事作爲立論之始，以爲
此中有其不得已不如此之故。然其原因爲何？白沙以爲孔子之所以言「十室
之邑，必有忠信如丘者焉，不如丘之好學也」，其義並非以爲人只有「忠信」
之德，卻未有對經驗知識學習的熱誠，乃是強調人固然有忠信之行，然此純
然、粹然之天性若未自覺之，終究不免爲物欲所誘，因此唯有通過學，亦即
覺此仁心內在於我，並具體將之實踐在日用中，人之善性方能體現而無遺。
故所謂學，是以道德實踐爲學；此學之要求，乃根源於忠信之本，關鍵只在
能否自覺。白沙又謂當世由聖門以學者眾矣，既學聖門，按理當能稱體而發、
自覺爲善，何以忠信之人反少？顯然，後人之所謂學，已背離孔子言學之義。
後人之學爲何？「記誦而已耳，詞章而已耳。天之所以與我者，固懵然莫知
也」。記誦、詞章，乃通過經驗知識積累而得，此受限於人的氣性，亦受限於
時空條件中。其所謂價值，亦只是經驗現象中所表現的相對價值。至於「天
之所以與我者」，此承孟子而來〔註78〕，強調人儘管受氣性限制，易爲物欲所

〔註76〕《陳獻章集》，註1，「文後，羅本、林本、蕭本有『成化二十一年乙巳閏四月，
翰林檢討古岡病夫陳獻章公甫書。』二十五字」。案，憲宗成化二十一年，白
沙 58 歲。

〔註77〕白沙在〈贈別林緝熙〉一詩中亦嘗謂「六經憑孔氏，無計避秦灰」。（《陳獻章
詩文續補遺》，《陳獻章集》，頁 983。白沙 43 歲）白沙此語，當如許文正之用
心，蓋不得已也。畢竟，孔子作六經，其意在於顯發吾人固有之道德仁心。
若因而使人汲汲於典策之多、註解之繁，未能自覺己之良貴者，則六經便喪
失其所以存在之意義。若是，付之秦火亦是不可免的。而白沙此判斷，乃是
道德價值之判斷。

〔註78〕《孟子・告子上》公都子問曰：「鈞是人也，或爲大人，或爲小人，何也？」
孟子曰：「從其大體爲大人，從其小體爲小人。」曰：「鈞是人也，或從其大
體，或從其小體，何也？」曰：「耳目之官不思，而蔽於物。物交物，則引之
而已矣。心之官則思；思則得之，不思則不得也。此天之所與我者，先立乎
其大者，則其小者不能奪也。此爲大人而已矣。」

牽引，但人亦有超越之心體內在於我，此心「思則得之，不思則不得也」；若能自覺、自證己心，並依心體要求不容已地實踐之，則自可超拔於有限，體現一無限價值意涵，而此即是人之所以為人之義。然白沙以為後人所謂學，實不過仍在經驗現象中，其所體現的終究是有限的，其以為價值亦不過是相對價值，至於人之所以為人之義，卻未能自覺之，因此不免與孔子所謂學相背離。然何以如此？白沙以為忠信之道固然人人本有，但其仍須學（覺）之方能存養、擴充，否則又不免為氣性所蔽。今人既未能自省「學」之本義，反而耽溺在記誦、在詞章，且漢以來書籍既繁，人又日逐在經驗知識的積累，以為此即是人之價值所在；此實已背離孔子之道，自喪天之所以與我者。故白沙面對此世道，方不免感嘆許文正一語亦有其深意，實乃「蓋有不得已焉」。又對陳選只選〈道學〉一編鏤板，深表肯定，畢竟唯有濂洛之興，方能上接孔子以道為學之用心。

但不論焚書與否，或只編〈道學〉一篇，實又只是末事。畢竟，儘管如六經，若學者亦只是將之視為記誦之事、詞章之事，而未能自覺聖人之作其目的僅在興發人心，這樣六經固然為孔子所作，亦只是「糟粕」；畢竟，人流於經驗知識的追逐，反而自喪己性，未能自覺到人之可貴者不在此，而在天之所以與我者。因此，讀書也好，著作也好，關鍵都不在此表面上事，僅在能否自覺聖人之學正在於顯發吾人內在之超越性理。若可，即可同於濂洛諸儒，得不傳之學於遺經；若否，六經亦只是糟粕耳。順此意，白沙以為〈道學傳〉之編纂，其態度亦當如此。學者若能通過此書，自覺到心體內在於我，人之存在是可衝破現實的有限性，純然體現一無限之道德精神，這樣在面對事事物物之際，皆能在意念之至隱至微處體察到自己的抉擇是否仍純粹依從本心而行。若否，亦可當下自覺，復歸於善。且白沙以為唯有反求諸己，純然依從道德心之要求，並將此心存養之、擴充之，勿陷溺在經驗之物的追逐，亦不落在感官物欲的牽引，這樣心體純然、粹然之神妙作用，自然會體現在事事物物當中，而人面對書籍亦能了然於心，無所阻塞。何以如此？聖人之教本在發明本心，讀書亦不過通過書籍體會到聖人背後之用心，而聖人之心即我之心，因此雖我「學」聖賢之書，其所學者關鍵亦在反求諸己，自證己心，故其所得者在我，所以得者亦在我，此是天之所以與我者。在此意義下，白沙強調須以我觀書，非以書博我。畢竟，以我觀書，吾心之體全然體現，

天理之流行就在我一心之朗現中，聖人作書之用心亦在我一心之體現中，此自能隨處得益；若以書博我，則經驗知識都在自然因果的限制裡，人永遠沒有辦法全盤了解到人所以存在的意義。若是，再多的知識只徒增人的茫然與困惑，並在其中未得儒家道德實踐之眞諦。

依此而論，白沙並不廢讀書，只是認爲讀書的目的在於修養身心，不可流於玩物喪志。且若能體會此道理，「以我而觀書」，自能在書中體會聖賢著書之用心，且聖人之言亦皆能與我心相符應。故白沙詩云：

> 酌酒勸公公自歌，三杯無奈老狂何！坐忘碧玉今何世，舞破春風是此蓑。一笑功名卑管晏，六經仁義沛江河。江門詩景年年是，每到春來詩便多。（〈飲酒〉二首之一，《陳獻章集》，卷5，頁471）

> 歸去遼陽，杜門後可取《大學》、《西銘》熟讀，求古人爲學次第規模，實下工夫去做。黃卷中自有師友，惟及時爲禱。（〈與賀克恭黃門六〉，《陳獻章集》，卷2，頁134）〔註79〕

所謂「六經仁義沛江河」，亦即以我觀書之體會；聖人之言亦只是實現吾此一道德本心之要求，且此要求沛然莫之能禦，活潑潑地必然要求實現出來。又所謂勸人熟讀《大學》、《西銘》，求古人爲學次第規模，亦是此理。又有所謂勸其子「四書與六經，千古道在那。願汝勤誦數，一讀一百過」〔註80〕，亦是此理。因此，筆者以爲若直謂白沙不重著述、不喜讀書，顯然此說太過。又若從此判定康齋教人讀書、重視經典，白沙不喜讀書、不重經典，顯然此說又太過。畢竟，二者之所以有如此態度，並不是單純因爲讀書、著書好不好的問題，乃是其背後對本體體會的根本差異。如康齋認爲理在聖人中見，若要實踐道德之理，唯有嫻熟聖人經典，方能在體現過程中無所偏差。白沙卻以爲理就在我心中，且此心活潑潑地，必然要體現其自己，且聖人教人亦在顯發此內在固有之本心。若能明白聖人用心，通過讀書來興發吾人之道德本心，此是值得肯定的，且亦是達到聖人作書之用心。若否，甚至因而使人自喪己性，反而追逐著書之繁、知識之豐，此根本背離聖人作書之用心，若是，付之秦火亦是可以的。因此，與其注意白沙不重著書、不重讀書，並從

〔註79〕 白沙39歲在太學，賀克恭聞其「爲己端默之旨」遂從其學，並約於此時「告病歸」。故推測此作應寫於此時前後。

〔註80〕 〈景暘讀書潮連，負此晛之〉，《陳獻章集》，卷4，頁313。

時代風氣作考量，未若從其對本體的體悟作判斷，更能顯出白沙從理學轉至心學之意義。〔註81〕

第三節　以靜坐爲悟道工夫

一、人之不善，實吾自爲之

　　既然心體內在於我，且求捨在我，只要我當下自覺之，心體之無限義便能全然體現；又此內在之心體亦即超越之性理，故一切存在皆在我一心之遍潤中成其自己。若是，則理當實然的個體生命亦即是應然的理性存有者，一切的生化流行亦當在我之遍潤中皆合其理序。然何以不盡如此，卻僅見實然生命表現往往未能純粹爲善，世間總總之事亦不免有缺憾？顯然，人此一存在並非只是一道德理性生命，另一方面亦爲一有限個體之存在。對此，白沙云：

> 人具七尺之軀，除了此心此理，便無可貴，渾是一包膿血裹一大塊骨頭。饑能食，渴能飲，能著衣服，能行淫慾。貧賤而思富貴，富貴而貪權勢，忿而爭，憂而悲，窮則濫，樂則淫。凡百所爲，一信氣血，老死而後已，則命之曰「禽獸」可也。（〈禽獸說〉，《陳獻章集》，卷1，頁61）

「此心此理」，就全文觀之當偏重在「此心」一詞，以爲人之所以爲人，其可尊、可貴處正因心體內在於我，作爲我之所以存在之根據；另一方面，因此心之當體乃純然、粹然，只是一不容已地要求實現其自己，就此要求而言，因無任何私欲計較，故可推而要求一切存在皆是如此，此是有其普遍性與絕

〔註81〕如呂妙芬，以爲康齋與白沙皆不重著述，並認爲此是時代風氣。且從此風氣推說，康齋對白沙心學的轉出是有影響的。（《胡居仁與陳獻章》，頁31～44）但從前章論述亦可知，康齋不重著述，只因他認爲前人（朱子）已說得完備，且理在聖人中見，因此只要熟讀、玩味聖賢之言、之行即可將此理體貼身心之用，而非白沙直下肯定道德心體，並以此反省聖人作書之用心。又黃明同認爲白沙求諸心與求諸書同時成立，以爲「求諸心的同時，也不能不求諸書，在防止讀書不求甚解的同時，也要防止不讀書而求甚解，憑空地毫無根據地提出我見」。（《陳獻章評傳》，頁127）就黃氏所謂，白沙所謂「得」似乎不能離開書本而得，只是在強調求諸書的同時還要求諸心，以爲這樣才不會沒有自己的見解，不會被書籍牽著走。但事實上就上所論，白沙之得乃是超越心體，此絕非可從經驗知識而得，二者層次不同。

對性。也因此雖言此心此理，此理之眞實意涵亦唯有在此心見，故仍偏重在心。此意亦可由上所論見出，白沙甚重「自得」之意。然較特別之處，在於白沙認爲人除此心可貴外，其餘「渾是一包膿血裏一大塊骨頭」，且此「七尺之軀」不但有飢食渴飲等自然生理需求，還有一不斷向外窮索的心理欲望；此欲望不論滿足與否，都會造成個體生命的傷害，如忿、爭、憂、悲、濫、淫等。但不論是自然生理需求，或是心理欲望，白沙統歸之「氣血」所爲。依此，「一信氣血」，即禽獸；反之，則否。但人終究是有限形軀，且必須依賴此形軀方得以生存，則人如何在既承認此現實前提下，又不淪爲禽獸？關鍵即在「此心此理」。人此一主體是可以體現道德生命的，且唯有全然彰顯心體內涵，人之所以存在之價値與尊嚴方得以挺立，因此，儘管面對個體生命之限制，人若仍能純粹依從內在心體要求而行，則人即非禽獸。當然，此中若夾雜「氣血」成分，即不純粹，即非心體意涵，則爲禽獸。而白沙此人禽之辨或可謂承自《孟子》而得。

　　孟子曾有大體、小體之別，以爲「耳目之官不思，而蔽於物；物交物，則引之而已矣。心之官則思，思則得之，不思則不得也。此天之所與我者。先立乎其大者，則其小者不能奪也，此爲大人而已矣。」〔註82〕，並嘗謂「人之所以異於禽獸者，幾希。庶民去之，君子存之」〔註83〕。耳目以感觸爲性，它不能思，亦即無德性意義之自覺，因此也不會有善惡的判斷。耳目亦只是物，順著自然本能需求，只會不斷的向外感取外物；因不能主宰自己，便易爲外物所牽引，無有止盡。就此而言，耳目雖只是小體，亦會在人身上產生相當的力量，致使人沈淪其中，而爲物所役。若是，則人無自由可言、無尊嚴價値可言，人與禽獸無異。但孟子以爲人不只是一有限的存有，亦可體現無限之生命意涵。此即是心之官。心之官能思，此思是思誠思善之思，即德性意義的自覺。當此心一覺，便能給出應然之則，何者爲是，何者爲非，只是一純然、粹然之要求，絕無一毫私欲計較在其中，亦無利害物欲之考量。若是，人之絕對精神價値全然體現，人是可以自作主宰的。就此而言，人的可尊、可貴是得以成立的。但人既有此感性一面，亦有其道德理性一面，究竟何者方爲人眞實面目？孟子以爲人的可貴，正因不同於禽獸只是順物欲之心而行——此中毫無自由，只是被宰制的對象；而是能當體獨立、純粹依從

〔註82〕　〈告子上〉。
〔註83〕　〈離婁下〉。

內在心體要求而行——此要求既是普遍的理則，而此理則又是自己給出的，可見人可以自作主宰、自我挺立個體生命之意義。若是，人的可貴正在於此，人理當依從此天之所以與我者，作爲吾人生命之本根。但孟子亦提醒，固然人有此道德本心，且此心是能作主宰的，但此心亦可能因耳目之故，使自己隨耳目之奔馳而向外奔馳。一旦心向外追逐，思的是如何滿足耳目之欲，則心之覺性就會自我蒙蔽，隱而未顯。此時心便不是本心，而是習心。順此，人亦只不過是受耳目五官支配之禽獸。依此而論，孟子所謂人禽之辨，並非否定此有限形軀，乃是從道德價值上作判斷，何者方是人可貴、可求者，必從此可貴可求之處，體現人眞實存在之意涵。而白沙的〈禽獸說〉，所謂「除了此心此理，便無可貴」，此可貴亦同於孟子，從道德價值上作判斷。從此判斷，若人一味順從生理欲望需求，一步步向外窮索，自然人與禽獸無異，謂之禽獸亦可。也因此，白沙同於孟子之意，要人在此中體會究竟人存在之意義爲何，何者方爲人之可貴者，並由此振拔此天之所以與我者之道德本心。順此意，若人之可貴當爲實現此心體要求，此方爲善，則所謂人之不善之由亦當從此判斷。且由此亦可理解，人雖皆可爲堯舜，但事實上人仍須工夫修養方能達至。因此，如何對治氣性，此是不可或缺的道德工夫。在白沙，首先他要人正視人的有限性：

客問：鄉譏不能儉以取貧者曰「大頭蝦」，父兄憂子弟之奢靡而戒之亦曰「大頭蝦」，何謂也？予告之曰：蝦有挺鬚瞪目，首大於身，集數百尾烹之而未能供一啜之羹者，名曰「大頭蝦」。甘美不足，豐乎外，餒乎中，如人之不務實者然，鄉人借是以明譏戒，義取此歟！言雖鄙俗，明理甚當。然予觀今之取貧者，亦非一端。或原於博塞，或起於鬭訟，或荒於沉湎，或奪於異好，與大頭蝦皆足以致貧。然考其用心與其行事之善惡，而科其罪之輕重，大頭蝦宜從末減。譏取貧者，反舍彼摘此，何耶？恒人之情，刑之則懼，不近刑則忽。博塞鬭訟，禁在法典。沉湎異好，則人之性。有嗜不嗜者，不可一概論也。大頭蝦之患，在於輕財而忘分。才子弟類有之，蓋其才高意廣，恥居人下而雅不勝俗；專事已勝，則自畋獵馳騁、賓客支酬、輿馬服食之用，侈爲美觀，以取快於目前，而不知窮之在是也。如是致貧亦十四、五，孔子所謂「難乎有恒」者是也。以爲不近刑而忽之，故譏其不能自反以進於禮義教誨之道也。舉舉於貧富之消長，

鎦銖較之而病其不能者，曰「大頭蝦」。此田野細民過於爲吝，而以繩人之驕，非大人之治人也。夫人之生，陰陽具焉。陽有餘而陰不足，有餘生驕，不足生吝。受氣之始，偏則爲害。有生之後，習氣乘之，驕益驕，吝益吝。驕固可罪，吝亦可鄙，驕與吝一也，不驕不吝，庶矣乎！（〈大頭蝦說〉，《陳獻章集》，卷1，頁60~61）

〈大頭蝦說〉，白沙從鄉人用以取笑因奢而變窮者，並轉了一個意思，提出人的氣性不免有偏，若未能變化氣質，又爲習氣所乘，終未能進人之本分。以下申論之：

首先，白沙先就「大頭蝦」一詞解釋。所謂「大頭蝦」，一方面是鄉人用以譏笑不能節儉因而貧窮者，另一方面亦用來告誡子弟勿過度奢靡。然何以「大頭蝦」稱之？乃因大頭蝦虛有其表，味道卻不甚甘美，肉質亦不多，猶如人不切實際，不認眞工作。鄉人取此意，用以譏諷、警惕子弟。接著，白沙依此意申論，以爲此意雖然鄙俗，但有其道理，只是未能窮盡所以取貧之故；人之所以取貧，「或原於博塞，或起於鬪訟，或荒於沉湎，或奪於異好，與大頭蝦皆足以致貧」。在這些取貧的因素中，考核其用心與其行事之善惡之別，大頭蝦亦不過是當中最輕微的，但人何以只譏大頭蝦之取貧，卻不去直指博塞、鬪訟等所造成的對人更大的傷害？對此，白沙提出他的看法：「人之情，刑之則懼，不近刑則忽」，此人之情即人之人情性，是一種利用理性計算、好爭鬥之心以求自己最大幸福，而此不外表現在博塞或鬪訟。順此情性，人不免表現最大的惡，故有法典作規範，也因此法典，人自會戒懼、謹愼。「沉湎異好，則人之性」，此人之性當指人的生理欲望，亦偏指動物性言。既是各人喜好問題，白沙以爲此很難作一評斷。「大頭蝦之患，在於輕財而忘分」，輕財乃因「才高意廣，恥居人下而雅不勝俗」，故其所重者有甚於個人物欲的滿足，反倒企圖借己所勝長者以表現自己高於人一等；此表現雖重在個人價值之實現，但因此實現乃憑藉外在物質烘托，以顯出自己與眾不同，且亦是通過理性計算使自己看起來比別人優越，因此仍是人情性的表現，亦是易流於不善。但因此表現之初在於凸顯個人的才情與物質品味，不同於博塞或鬪訟是明顯的求勝、爭鬥，因此一般人往往忽略它對人的影響。

而白沙論述至此，實多轉了一個意思，不同於鄉人只從「人之不務實」作批評。白沙以爲大頭蝦之輕財乃因追求個人的價值，只是人的價值爲何，顯然大頭蝦未能自反本心，體會到人的價值不在外在物質的粉飾——此些都

是有限的，求在外，且隨時都有可能失去；乃在人固有之道德本心，這才是人本分所在〔註84〕。既是人的本分，則人實踐自我當從體現道德心體之要求始，這才是人的可貴之處；若捨棄此，不免如大頭蝦，虛有其表，道德主體卻未能挺立。因此，白沙此多轉了一個意思，此「多」之意乃從人的人情性跳出，要人正視人的道德本性，以為這才是人之所以為人之義，人的價值亦在此建立。由此立論，白沙便進一步評論氣性對人的影響。白沙以為田野細民譏人大頭蝦看似有理，其實仍基於計較利害而來，即擔心變得窮困，因此警告其子弟不能過奢。這仍是從外在物質來衡量人的價值，並非真正自覺人的本分，亦非由此醒發其子弟內在之道德本心，故非「大人之治人也」；「大人」，當即是孟子「從其大體為大人」之意，而「大人之治人」，亦即孟子要人「先立乎其大者」方可謂之。故不論是田野細民之教人，或是才子弟所追求的價值，白沙在肯定人的本分之際，並未忽略氣性對人的影響，此影響甚且使人沈淪於相對的利害中。

此氣性為何？從上論述，不論是人之動物性或人之人情性，此性皆受生理欲望、感性物質的支配，儘管有理性作用在其中，此理性亦不過助人追求更大幸福而已，未能真正顯發人之絕對價值義，且人在此中亦無自由可言。而對此性，白沙進一步推說，人此一形軀乃陰陽氣化所成，既是陰陽氣化，自有一偏的可能：有的氣性偏於驕縱好勝，有的偏於吝嗇狹隘。既有所偏，則人在體現其道德本心時不免有窒礙，即未能純粹依從本心要求而行，故不善。又正因此窒礙，人已不能生來純粹為善，若又未能自覺人的可貴在於人固有之本份，卻僅順此氣性流於物質的追求，久而久亦陷溺在其中而未能自拔、自覺。此即是習氣。一旦習氣養成，驕縱更加驕縱，吝嗇更加吝嗇，且不論是驕縱或吝嗇，因皆為氣性窒礙致使善性未能自然流出，故皆為惡。在此意義下，白沙以為田野細民或才弟子皆是一樣，誰也無權批評誰。然人生來氣性如此，便只能如此嗎？白沙謂「不驕不吝，庶矣乎」。驕是過，吝是不

〔註84〕《孟子·盡心上》：「君子所性，雖大行不加焉，雖窮居不損焉，分定故也」，此「分定故也」，是說本分已定，這性是人稟受於天的，循性而行，是人的義務、本分，曰分定。又因這性是稟受於天的，故其本身便有絕對的價值，它的價值，亦是早已具有的，因此不會因世間事業成敗而有所改變。（楊祖漢等著：《孟子義理疏解》，頁103～104）白沙於此既強調「分」，又謂為此「分」，人理當「自反以進於禮義教誨之道」，就「自反」二字可知，此「分」是「天之所以與我者」，意即孟子「分定故也」。

足，唯有不偏於驕、不偏於吝，才是剛剛好的氣性。白沙此意，意指人之生固受陰陽之氣影響而有偏，但此氣性是能變化的：若順此氣性，習染加諸其上，則向下沈淪為習氣；若能自反其本分，此是天之所以與我者，以此作主，氣性表現自能恰當合宜，自無驕或吝之一偏。

白沙從氣性之一偏，強調「不驕不吝，庶矣乎」，此「中道」之思想或承濂溪而得。濂溪言性，謂「剛柔善惡中而已矣」，不論是剛或是柔，都是一偏，雖有剛善、柔善的表現，但同時有剛惡、柔惡的問題。只有「中也者，和也，莫不中節也」，中是就中和之資能表現中正之道言，與中庸言中和不同。濂溪此說，皆從氣性言，所謂「聖人立教，俾人自易其惡，自至其中而止矣」，亦是經由師友相感召，自覺地變化氣質，以完成仁義中正之德行。〔註85〕然「氣質之性」提出始自橫渠。橫渠謂「形而後有氣質之性，善反之則天地之性存焉。故氣質之性，君子有弗性者焉」、「人之剛柔、緩急、有才與不才，氣之偏也。天本參和不偏，養其氣，反之本而不偏，則盡性而天矣」，〔註86〕氣質之性是形體以後事，天地之性則是天地之化所以然之超越而普遍之性能，是「性者萬物之一源，非有我之得私」，固有其超越的普遍性。〔註87〕人既有此天地之性，又有此氣質之性，依理而言，人應純粹依從天地之性之要求而體現其自己，人此一形軀其目的亦理當只是實現此理；但就實然處觀之，人卻往往未能如此純粹，且總是夾雜個人私欲計較在其中，只因人不是純靈，氣質之偏或雜雖表現人的殊性，但此殊性同時限制了人當體的表現，使人在實踐其絕對價值之時，不免仍須重視此氣性對人的影響。但人究竟為何存在？是為了滿足自己私欲、實現個體幸福而存在，抑或體現人之所以為人之絕對價值？若是前者，此滿足終究求在外，人的尊嚴終究未能挺立，若是，如何謂此性是人所必須追求的，畢竟其所追求的終將與自己所當求者相矛盾。後者，此理想價值實現端在自己，當我自覺肯認此天地之性內在於我，我當下便能體現我之所以存在之價值，而此價值亦不因我是否富貴、是否貧賤而有任何一點折損其內涵。故橫渠認為固然人有此氣質之性，但君子不以之為性；並不是否認此性的存在，乃是認為此性並非人實現其價值所在，故不謂之性。

〔註85〕《通書・師第七》，《周敦頤集》，頁20～21。參牟宗三：《心體與性體》第一冊，頁335～338。

〔註86〕《正蒙・誠明篇第六》，《張載集》，頁23。

〔註87〕參牟宗三：《心體與性體》第一冊，頁506～511。

另一方面，橫渠亦表示，人儘管有此天地之性，但人亦是有形體之現實存在，且此氣性往往限於一偏而窒礙、隱蔽天地之性的表現，因此唯有「善反之」，方能將此天地之性具體體現出來。此體現過程，同時即函變化氣質的工夫，陷於一偏之氣性，亦在此過程中表現中節，亦如濂溪所謂「自至其中而止矣」。白沙於此雖沒有明言變化氣質，但從其強調氣性對人的影響，並指點人當「自反以進於禮義教誨之道」，且謂「不驕不吝，庶矣乎」，亦可見其在肯定道德本心內在於我同時，亦強調氣質對人的影響，且唯有變化氣質，方可謂之善。如其謂：

> 諸君或聞外人執異論非毀之言，請勿相聞。若事不得已，言之亦須隱其姓名可也。人氣稟〔註88〕習尚不同，好惡亦隨而異。是其是，非其非，使其見得是處，決不至以是為非而毀他人。此得失恒在毀人者之身，而不在所毀之人，言之何益！且安知己之所執以為是者，非出於氣稟習尚之偏，亦如彼之所執以議我者乎？苟未能如顏子之無我，未免是己而非人，則其失均矣。（〈示學者帖〉，《陳獻章集》，卷1，頁78。白沙44歲〔註89〕）

白沙此則即明言氣性對人的影響甚深。白沙以為人稟此氣性而生，又加上後天的習染，致使在善惡是非的價值判斷上，已有先入為主的成見。既有此見，則落入主觀之判斷，非純粹依從普遍之理之決斷，若是，如何將己之準則推諸四海皆謂之可。且既為成見，實已深而又深地影響吾人每一動念之間，吾人又如何謂吾所謂是必然是，吾所謂非必然非，也因此吾人又如何以己之是非去評斷他人。氣性影響人如此深微，白沙以為若無顏子之無我，其所是所非皆有一己之私隱含其中，儘管自己未見，亦不得謂之其是其非有其普遍性、客觀性。如是，所謂「顏子之無我」，此「無我」並非否定現實存在此一個體，乃仍從天地之性與氣質之性言。無我，是要無掉氣質之性對我的影響。天地之性既內在於我，人理當純粹為善，在是非判斷上雖發自於我主觀之決斷，但其自身亦有其客觀性，故此判斷是可推之於外而可成為客觀之法則。但事實上，人在其實然表現卻往往受此氣性影響，致使在心體之發端處有所滑轉，

〔註88〕 《陳獻章集》（以清康熙四十九年，何九疇刻本為底本）作「氣品」二字，但《白沙子全集》（依據版本為：清乾隆辛卯年刻板碧玉樓藏版）、《陳白沙集》（《文淵閣四庫全書》集部，依據版本為：國立故宮博物院藏本影印）作「氣稟」二字，今依後者改之。

〔註89〕 《陳獻章集》，〔註2〕。「文後，林本、蕭本有『辛卯四月十九日示』八字。」

該純粹依理而行，卻帶有原因條件在其中，致使人終究未能稱體而發、純粹依從本心之要求而行。但此氣性畢竟是人生而有，亦是不可否定，此亦是人性，從自然之性說即「形色，天性也」〔註90〕，因此，「無」非完全否定其存在之意，而是從工夫上說，人既有此氣性，此氣性對人又是限制性原則，其作用足以拘限或隱蔽人的道德本心，因此人不該使氣性作主，君子所性亦不在此，故須將此對人限制之可能化掉，亦即不從氣性表現人的行為；就此意義言無我，無掉主觀的我。若能如此，則氣質亦可顯其積極的意義。氣質本身只是順其生理欲望而行，其本身雖不思而易流於物質的追逐，但倘若有心作主，此心是能思的心，則此氣質即能在心之主宰下，恰當合宜的體現其自己，且另一方面，心體之呈顯亦不能離開個體生命，須在氣質中流行表現，故就此而言，氣質之性亦可是一個表現原則。〔註91〕如顏淵，在其純然、粹然體現其本體同時，其氣性表現亦在此中呈顯本體之意義，所謂是非善惡之決斷亦通過氣性表現而有最恰當合宜之具體展現。氣性於此便不是限制原則，而是表現原則。

如是，吾人即可進一步思考，人之不善固然可謂受氣性之偏所致，但事實上氣性只是人的自然之性，它之所以為惡，亦不過是順性而為，就自然而言亦無所謂善惡。且承上所論，氣性固然是限制原則，但它同時是表現原則，關鍵端在能思、能作主的道德主體是否自覺；一旦自覺，自能自反其性，使氣性不受物欲牽引而表現一偏，反而能在心體之作用下，而有中節的表現。若是，人之不善故可謂氣質之偏故，甚且謂氣質對人影響甚深，但事實上此限制人是不可推諉的，畢竟，人是可自我作主而變化此氣性，因此白沙乃謂：

> 昨晚景雲歸，具悉老兄動定，某通夕為之不能寐，覺得老兄此病，非止疾痛之為心害。心寓於形而為主，主失其主，反亂於氣，亦疾病之所由起也。今人惟知形體之為害，而不知歸罪其心，多矣。心之害大而急者，莫如忿爭。夫有所不平然後爭，爭至於忿，斯不平之至而氣為之逆，逆則病生矣。雖所致疾之由寒暑、饑飽、勞佚失節居多，而此之弗謹，實吾自為之，不可不知也。據景雲所說，老兄於此一項罪過全未肯認，全未磨洗。縱疾痛不積於此，氣象所關

〔註90〕《孟子・盡心上》。
〔註91〕參牟宗三：《心體與性體》第一冊，頁510。

尤非細故。……盍深省之，否則未有入道之期也。不罪！不罪！（〈與
伍光宇一〉，《陳獻章集》，卷3，頁237。白沙44歲〔註92〕）

人理當爲善，但何以爲不善，此中當有一環節出了問題，即須被咎責的對象。
從白沙給伍光宇信可知，白沙以爲人之所以不善，非止於疾痛，心才是問題
所在。疾痛，此非指生理方面的疼痛，乃是心理層面，因感性欲望的需求，
如寒暑、饑飽、勞佚等問題，致使人須向外求索，但所求者在外，人只是被
決定的，因此不免有負面情緒產生，陷溺於一偏而未得中正之道。但誠如上
所論，感性欲望之需求只是自然之性，其目的只在保存此形軀生命，它是不
思的，故只是順自然之性，機械的表現它自己。另一方面，此形軀保存之意
義，在於通過此，人方能具體彰顯此內在道德本心之意涵，使此超越性理之
活動成爲實事實理。若是，人此形軀亦有其積極意義，並非只是被咎責的對
象。再者，它本身不過順其機械原理活動，其自身亦無善惡可言，可謂中性
者，若是，更無被歸咎之責任。心指道德本心，此心內在於我，能思、能覺、
能作主；當心體不容已地體現其自己，必然通過此形軀具體地將其超越意涵
眞實化在氣化流行中，使經驗的存有同時有其超越之價值義。人之可貴亦從
此建立。但倘若此能思的心不思、能覺的心不覺，心便失去其主宰的地位；
一旦心不再主宰氣化，則氣化活動自順其機械法則而行，人之氣性亦隨順其
一偏成習染，此時心之活動已非實現個體生命之絕對價值，反而墮落於氣化
中而爲計算功利之心。由是，人之不善乃成。

〔註92〕《陳獻章集》，〔註1〕。「文後，羅本、林本、蕭本有『某再拜。辛卯四月日』
八字。」或學者認爲白沙此文實只是閒議論，不足以作爲理論論述之根據。
但筆者有不同的看法。從白沙〈伍光宇行狀〉「君自少軒整有志，於世無所屈
讓，與人語惟其所欲語，輒語必竭乃已。或忤之，爭必務勝。人有善，好之
若出諸己。己所欲爲，必以強人爲之。垂四十，始交於予。予之所可，君亦
可之；予之所否，君亦否之，惟予言之。」（《陳獻章集》，卷1，頁103）及
〈祭伍光宇文〉「予觀之子久矣。子初爲人，烈烈元元，其味桂薑，人不敢嘗。
世之病子者，謂子好伐，乖於和而軒於直。予獨畏子感激而慷慨。其才如此，
故變而至善也，去故習如脫屣，而人之望之也，若斷鴻天路之翱翔。」（《陳
獻章集》，卷1，頁112）二文觀之，光宇性格確屬剛烈，而白沙亦甚爲了解，
且期從中導之，使其歸於正。因此當景雲告訴白沙光宇境況，白沙自對這學
生加以指點。若是，則此書信自不可能是閒議論。又，從白沙誡之「未有入
道之期」一語，與光宇用心學聖之事（白沙〈尋樂齋記〉「雲不自知其力之不
足，妄意古聖賢人以爲師。」（《陳獻章集》，卷1，頁47））做對照，吾人更
可推說，白沙與光宇師徒二人在面對人的有限性問題上，是不會以閒議論方
式處之。也因此，此文獻所呈顯的內涵，理當有其義理上的意義。

　　白沙以爲人疾病之所由起正因心之沈淪、墮落，但一般人卻只注意到形軀欲望對人的限制，以爲此限制致使人不善，卻忽略此限制另一面實是表現原則，人亦須通過此形軀方能眞實化此善性。再者，白沙以爲，心須被咎責一方面因未能挺立其自己、自作主宰，反而隨順氣性向外求索而不善，另一方面，亦是更大問題所在，即心不但不思、不覺人所以存在之價值乃因此天之所以與我者，反倒向下沈淪，雖思卻是功利之思、計較之思；但此思乃求在外者也，必然有思不得的情況發生，若是，則又不免有不滿與憤怒一偏的情緒產生。由是，層層落下，人只知思一現實的勝，只執持自我一偏之氣性，心理因素主導人的行爲，人終究在其中未得解脫而不得自由。但心既是道德本心，是純粹的、超越的，是道德實踐的根據，何以有不善的可能？對此問題，白沙並未回答，但就其所謂「而此之弗謹，實吾自爲之，不可不知也」、「老兄於此一項罪過全未肯認，全未磨洗」、「盍深省之，否則未有入道之期也」推知，心體自身固然只是純善、至善，但因此心內在於我，人之所性亦在此，因此人無論如何是必須承擔此實踐之要求——此是從人禽之辨直下肯認人作爲一道德主體身份，是一絕對價值之存有者，且唯有如此肯認，道德本心之眞實意涵方得以呈顯，才是實事實理；儒家言學，是道德實踐之學，本體自身雖是超越的，但此超越必落在現象中呈顯，方可肯認此理之眞實性，因而對本體之體會是爲即超越即內在即是此意——也因此，心固然是「疾病之所由起」，但眞正被咎責的對象實即我自身，且工夫要求亦在我而已：只要我當下肯認我之絕對價值就在我自身，並純粹依從道德心體要求而行，此亦即從不純粹到純粹之磨洗工夫，亦即所謂道德實踐，且人之義亦得以彰顯。

　　依此，人之價值既根於此心，道德實踐之用心亦在此心，則白沙云：

> 暘谷始旦，萬物畢見，而居于蔀屋之下，亭午不知也。忽然夜半起，振衣於四千丈羅浮之岡，引眄於扶木之區，赤光在海底，皎如晝日，仰見群星，不知其爲夜半。此無他，有蔽則闇，無蔽則明。所處之地不同，所遇隨以變，況人易於蔽者乎！耳之蔽聲，目之蔽色；蔽口鼻以臭味，蔽四肢以安佚。一掬之力不勝群蔽，則其去禽獸不遠矣。於此，得不甚恐而畏乎？知其蔽而去之，人欲日消，天理日明，羅浮之於扶木也。溺於蔽而不勝，人欲日熾，天理日晦，蔀屋之於

亭午也。二者之機，間不容髮，在乎思不思、畏不畏之間耳。(〈東曉
序〉，《陳獻章集》，卷1，頁7〜8。白沙43歲〔註93〕)

心體內在於我，倘若人受外在事物所蒙蔽，則心體就不能如實呈顯其自己，
此就如白日人在屋內而不知此時是白日。但倘若人能去蔽，則心體自然能彰
顯於外，就如同儘管黑夜，人仍能透過夜光照射清楚看見事物。但問題是，
人為何會被蒙蔽，又為何能去蔽？誠如前所論，人之所以被蒙蔽，固然可謂
受形氣限制故，但根本原因仍在心；心理當作主卻不作主，僅順其氣性一偏
之表現，故為不善。此處，白沙亦從口目耳鼻四肢說起，以為耳目之官易受
外在事物蒙蔽，如孟子言「耳目之官不思而蔽於物，物交物，則引之而已矣」，
因此人易流於不善而為禽獸；禽獸之稱，亦如〈禽獸說〉，乃從人未能實現此
心此理之可貴，未能彰顯人之所以為人之義稱之，並非根本否定耳目之官此
自然之性之意義。故此耳目之官只是限制原則，表示人因有此自然之性，不
免順此性之發展而未能自覺人有更甚於此之實現目標。接著此自然之性對人
的限制，白沙進一步指出「於此，得不甚恐而畏乎」，此之所以畏，即自覺人
之所以存在，其目的不僅在於滿足耳目五官之欲，且有更高的理想價值須去
實現。當人有此自覺，心便能當下作主，使氣性隨心之要求而表現中節，若
是，氣性對人的限制將相對減弱，人亦能在心之作用下變化其氣質，故「人
欲日消，天理日明」；若反之，氣性作主，人心聽命，人自陷溺於物之交引中
而不善，因而「人欲日熾，天理日晦」。白沙以為此天理人欲之辨，要不就是
天理，要不就是人欲，道德實踐並沒有中間模糊地帶，只是一純粹、無條件
之命令，稍有一遲疑，即是人欲，即不善，而其關鍵就在心。白沙於此更進
一步指出心之作用即思、即畏，如孟子言「心之官則思，思則得之，不思則
不得也」，又猶如濂溪引《尚書‧洪範》「思曰睿，睿作聖」，以思作為道德實
踐之關鍵，所謂「思者，聖功之本，而吉凶之機也」〔註94〕。又儘管心之作
用如此，且心理當不容已地體現其自己，但就實然而言心卻可能不如此，心
一旦不如此體現，人就是不善。因此，工夫用心處就在使心時時保持其思、
畏作用，這樣人方能時時提住自己，使自己在日用中的體現即是天理之流行。

〔註93〕 《陳獻章集》，〔註1〕，「文後，羅本、林本、蕭本有『成化庚寅冬十又二月
壬戌書』十二字」。
〔註94〕 《通書‧思第九》，《周敦頤集》，頁21〜22。

二、言孟子工夫，僅顯主體自覺義

　　白沙以爲人之不善在於道德主體未能自覺，即心不思、不畏，致使人僅順其氣性而爲，終究陷溺在習染中而未能挺立人之可貴者在於天之所以與我者。但白沙亦指出天理人欲之辨，工夫亦端賴心之思、畏，即道德主體當下自覺，純粹依從內在心體要求，此時氣性固然生而一偏，但在此過程中亦能變化氣質，終究能中節地體現道體之全幅內涵。依此，白沙此種肯定道德主體，並強調心體之當下自覺工夫，是否可謂其工夫意涵同於孟子工夫？白沙在〈與林郡博〉一書嘗謂「若無孟子工夫，驟而語之以曾點見趣，一似說夢」〔註95〕，是否即能肯定白沙言工夫乃自覺承孟子而得，且認爲與其描畫曾點樂趣，不如實下作孟子工夫？但孟子工夫爲何，何以白沙雖重孟子工夫，牟宗三先生卻批評白沙雖言此，然其本人卻無孟子工夫？對此問題的回答，首先，筆者將先論述孟子工夫，接著，象山既言其學直承孟子而得，且一般研究者亦認爲如此，故接續孟子討論，即論象山工夫，以歸納所謂孟子學工夫系統當包含哪幾個本質要點。然後，摘引白沙與此相關之文獻論述，最後將此些論述與上述孟子學工夫要點作比較，以見出白沙思想系統是否有孟子工夫。以下論述之：

> 孟子曰：「乃若其情，則可以爲善矣，乃所謂善也。若夫爲不善，非才之罪也。惻隱之心，人皆有之；羞惡之心，人皆有之；恭敬之心，人皆有之；是非之心，人皆有之。惻隱之心，仁也；羞惡之心，義也；恭敬之心，禮也；是非之心，智也。仁義禮智，非由外鑠我也，我固有之也，弗思耳矣。故曰：求則得之，舍則失之。或相倍蓰而無算者，不能盡其才者也。《詩》曰：『天生蒸民，有物有則；民之秉彝，好是懿德。』孔子曰：『爲此詩者，其知道乎！』故有物必有則，民之秉彝也，故好是懿德。」（〈告子上〉）

首先，孟子先就人之爲人之實情，而言其「可以爲善」，亦即實有其足可爲善之能力（良能之才）以爲善。此是虛籠地將性善之義烘托出來。接著再落實地說，人之所以有足夠爲善的能力，乃因仁義禮智根於心，亦即道德本心內在於我。此是明人之爲善之能之發源，並藉以直明人性之定善。〔註96〕既然此善性內在於我，我固有之，則人理當爲善，何以有不善的可能？孟子以爲，

〔註95〕〈與林郡博七〉，《陳獻章集》，卷2，頁217。白沙44歲。
〔註96〕牟宗三：《圓善論》（臺北：臺灣學生，1996年），頁22～23。

此乃因「弗思耳矣」。思，即是自覺此天之所以與我者，人本有此善性，且同時有充分力量足以體現此道德的善，因此關鍵只在自己能否思、能否自覺。自覺之，此良能之才必能具體落實在氣化中，真實體現此固有之善、價值之善；若否，亦非此良能自身有何不足，端在己未能將之充分體現出來而已。且孟子以為，此本心既內在於我，此是超越的、普遍的道德本心，此不受經驗現象所限，「求則得之，捨則失之」，求捨亦只在我。因此，所謂道德實踐之用心不在外，只在心能否自覺之：覺，則得之，即能體會人之為人之義；不覺，則失之，亦即心體固然仍內在於我，未嘗消失，但此時只是潛存狀態，人是不明的。

孟子此種強調求捨在我，工夫只在能否自覺之義，亦可見於其他篇章，如〈告子上〉「仁，人心也；義，人路也；舍其路而弗由，放其心而不知求，哀哉！人有雞犬放，則知求之；有放心，而不知求！學問之道無他，求其放心而已矣。」此則即明言人之為人之學，道德實踐之學，即在學如何求其放心、在問此如何求其放心。當然，這並不是說只要心體當下猛醒，就一了百當，此所謂求其放心而已矣之「而已」，應從兩點理解：一、心體自覺是一切道德實踐之關鍵，一切工夫都必須以此為基礎，這樣方能真正體現道德的善、絕對的善，否則，落在事上求，工夫再多也是不對頭，徒增人的挫折與幻滅之感。二、此道德本心雖是先驗的，作為一切存在之根據，但它同時是內在的，必然要求落實在經驗中而為實事實理。因此，心體的自覺是無所不在，它不止是一個開端，實即工夫之全幅內涵；一切工夫表現根本上都是心體自覺的表現。此方為實踐之本義。因此，孟子工夫固然強調「求其放心」，自覺心體內在於我，但它並非只是寡頭的自覺，還包含在事上表現〔註97〕：

> 孟子曰：「說大人，則藐之，勿視其巍巍然。堂高數仞，榱題數尺，我得志弗為也；食前方丈，侍妾數百人，我得志弗為也；般樂飲酒，驅騁田獵，後車千乘，我得志弗為也。在彼者，皆我所不為也；在我者，皆古之制也，吾何畏彼哉！」（〈盡心下〉）

> 孟子曰：「愛人不親，反其仁；治人不治，反其智；禮人不答，反其敬。行有不得者，皆反求諸己。」（〈離婁上〉）

人之為人義在於體現一絕對價值生命，此生命意涵不由外在世間相對價值決

〔註97〕此段文參牟宗三：《圓善論》，頁 43～44；曾昭旭等著：《孟子義理疏解》，頁 131～132。

定，只就當體自己就足夠了。因此，孟子認爲當人能自覺此道德心體內在於我，並純粹依從此心體之要求而行，則此心體面對一事一物必然能給出一應然之則，使人在體現過程中都能恰當合宜的體現其自己。又當人自覺己之可貴不由外來，己即能自覺、自發的體現一道德主體之絕對自由，且由此建立的自尊、自信，亦不通過與他人比較、外在條件來支持自己，我自身即是道德人格之圓滿體現。順此意，吾人即可反思，倘若己仍以富貴爲樂、以權勢爲得，以爲唯有此方可證明己之存在，則此實仍陷溺在物欲中，工夫修養上仍未可言已自覺己心、已求放失之心。除此有條件或無條件之自尊、自信之工夫省察外，孟子亦強調在人我關係中，時時警覺以良心作主。此是積極的工夫表現。對內，自覺地反省自己，是否純粹依從心體要求而行；對外，在事中主動權衡每一發心動念是否都恰當合宜。若能如此，人之道德實踐就不僅只是消極地求此放失之心，亦可積極地、主動地透過自我訓練，使內在心體隨時地起作用，且這樣愈精愈熟，心體亦能持守不失。〔註98〕但無論是消極地求此放心，或積極地隨時使本心呈顯，此超越之心體皆必然體現在事上，如面對富貴權勢之誘惑與壓迫、人我關係相處之道，皆能使人在經驗現象中超拔自己，挺立自己自尊、自信之道德人格。

依此，所謂孟子工夫，其關鍵就在發明本心，且一旦自覺心體內在於我，其意義必然同時要求其體現在事上，亦即強調一心之開展、一心之遍潤，未可空頭言一自覺。再者，工夫固然在求此放心，但當人一旦自覺此心，此心之活動義必然對人起作用，不容已地給出應然之則，不管人遵不遵從，此善惡判斷已在人心中自我給出。依此，人理當往積極工夫義修養自己，使自己在每一發心動念間，都能依照心體之要求而行。孟子以爲，倘若能如此，亦即時時提住本心，久之，人自然而然能表現善，心亦無所謂放失。而此工夫，亦即存養此心之工夫：

> 孟子曰：「牛山之木嘗美矣；……雖存乎人者，豈無仁義之心哉！其
> 所以放其良心者，亦猶斧斤之於木也。旦旦而伐之，可以爲美乎？
> 其日夜之所息，平旦之氣，其好惡與人相近也者幾希；則其旦晝之
> 所爲，有梏亡之矣。梏之反覆，則其夜氣不足以存；夜氣不足以存，
> 則其違禽獸不遠矣。人見其禽獸也，而以爲未嘗有才焉者，是豈人
> 之情也哉？故苟得其養，無物不長；苟失其養，無物不消。孔子曰：

〔註98〕 參曾昭旭等著：《孟子義理疏解》，頁 165～166。

『操則存，舍則亡；出入無時，莫知其鄉。』惟心之謂與！」（〈告子
上〉）

孟子曰：「無或乎王之不智也。雖有天下易生之物也，一日暴之，十
日寒之，未有能生者也。吾見亦罕矣，吾退而寒之者至矣，吾如有
萌焉何哉？今夫弈之爲數，小數也；不專心致志，則不得也。弈秋，
通國之善弈者也。使弈秋誨二人弈，其一人專心致志，惟弈秋之爲
聽；一人雖聽之，一心以爲有鴻鵠將至，思援弓繳而射之，雖與之
俱學，弗若之矣。爲是其智弗若與？曰：非然也。」（〈告子上〉）

此兩則皆強調人本有此道德本心，但必須操存培養之方得以呈顯，否則心固
然可一時警覺，但終究仍是昏沈，流於物欲的牽引。因此，心之培養工夫甚
爲重要。前則，孟子以牛山之木爲喻，說明心體固然內在於我，但倘若人不
去存養它，使其時時呈顯而不失，則儘管人有此心，且此心不容已地隨時呈
顯其自己，人終究陷溺在物質欲望的追求裡，此曇花一現之善根亦隨即爲私
欲所蒙蔽，若是，人如何眞能實現人之爲人之義，人又如何謂人可實現其絕
對價值之義？孟子以爲，「苟得其養，無物不長；苟失其養，無物不消」，亦
即強調固然人有此心，但倘若未能自覺之、實踐之，使其作用在吾人日用中
而實現其自己，人之善性終究會亡失；隱而未顯。因此，工夫唯有時時操存
此心，使此心源源不絕地體現在日用中，方能保住人之善性，人之爲人之義
亦得以眞實確立。後則，孟子以學弈爲例，說明人之善性若只是偶然發見、
一時警覺，則人終究還是不免沈淪，畢竟外在習染既深，雖偶有善性之萌櫱，
但人不免又受外物牽引而去，未能自尊、自信己之可貴單靠自己就能挺立。
而孟子此則，除強調培養此心的重要外，亦強調師友的重要。當人有所迷失，
藉由師友的教誨、指點，人易於自覺己之所偏，不然，有時人之不善，人不
易察覺。〔註99〕但孟子亦提醒，儘管有師友提撕、指點，倘若人心不自覺奮
起，仍耽溺於外在名利富貴之追求，則再好的指點亦是枉然。

　　總地說來，不論是消極地求放心，或是積極地讓本心呈顯，並操存培養
此心，更甚者，通過師友提撕、指點，以喚醒人的善性，所謂孟子工夫其根
本意涵只在能否自覺心體內在於我，工夫亦在此。當心一自覺，雖言求放心，
實亦無所謂放，只是心之當下自覺；雖言時時操存培養此心，亦不過心之自

<hr />

〔註99〕參牟宗三：《圓善論》，頁38。

覺，無片刻放失；雖言師友提撕，此一「肯」接受教誨，其動力亦根源於我之自覺，因此實踐之關鍵仍在此心體之自覺、道德主體自身。且孟子言主體自覺，並非空頭意識到超越之心體，乃是當意識到心體同時，此心體亦隨時不容已地起作用，且具體地在經驗中給出一應然之則，使人之行為有一絕對價值意義的呈顯。而此方為孟子道德實踐工夫。

依此，以下續論象山工夫：

> 此心之良，人所均有，自耳目之官不思而蔽於物，流浪展轉，戕賊陷溺之端不可勝窮。（〈與徐子宜〉，《陸九淵集》，卷5，頁67）

> 得書開讀，殊覺未甚明快。此事何必他求，此心之良，本非外鑠，但無斧斤之伐、牛羊之牧，則當日以暢茂。聖賢之形容咏嘆者，皆吾分內事。日充日明，誰得而禦之。尊兄看到此，不須低回思索，特達奮發，無自沈於縈迴迂曲之處。此事不借資於人，人亦無著力處。聖賢垂訓，師友切磋，但助鞭策耳。（〈與舒元賓〉，《陸九淵集》，卷5，頁66）

象山言心本於孟子，以為心同理同，從超越性言此心作為道德實踐之根據，人皆可為堯舜，從內在性要求，使人在每一當下決斷皆能純粹體現道德之理之內涵，使人在感性欲望中超拔出來，當體獨立，自己即是目的自身，絕對價值之唯一根據〔註100〕。但象山亦未因此忽略人的有限性。人固然有此良知良能，使人之存在有其存在之意義，但另一方面，人仍是有限的。人此一形軀生命，如耳目五官，只是自然之性，其活動亦不過隨順生理本能需求而行，只是機械地表現其自己，此中無所謂價值之考量、善惡之判斷，只是動物本能的維持自我生命的延續。除此限制外，象山亦談及人的另一種有限性，亦即心理層面對人的限制，如「人之通病在於居茅茨則慕棟宇，衣敝衣則慕華好，食糲糲則慕甘肥，此乃是世人之通病」〔註101〕、「常人之病多在于黯。逐利縱欲，不鄉理道，或附託以售其姦，或訕侮以逞其意，黯之病也。求諸癡者，固無是矣。然

〔註100〕〈與呂伯恭〉一書，象山謂：「舜聞一善若決江河，沛然莫之能禦。君子之過，及其更也，人皆仰之。伏願不憚改過，以全純孝之心。」（《陸九淵集》，卷5，頁61～62）此即心體內在於我，若能當下肯認，此心自有不容已的動力要實現其自己；在人，心自發給出應然理則，此理則是純粹的，推諸天下皆準，有其絕對義、價值義，故當人自覺之，自能變化現實的不善，保全了人之為人義。此從內在性說，強調心體活動必然落實在現象中，使現象存在亦同時為價值之存有者。

〔註101〕〈語錄上〉，《陸九淵集》，卷34，頁404。

眩於所聽而不明乎擇，苟於所隨而不審於思，覬覦於非所可得，僣妄於非所能至，失常犯分，貽笑召侮，則癡之爲病，又可勝言哉」〔註102〕。按理而言，人若只是動物性表現，如飢則食，渴則飲，此中自無善惡可言，但人又不僅是動物性表現，還有前所謂人之人情性，是會通過理性計算，以獲取自己最大的幸福（最大的利），如不滿足現有的，還要向外爭奪更大的好，此便是人限於氣性的一偏。當人限於此一偏中，黠者逐利縱欲，癡者失常犯分，皆是使人不斷向外追索，流於爭勝、盲從，以至於互相殘鬥、傷害。此便是人性的惡。畢竟人之爲人義在於挺立實踐主體之絕對價值，此價值之呈顯，人即顯一自由、自尊、自信之獨立人格，此是不依靠外在物便能實現此最大的善，但倘若人失去此自由，人之善性未能呈顯，就人之所以存在之意義言，此便是惡，若又更墮落於外物之牽引，陷溺於氣性之習染中而未能自拔，此便是最大的惡。因此，象山以爲心體既內在於我，求捨亦在我，若無此些對人的限制，如「斧斤之伐、牛羊之牧」，人理當源源不絕地體現自己最大的善；但儘管有此限制，人亦無須向外尋求動力，動力就在自身中，只要「特達奮發」〔註103〕，人自能衝破此限制，此即是善。所謂「聖賢垂訓，師友切磋」，固然能提撕、指點吾人本心，但關鍵仍在自己；人心一覺，現象的存在同時是價值意義的呈顯，故關鍵仍在主體能否自覺，工夫亦在此。〔註104〕

　　道德實踐關鍵既在我自身，首先，象山以爲人不可忽視人的有限性。象

〔註102〕〈與包詳道三〉，《陸九淵集》，卷6，頁82～83。

〔註103〕對此種「特達奮發」，當下自覺，便能衝破有限而體現無限之決心、勇氣與實踐力，象山極爲強調。如〈與李成之二〉「爲仁由己，而由人乎哉？奮拔植立，豈不在我？若只管識評因循，不能勇奮特立，如官容奸吏，家留盜房，日積憂患，而不勇於一去之決，誰實爲之」（《陸九淵集》，卷10，頁129～130）、〈與黃康年〉「己私之累人，非大勇不能克。一日克己復禮，天下歸仁焉，豈直推排而已哉？縱使失於警戒，舊習乘之，當其思之、覺之、復之之時，亦必大勇而後能得其正也」（《陸九淵集》，卷10，頁132～133），皆是強調此心之自覺，必有一決心、動力，果斷地面對人的有限性，並衝破它，使人儘管是一有限存有者，同時是一無限之價值生命。而此「奮拔植立」、「勇奮特立」、「大勇」所表現的實踐力，亦可說明象山所謂的心體，不是只是空頭的言道德本體，乃是一說此心體，此心體同時必然能自覺地作用於現象中而爲實事實理。

〔註104〕象山於此固然謂「聖賢垂訓，師友切磋，但助鞭策耳」，但他並非不重視「師」對興發人心的影響，如其謂「學者須先立志，志既立，卻要遇明師」（〈語錄上〉，《陸象山集》，卷34，頁401），只是人之所以能通過師的教誨而興發己心，其關鍵仍在實踐主體自身，根據亦在己，否則再好的名師教導亦都只是外在的規範，非實踐主體絕對自由精神之體現。因此，道德實踐關鍵仍在心之自覺、主體之自我肯認，「師」終究只是助緣工夫。

山謂「吾於人情研究得到。或曰『察見淵中魚不祥。』然吾非苛察之謂，研究得到，有扶持之方耳」〔註105〕、「須知人情之無常，方料理得人」〔註106〕、「染習深者難得淨潔」〔註107〕。唯有正視人的有限性，人才能隨時警醒自己，避免自己陷於一偏之氣性，卻渾然不覺，且當人體會到人的限制性同時，人方能超拔它，真能純粹體現善。否則，滯於「察見淵中魚不祥」，以致有得過且過之心理，隨時給自己理由放過一己之私，人是永遠無法純粹爲善，真正體現善，若是，人自尊、自信、自得之人格亦不得挺立。〔註108〕接著，亦是最重要的工夫，象山以爲此即是自信己心、立大本。人之所以意識到自己的有限，乃因自覺人所貴者有更高於此些現實欲望的滿足，且在此自覺中體會到，人的耳目之官僅是機械的向外求索，非實現人價值所在，且亦自覺到，順此欲望的追求，人往往陷溺在其中未能自拔，反倒因此失去人實現主體絕對精神之可能，故由此謂其爲有限；其目的在於自我警惕，故可謂消極的工夫實踐。另一方面，人之所以有此警醒，要人應當超拔此有限而體現無限價值生命，此一警醒、此一不容已的要求，其命令即發自主體自身。依此要求，人即可顯一主體精神之絕對自由義，且在此實現過程中，同時亦可轉化其氣性之限制，而爲一表現原則；人不能離氣而言實踐。故就工夫之積極義言，象山提出：

> 吾之學問與諸處異者，只是在我全無杜撰，雖千言萬語，只是覺得他底在我不曾添一些。近有議吾者云：「除了『先立乎其大者』一句，全無伎倆。」吾聞之曰：「誠然。」（〈語錄上〉，《陸九淵集》，卷34，頁400）

> 人之技能有優劣，德器有小大，不必齊也。至於趨向之大端，則不可以有二。同此則是，異此則非。向背之間，善惡之分，君子小人

〔註105〕〈語錄上〉，《陸象山集》，卷34，頁405。
〔註106〕〈語錄上〉，《陸象山集》，卷34，頁415。
〔註107〕〈語錄上〉，《陸象山集》，卷34，頁419。
〔註108〕象山謂：「將以保吾心之良，必有以去吾心之害。何者？吾心之良吾所固有也。吾所固有而不能以自保者，以其有以害之也。有以害之，而不知所以去其害，則良心何自而存哉？故欲良心之存者，莫若去吾心之害。吾心之害既去，則心有不期存而自存者矣。夫所以害吾心者何也？欲也。欲之多，則心之存者必寡，欲之寡，則心之存者必多。故君子不患夫心之不存，而患夫欲之不寡，欲去則心自存矣。然則所以保吾心之良者，豈不在於去吾心之害乎？」（〈養心莫善於寡欲〉，《陸九淵集》，卷32，頁380）此即從正視人的有限性，並克制此有限對人的影響而言的工夫。

之別於是決矣。……耳目之所接，念慮之所及，雖萬變不窮，然觀
其經營，要其歸宿，則舉係於其初之所向。布乎四體，形乎動靜，
宣之於言語，見之於施為，醞釀陶冶，涵浸長養，日益日進而不自
知者，蓋其所向一定，而勢有所必然耳。（〈毋友不如己者〉，《陸九淵集》，
卷32，頁375）

實踐工夫首要在於「立大本」。象山以為大本一立，善惡便由此確立，君子小
人之別亦無所疑義。畢竟道德實踐之判斷不從外而得，因此無關乎現實存有
者之才能、富貴等，只單就自身是否能純粹為善；此善性根於我，自身即是
道德法則之給出者，當我一自覺，此不容已之動力必然要求實現。故若能確
立人之為人義在於實現此道德心體，並以此為實踐之目地，則吾人之本心自
能不容已地對自己起作用，使己之言行、作為、應物，皆能依從己之無條件
之要求而行。象山以為，若人能確立並貫徹此工夫，人自然且必然為善，因
此第一步工夫甚為重要，且唯有此工夫，人方可能實現善，並且確實地體現
善，否則起腳一差，便是千差萬差，皆非心體之活動。故象山除強調「立大
本」，亦重「立志」的重要：

大抵學者且當論志，不必遽論所到。所志之正不正，如二人居荊揚，
一人聞南海之富象犀，其志欲往，一人聞京華之美風教，其志欲往，
則他日之問途啟行，窮日之力者，所鄉已分于此時矣。若其所到，
則歲月有久近，工力有勤怠緩急，氣稟有厚薄昏明強柔利銳之殊，
特未可遽論也。（〈與傅聖謨三〉，《陸九淵集》，卷6，頁78～79）

象山以為人固然實踐之初，雖未能言此心一覺便一了百當，便能衝破現實的
有限性，但至少在工夫用心之始，若能確立己所求者乃根於吾人本有之道德
本心，且大勇地依從此不容已地要求而行，則儘管在實踐之初，仍不免在表
現過程中仍有不純粹的可能，但實踐久了，在心的作用下，氣性之偏亦可漸
漸轉化而為中和之氣。只是何時能達致此境界，象山以為此關係到每一實踐
主體自身之氣性之不同，以及工夫用力之深淺，因此無須費心在此論述，此
非重點所在。畢竟，若能立定志向，此境地終究能達致，故關鍵只在能否以
道德本心為心，並依此此心之要求而行，具體地體現在自我生命當中。

依此，不論是「立大本」或是「立志」，其工夫關鍵皆在道德主體之自覺，
且此自覺同時意味著必然體現在吾人生命中，使個體生命在此實踐過程，逐
步體現並完成人之為人之義，即純粹地體現絕對的善。因此，可謂道德實踐

之用心在此，動力亦在此，完成亦在此，故象山進一步提出，對此道德心體必須要自信：

> 涓涓之流，積成江河。泉源方動，雖只有涓涓之微，去江河尚遠，卻有成江河之理。若能混混，不舍晝夜，如今雖未盈科，將來自盈科；如今雖未放乎四海，將來自放乎四海。……。然學者不能自信，見夫標末之盛者便自荒忙，舍其涓涓而趨之，卻自壞了。曾不知我之涓涓雖微卻是眞，彼之標末雖多卻是僞。（〈語錄上〉，《陸九淵集》，卷34，頁398）

> 此心之良，戕賊至於熟爛，視聖賢幾與我異類。端的自省，誰實爲之？改過遷善，固應無難，爲仁由己，聖人不我欺也。直使存養至於無間，亦分內事耳。然解怠縱弛，人之通患，舊習乘之，捷於影響。慢游是好，傲虐是作，游逸淫樂之戒，大禹伯益猶進於舜。……夫子七十而從心：吾曹學者省察之功，其可已乎？（〈與楊敬仲一〉，《陸九淵集》，卷5，頁65）

象山以「涓涓之流，積成江河」爲喻，說明人從事道德實踐，固然實踐之初仍不免受氣性影響，致使在發心動念處有所滑轉，因而有不純粹性而爲不善，但此工夫猶如涓涓之流，固然剛開始未能每一發心動念處皆爲善，但若眞能實下用心做工夫，使自己在每一動念處皆能自省、改過，久之，便能隨順心體之要求而行，相對的，氣性在此對人的影響也同時漸漸減少；或亦可說，氣性之偏亦在此實踐過程中，慢慢轉而爲中和之氣，只是一表現原則。而象山此意，乃是正視人的有限性，並同時肯認此無限性之價值追求方是人之爲人義，只是對此雖有限即無限之存在個體而言，對自我生命意義的肯認便甚爲重要，否則陷於一偏便未能自覺，一有遲疑人心便未能彰顯。故唯有自信己心，才能在此修養過程中不間斷地實現自己，否則大本雖立，旋即自我放棄、自我否定，人之爲人義亦未得彰顯。而象山以爲學者之病亦正在此。本來道德實踐工夫甚簡，端在發明本心，並以此心體要求作爲一切行事之根據，儘管當中不免有偏，然工夫仍在此心之自省，但問題是學者卻未能自信己心即是一切價值之源，反倒向外求索，孜孜於外在物以標舉自己之價值。象山以爲此些皆是僞，皆是自壞了人之可貴者。因此，能否自信己心，此工夫要求甚爲重要，且唯有如此，工夫實踐方能持續不斷。

　　對此自信己心之重要，象山亦有從人之限制性說。象山以爲我與聖賢，

心同理同，皆可體現純粹的、絕對的善，但因氣性之偏故，致使人漸漸陷溺在習染中而不自覺。當人以氣性爲性，以物欲爲本，則人所體現的自然不同於聖人，就孟子言，人謂之禽獸亦可。但人與聖人不同類嗎？此答案不言而喻。但何以如此？乃人自招的。象山以爲心體既內在於我，只要人當下自覺，且自信己心，純粹依從心之要求而行，又此要求既發自於主體自身，人便在此中能顯一絕對的、自由的價值人格。且聖人可達致聖人境界，我理當亦可，此亦是我之所以爲人之本分。但我何以總是未能如此體現？象山以爲此乃自信不足，心未能隨時挺立、作主，致使人在抉擇處不免妥協、滑轉而爲不善。甚者，過往陷於一偏之習染又隨順生而有之氣性左右吾人之判斷，致使人更加沈淪、墮落。象山以此氣性爲戒，倘若人不能自信己心、時時依從本心之要求而行，則人便隨時有下墮的可能。因此，積極地言，人須自信己心，隨時使本心呈顯；消極地說，人須時時警醒，自我省察是否未能自信己心，依從本心要求而行。但無論是積極地說，或消極地說，此工夫之實踐必須時時提住，如涓涓之流未可停歇。

除此自信己心、不可已的工夫要求，象山亦強調「存養」：

> 孟子曰：「苟得其養，無物不長，苟失其養，無物不消。」今吾友既得其本心矣，繼此能養之而無害，則誰得而禦之。如木有根，苟有培浸而無傷戕，則枝葉當日益暢茂。……所謂「源泉混混，不舍晝夜，盈科而後進，放乎四海，有本者如是」。（〈與邵中孚〉，《陸九淵集》，卷7，頁92）

> 人孰無心，道不外索，患在戕賊之耳，放失之耳。古人教人，不過存心、養心、求放心。此心之良，人所固有，人惟不知保養而反戕賊放失之耳。苟知其如此，而防閑其戕賊放失之端，日夕保養灌溉，使之暢茂條達，如手足之捍頭面，則豈有艱難支離之事？（〈與舒西美〉，《陸九淵集》，卷5，頁64）

象山此存養之意，承孟子而來。心體內在於我，若能存養而無失，自能使其發用毫無虧欠。此猶如木有根、水有源，若能保此根本、條暢其性，自能全然體現其應然理則。但此處所謂存養，非指透過外在物的培壅使其茁壯，乃單靠心體自己就能不容已地體現它自己，若是，心何以須存養？心自身固然不需培養，但就實踐主體而言，此工夫卻是必須的。因爲人此一存有是即有限而無限，單就無限性而言固然無需工夫，但就整個人身之道德實踐過程言，

人因限制原則而必賴工夫修養。此工夫意義，即如何使此無限之意涵具體且充沛地施於吾人個體生命，使吾人在應事接物之際皆能如理而行；此時人的有限即同時轉化爲表現原則，因此亦無所謂戕賊放失之可能。又因此無限性之意義即在我自身即能給出，故所謂存養亦不過指單就我自己就能保住我之所以存在之絕對價值義，只要我肯認之、實踐之即可。故道德實踐之根據在我，工夫亦在我，所謂存養亦在我之肯認此是我絕對價值所在，且當我肯認之必能實踐之，此一實踐即同時保存我之所以爲人之價值。因此，象山乃謂「有本者如是」。

總地說來，不論是消極地說正視人的有限性，時時警惕自己勿流於氣性一偏，陷溺於物欲情識的牽引，或是積極地肯認人之所貴在於此心之良，奮拔、大勇地將此心要求具體且全然地體現在個體生命中，並信得此心之活動，時時存養、保住此心之發必然體現在日用中，象山工夫根本意涵實同於孟子，只是肯認心體內在於我，工夫亦在此。當心一覺，氣性對人的限制人自會警覺之，並化此氣性限制而爲表現原則，且亦在此一覺時，心之作用同時表現在人應事接物上，給出應然理則使之遵循而無失。故不論從消極或積極面言，皆是一心之自覺、一心之體現、一心之開展；亦即孟子所謂「君子所性，仁義禮智根於心。其生色也，睟然見於面、盎於背，施於四體，四體不言而喻」〔註109〕之意。因此，不論是孟子工夫，或是象山工夫，或總稱孟子學工夫系統，其工夫之基本要點即在此心：自覺之，即實踐之，即完成之。

白沙既自覺人之氣性對人的限制，同時亦肯認心體內在於我，端在此心之思、之畏，即能體現人之爲人義，且同時變化氣質。就此義理架構言，似乎可謂白沙同於孟子學工夫系統。然果眞如此？以下將就白沙文獻疏理，以進一步確立二者系統是否有其一致性：

> 天道至無心。比其著於兩間者，千怪萬狀，不復有可及。至巧矣，
> 然皆一元之所爲。聖道至無意。比其形於功業者，神妙莫測，不復
> 有可加。亦至巧矣，然皆一心之所致。心乎，其此一元之所舍〔註110〕

〔註109〕〈盡心上〉。

〔註110〕《白沙子全集》（依據版本爲：清乾隆辛卯年刻板碧玉樓藏版），「舍」作「含」字。若是「含」字，心與理的關係，理的客觀性意味較重，心則偏形著之意。但《陳獻章集》（以清康熙四十九年，何九疇刻本爲底本）、《陳白沙集》（《文淵閣四庫全書》集部，依據版本爲：國立故宮博物院藏本影印）、明儒學案，皆作「舍」字，又承前所論白沙言心與理之關係，當重在實踐主體，由心之

乎！……孟氏學聖人也。齊王不忍見一牛之死，不有孟氏不知其巧也。蓋齊王之心，即聖人之心，聖人知是心之不可害，故設禮以預養之，以爲見其生而遂見其死，聞其聲而遂食其肉，則害是心莫甚焉，故遠庖廚也。夫庖廚之禮至重，不可廢；此心之仁至大，不可戕。君子因是心，制是禮，則二者兩全矣，巧莫過焉。齊王之心一發契乎禮，齊王非熟乎禮也，心之巧同也。（〈仁術論〉，《陳獻章集》，卷1，頁57～58）

文章之始，雖從天道至無心說至聖道至無意，但就「心乎，其此一元之所舍乎」一語可知，天道至巧之作用，其義實在吾心之道德實踐下方得以證成。否則，天之至巧既是無心無爲，人又如何通過理智推想天道之眞實內涵。故所謂「心乎，其此一元之所舍乎」，同於孟子盡心知性知天之意，由盡心這主觀的實踐活動即是客觀的性理呈現，且同時是絕對天道的呈現。此是由實踐以證成之，亦唯有通過此證成方式，性理天道之呈現方有可能。因此，所謂天之意涵，唯有在人之自證、自覺方得以確立。〔註 111〕而白沙此處以聖人至無意，又謂「然皆一元之所致」，即以聖人表示，此心雖發自於主體之實踐要求，但同時亦有其客觀性、普遍性，此中絕無夾雜個人私欲計較在其中，且唯有如此，心之神妙莫測方能具體呈顯在自己當下生命活動裡，使我之表現即是天理之內涵。

然人欲達至此境界，其首要工夫在於如何使此心純然、粹然地體現出來，且具體地在吾人日用中流行。換句話說，即如何使私欲計較之心不起，使人在發心動念之際，仍能依從本心之要求而行。對此，白沙以《孟子・梁惠王上》「齊王見牛不忍其觳觫」一則作說明：首先，白沙從齊王不忍見一牛之死，孟子知齊王之心，指出此乃心同理同，道德實踐根據即在此。然後，從孟子之用心〔註 112〕，指點出人固有此心，但倘若未能自覺，且陷溺在感性欲望的追求裡，人不免放失此心，只由私意來行事，因此聖人爲保住、興發人固有

發即是天理之內涵觀之，當以「舍」字較爲合理，作「田舍」、居所解；理之內涵，由道德心體來規定。又黃明同《陳獻章評傳》，引此文獻亦作「舍」字，並謂白沙「沿用先秦《管子・內業篇》中『精舍』的提法，把心作爲道所寓存之處，也稱作『舍』。」（參該書，頁 11）筆者以爲可參考此說法。

〔註 111〕參楊祖漢等著：《孟子義理疏解》，頁 8。

〔註 112〕之所以以「用心」一詞，乃因白沙此文確實以「用心」與「用意」爲對，說明唯有用心方能至巧，猶如周公身致太平，延披後世。

之善性，因而「設禮以預養之」。此處所謂的「禮」，非指黌鐘之禮，乃指君子遠庖廚之禮。所謂仁術，即存養此心之工夫，此重在心之感通、不痿痺。倘若人見到禽獸，又聽聞它悲鳴之聲，卻又見到它死去，且立即食用它的肉，孟子以爲人此不忍之心、此感通天地無礙之心，將因而變得窒塞、麻木不仁。若如此，人終不免陷溺在一己之私，隨順感性欲望的追求，自喪己性之可貴。因此，乃設此禮以保全此善性。接著，白沙又提出孟子用心之巧，不但能保住人不忍人之心，即仁心，同時又能不廢庖廚之禮，即辭讓之心。心之活動當惻隱即惻隱，當辭讓即辭讓，此是神妙莫測，且必然要求體現在事中而爲實事實理。因此，面對一觳觫、若無罪就死地的牛，人心自會不忍，且不容已地要保全其生。同樣，在人我關係交涉中，人心必然要求通過禮的設定，使人在其分位中都能恰當合宜地行事。此中無個人私意，只是一理當如此。故白沙認爲正是孟子用心，故能兩全；同時保住君子遠庖廚，及設禮以別異之義。最後，白沙再次強調齊王之心之所以能一發契乎禮，並非齊王自覺心體內在於我，故有此不容已之要求，乃是人皆有是心，自會有此不忍人之心的表現。白沙此意，不外乎強調此心之活動性，不管人覺或不覺，此心時時發露，但因人往往未能自覺，或陷於個人私欲追求中，因而放失其性而未得，因此乃需聖人之用心以預先存養此心；但另一方面，亦表示儘管人或未自覺己性，但此心吾所固有，且不容已地體現、要求人必須如此，就此要求而言人是清楚的，因此只要人任心〔註113〕而爲，即是存養此心之工夫：讓心自己活動，不要閉塞它即可。而對此後一意，白沙實更爲強調：

> 聖賢處事毫無偏任，惟視義〔註114〕何如，隨而應之，無往不中。吾人學不到古人處，每有一事來，斟酌不安，便多差卻。隨其氣質，剛者偏於剛，柔者偏於柔，每事要高人一著，做來畢竟未是。蓋緣不是義理發源來，只要高去，故差。自常俗觀之，雖相雲泥，若律以道，均爲未盡。（〈與羅一峰三〉，《陳獻章集》，卷2，頁157～158）〔註115〕

心之用至巧，當惻隱即惻隱、當辭讓即辭讓，於此亦然。白沙以爲聖賢處事

〔註113〕「任心」一詞亦見此文。白沙表示，周公之所以能大發窘時主，亦不過「任心」而已。

〔註114〕《陳獻章集》（以清康熙四十九年，何九疇刻本爲底本）據清乾隆辛卯年刻板碧玉樓藏版，補上此引文，但作「親義」二字。查《白沙子全集》（清乾隆辛卯年刻版碧玉樓藏板），作「視義」二字，今據此版本改正。

〔註115〕〈年譜及傳記資料〉，《陳獻章集》，附錄二，頁819。白沙51歲，羅倫卒。

之所以毫無偏任，乃因其純粹依從心體之要求而行。面對一事一物，當羞惡即羞惡，此是非善惡之決斷不容打折，亦不容許例外，只是一理當如此即必然如此而行；此即是義道。因此，聖賢之行只是任心，故能隨而應之，無往不中，只是至巧而已。反觀吾人行事，每每計較考量再三，反而因此未能中的，有一恰當合宜的行為表現。何以如此？此乃因吾人所考量的只是現實利害；既用心在經驗現象之物，則一切考量都有其相對性，皆有原因限制或促使其可能結果的發生，此是人無法通過知性能力一把捉而完全掌握的，因此不免困在其中而顯得焦躁不安。且白沙認為人的氣性往往只是一偏，若只依照此氣性行事，卻又用意以為一定要勝過他人，則最終表現出來的亦不過是相對價值，對於體現人之為人之絕對價值實天差地遠。因此白沙認為，道德實踐之關鍵只在「惟視義何如」、「律以道」，即純粹依從心體之要求而行，此方可真正體現人之為人之義。

工夫既在「任心」，即純粹依從心體之要求而行，則對此氣性，白沙進一步指出：

> 學者先須「理會氣象，氣象好時，百事自當」〔註116〕，此言最可玩味。言語動靜便是理會氣象地頭，變急為緩，變激烈為和平，則有大功，亦遠禍之道也，非但氣象好而已。(〈與羅一峰七〉，《陳獻章集》，卷2，頁159)

人固然有此一偏之氣性，且此氣性易於限制人體現善的可能，但誠如前論，此心必然要求真實呈顯而為實事實理，而此氣性在此意義下又為表現原則。故心是不離開氣，且必然作用在氣中而為真實。白沙引呂希哲之言，即表示體之活動必然作用在人之氣質當中，故儘管人有此一偏之氣性，但若仍能純粹依從心體之要求而行，則此氣性自無所謂一偏與否，只是一中正和平之氣象。但白沙在此「氣象」之體察外，更進一步指出，理會氣象之關鍵即在人之言語動靜之間；若人真能依從心體之要求而行，則人自能在每一發用處皆能表現善，而此所謂善，即非氣象表現好與否之差別，乃是絕對的善。白沙續云：

> 高明之至，無物不覆。反求諸身，霸柄在手。(〈示黃昊〉，《陳獻章集》，卷4，頁278)

〔註116〕「後生初學，且須理會氣象。氣象好時，百事自當。氣象者，辭令容止，輕重疾徐，足以見之矣；不惟君子小人于此焉分，亦貴賤壽夭之所由定也。」〈滎陽學案〉，卷23，頁146。

來教具悉。進業之勇如此，可畏，可畏。章始有志於此，亦頗刻苦。後來憂患妨奪處多，或前或卻，故久而無成。緝熙今認得路脈甚正，但須步步向前，不令退轉，念念接續，不令間斷，銖累寸積，歲月既久，自當沛然矣。……未面，且爲致下意。辛卯正月五夜，燈下書。(〈與林緝熙書四〉,〈陳獻章詩文續補遺〉,《陳獻章集》,頁970。白沙44歲)

故總地說來，心至巧也，當人具體實踐之，一切存在皆屬心之作用而得其理。而道德實踐之關鍵，亦在我自身；心體內在於我，求捨在我，只要吾心當下自覺，天理之全幅內涵即在此中呈顯。又因人此一存有乃即有限而無限，故工夫雖只需反求諸身，霸柄在手，但人亦有隨時下墮的可能，因此須隨時存養此心，使心之作用不間斷地體現在吾此一身上，一步步地變化氣質，不令退轉。久之，此心之作用必然能如水之沛然，源源不絕地呈顯在吾人生命中。

依此說，白沙肯認心體內在於我，且以爲工夫唯在自證己心，心之作用同時呈顯在吾人生命中，使個體生命轉化爲價值意義的存有，由此似可謂白沙言工夫即是孟子工夫，只是一心之自覺、一心之伸展、一心之體現。若如此，白沙言工夫確實只需言一當下自覺的工夫，當下肯認的工夫，儘管目前氣性仍會限制人表現善，但這並不足以構成道德實踐之障礙，因爲只要信得此心之活動，並且時時存養此心，純粹依從心體之要求而行，久之，人之氣性亦只是中節無偏之氣，只是表現原則。依此，此心之良自是昭昭明明，工夫端在自己是否能肯認之、實踐之，不在是否夠明白此心爲何。若如此，工夫當無二致，只是一發明本心而已。但事實上，白沙儘管有如孟子言工夫之意，但又有不同於孟子者：

永豐羅養明，丁酉春承一峰先生命來白沙。……雖然，君子之所以學者，獨詩云乎哉？一語默，一起居，大則人倫，小則日用，知至至之，知終終之，此之謂知。其始在于立誠，其功在于明善，至虛以求靜之一，致實以防動之流，此學之指南也。……律詩二章以贈其別，不足爲一峰道也。(〈送羅養明還江右序〉,《陳獻章集》,卷1,頁25。白沙50歲)

孟子言心即本體即工夫，只是一心之開展，儘管正視人之有限，但關鍵亦只在一心之擴而充之，四體不言而喻。而象山亦強調人不可忽視人的有限性，但其工夫亦不過立大本，當下挺立自己，便能衝破、振拔人之限制而體現無限之意涵，關鍵只在信得及並時時存養本心。故總地說來，孟子學工夫就是

心之自覺、心之伸展。此中無分動靜，亦無所謂動靜。如象山即反對工夫有動靜之說。象山謂：「然則學無二事，無二道，根本苟立，保養不替，自然日新。所謂可久可大，不出簡易而已。……寫至此，思子約書中有『宜於靜未宜於動』之說，此甚不可。動靜豈有二心，既未宜於動，則所謂宜於靜者，亦未宜也」〔註117〕、「《樂記》曰：『人生而靜，天之性也；感於物而動，性之欲也。……天理滅矣』天理人欲之言蓋出於此。……且如專言靜是天性，則動獨不是天性耶」〔註118〕。心體自身無所謂動靜，只是一不容已地體現其自己，而所謂工夫亦不過覺此心體，存養此心體，使心之活動能無所礙地施於四體、應於人倫。若如此，確實無所謂動靜可言，亦根本不可以動靜言。畢竟，本體自身無所謂動靜，只是一不容已地活動；工夫亦無所謂動靜，亦不過不容已之呈顯。白沙固然同於孟子、象山之說，肯定心即理，重視心之自得，但又有所謂「夫動，已形者也，形斯實矣；其未形者，虛而已。虛其本也，致虛之所以立本也」、「為學當求諸心，必得所謂虛明靜一者為之主」，此種動靜之別，強調工夫須從虛靜處體會本體之意。又如上引文，雖謂道德實踐不離人倫日用，在語默起居間，唯有將此體具體呈顯在其中，方可謂之知；此為實踐之知。就此意，仍可謂同於孟子、象山，直從心之發用，一貫說下，自始自終，知此本體、盡此本體，是為真知。但白沙又云「其始在于立誠，其功在于明善，至虛以求靜之一，致實以防動之流，此學之指南也」。以誠為體，以明善為實踐之目的，此亦無礙，畢竟誠表一真實無妄之意，而道德實踐本是一真實無妄，純然、粹然地體現心體之不容已之要求，而道德實踐之意義，亦在於通過此真實無妄之體現，使人之為人義得以具體呈顯；此呈現便是絕對的善、絕對的自由。但白沙又有所謂動靜之別：求虛明靜一之體，並在發用處慎防心有所偏。若如此，省視孟子、象山言心，是道德實踐之體，是道德實體，且其活動無所謂動靜，只是一不容已，故雖言其發用，只是本體之發，且亦無所謂有未發之際，端在人自身覺或不覺。覺，則此心昭昭明明，只是一不容已；不覺，此心隱而未顯，但雖隱卻仍時時發露。故就此而言，心並不因為自身活動而有一偏的問題，只有實踐主體自身有覺或不覺的問題。又若能覺，雖在此修養歷程中，人不免因氣性故而難免有過，但只要存養此心，信得此心，亦無所謂過，只要立即改過即可，因此也無須慎防動

〔註117〕　〈與高應朝〉，《陸九淵集》，卷5，頁64。

〔註118〕　〈語錄上〉，《陸九淵集》，卷34，頁395。

之流，畢竟心時時發用。若如此，白沙從前所論雖看似孟子工夫，但就本質內涵分析，二者仍有距離：孟子本體工夫從體到用、從動到靜，只是一，而白沙固言心即理，自證本心即可，但此自證過程仍不免曲折地說虛體，說動靜工夫之別。也因此不同，白沙雖肯定人能當下自覺己心，且看似有諸多孟子語，但對孟子本質意涵之掌握實仍有不契，且因此有強調靜坐以養善端之工夫提出。故就此而言，確實已不同於孟子、象山工夫。若牟宗三先生單就此意批評白沙無孟子工夫，此確然。但說白沙沒有實下功夫，只是空言本體，顯然又非如此。以下續論白沙靜坐工夫。

三、靜坐目的在於明心

承前所論，白沙強調自得，以爲心體內在於我，求舍在我，端在自覺之、實踐之，必能施於四體，四體不言而喻；但事實上，白沙最終不同於孟子工夫，反採靜坐作爲他工夫下手處。如其謂「自我不出戶，歲星今十週」〔註119〕；白沙雖學於康齋，然未得其學，後又自覺心體內在於我，只在能否自得之，因而閉門靜坐十年之久。然白沙何以以靜坐作爲其工夫入處？對此問題回應，積極地理由在於存養此心，消極地說則不爲氣奪之。以下論述之：

> 種種日用見端倪，而此端倪人莫窺。不有醒於涵養內，定知無有頓醒時。庚寅六月。明善進誠心，未能省外事。頓使知慮煩，修身功不易。（〈寄緝熙〉二首，〈陳獻章詩文續補遺〉，《陳獻章集》，頁984。白沙43歲）

> 德孚兄近專向裏尋索，若念念爲之不置，可識端緒。上蔡云：要見真心。所謂端緒，真心是也。緝熙後一札已具此意，但恐工夫不能無間斷耳，更企勉之。德孚兄近處置得出處一節，甚停當，更不拖帶泥水，可羨，可羨。吾人立身各肯如此，士風何患不振？知之宜作一書往賀也。光宇就白沙作屋。新年來，別爲出少課程，令自求益。此兄刻苦，誠未易得，愧無能爲扶持。有便，可作一札以左右之，幸甚，幸甚。辛卯。（〈與林緝熙書五〉，〈陳獻章詩文續補遺〉，《陳獻章集》，頁970。白沙44歲）

白沙以爲心體時時呈露，且不容已地在每一應事接物中給出應然之則，但人卻往往未能自覺之。何以如此？乃因無工夫修養故。白沙以爲若未能自覺作

〔註119〕〈初秋夜〉二首之二，《陳獻章集》，卷4，頁340。白沙37歲。

涵養工夫，使其心常在內，當面對一事一物，即未能自反其心、純粹依從心體之要求而行，也因此儘管人有此善性可以體現至善之理，亦是枉然。另一方面，白沙亦強調所謂涵養此心，非去空頭守住此至善之理，必使此心能作用於日用中，使念慮皆得其理，而此方是實踐之意義，亦是工夫之難處。但儘管難，從白沙稱讚德孚的話裡亦可見工夫修養亦非不可為，只在自己肯不肯為而已。所謂「德孚兄近專向裏尋索，若念念為之不置，可識端緒」，向裏尋索即醒於涵養內，亦即自覺此超越之性理內在於我，為我之所以存在之絕對價值根據，亦體會到此心體乃純粹的，不由經驗而來，唯在吾人反求於內、自證己心方得，也因此工夫只在時時警醒、念念不忘此心之義，方可在心之發端處當下覺察而無失。而對此端緒，白沙引上蔡「要見真心」一語，強調由此工夫所得之端緒即心體之發端，亦即心體之不容已之要求。且若能無間斷地涵養此心體於內，白沙以為便能如德孚兄所體現的，在人倫日用間皆能表現恰當合宜，且不為感性欲望所惑而有所偏。然所謂向裏尋索、醒於涵養內，此究竟為何種工夫修養？白沙謂：〔註120〕

> 秉筆欲作一書寄克恭，論為學次第，罷之，不耐尋思，竟不能就。緝熙其代余言。大意只令他靜坐尋見端緒，卻說上良知良能一二節，使之自信，以去駁雜支離之病，如近日之論可也。千萬勿容。（〈與林緝熙書十〉，〈陳獻章詩文續補遺〉，《陳獻章集》，頁972）〔註121〕

> 為學須從靜中坐養出個端倪來〔註122〕，方有商量處。林緝熙此紙，是他向來經歷過一個功案如此，是最不可不知。錄上克恭黃門。歲首已託鍾鏌轉寄，未知達否？今再錄去。若未有入處，但只依此下

〔註120〕此兩則在時間點上有先後關係，且意義有相承繼處，此乃因白沙先寫給林緝熙，要林緝熙代為寫信告訴賀克恭為學之要。因此，雖然與賀克恭的書信中，有所謂「林緝熙此紙，是他向來經歷過一個功案如此，是最不可不知」，好似靜坐乃林緝熙所得，實此功案即是白沙經歷之功案。

〔註121〕林光，字緝熙。己丑會試入京，見白沙（時白沙42歲）於神樂觀，語大契，從歸江門，築室深山，往來問學二十年。甲辰復出，會試中乙榜。

〔註122〕〈與賀克恭黃門〉，不論是《陳獻章集》（以清康熙四十九年，何九疇刻本為底本）或是《白沙子全集》（清乾隆辛卯年刻版碧玉樓藏板），皆為「為學須從靜中坐養出個端倪來」，但梨洲〈白沙學案上〉卻為「為學須從靜坐中養出個端倪來」（卷5，頁88），暫且不論「靜中坐」與「靜坐」在白沙工夫系統中有無差別，但就此二書信相核對，白沙要林緝熙代寫的內容是「令他（賀克恭）靜坐尋見端緒」，非從「靜」裡頭坐養出個端倪來，故白沙明確用語、意涵當以黃宗羲為是。

工，不至相誤，未可便靠書策也。……病中不能作書，然所欲言者，

大略不過此而已，亮之。（〈與賀克恭黃門二〉，《陳獻章集》，卷2，頁133）

所謂向裏尋索、醒於涵養內的工夫，確切地說即是靜坐工夫；通過靜坐，以見得此心內在於我、時時呈露，故工夫亦在時時警醒自己，涵養此心體於內，使其在發用處能覺察而無失。然白沙何以如此自信？白沙從孟子不學而能、不慮而知〔註123〕言良知良能內在於我，端在我自覺為之，且當我通過靜坐工夫向內求，所求者即是吾此心之體，又若念念為之不置，心之發用亦可為我覺察而無失，因此關鍵只在能否自信己心；信得及，靜坐所見之端緒亦有其意義，亦可確實發用在日用間，變化吾人一偏之氣性，且道德實踐亦不落入駁雜支離之病。駁雜支離之病，即誤以為道德實踐須靠書策得之。如前所論，白沙以為讀書只是第二義工夫，並非道德實踐之關鍵，但人卻累於書籍之多，以為唯有通過經驗知識的學習方能獲得天理之內涵，事實上此皆違背道德實踐之本義。道德實踐之要求乃發於主體自身之不容已，只是純然、粹然之應然之則，既是發於主體，故對此法則之知不由外而來，端在自己是否能肯認之、實踐之，故此是實踐之知。白沙以為今人既未能自覺此心體內在於我，又汲汲窮索外在典籍，以多為是，並以此視作明理之途徑，實離道德實踐本義遠矣，故不但斥之曰支離以喚醒人之自覺，同時強調唯有靜坐工夫方是道德實踐之下手處。

但心體既內在於我，且時時呈露，工夫當只在人自覺之即可，何以需靜坐工夫以存養此心？對此，白沙指出養端緒另一個意思即不為氣奪之：

賤軀失養，百病交集。近過胡按察，請教以心馭氣之術，試效立見驗，但日用應接事煩，不免妨奪，工夫不精。今欲自五月一日為始，以家事權屬之老母，非大賓客，令諸見管待。及光宇未復白沙，借尋樂齋靜居百日，有驗即奉還也。光宇決策往青湖，則此屋亦須有分付，某將來卻是東道，非僦屋人矣，呵呵。（〈與伍光宇二〉，《陳獻章集》，卷3，頁238。白沙44歲）〔註124〕

胡按察以心馭氣之術不知為何，不過就白沙所謂「借尋樂齋靜居百日」，當與靜坐有關。又如前所論，白沙也了解氣性對人的限制；若心當作主而不作主，反而亂於氣，人的不善便由此生，因此工夫即在如何使心作主，讓氣的表現

〔註123〕〈盡心上〉。

〔註124〕《陳獻章集》，註2，「文後，羅本、林本、蕭本有『辛卯四月日』五字」。

能中節而不偏。白沙以爲正因應事接物之繁，致使人理當爲善卻未能爲善，畢竟應然之則固然發自於主體自身之要求，但人往往糾結於外在事物紛擾中，未能自醒何者爲是、何者爲善，致使人之善性未能全然體現。故白沙以爲唯有暫時遠離人事，先澄澈自己，此時心之明較爲容易察覺，且較清楚地意識到自己理當如何作爲，且若能如此，當再度面對人倫事物時，便能眞誠無妄地依從心體要求而行，此時也無所謂工夫不精的問題。而對此現實生活對實踐道德之影響，白沙感受甚深：

> 別紙乞恕專擅。聞老兄近復假館禪林靜坐，此回消息必定勝常。耳根凡百所感，便判了一個進退，老兄今日此心，比諸平時更穩帖無疑否？賤疾幸少脫體，但尋常家中亦被聒噪，情緒無歡。大抵吾人所學，正欲事事點檢。今處一家之中，尊卑老少咸在，才點檢著便有不由己者，抑之以義則咈和好之情。於此處之，必欲事理至當而又無所忤逆，亦甚難矣。如此積漸日久，恐別生乖戾，非細事也。將求其病根所在而去之，祇是無以供給其日用，諸兒女婚嫁在眼，不能不相責望，在己既無可增益，又一切裁之以義，俾不得妄求。此常情有所不堪，亦乖戾所宜有也。昔者，羅先生勸僕賣文以自活，當時甚卑其說，據今事勢如比，亦且不免食言。但恐缺紓目前之急而此貨此時則未有可售者，不知何如可耳？老兄幸爲我一籌之。此語非相知深者不道，惟心照。癸巳二月十三日，某拜德孚先生侍史。

（〈與李德孚二〉，《陳獻章集》，卷3，頁240。白沙46歲）〔註125〕

白沙與李德孚信，謂「聞老兄近復假館禪林靜坐，此回消息必定勝常。耳根凡百所感，便判了一個進退」，即表示靜坐的意義在於暫時隔離經驗現象對人

〔註125〕或學者認爲此信只是白沙的閒議論，無關乎義理，但筆者持不同的看法。筆者以爲儒家之學正是不離日用而顯其智慧，且在明初儒者重實踐、輕議論的風氣下，欲窺其學思，亦唯有從其日用反省語方能得其義理深意，如其師康齋便是一例——欲研究康齋，就不得不重視他的〈日錄〉。而筆者此觀點，在梨洲《明儒學案·發凡》獲得印證與呼應。〈發凡〉「每見鈔先儒語錄者，薈撮數條，不知去取之意謂何。其人一生之精神未嘗透露，如何見其學術？是編皆從全集纂要鉤玄，未嘗襲前人之舊本也。」（《明儒學案》，頁6）可見梨洲爲貫徹他所謂「宗旨」之意，在文獻的選取上是經過一番審慎評估的，且此評估結果在他認爲是最有可靠性與價值性。且承此論述，在〈白沙學案上〉吾人是可見到〈與李德孚〉（卷5，頁90）一文；可見，梨洲亦不認爲此信只是閒議論耳。總體而言，儘管白沙此信或看似閒議論，但倘若吾人仍能從中獲得白沙思想深意，則此文獻理當仍可重視，仍可疏解其義理。

的干擾，使人在一個平靜的心情下面對自己，體會到自己之所以存在，實是爲了實現道德理想生命。而此生命之要求又發於主體自己，在主體絕對自由之無條件命令下，人自知理當如此方爲一個人。當人有此一步工夫，再去面對人倫事物，則人倫事物之所以表現，即非只是經驗現象意義，乃是一價值意義的呈顯。故所謂耳根凡百所感，此感便非以感性欲望爲主，而是能依心體之要求而行，在心之活動中便給出一個恰當合宜之表現，當進、當退，便有一個理則作用在其中。而白沙之所以如此重視靜坐，就如其所言，道德實踐不離人倫日用，且就在人倫日用中呈顯天道之意涵，故須事事點檢。但正因不離日用，而日用之事又非能事事順己意，故不免在事上產生主觀之好惡、情緒。再者，若所面對對象又是自己的家人，則在事之分際上又更難以拿捏，更不免陷在兩難情緒中。白沙以爲若此兩難積漸日久，終室塞心體之發用，「非細事也」。由此，對照白沙此信開頭對李德孚靜坐之肯定，可見白沙面對此心不爲氣奪的問題，以爲最好的方式便是暫時隔離，靜坐以存養此心，以爲若能如此，則再次面對人倫事物便能給出較好的判斷。

但人情之考量與一切裁之以義，二者相較，後者當有其實踐之優位性，此中自無所謂計較考量或折衷的問題，何以白沙於此有「不由己者」之感嘆？顯然此是未能透徹人倫關係的建立，正是天理流行理當如此之表現，而天理之意涵，又在本心不容已之發用中見其眞實存在義，故有所謂兩難局面，卻不知親親之情只在心之感通當下便能保住一切，若夾雜太多計較考量〔註126〕，反而墮在經驗現象中未能顯其所以爲母子、所以爲兒女之意義。只是白沙未能有此自覺，只寄望通過靜坐以「求其病根所在而去之」，卻不知此求亦在當下自覺即可昭昭明覺，破空而出，使人倫關係回歸天理之流行。或也因爲如此，白沙閉門靜坐十年後，在四十六歲時仍期以靜坐存養此心，使心能再次作主，卻未能如象山所謂存養工夫，即在每一心體當下呈顯，便是步步變化氣質，便是善的完成。〔註127〕

〔註126〕此處所謂計較考量，乃指白沙考慮太多現實關係，如「卑尊老少咸在」，也考慮太多個人主觀情感，「才點檢著便有不由己者，抑之以義則咈和好之情」，致使他在表現之際不免顯得躊躇不決、窒礙難行。又心體之發既在每一當下未能如如呈顯其自己，心自然會有所不安，甚且不快。

〔註127〕「才點檢著便有不由己者，抑之以義則咈和好之情。於此處之，必欲事理至當而又無所忤逆，亦甚難矣」。楊祖漢先生認爲對白沙此句的詮釋，不可從白沙並不瞭解天理之內涵就在人倫中見來理解，因爲白沙是知道此理的，只是因此理未能落實在人倫關係中體現，因而有不順遂之情的產生。這正是在人

　　但於此亦可爲白沙言靜坐工夫作一辯解。人固然有此昭昭明明的心，且不容已地透顯其端倪，只要人當下自覺，且信得及並有大勇、特達奮發的自信衝破氣性對人的限制，人自可爲善。氣性之偏與否非問題所在，現實遭遇如何亦非考量對象，一切氣化之流行其所以存在，只爲了一個目的，即體現一道德人倫世界。但事實上，氣性確實對人產生限制，甚且謂氣性濁者雖可能爲善，卻不易爲善；環境亦是對人的限制，甚且謂「富歲子弟多賴，凶歲子弟多暴」，非其不善，乃易陷溺其心。在這樣氣性、環境之干擾下，人若繼續在其中處事應物，儘管有一點點善性的自覺，很快地又會爲外物所蒙蔽，又繼續從感性欲望之需求來考量、計算何者對自己最有利。因此在這種情況下，若能稍稍暫時隔離一下，澄澈自己的思慮，放下一切的私我，心體之呈露則較易爲人所覺之，且人亦能理性地意識到自己所以存在之意義，不在外在事物之追求，單在心體之發用便是人之爲人義。若能如此，當再次回到人我關係之事上，就能較爲自覺地知道何者爲心之要求，何者只是感性欲望之追求，且較能純粹依從心體之要求而行。若從此意觀之，白沙提出的靜坐工夫，以及他通過實踐體會到靜坐的必要，便亦有其道理。且此工夫亦不違背心即理，強調自證、自得之道德實踐本義，只不過更注意到氣性、環境對人的影響而已。〔註 128〕且與此意義相近之工夫，在先秦儒家亦有，如曾子「吾日三省吾身」〔註 129〕，即非直接應事體道的工夫，乃是事後的自省工夫，又

倫關係中的體會。（楊祖漢先生的說法，摘引自 2009 年 6 月 2 日論文討論會的筆記）基本上，筆者是認可此說的。只是對白沙此困境作進一步反省時，筆者仍不得不說，白沙對理就在倫常中見仍未透徹；否則何以有不合己意、不順遂之情的產生，甚至因而窒礙己心，必須依賴靜坐工夫以恢復其昭明之體。畢竟若如孟子，對己，「自反而縮，雖千萬人吾往矣」，此便顯一理之當然，且既是理之當然，又何來不安、不快之情；對他人，只是一「興」發作用，此中又何來勉強，何來咈和好之情。因此，相較於孟子、象山，白沙的勉強，求靜坐，都是未透徹本體之故。

〔註 128〕白沙〈和楊龜山此日不再得韻〉「那知顛沛中，此志竟莫強。譬如濟巨川，中道奪我航」，即謂氣性對道德實踐之限制，往往使人未能純粹依從心體之要求而行，但白沙亦自覺人儘管有此限制，但此限制相對於人所以存在之意義言，此限制亦無所謂限制，端在實踐主體之自我肯認，故謂「顧茲一身小，所繫乃綱常。樞紐在方寸，操舍決存亡。……願言各努力，大海終回狂」。《陳獻章集》，卷 4，頁 279。白沙 39 歲。

〔註 129〕《論語‧學而》。

如《中庸》的「愼獨」，亦是強調在未發之際，去體會超越的獨體、性體。〔註130〕因此，白沙以靜坐作爲他修養的入手處亦有其理論之意義。

　　白沙嘗言「有學於僕者，輒敎之靜坐，蓋以吾所經歷粗有實效者告之，非務爲高虛以誤人也」，確實白沙不但以靜坐作爲他工夫修養方式，且還以此敎人：

> 學勞攘則無由見道，故觀書博識，不如靜坐。作詩鍊語，尤非所急，
> 故不欲論。（〈與林友二〉，《陳獻章集》，卷3，頁269）

此仍是從學不由積累而得言。若道德實踐而向外求索，則經驗知識再豐，亦不過經驗知識，與道德實踐毫無本質關係，僅徒增困惑，且更背離實踐之本意。因此，白沙認爲與其「觀書博識」，不如暫且放下一切，眞切地自反己心，探究人之可貴、可求爲何。若能如此，方能眞正體悟到超越之性理內在於我，其自身即是法則之給出者，根本無需外求，且心時時呈露其自己，端在人自覺之、實踐之耳。

　　白沙此種以讀書與靜坐工夫相較，有其用心。不論強調著書與否，通過讀書以明理確實在明初朱學的氛圍裡，是一個重要的修養方式，且對白沙而言，這也是他爲學過程中，康齋給予他的敎誨，且自己亦曾用心於此。但就如白沙自述的，此工夫並未使他有所得，即未能使他心與理湊泊脗合，且最後白沙亦在此未得中自悟，心體本內在於我，根本無需外求，亦即無需求諸書冊典籍，只要心當下自覺、自證己心，此便是天理。又儘管現實環境、個人氣性對人不免有所限制，使人未能時時自見己心之發露、按理而行，但只要人通過靜坐工夫，便能自反己性，體會到此超越之性理本內在於我，亦能在心的發端透顯處，存養此心體，這樣人自能爲善，亦即是善。因此，白沙乃在此氛圍下，一方面強調靜坐使他有所得，且以此敎人，另一方面亦告訴學子，讀書並非道德實踐之本質意涵，若執於此，反而會喪失己性，求索於典籍之豐而未能自拔：

> 前日告秉之等只宜靜坐。子翼云：「書籍多了，擔子重了，恐放不下。」
> 只放不下便信不及也。此心元初本無一物，何處交涉得一個放不下
> 來？假令自古來有聖賢，未有書籍，便無如今放不下。如此，亦書
> 籍累心耶？心累書籍也。夫人所以學者，欲聞道也。苟欲聞道也，
> 求之書籍而道存焉，則求之書籍可也；求之書籍而弗得，反而求之

〔註130〕參楊祖漢：《中庸義理疏解》，頁113〜117。

吾心而道存焉，則求之吾心可也。惡累於外哉！此事定要覷破；若覷不破，雖曰從事於學，亦爲人耳。夫子語爲政曰：「足食，足兵，民信之矣。」子貢曰：「必不得已而去，三者何先？」曰：「去兵。」「必不得已而去，二者何先？」曰：「去食。」必不得已而去，非惡而去之，三者不可得兼，則亦權其輕重次第，取舍之而已。夫養善端於靜坐，而求義理於書冊，則書冊有時而可廢，善端不可不涵養也，其理一耳。斯理也，識時者信之，不識時者弗信也。爲己者用之，非爲己者弗用也。詩、文章、末習、著述等路頭，一齊塞斷，一齊掃去，毋令半點芥蒂於我胸中，夫然後善端可養，靜可能也。終始一意，不厭不倦，優游厭飫，勿助勿忘，氣象將日進，造詣將日深。所謂「至近而神」，「百姓日用而不知」者，始自此迸出體面來也。到此境界，愈閒則愈大，愈定則愈明，愈逸則愈得，愈易則愈長。存存默默，不離頃刻，亦不着一物，亦不舍一物，無有内外，無有小大，無有隱顯，無有精粗，一以貫之矣。此之謂自得。清明日書。緝熙更爲申說，令了了。(〈與林緝熙書十五〉，〈陳獻章詩文續補遺〉，《陳獻章集》，頁 974～975)

此則便是以靜坐與讀書工夫相較，指出何者方爲道德實踐之首要工夫。白沙引子翼的話，申論心體只是一不容已之道德要求，此要求雖發自於主體自身，但因只是一無條件之要求，故此要求可推諸於外，而有其客觀之普遍性、必然性。又此要求既是一客觀理則，則可由此推知，天地之所以存在亦理當如此，方有其道理。依此，此客觀理則又有其超越性。而此從盡心知性到知天，便是道德的形而上學之展現。既此心只是一純粹不容已之要求，其理亦只是道德之理，則此心之活動自不爲經驗現象所限，亦非經驗現象之物，只是一應然之則、是爲一形式原則。若如此，則心自「本無一物」〔註131〕。白沙以

〔註131〕白沙言「此心元初本無一物」，此「元初」一詞並不嚴謹，心無所謂開始與結束，只是一超越之理，何來有「元初」之別。再者，心自身而言，「本無一物」；心必然在事中呈顯其自己，亦只是應然之則，亦「本無一物」。故言「元初」二字，不免有滯辭。但又或可從「乾知大始，坤作成物」來理解：乾作爲萬物之本源，萬物由此而生；此生，是創生義。故此始，乃理體之始、價值之始。乾元爲一創造原則，只是真實生命之常昭昭明名而不陷溺，故能創生一切。坤則爲終成原則、凝聚原則。終成而凝聚之，即「能」也。能者即有此資具而能體現、具體化乾元之創始。故坤雖爲氣化，但此氣化乃以「乾知」提住，故爲道體之流行、道德實踐之真實義、創生義。(牟宗三：《心體與性

爲心既「本無一物」，人又如何謂「放不下」讀書之事；讀書與爲學既無直接關係，則理當能放下，放不下，便是工夫差矣。因此白沙乃謂，假使自古以來只有聖賢，沒有書籍，就無所謂放不下的問題。白沙此意爲何？聖賢的存在足以做一典範，興發人固有之道德本心；聖賢之所以爲聖賢，亦是吾心之要求，以爲這樣才是善的，這樣方稱得上是個人。而書籍儘管爲聖賢之言，但此些言語記載不免受當時時空環境所限，亦受個人才分所限，且儘管能熟讀聖賢之書，亦不過徒增經驗知識的積累，與我道德實踐有何干係？畢竟，聖人所體現的理，就是吾心之理，若如此，工夫只需向內求即可，又何須窮讀聖人經典。白沙以爲人之爲學，其目的便是興發己心：求之書籍可以體道，則書籍可存；求之書籍未能體道，而體道之關鍵又只需反求諸己，則工夫僅在求之吾心即可，又何須爲書籍所累。若爲書籍所累，根本是本末倒置，所學者，亦不過是經驗之事，非眞正體現人之爲人義。白沙並引《論語》「足食，足兵，民信之」一則爲例，表示道德實踐既在覺此內在之心體，則若工夫只需自反己心即可，則此工夫便是第一義，便有其優位性。至於其他，如讀書等工夫，則只能視爲助緣工夫，在不影響道德實踐之情況下固然仍可保住，但若反而使心累於此，則須捨棄。此捨去之意義，亦不過衡量本末輕重而已。

　　相較於讀書之可廢，白沙以爲靜坐工夫卻是可以保住的：讀書之可廢乃因道德實踐關鍵不在外而在內，靜坐工夫之所以可保住，亦因實踐關鍵在內不在外求；其理一耳。何以如此？讀書之可廢，前段已論。靜坐不可去，乃因靜坐的目的即在於「養善端」；此端倪即四端之心，亦即上蔡所謂「眞心」。〔註132〕如前所論，固然心即理，且心不容已地必然呈顯在事中見，但人往往未能自覺之，又儘管能覺，卻又易工夫不精，視情識爲本心之良，因此唯有先暫時隔離、靜坐一下，體會此超越性理之絕對意涵，覺察、存養此內在心體不容已之呈顯，這樣當再次面對人倫事物，便能較明確地、清楚地依從心體之要求而無偏；此便是養善端之工夫。靜坐目的既在於養善端，道德實踐之關鍵亦在求此放心，則此靜坐便有其不可去的理由，且白沙通過靜坐也確

　　體》第一冊，頁 440～442）白沙於此言「元初」，或即是同於乾元之義，強調根源義、創生義，即是生生之理，又此理必然實現於氣化中，便是坤能，就此而言，已含氣化之活動言，故自未能言「本無一物」，因而有「元初」二字以別。

〔註132〕黃明同亦指出，白沙靜坐的目的在於「得心」、「得道」，在白沙思想系統中有其重要意義。《陳獻章評傳》，頁 104、105。

實有所得，因此白沙非常自信靜坐工夫對體道的意義。白沙指出，若能體會此理，便能自信之，且亦可了解道德實踐不靠任何東西，單是他自己就是絕對價值之源；既不從外而得，其根據、動力、實踐，及其完成，單就我自發、自願即可，此便是為己之學。且唯有此自覺、自信，白沙以為詩、文章等等外在加諸我之虛名便能捨棄，便無所謂放不下。一旦放下，無絲毫感性欲望夾雜其中，人便能清楚地自覺人之可貴為何，便能覺察到此善端之發露並存養之、體現之，這樣「靜可能也」。此靜，非相對動靜而言的靜，乃是人能純粹依從心體之要求而行，此中無一點私欲夾雜，只是理當如此，既無所謂乖戾、無歡之情緒產生，自然便能體悟靜此為絕對的靜；體悟本體之靜，即至靜。前曾論白沙靜坐十年後，一旦覺察心未能作主，便不免仍須再靜坐一番，未能如象山當下自覺便即是工夫之始。但此另一方面亦表示一個意思，即白沙雖提出靜坐工夫，以為通過此工夫人可意識到超越之性理，且存養此端倪，但並不表示一次靜坐便一了百當，此中仍有步步工夫，即「終始一意，不厭不倦，優游厭飫，勿助勿忘，氣象將日進，造詣將日深。所謂『至近而神』，『百姓日用而不知』者，始自此迸出體面來也」。清楚意識到人之可貴在於此心之良，亦能覺知此端倪之透顯並存養之，此必須通過靜坐工夫時時自省，方能貫徹在吾人即有限而無限之生命中，否則一旦陷在現實生活之糾葛裡，人不免又有所猶疑，又未能以義處之，則可說人又下墮了。因此，白沙認為靜坐工夫必須要貫徹到底，時時自反己性，覺知、存養此端倪，這樣久而久之，方能在每一發用之際越來越純粹地依照心體而行，甚且工夫最後，亦無所謂暫時隔離的勉強，乃隨時皆在「存存默默」——靜坐存養此善端，只是沒有靜坐的相，也因此無內外、小大、隱顯等之別，只是一心體之流行；此便是即本體即工夫之自得之境。

此外，值得注意的一點是，儘管白沙主張讀書可廢，可以以靜坐為工夫，且通過靜坐可以存養此善端，但並非謂白沙完全不重視讀書，完全只以靜坐為工夫，以為靜坐不可去。基本上，仍要守住一個關鍵，亦即不論工夫為何，其目的只是為了涵養此善端。若讀書，不至於使人放不下，且能使「道存焉」，則書籍可不必去。同理，若靜坐，反使人放不下，未能養此善端，則靜坐工夫可去。白沙此意，在與伍光宇的書信裡表達甚為清楚：

> 五年，伍光宇始構亭于南山之巖以坐。明年，復於吾居第之左，結
> 草屋三間，與亭往來。又明年，而光宇死矣。草屋之成，光宇齋戒

沐浴，焚香更衣危坐。厥明，請予問曰：「雲不自知其力之不足，妄
意古聖賢人以為師。今年且邁矣，不得其門而入，不知其所謂樂，
尋常間自覺惟坐為樂耳。每每讀書，言愈多而心愈用。用不如不用
之為愈也。蓋用則勞，勞則不樂，不樂則置之矣。夫書者，聖賢垂
世立教之所寓也，奚宜廢？將其所以樂者，非歟？願先生之教之也。」
予復之曰：「大哉，吾子之問也！顧予何足以知之？雖然，有一說，
願吾子之思之也。周子、程子，大賢也，其授受之旨，曰：『尋仲尼、
顏子樂處，所樂何事』〔註133〕，當是時也，弟子不問，師亦不言。
其去仲尼、顏子之世千幾百年，今去周子、程子又幾百年。嗚呼！
果孰從而求之？仲尼飲水曲肱，顏子簞瓢陋巷，不改其樂。將求之
曲肱飲水耶？求之陋巷耶？抑無事乎曲肱陋巷而有其樂耶？吾子其
亦甚求之，毋惑於坐忘也。聖賢垂世立教之所寓者，書也。用而不
用者，心也。心不可用，書亦不可廢。其為之有道乎？得其道則交
助，失其道則交病，願吾子之終思之也。仲尼、顏子之樂，此心也：
周子、程子，此心也，吾子亦此心也。得其心，樂不遠矣。願吾子
之終思之也。」語已，光宇整步而出，怳然若有得者，歸揭共榜曰，
尋樂齋云。(〈尋樂齋記〉，《陳獻章集》，卷1，頁47～48。白沙44歲)

光宇在這裡提出兩個問題：首先，只有在靜坐，才覺得樂。但這個樂，是合
於正道之至樂嗎？其次，覺得書讀越多，心越用；用則勞，勞則不樂，不樂
就不讀。雖然，與其使心用於此而不樂，不如不用，但又認為此些書乃聖賢
垂世立教之書，似乎又不可廢。但可以不讀嗎？對此二問題的回應，因皆歸
結在樂不樂的問題上，因此白沙首先回應何謂樂，接著才分別針對靜坐與讀
書做出回應，並在最後總結地說，不論靜坐或讀書，「其理一耳」，端在能否
涵養此心。

　　何謂樂？濂溪教二程「尋仲尼、顏子樂處，所樂何事」，但究竟樂處為何？
所樂何事？「弟子不問，師亦不言」。此何謂也？孔子、顏子距今千幾百年，
周子、程子距今亦又幾百年，當初濂溪不言、程子亦不問，今天吾人又如何
知孔顏之樂為何？難道要同孔子飲水曲肱，抑或同顏淵簞瓢陋巷方有樂處？
白沙的問，實皆指點語，亦即要伍光宇自己深思，究竟自己所得的樂實為何

〔註133〕「昔受學于周茂叔，每令尋仲尼、顏子樂處，所樂何事。」見〈濂溪學案下〉，
　　　　　卷12，頁632；〈明道學案上〉，卷13，頁679。

樂、自己眞正要追求的樂又爲何樂。畢竟，周、程不言、不問，即表示樂不從經驗積累而來，乃必須自己實踐證成方得之，因此亦無需言、無需問。孔子飲水曲肱、顏淵簞瓢陋巷，亦非表示飲水曲肱、簞瓢陋巷的行爲便能得到樂，因爲樂亦不從此而來，亦即樂不在經驗行爲中見。既然樂不由經驗積累而得，亦不由外在行爲模仿而得，白沙便由此進一步指出，伍光宇所謂唯有在靜坐方有樂處，此實非眞正的至樂，因爲這只不過是陷溺在外在行爲的模仿，並非眞正體會到靜坐的意義。若未能自覺靜坐的目的在於存養此端倪，則此靜坐不過「惑於坐忘」〔註134〕。接著，針對讀書與否，白沙以爲聖賢垂世立教乃通過典籍體現其用心，至於「用而不用」端在實踐主體自身。就上下文意看，「用」表示過度用心在言語知識上，此時心表現爲一認知心；此非爲學目的。「不用」，則表示固然讀書，但不執持在言語知識的積累，其所體現的不過讀書之理、應然之理；此時心至動至神，聖人之言即我之言，聖賢之書便有其所以存在之意義。若如此，心不但不可用，書亦不可廢；因無廢書之理由。最後，白沙歸結靜坐與讀書之意，所謂「得其道則交助，失其道則交病」，此「道」即表示不論靜坐也好，讀書也好，須體會一個基本關鍵，即此工夫之實踐其本質意義爲何。若能體會，不論何種工夫都有其意義；否則，任何工夫反使人更感困惑而迷失己性。但此本質意義爲何？白沙指出，「仲尼、顏子之樂，此心也；周子、程子，此心也，吾子亦此心也。得其心，樂不遠矣」，即吾此心之體即內在即超越，而工夫實踐之目的便在存養此心、自證己心；若能體悟此理，純粹依從心體之要求而行，並具體實踐在日用中，則人自能體會此至善之樂爲何。依此意，白沙亦再次回應伍光宇之問——如何求得聖賢之樂，所謂「得其心，樂不遠矣」，關鍵不在求聖賢之樂，只在存養此心；若能存養此心，樂自隨之，因此樂亦無須追問，而此猶如周程不言不問之意。

　　總地說來，白沙固然肯定靜坐，且自身實踐工夫亦採靜坐，但他並非空頭的只是靜坐，乃是在自覺地狀態下體會到人固有此善性內在於我，但因現實感性欲望的影響，人在日用中往往陷於兩難而有病，因此認爲若能通過暫

〔註134〕白沙此處不言「靜坐」，反以《莊子‧大宗師》「坐忘」一詞，要伍光宇「毋惑於坐忘」，實即表示若未能體會靜坐根本意涵在於存養此端倪，反而只是空頭的坐著，此便猶如莊子只要人去我執，卻未能提出人何以要去我執之根據，不免只徒增人的困惑而已。

時隔離工夫，即靜坐工夫，這樣對於心體之掌握，以及日用中所透顯的端倪，也較能有警醒地覺察。且白沙認爲，若此工夫能不間斷地實踐，人便能越來越純粹地爲善，甚且從自覺到超自覺的體現善。

確立白沙靜坐之意後，以下將論述「靜坐」與「靜」在白沙工夫系統中是否意涵相同。從前論述可知，白沙言工夫主要以「靜坐」一詞表示，但亦有「存存默默」一詞；存存默默，當指通過默默，亦即靜坐工夫以存存（存養）此端倪。另外「默默」一詞亦見於〈與林緝熙書〉「來論主張默默甚好。默默守得住，言語纔多便走了，須假默默去養教盛大」〔註135〕，亦是指靜坐之意，也因此「默默」一詞的使用爭議不大。但「靜」一詞，卻值得再分析。如〈與林緝熙書〉「夫然後善端可養，靜可能也」，此靜指本體之靜，亦即至無有至動、至近至神焉之靜。又如〈與賀克恭黃門〉，若採「爲學須從靜中坐養出個端倪來」一語，此「靜」或亦可從至靜至神理解；若體悟到此至靜之體，此體之神妙之用自然透顯出其端倪而爲人所覺知。另外尚有〈南歸寄鄉舊〉「省事除煩惱，端居養靜虛」〔註136〕，此「靜」即明顯指靜虛之體，以及〈眞樂吟〉：

> 眞樂何從生，生於氤氳間。氤氳不在酒，乃在心之玄。行如雲在天，
> 止如水在淵。靜者識其端，此生當乾乾。（《陳獻章集》，卷4，頁312）

氤氳一詞，當同於《易・繫辭傳下》「天地絪縕，萬物化醇；男女構精，萬物化生」之「絪縕」，指陰陽二氣交會和合，亦即指形而下之氣。白沙言眞樂生於氤氳之氣，非指眞樂從形而下之氣中獲得至善之樂，乃是在氣化流行中體悟吾心之體之神妙作用、天地宇宙之廣生大生皆以吾心作爲其主宰，並在此自信自得中興發此至善之樂；人之所以存在，便是體現此心之廣大，使天地之造化皆在我一心之朗現中，若如此，人自身即是至尊至貴，根本無需外求，且若能體會此，便是自得己心，即是眞樂。白沙此意，同於〈湖山雅趣賦〉從自得者之無愧怍言之眞樂。白沙又云此心「行如雲在天，止如水在淵」，此是形容心之活動神妙莫測，至無而動，至近至神焉，而此猶如《孟子・告子上》以「操則存，舍則亡。出入無時，莫知其鄉」一語來形容心體之神妙莫測。接著，「靜者識其端」，此「靜者」當意指已體悟到此虛明靜一之體者；

〔註135〕〈與林緝熙書七〉，〈陳獻章詩文續補遺〉，《陳獻章集》，頁971。白沙44歲。

〔註136〕〈南歸寄鄉舊〉十首之三，《陳獻章集》，卷4，頁351。白沙最後一次「南歸」，時值56歲，故此詩之作不晚於56歲。

若能體悟此超越之性理，便能覺知此心體之呈露並存養之。「此生當乾乾」，既自覺本體內在於我，且又能存養此心，白沙以爲此人生之價值既已確立，自能同於《易‧乾》「終日乾乾」之意，剛健奮發，存養此心，並具體體現在日用中，亦同於〈與林郡博〉「終日乾乾，只是收拾此而已」之意，依此亦可呼應首句之意，眞樂不離心之創生萬物中呈顯。

依此，似可謂「靜」與「靜坐」，在白沙是不同的概念。但就如前所述，〈與賀克恭黃門〉一則，一般仍採用「爲學須從靜中坐養出個端倪來」，而非《明儒學案》的版本，「爲學須從靜坐中養出個端倪來」，但在解釋上直以靜坐養其端倪來理解。對此現象，要不，就是研究者採用版本上的錯誤，且未能與〈與林緝熙書〉一則相比較；要不，就是白沙自己在概念使用上並未嚴謹。筆者以爲，問題當主要是來自於後者：

> 承喻：求靜之意，反復圖之，未見其可，若遂行之，祇益動耳，惡在其能靜耶？必不得已，如來喻搆所居旁小屋處之，庶幾少靜耳。適與容一之論李廣射石沒羽，曰：「至誠則金石可開。」又舉莊子語云：「置之一處，無事不辦。」此理殊可悅。顧今老矣，惟日孳孳，豈能及也。並此告。(〈與張廷實主事六〉，《陳獻章集》，卷2，頁162)

> 端默三年下，南方有緝熙。由來須一靜，亦足破羣疑。敢避逃禪謗，全彰作聖基。後來張主事，是與樹藩籬。(〈偶題〉，〈陳獻章詩文續補遺〉，《陳獻章集》，頁986)

第一則，當是張廷實寫信告訴白沙，雖然依照他的教法求靜之體，但卻僅落在相對動靜，未能眞正體悟到白沙所謂的靜體。而白沙便回此則書信，告知廷實，未若就如廷實自己所說，在居屋處旁再搭建一個小屋，以爲這樣差不多就可以「靜」了。但什麼是差不多靜了？對至靜之體而言，靜即是靜，絕對的靜，無所謂「少（稍）靜」；若指稍稍讓心情平靜之靜，雖可謂「少靜」，但畢竟只是相對之動靜；若指靜坐工夫的靜，或可稍微如此解，畢竟前一句是要張廷實自己在小屋處之，而在小屋處之的目的不就是爲了靜坐。但無論如何，此「靜」字使用並不嚴謹，好似只是如此說說而已。第二則，「端默」當同於「存存默默」，皆指靜坐以存養此端倪。白沙肯定林緝熙不間斷地持靜坐工夫，因而謂「由來須一靜，亦足破群疑」；「靜」當指靜坐，亦即謂確實工夫須靜坐一番，方足以破感性欲望對人思慮的影響，使人眞正純粹依從己心之善而體現其自己。

　　由此觀之，在概念的使用上，「靜」與「靜坐」固然各自有其主要意涵，但在實際語言的運用上，因白沙並非嚴謹使用這兩個概念，故基本上仍須依照上下語句推測白沙此處言「靜」究竟何意。

四、靜坐工夫之理論淵源

　　承前所論，不論是否勤於著述，明初諸儒一般皆承朱子學而來，以讀書明理作爲入道工夫，但白沙卻提出靜坐，以爲若爲讀書所累則此工夫可去，只以靜坐存養端倪即可。但白沙此說，在當時質疑聲浪極大，甚至被視爲禪。〔註137〕如其同門敬齋曰：「陳公甫云：『靜中養出端倪。』又云：『藏而後發。』是將此道理來安排作弄，都不是順其自然」、「釋氏自認精魂爲性，專一守此，以此爲超脫輪迴。陳公甫說『物有盡而我無盡』，亦是此意。……緣他當初，只是去習靜坐、屛思慮，靜久了，精神光彩，其中了無一物，遂以爲眞空。言道理，只有這箇極玄極妙，天地萬物都是這箇做出來，得此，則天地萬物雖壞，這物事不壞，幻身雖亡，此不亡，所以其妄愈甚」。〔註138〕白沙在復趙提學僉憲的書信中，亦提及「曩者，至京師與諸賢士大夫游，日聽其論議天下之事，亦頗有益。惟是愚憒，終不能少變以同乎俗，是以信己者少，疑己者多也」，但對此批評與質疑，白沙並不以爲意，且謂「僕嘗讀程子之書，有曰：『學者當審己何如，不可恤浮議。』僕服膺斯言有年矣，安敢爭天下之口而浪爲憂喜耶？……僕或不爲此戚戚也。且僕聞投規於矩，雖工師不能使之

〔註137〕張學智謂後世辯白沙非禪者甚多，並引陳世澤〈重刻白沙子全集後序〉與屈大均〈陳文恭集序〉（分別引自《陳獻章集》，附錄三，頁914、頁921）二文，以爲二人辯白沙非禪皆從兩個方面著眼：其一，陳獻章之靜，以承認儒家性善爲前提，而禪宗則守空寂。其二，陳獻章的靜是初學工夫，通過靜使紛擾的心理活動安靜下來。成熟的、圓滿的工夫境界則是如程顥所謂「動亦定，靜亦定」，而禪宗的靜是入門乃至成道的一貫工夫。張氏並引梨洲按語，謂「所以白沙『自博而約，由粗入細』，反歸心性精微，這是他在儒學發展中的一個貢獻。似禪非禪，不必深辨。」（氏著：《明代哲學史》，頁 48～49）筆者以爲，白沙的靜坐工夫或許得自佛老，但這只是略說。畢竟，就整個宋明儒學的發展，至明代可謂已相當程度消化佛老內容，儘管諸多概念或本自佛老而得，但事實上本質意涵上已完全儒家化。故於此論白沙哪一句、哪一語抄襲或沿用佛老概念，對辨明白沙本質義理內含而言，並沒有太多意義。畢竟，此論述終究只是外緣，確實「不必深辨」。因此，承張氏所論，筆者十分認同直從本質思想去把握白沙義理的方式，其餘暫且不論。

〔註138〕《居業錄》（臺北：廣文書局，1991年），卷1，頁39、卷4，頁43。

合；雜宮於羽，雖師曠不能使之一。何則？方圓之體不同，緩急之聲異也。尚何言哉！尚何言哉！」〔註139〕而白沙此種深信道德實踐乃為己之學，根本毋須在意他人批評的態度，亦表現在與其弟子之書信中：

> 前月二十八日，與僉憲陶公聯舟從三水上胥江，遂與胡先生相遇，乃知緝熙、秉之前一日在石門，別去晤此會也。……次日曉登峽山寺，與胡先生飲餞，席間與論為學之要。口占一絕云：「一片虛靈萬象全，何思何慮峽山前。洪城內翰如相問，為說山人已遁禪。」此復去廷祥書。羅殿元疑為禪學作辨，其源蓋始於廷祥也。可笑，可笑。……餘不具。九月一日，寓胥江舟中，獻章書。（〈與林緝熙書十三〉，〈陳獻章詩文續補遺〉，《陳獻章集》，頁973～974）〔註140〕

由此書信即可見白沙對己是不是禪，抱持著極輕鬆的態度看待，畢竟若能清楚地意識到自己靜坐工夫在於存養此道德之體，又能明白道德實踐只在能否自證、自得，因此根本毋須在意他人視自己為何；此便是道德實踐之自信，明白自己之至尊、自貴，不由他人來決定，單就自己自覺之、實踐之、完成之。但儘管白沙有此自信，此處仍需討論何以白沙此作又引起辨禪爭論。此詩之作其目的在闡明為學之要，白沙云：「一片虛靈萬象全，何思何慮峽山前。洪城內翰如相問，為說山人已遁禪。」虛靈，從前所論，指心體；強調心體至虛至神。此心體固然內在於我，同時又為一切存在之根據，在心之神妙作用中，一切存在皆能在一心之生生、一心之遍潤中得其存在，故言萬象全。此表心之創生原則，一切氣化皆因心而體現其所以存在之意義。何思何慮，乃本自《易》。《易·繫辭下傳》：「《易》曰：『憧憧往來，朋從爾思。』子曰：『天下何思何慮？天下同歸而殊塗，一致而百慮，天下何思何慮？』」天下何思何慮是從爻辭狹義的往來交感之旨，引申到廣義的天下萬物自然感應之理，故言殊塗同歸、一致百慮。何以能如此？心即內在即超越，作為一切存在之理，故天下事物雖然不齊，所發之思慮亦千差萬差，但推其本源，不過

〔註139〕 〈復趙提學僉憲三〉，《陳獻章集》，卷2，頁146～147。白沙49歲。

〔註140〕 〈年譜及傳記資料〉，《陳獻章集》，附錄二，白沙44歲，「〈與胡僉憲提學書〉：『李山人至，蒙賜《相山骨髓》等書。承諭欲來新會。予久臥衡茅，未欲進拜，則有其說。布衣鄙儒，謬為王公大人所愛，恐不自重，以為門下辱。』」白沙45歲，「〈與僉憲胡提學書〉：『野人有婦亦以伐井臼之勞而已。明日昧爽以此婦見祠畢事，即趨行臺拜謝。』」因此推測此信寫作時間當為白沙45歲後。

理之當然如此，只是此一不容已之要求。因此，儘管慮雖百、途雖殊，要其本然，不過順此理而行，自然而然，天下又何須思慮呢？〔註141〕依此，白沙既言此心作爲一切存在根據、生生之理，則天地萬物儘管慮雖百、途雖殊，然爲學之要亦不過順此不容已之要求即可，又何須耗費言語去分析、釐定工夫之具體內容；畢竟，此通過言語所表述者亦不過百慮之一，非體自身，若是，未若直下作工夫去，亦即純粹依從吾人心體之要求而行即可。順此二句之意，所謂「洪城內翰如相問，爲說山人已遁禪」，此遁禪之說即毋須當眞，只不過白沙寫詩之妙語，以表此問題根本毋須問。但辨禪之說，亦應末一句故，造成當時兩方論辯之緊張。批評者，即可以此句證明白沙確實有逃禪之嫌；辯護者，卻需爲白沙辨破，儘管言「遁禪」，但並非眞的是禪。但從上前句論述而下，實可明白白沙言爲學之要，關鍵只在能否純粹依從心體之要求而行，至於其他皆落在有跡，皆非實踐之本質關鍵，故認爲此問題根本毋須思辨之，若再相問亦無意義。依此，是否逃禪亦非問題所在，畢竟途雖殊，若能掌握到實踐之關鍵，最後仍歸本於一理，故詩中「遁禪」二字亦非緊要，也因此白沙面對羅殿元疑爲禪學作辨一事，自能以「可笑、可笑」帶過，不隨之陷在名言概念之爭論中。

儘管白沙對此批評能輕鬆看待，以爲只要謹守爲學之關鍵即可，但他亦非完全不爲自己學說作說解，如與趙提學僉憲，雖一方面表示自信己心，並引程子之言，以爲爲學只在爲己，毋須過度在意他人的批評，但另一方面，對於友人的提醒，亦有不得不的爲自己辯解：

　　古岡病夫陳某再拜書復僉憲趙大人先生執事：伏讀來喻。執事所以進僕者至矣，所以教僕者亦至矣。僕一顆愚人耳，凡百無所通曉，惟知自守而已。……奉附到董給事書，其中稱道盛德不少置，僕私心喜甚，以爲此來當得一見。非子仁，僕無以知執事。然以子仁之言，又未嘗不追恨于京遊之日也。承諭有爲毀僕者，有曰：「自立門戶者，是流於禪學者」，甚者則曰「妄人，率人於偏者」。凡於數者之詆，執事皆不信之，以爲毀人者無所不至，自古聖賢未免見毀於人。甚矣，執事之心異於時人之心也。僕又安敢與之強辯，姑以迹之近似者爲執事陳之。孔子教人文、行、忠、信，後之學孔氏者則曰「一爲要。一者，無欲也。無欲則靜虛而動直」，然後聖可學而至

〔註141〕參黃壽祺、張善文：《周易譯注》，頁 585～586。

矣。所謂「自立門戶者」，非此類歟？佛氏教人曰「靜坐」，吾亦曰「靜坐」；曰「惺惺」，吾亦曰「惺惺」；調息近於數息，定力有似禪定，所謂「流於禪學者」，非此類歟？僕在京師，適當應魁養病之初，前此克恭亦以病去，二公皆能審於進退者也。其行止初無與於僕，亦非僕所能與也。不幸其迹偶與之同，出京之時又同，是以天下之責不仕者，輒涉於僕，其責取證於二公。而僕自己丑得病，五六年間自汗時發，母氏加老，是以不能出門耳，則凡責僕以不仕者遂不可解。所謂「妄人，率人於僞」者，又非此類歟？……惟執事矜其志而略其迹，取之羣咻之中，置之多士之列，則天下之知僕者無如執事矣。幸甚，幸甚！（〈復趙提學僉憲三〉，《陳獻章集》，卷2，頁146～147。白沙49歲）

根據此信推知，趙提學主要告知白沙者有三點：一、自立門戶；二、流於禪學；三、率人於僞。姑且不論趙提學態度爲何，但吾人可從白沙對此三點的回應，更進一步掌握白沙思想內涵，即何以白沙提出靜坐作爲他工夫的入路。

首先，關於「自立門戶」的批評。白沙以爲孔子教人文、行、忠、信，濂溪卻提出「一爲要。一者，無欲也。無欲則靜虛而動直」。而濂溪固然工夫不同於孔子，但最終目的亦是體現人之爲人義，實踐人之道德圓滿性，因此亦不背離儒家道德實踐之本意，因此仍爲儒家。白沙以爲若依此而推，儘管自己提出的是靜坐工夫，但若仍能守住道德實踐之本意，亦不可謂自立門戶，畢竟皆仍在儒家矩矱中。而白沙此種強調「同歸而殊途」之意，亦見於〈讀周朱先生年譜〉〔註142〕。白沙詩云「一語不遺無極老，千言無倦考亭翁。語道則同門路別，君從何處覓高蹤」，亦即表示濂溪、朱子在跡上表現皆不同，但他們所要追求的道卻是一致的；但儘管一致，人又如何從跡上尋找，畢竟此跡千差萬差，因著每個人的時空背景而有不同的表現，也因此無需向外求索，唯有歸本於心，覺此心體內在於我，並實踐之，此方是工夫之本質意義；亦即殊途同歸，此歸本於一方是實踐之關鍵。又如〈書蓮塘書屋冊後〉〔註143〕，白沙由「地由人勝，不勝誰傳」，說到「同其心，不同其迹，可也；同其歸，不同其入，可也。入者，門也；歸者，其本也。周誠而程敬，考亭先致知，先儒恒言也。三者之學於聖人之道，孰爲邇？孰知之無遠邇歟」，亦是強調關

〔註142〕〈讀周朱二先生年譜〉，《陳獻章集》，卷6，頁576。
〔註143〕〈書蓮塘書屋冊後〉，《陳獻章集》，卷1，頁64～65。白沙56歲。

鍵在「本」。若能守住此實踐之本質意涵，究竟工夫爲何，孰優孰勝，此便是枝節問題。畢竟，根本一立，工夫達致究竟，其所體現者之境界則是一。此理猶如景色雖各有其殊勝處，但此地、此景之所以有其意義，其關鍵在於此人爲何。也因此，批評其自立門戶，白沙以爲甚不恰當，畢竟所歸是一。接著，承此而論，白沙以爲若能守住儒家本質意涵，儘管佛家教人靜坐、惺惺等，自己亦教人靜坐、惺惺等，實不妨礙己所體現者會有有所偏之嫌疑，畢竟本立而道生，根本守住，方是實踐之關鍵。白沙此意，實是直從本體作儒佛分判，以爲本體確立了，亦即無所謂流於禪的問題。最後，若能自覺人之可貴、可求在於此心內在於我，且體會到此心之發只是不容已之要求、是至虛至靈，而人之道德實踐亦不過順此應然之理而行，那麼人之進退、是仕是隱，只需順此心之至巧便能表現出最恰當合宜的行爲。也因此，白沙認爲克恭等人之所以放棄爲官，亦不過任心而已；既是任心，儘管在跡上彼此又相同，則仍未能從私意上斷定他們的作爲流於僞。既是如此，則「妄人，率人於僞」的批評亦不恰當。

　　順此三點批評與回應，基本上討論的關鍵仍是本體、工夫問題，而白沙能如此自信其所謂靜坐，即是儒家之靜坐，乃因其所謂體，是爲道德實體，是心即理；所謂靜坐工夫，亦是存養此端倪，使人在人倫應物之際能中節而無失。但儘管有此自信，吾人亦可見出他人對白沙的批評，主要爭執點仍是「靜坐」，以爲即使本意在於存養此道德本心，但通過靜坐工夫後，難保其所存養者便是心體自身。而對此問題，白沙有其進一步的回應：

> 伊川先生每見人靜坐，便嘆其善學。此一靜字，自濂溪先生主靜發源，後來程門諸公遞相傳授，至于豫章、延平二先生尤專提此教人，學者亦以此得力。晦庵恐人差入禪去，故少說靜，只說敬，如伊川晚年之訓。此是防微慮遠之道。然在學者須自量度何如，若不至爲禪所誘，仍多靜方有入處。若平生忙者，此尤爲對症藥也。（〈與羅一峰二〉，《陳獻章集》，卷2，頁157）〔註144〕

> 周子《太極圖說》：聖人定之以中正仁義而主靜。問者曰：聖可學歟？曰：可。孰爲要？曰：一爲要；一者，無欲也。《遺書》云：「『不專一則不能直遂』，『不翕聚則不能發散』。『見靜坐，而歎其善學。』

曰：『性靜者可以爲學。』」二程之得於周子也，朱子不言，有象山
也。此予之狂言也。(〈書蓮塘書屋冊後〉，《陳獻章集》，卷1，頁65。白沙56
歲)

白沙指出，其靜坐工夫提出亦非毫無根據，乃是上承濂溪、程子、道南學派，
直至象山。但承前所論，象山實反對工夫分動靜之別，甚至以「靜」來說明
本體，因此白沙此處謂「朱子不言有象山」，不知何意，又或只是爲了強調己
說確實有本有源。除此之外，白沙所引諸人，確實可作爲他靜坐工夫之理論
依據。以下先就白沙所引諸人靜或靜坐之意闡釋，最後再與白沙靜坐工夫相
較，以檢視其靜坐工夫的理論意義。當然，此處先須說明一點，誠如前所論，
「靜」與「靜坐」理當指涉不同意涵，前者主要指本體自身，後者即指工夫；
但事實上，白沙並非嚴格使用這兩個概念，如以「靜」來表示「靜坐」之意，
而此處白沙又將靜與靜坐混同言。對此問題之解決，筆者以爲亦只需釐定每
一思想者各自意涵，並由此線索以見出白沙混同此二概念之餘，所欲表達之
意涵爲何即可：

白沙引濂溪語，謂「此一靜字，自濂溪先生主靜發源。」「周子《太極圖
說》：聖人定之以中正仁義而主靜。問者曰：聖可學歟？曰：可。孰爲要？曰：
一爲要；一者，無欲也。」濂溪兩種重要著作：《太極圖說》與《通書》，確
實言及主靜、靜之意。又白沙此處只謂《太極圖說》，實包含《通書》內容：

「聖人定之以中正仁義，（自注：聖人之道仁義中正而已矣），而主
靜（自注：無欲故靜）」(〈太極圖說〉，《周敦頤集》，頁6)

「聖可學乎？曰：可。曰：有要乎？曰：有。請問焉。曰：一爲要。
一者，無欲也。無欲則靜虛動直。靜虛則明，明則通。動直則公，
公則溥。明通公溥，庶矣乎！」(《通書·聖學第二十》，《周敦頤集》，頁31)

白沙由濂溪的「主靜」推出「靜」，再由「靜」推出「靜坐」，以完成其靜坐
工夫的義理根據。而主靜與靜之概念在濂溪皆有，前者出現在〈太極圖說〉，
後者出現在《通書》，又〈太極圖說〉〔註145〕全文，無論思理或語脈，皆同於
《通書》〔註146〕，因此二者意涵可互相參照。〔註147〕

〔註145〕簡稱《圖說》。
〔註146〕以下引《通書》，皆只標示篇名。
〔註147〕以下濂溪義理內涵主要以牟宗三：《心體與性體》第一冊，第一章「周濂溪對
　　　　於道體之體悟」爲依據。

　　濂溪〈圖說〉「聖人定之以中正仁義」，自注「聖人之道仁義中正而已矣」，即〈道第六〉「聖人之道，仁義中正而已矣。守之貴，行之利，廓之配天地。豈不易簡，豈爲難知？不守、不行、不廓爾！」〔註148〕聖人之道爲仁義中正，是就現實生活行事之道而言，不同於天道、誠體。天道、誠體是創造之源，只是一於穆不已，並無特殊分際上的特定內容。但正因通過此些普遍規則，使人眞能道德化自我生命，也因此天道之內涵方得以眞實呈顯，眞爲道德創造之源。又仁義中正之道既使天道誠體有其內涵，則此仁義中正之道必以天道誠體爲其本源，說到實處，即皆出自天道誠體自身，如〈誠下第二〉「五常百行，非誠非也，邪暗塞也，故誠則無事矣」〔註149〕，必以誠作爲其根源，而仁義中正必從此出，否則「非誠非也，邪暗塞也」。濂溪〈圖說〉「主靜」，自注「無欲故靜」，即〈聖學第二十〉「一者，無欲」〔註150〕。一，即〈理性命第二十二〉「二氣五行，化生萬物。五殊二實，二本則一」〔註151〕，亦即〈圖說〉「五行一陰陽也，陰陽一太極也」，指天道誠體之神、太極，在《通書》即指「誠」。〈家人睽復无妄第三十二〉「不善之動，妄也。妄復，則无妄矣，无妄則誠矣。」〔註152〕誠體，只是一眞實無妄、自然而本然如此之道。人因氣性限制故〔註153〕，致使不能直下體現此誠體，而須修養工夫以復之。復，即是天道誠體之流行，即是誠。〈治第十二〉「仁義禮智四者，動靜、言貌，視聽無違之謂純」〔註154〕，仁義禮智，同中正仁義，皆是誠體神用具體地在事中呈顯之普遍規則；人依此規則體現其自己，使自己在應事接物之際皆能中節而無偏失，便是心之純然、粹然的實現其自己。依此，不論就誠體而言，或就道德主體自身而言，皆只是一眞誠无妄之流行，純粹不容已地體現其自己。因此，「一者，無欲」，即指誠體只是一眞誠無妄、自然而本然之道，只是一純然、粹然之不容已，此中自無「邪暗塞」之可能，亦即「無欲」。誠體，無欲；無欲故靜。此靜仍就誠體言，所謂「寂然不動者，誠也。感而遂通者，

〔註148〕《周敦頤集》，頁19。
〔註149〕《周敦頤集》，頁15。
〔註150〕《周敦頤集》，頁31。
〔註151〕《周敦頤集》，頁32。
〔註152〕《周敦頤集》，頁39。
〔註153〕〈圖說〉「五性感動而善惡分」、〈師第七〉「性者，剛柔善惡中而已矣」（《周敦頤集》，頁20。）。
〔註154〕《周敦頤集》，頁24。

神也」（〈聖第四〉〔註155〕）、「動而無動，靜而無靜，神也。體動而無動，靜而無靜，非不動不靜也」，乃是可「神妙萬物」（〈動靜第十六〉〔註156〕），故此靜非相對動靜之靜——相對動靜只是物，「物則不通」，不通則不能神妙萬物；而是至靜之體，是一寂感眞幾，能生化妙運萬物。依此，所謂「主靜」，即以誠體爲本，亦即〈誠下第二〉「聖、誠而已矣」，聖人盡誠而見出誠體爲道德的創造之源。總地說來，白沙所引濂溪語，其根本意涵即將此內在誠體具體實踐之、彰顯之，而此實踐、彰顯過程，亦即天道誠體之神妙作用。依此而推，白沙謂「此一靜字，自濂溪先生主靜發源」，亦即同濂溪，從道德主體之實踐，進而肯認、眞實此天道誠體之神、生生妙妙之化：靜，即至靜之體；主靜，則以至靜之體爲本，亦即以誠爲本，工夫即在主靜。〔註157〕

白沙謂「伊川先生每見人靜坐，便嘆其善學」，並將此「靜坐」工夫推其源，以爲此即是濂溪的以靜（誠）爲本，以主靜（體現此誠體）爲工夫，而主靜之具體作爲即是靜坐。白沙以爲即承濂溪此義理系統，自二程以降，皆主靜坐工夫。但事實上，二程是如何談靜坐？

明道：

> 乾，陽一有物字。也，不動則不剛；「其靜也專，專一。其動也直」，直遂。不專一則不能直遂。坤，陰一有物字。也，不靜則不柔；不柔，一作躁。「其靜也翕，翕聚。其動也闢」，發散。不翕聚則不能發散。（《河南程氏遺書》卷第十一，《二程集》，頁 129）

> 性靜者可以爲學。（《河南程氏外書》卷第一，《二程集》，頁 351）

第一則，「其靜也專，其動也直」、「其靜也翕，其動也闢」，引自《易・繫辭

〔註155〕《周敦頤集》，頁 17。

〔註156〕《周敦頤集》，頁 27。

〔註157〕筆者以爲誠體之神，「寂然不動，感而遂通」，「動而無動，靜而無靜」，按理來說，以動（至動）言體亦可，何以濂溪言「主靜」？筆者推測其原因有二：其一，濂溪言「寂然不動，誠也。感而遂通，神也」（《聖第四》），雖然至動至靜皆是體自身，皆是體之流行，但若分析地言「誠」、「神」，不免在概念使用習慣上，以靜言體自身，以動言體之活動。其二，〈蒙艮第四十〉，濂溪依《蒙》卦大象：「山下出泉」，謂「『山下出泉』，靜而清也。汨則亂，亂不決也。」強調存養此未發之體；若能存養此善端，則在發用之際則能應物而無失。此未發之善端，即指至靜之體，故強調「主靜」、重「靜」。而承此「主靜」義理系統而下，白沙固然自覺此心之發自是不容已地當下體現，只在自得、自證、自信即可，但因推其本源而至濂溪義理系統，故不免最後仍強調「靜」，以「主靜」爲其工夫。

上傳》「夫易廣矣大矣！以言乎遠則不禦，以言乎邇則靜而正，以言乎天地之間則備矣。夫乾，其靜也專，其動也直，是以大生焉。夫坤，其靜也翕，其動也闢，是以廣生焉。廣大配天地，變通配四時，陰陽之義配日月，易簡之善配至德。」〈繫辭上傳〉首言易道至廣至大，作爲一切存在根據，使天地萬物都得其生生。但道之創生性見於何處？從乾坤變化，亦即陰陽變化，見到道的創生作用。此是綜合地說。易之大，表現在乾；乾主動，但亦有靜。易之廣，表現在坤；坤主靜，亦有動。動靜之言，乃分析地言乾坤二卦各自在體之流行作用下如何呈顯其自己：乾之靜是「專」，專即專一，純粹無雜，易道只是一不容已之必然要求；乾之動是「直」，直即直遂，此不容已之理則必然通透無礙的體現在事上。坤之靜是「翕」，翕即翕聚，萬物生成自己之初，如初生之根芽，而以理作爲其性；坤之動是「闢」，闢則發散，天地萬物各依其性，具體彰顯其自己，使易道生生之理具體展現在其中。具體地說，易道廣大、神妙，就在一陰一陽之變化中，見於天地、四時、日月。但另一方面，儘管易道廣大、神妙，但其理則卻又易知易從、自然而然，此乃因此易簡之善亦即聖人所體現的道德的善。由此，觀明道言此則之意，乃扣緊〈繫辭傳上〉原文，並爲之作解。此當亦從一陰一陽見天道生生之意。又此處「靜」字，當皆從氣之靜見體之流行之意，是綜合地說。

第二則語句略短，單看此句頂多知道「性靜者」可以實踐、體現道德生命；儒家言爲學，自孔子以降，皆以實踐道德生命爲學問內涵。至於何謂「性靜者」？未知其義。於此暫且從兩方面入手，以期見出明道言此語之意：一、從明道「生之謂性」之意理解。二、《禮記・樂記》「人生而靜，天之性也；感於物而動，性之欲也。」以下論述之：

明道謂：

> 「生之謂性」，性即氣，氣即性，生之謂也。人生氣稟，理有善惡，然不是性中元有此兩物相對而生也。有自幼而善，有自幼而惡，是氣稟有然〔註158〕也。善固性也，然惡亦不可不謂之性也。蓋「生之謂性」，「人生而靜」以上不容說，才說性，便已不是性也。凡人說性，只是說「繼之者善」也，孟子言人性善是也。夫所謂「繼之者善」也，猶水流而就下也。皆水也，有流而至海，終無所污，此何煩人力之爲也！有流而未遠，固已漸濁；有出而甚遠，方有所濁。

〔註158〕〈明道學案上〉「有然」作「自然」。卷13，頁685。

有濁之多者，有濁之少者。清濁雖不同，然不可以濁者不爲水也。如此，則人不可以不加澄治之功。故用力敏勇則疾清，用力緩怠則遲清。及其清也，則卻只是元初水也。亦不是將清來換卻濁，亦不是取出濁來置在一隅也。水之清，則性善之謂也。故不是善與惡在性中爲兩物相對，各自出來。此理，天命也；順而循之，則道也；循此而修之，各得其分，則教也。自天命以至于教，我無加損焉。此舜「有天下而不與焉」者也。（《河南程氏遺書》卷第一，《二程集》，頁10～11）

依牟宗三先生對明道「生之謂性」的詮釋，其確定意涵爲「就於穆不已之生德生理而帶著個體之宇宙論地成而說性」。因此，儘管此處言「生之謂性。性即氣，氣即性，生之謂也」，又謂「蓋生之謂性，人生而靜以上不容說，才說性，便已不是性也」，似乎僅就個體之成而說性，猶如告子生之謂性，但因彼此所據之義理模式不同，故對性之實之理解亦不同——告子言性，是自然之性，類不同之性；明道言性，則指於穆不已之眞幾言，是道德創造之性。牟先生以爲，明道此語既明顯就個體之成而說性，而性之實又指於穆不已之眞幾言，則此條生之謂性即表示兩個重點：其一，性之名與實之所以立；性之名就個體之成而立，性之實就於穆不已之眞幾而立。另一，個體形成時，氣稟對於性體的限制。因此，固然明顯地見此條之意在指個體之成，但未能眞如此孤立視之，必以於穆不已之眞幾作爲其根據、以爲性體之實。依此而論，「生之謂性」只說氣稟對人之限制，性仍是超越之性，而非氣之性命；亦即性只是一性，並無二性，但卻可以相應個體之成而說氣稟對於性體的限制。而由此，亦方有所謂「澄治之功」而求復性。〔註159〕順此義說下，明道謂「蓋生之謂性，人生而靜以上不容說，才說性，便已不是性也」、「及其清也，則卻只是元初水也。亦不是將清來換卻濁，亦不是取出濁來置在一隅也。水之清，則性善之謂也。故不是善與惡在性中爲兩物相對，各自出來」，人生而靜固然不容說，一說便是受氣性限制的性，但倘若確實加以澄治之功，則性亦無所謂限制與否，「卻只是元初水也」，只是天理之不容已，而此不容已就在吾人之道德生命中體現。若是，人生而靜亦非不容說，只是必須通過實踐而證成之；亦即孟子性善論。

　　承此明道之意，〈樂記〉「人生而靜，天之性也；感於物而動，性之欲也。」

〔註159〕牟宗三：《心體與性體》第二冊，頁160～163。

此天之性乃天之所命通及於性，此性即是一穆不已之眞幾，是道德創造之源。但就人之生，一方面亦為氣所限，故儘管有此天命之性，若未能自覺之、實踐之，不免仍為外物所牽引，而為物所動。故「性之欲也」，非性自身有欲（欲，指氣之駁雜），乃指受氣稟限制的性體；「人生而靜」，則此靜即體之靜，「寂然不動，感而遂通」之靜，是「動而無動，靜而無靜」之靜，亦即神。既人以此為性，故功夫修養亦在此，以復見其天地之性。

　　依此兩點，所謂「性靜者可以為學」，此「性靜者」當從道德實踐下肯認，若能體悟此於穆不已之眞幾、道德創造之源內在於我，並自覺此方是人之為人之義，且具體呈顯在日用中，則此天理之內涵即是吾人之道德生命；性靜，就體之寂感之神言，而性靜者，即是自覺此寂感眞幾內在於我，為我之性。依此，「人生而靜」便是實理，亦無所謂不容言，實亦不需言，只是一昭昭明明、神妙莫測之不容已之道德實踐。

　　白沙引明道這兩句話，但就上所論，兩則的「靜」各有各自的意涵，後一則或許可謂承濂溪主靜之意，但前一則綜合地說道體在氣化中流行，強調「流行」意，似乎與白沙言靜坐，暫時隔離一下，體會此內在且不容已之心體不同。但無論如何，至少可見出白沙從「性靜」而言道德實踐之理論線索。以下續論伊川〔註160〕：

　　　　伊川見人靜坐，便歎其善學。(《河南程氏外書》卷第十二，《二程集》，頁

　　　　432）

此則全文為「謝顯道習舉業，已知名，往扶溝見明道先生受學，志甚篤。明道一日謂之曰：『爾輩在此相從，只是學某言語，故其學心口不相應。盍若行之？』請問焉。曰：『且靜坐。』伊川每見人靜坐，便歎其善學。」依此，伊川之所以歎其善學，其理由當順明道之意而來。明道以為，人之為學若僅停留在言語的模仿、行為的相似，則此不過是積累之學，並非眞正道德實踐所在。若要為學，唯有通過靜坐以反求諸己，自覺此天命之性即是吾性，並順此心體要求而行，方是自發、自律之道德實踐功夫所在；知與行方是一。然伊川眞了解明道之意，亦肯定靜坐乎？伊川云：

　　　　季明問：「先生說喜怒哀樂未發謂之中是在中之義，不識何意？」曰：

　　　　「只喜怒哀樂不發，便是中也。」曰：「中莫無形體，只是箇言道之

　　　　題目否？」曰：「非也。中有甚形體？然既謂之中，也須有箇形象。」

　　──────────
　　〔註160〕關於伊川的理解，乃參牟宗三：《心體與性體》第二冊，頁 351～385。

曰：「當中之時，耳無聞，目無見否？」曰：「雖耳無聞，目無見，
然見聞之理在始得。」……曰「固是所謂皆中，然而觀於四者未發
之時，靜時自有一般氣象。及至接事時又自別，何也？」曰：「善觀
者不如此，卻於喜怒哀樂已發之際觀之。賢且說靜時如何？」曰：「謂
之無物則不可，然自有知覺處。」曰：「既有知覺，卻是動也，怎生
言靜？人說『復其見天地之心』，皆以謂至靜能見天地之心，非也。
《復》之卦下面一畫便是動也，安得謂之靜？自古儒者皆言靜見天
地之心，唯某言動而見天地之心。」……或曰：「先生於喜怒哀樂未
發之前下動字，下靜字？」曰：「謂之靜則可，然靜中須有物始得，
這裏便一作最。是難處。學者莫若且先理會得敬。能敬，則自知此
矣。」……或曰：「當靜坐時，物之過乎前者，還見不見？」曰：「看
事如何？若是大事，如祭祀，前旒蔽明，黈纊充耳，凡物之過者，
不見不聞也。若無事時，目須見，耳須聞。」（《河南程氏遺書》卷第十
八，《二程集》，頁 201～202）

暇日靜坐，和靖、孟敦夫、張思叔侍。伊川指面前水盆語曰：「清靜中
一物不可著，才著物便搖動。」（《河南程氏外書》卷第十二，《二程集》，頁 430）

在理解伊川言靜、言靜坐之意，首先，須確定的是伊川言「中」之意為何，因
為就此段引文，伊川是從「中」說到「靜」，說到「靜坐」。伊川言「只喜怒哀
樂不發，便是中也」，又謂中雖沒有形體，但「然既謂之中，也須有箇形象」，
又謂「雖耳無聞，目無見，然見聞之理在始得」。此三個對「中」的規定，又
以第一個最為首要，若能確定此「中」之意涵，即能理解後面兩個。但伊川，
對此「在中」之意的回答過簡，猶如只是對《中庸》「喜怒哀樂未發謂之中」
做較白話的註解而已。此處，再參看其他關於伊川對於「在中」的解釋：

蘇季明問：「中之道與喜怒哀樂未發謂之中，同否？」曰：「非也。
喜怒哀樂未發是言在中之義，只一箇中字，但用不同。」……又問：
「呂學士言：『當求於喜怒哀樂未發之前。』信斯言也，恐無著摸，
如之何而可？」曰：「看此語如何地下。若言存養於喜怒哀樂未發之
時，則可；若言求中於喜怒哀樂未發之前，則不可。」又問：「學者
於喜怒哀樂發時固當勉強裁抑，於未發之前當如何用功？」曰：「於
喜怒哀樂未發之前，更怎生求？只平日涵養便是。涵養久，則喜怒
哀樂發自中節。」（《河南程氏遺書》卷第十八，《二程集》，頁 200～201）

「中之道」即「中即道也」〔註161〕，以中代表道，亦即道體，不同於喜怒哀樂未發謂之中。喜怒哀樂未發謂之中，此中不是道，乃是「在中之義」，參照「只喜怒哀樂不發，便是中也」一語，可知此「中」僅單就情緒未發狀態言之；亦即「吾人之心處於一種不發未形因而無所謂偏倚之境況」。「在中」之意既是如此，只是一實然的心境，離開此心境空無一物，亦不能以他物代之，則自不能「求中」，且確實無著摸處。因此，伊川以爲對此「中」，只能以存養爲工夫。所謂「只平日存養便是」，即收斂此未發之心，使其不偏不倚；久之，亦能在發用處表現中節而無失。當然，伊川此說實略簡，涵養尙須敬的工夫，且涵養亦只能用於未發，已發則須察識。但無論如何，既基本確定伊川言「中」之義，則可續論上引文之意。

　　中既只是情緒未發的一種平靜狀態，則中自然沒有形體可以指稱，但吾人仍可去描述它、形容它。又儘管此未發情緒狀態「耳無聞、目無見」，但並非眞得什麼都沒有，也不是死物，而是有「見聞之理」，亦即有「知覺」能力。季明又問，未發之時，亦即靜時，所表現的情緒是「中」，是不偏不倚的氣象，那麼已發之時，亦即動時（與物相接），又是如何？但伊川於此卻又反對「靜時」的說法，以爲既有知覺，就是動，「怎生言靜」。對此，伊川進一步云，「復其見天地之心」，一般皆理解爲至靜便能見天地之心，但他認爲《復》卦下一畫便是動，不可說靜，因此應爲動而見天地之心。姑且不論伊川批評恰當否，但伊川既有存養未發之中的工夫，顯然是可客觀地去看待情緒未發的狀態，並作存養以保持此平靜之心的工夫，但此處卻又認爲不可能有靜，只有動，不免顯出伊川言此之糾纏與矛盾。畢竟，伊川續又云，在喜怒哀樂未發之前，

〔註161〕伊川〈與呂大臨論中書〉：「中即道也。若謂道出於中，則道在中外，別爲一物矣。」伊川此說，應"中即是道"，但伊川又云『中即性也』，此語未安。中也者，所以狀性之體段。……如中既不可謂之性，則道何從稱出於中？蓋中之爲義，無過不及而立名。」、「不偏之謂中。道無不中，故以中形道。若謂道出於中，則天圓地方，爲方原者天地所自出，可乎？」似乎，中又不是本體自身，只是狀詞；形容本體不偏不倚。但儘管是狀詞，實亦不礙以中指稱道，亦可直以本體曰中。如誠本是眞實無妄之意，爲狀詞，所指目即是天道實體。但吾人亦可將誠轉爲實體字，而曰誠體。但伊川又謂中不是性。若是，中與性，與道究竟何意？依伊川層層論下，固然開頭言「中即道也」，但就其本意，「中」應該不能理解爲道體，不然何以又說中只是形容道體，不能當作道體自身。對伊川此說的糾結，牟先生以爲伊川此處論述實極差謬、不通。此文重心既不在闡明伊川內部義理，且牟先生已有相當的論述，故筆者此處對伊川的理解，將主要參牟先生的說解。《河南程氏文集》卷第九，《二程集》，頁605～607。牟宗三：《心體與性體》第一冊，頁324、《心體與性體》第二冊，頁352。

可下一靜字。「靜中須有物使得」，此所謂「須有物」即「有知覺」，亦即有見聞之理。但前既云「既有知覺，卻是動也，怎生言靜」，則此「須有物」當下動字，而非靜字。故伊川言「這裡便是難處」，而牟先生以為此難正因伊川自己為動靜所困，總鬧不明白所致，也因此最後捨靜而言敬。「能敬，則自知此矣」，即是以心為實然之心，故雖心之未發已澄澈清明、不偏不倚，但仍須以敬持之，使其真能如理合度。

季明又問「靜坐」；靜坐之時，物來於前，見或不見，亦即應物不應物。伊川答之，「若是大事，如祭祀，前旒蔽明，黈纊充耳，凡物之過者，不見不聞也。若無事時，目須見，耳須聞」。「前旒蔽明，黈纊充耳」，典自《漢書卷六十五·東方朔傳》「水至清則無魚，人至察則無徒。冕而前旒，所以蔽明；黈纊充耳，所以塞聰」。若至清、至察，則難與人相交，因此以「旒」、「黈纊」遮住人之耳目，使其不如此至清、至察，而能在世俗中與人交際。但「旒」、「黈纊」另一個意思，即藉此二者使人不見、不聽妄言妄行，亦即非禮勿視聽言動之意。伊川此處，當近後者之意，亦即如祭祀這樣大事，人須不見、不聽，專心一意的行禮如儀。但若無事，伊川又云「目須見，耳須聞」，此目見耳聞自非指見聞妄言妄行，乃指須至清至察之意。而伊川此說，或可謂之歸納：若是大事，須靜，使心保持平靜專一狀態，不為外物所擾；若是無事，須動，隨時察識自己言行有無偏失。但季明問的是靜坐之事，伊川卻答之動靜。伊川此說，確實難解其意。姑且為之辯說：靜坐只用於大事，使心保持平靜專一，但既是祭祀，必有行禮動作，因此亦無所謂靜坐的舉動，只是靜之意。如下引文所謂「清靜中一物不可著，才著物便搖動」，即是強調使實然之心保持其平靜無波的狀態。因此，靜坐時物來應不應、見不見，並非考量所在，只是該靜的時候就靜，該動的時候就動；此動靜皆就實然之心講。

依此，伊川言靜坐明顯地不同於明道直下肯定心體，通過靜坐以反求諸己之意。〔註162〕又白沙既謂朱子「少說靜，只說敬」，是承伊川晚年之訓。此處引文既言及「敬」，便由此先說朱子。朱子：

〔註162〕牟宗三針對伊川在〈與呂與叔論中書〉中許多不明澈處提出，若伊川能自覺自己有另一套想法，不同於孟子、《中庸》，則其糾纏處亦有其實義，儘管未能肯定心即理，但依自己想法為準亦甚清楚。但正因初非自覺地有一套，又不解孟子、《中庸》的實義，乃因而一義即滯一義，遂不自覺地步步顯示出來。此處言靜坐亦是如此。固然順明道肯定靜坐，但因未解明道靜坐之意，遂落在動靜糾纏中而鬧不明，最後捨而不論只言敬。參牟宗三：《心體與性體》第二冊，頁 350～382。

一之問：「存養多用靜否？」曰：「不必然。孔子卻都就用處教人做工夫。今雖說主靜，然亦非棄物事以求靜。既爲人，自然用事君親，交朋友，撫妻子，御童僕，不成捐棄了，只閉門靜坐，事物之來，且曰：『候我存養！』又不可只茫茫隨他事物中走。二者須有簡思量倒斷，始得。」項之，復曰：「動時，靜便在這裏。動時也有靜，順理而應，則雖動亦靜也。……事物之來，若不順理而應，則雖塊然不交於物以求靜，心亦不能得靜。惟動時能順理，則無事時能靜；靜時能存，則動時得力。須是動時也做工夫，靜時也做工夫，兩莫相靠，使工夫無間斷，始得。……雖然，『動靜無端』，亦無截然爲動爲靜之理。如人之氣，吸則靜，噓則動。又問答之際，答則動也，止則靜矣。凡事皆然。且如涵養、致知，亦何所始？但學者須是截從一處做去。程子謂『學莫先于致知』，是知在先；又曰『未有致知而不在敬者』，則敬也在先。從此推去，只管恁地。」（〈學六〉，《朱子語類》，卷 12，頁 218）

首先針對靜，朱子以爲當就在用處做工夫，並謂「主靜」之說，亦非離開人事以求靜，畢竟人之存在，定不能離開人倫日用。因此若謂平時只閉門靜坐，在應物之際，又得暫時離開，做一下靜的工夫，此是背離人情的。但朱子亦認爲，儘管人不離開人倫日用，但亦非爲此日用之事所牽引。因此，對於動靜的體會，朱子以爲須有一明確地理解：雖然與物相接而表現動，但此時心仍能保持平靜專一，因此雖動，靜亦在其中。而靜之所以在，乃因動是依理而動，非妄動；既是依理而動，則雖動亦靜。朱子續云，事物之來，若未能依理而行，則儘管暫時與物隔絕，則此求靜亦非眞正的靜，實不過是心之妄動而已。因此，唯有動時依理而行，靜方能存；靜能存，則動時更能依理而行。故朱子提出「須是動時也做工夫，靜時也做工夫，兩莫相靠，使工夫無間斷，始得」。但儘管言動、言靜，朱子以爲此動靜之說不能截然爲二，眞以爲有一個動（有一個動，便有一個動之理）、有一個靜（有一個靜，便有一個靜之理），此猶如「吸噓」，說噓是動，吸是靜，此動靜不過就是一事。但何以又有「主靜」之說？朱子以爲，此不過工夫總需有個下手處，故言「主靜」，並非眞離人倫事物而言靜的工夫。

依此「靜」之意，朱子對此「靜坐工夫」提出：

或問：「近見廖子晦言，今年見先生，問延平先生『靜坐』之說，先

生頗不以爲然，不知如何？」曰：「這事難說。靜坐理會道理，自不
妨。只是討要靜坐，則不可。理會得道理明透，自然是靜。今人都
是討靜坐以省事，則不可。嘗見李先生說：『舊見羅先生說《春秋》，
頗覺不甚好。不知到羅浮靜極後，又理會得如何。』是時羅已死。
某心常疑之。以今觀之，是如此。蓋心下熱鬧，如何看得道理出！
須是靜，方看得出。所謂靜坐，只是打疊得心下無事，則道理始出；
道理既出，則心下愈明靜矣。（〈羅氏門人〉，《朱子語類》，卷103，頁2602）

承上言動靜。人不能離日用，但在動時若能順理而應，則雖動亦靜；靜時存
養，則動時得力。動靜只是一事。依此，朱子以爲靜坐若不能理會道理，只
是靜坐，則不可，此「不可」即上引文所謂「事物之來，若不順理而應，則
雖塊然不交於物以求靜，心亦不能得靜」。故雖靜坐，亦須理會道理；理會道
理明透，雖動亦靜。順此意說下，朱子引延平語指出，之所以強調「靜」，乃
因若心一直爲外在事物所紛擾，則人又如何見出此超越之性理。因此，唯有
心靜，方能理明。而靜坐，即是使此實然之心收斂凝聚，不爲物所動；當心
不爲物所動，自能進一步認知此超越之性理；若能明得此理，則心之動便能
愈順理而行，無事時亦能愈靜。又靜坐既是爲了理會道理，則靜坐如何理會
道理？朱子謂：

昔陳烈先生苦無記性。一日，讀《孟子》「學問之道無他，求其放心
而已矣」，忽悟曰：「我心不曾收得，如何記得書！」遂閉門靜坐，
不讀書百餘日，以收放心。卻去讀書，遂一覽無遺。（〈學五〉，《朱子
語類》，卷11，頁177）

讀書閒暇，且靜坐，教他心平氣定，見得道理漸次分曉。李札錄云：「庶
幾心平氣和，可以思索義理。」這箇卻是一身總會處。……人只是一箇心
做本，須存得在這裏，識得他條理脈絡，自有貫通處。（〈學五〉，《朱
子語類》，卷11，頁178）

根據此二則可知，靜坐之所以能理會道理，乃因其作用在於使心保持心平氣
定之狀態，亦即靜的狀態、情緒未發的狀態。朱子以爲若能如此，則人自能
清明地去認知道理，而讀書即是一例：若要窮讀書之理，須先使心收斂凝聚，
保持平靜狀態，這樣再去讀書，便能將書中所呈之理具體掌握，亦能記得書
本內容。

朱子對靜、對靜坐理解既是如此，以下續論朱子言「敬」之意：

問：「敬通貫動靜而言。然靜時少，動時多，恐易得撓亂。」曰：「如
何都靜得！有事須著應。人在世間未有無事時節，要無事除是死也。
自早至暮，有許多事。不成說事多撓亂，我且去靜坐。敬不是如此。
若事至前，而自家卻要主靜，頑然不應，便是心都死了。無事時敬
在裏面，有事時敬在事上，有事無事，吾之敬未嘗間斷也。且如應
接賓客，敬便在應接上；賓客去後，敬又在這裏。若厭苦賓客而爲
之心煩，此卻是自撓亂，非所謂敬也。故程子說：『學到專一時方好。』
蓋專一，則有事無事皆是如此。程子此段，這一句是緊要處。(〈學六〉，

《朱子語類》，卷 12，頁 212～213)

首先，朱子再次批評只是求靜，以爲人之處世只是許多事，只是動。因此，
未能因事之紛雜，便說去靜坐。接著，朱子提出工夫當是「敬」。朱子將二者
相較，指出：若只是主靜，則面對事物，心只是不動，這樣「便是心都死了」；
敬的工夫，卻能在無事時，以敬持之，有事時，亦能以敬持之，不論有事無
事，都只是敬。若有不敬，只是未能徹底實踐此工夫，即非所謂敬。故工夫
若能專一，亦即持敬，則「有事無事皆是如此」。而朱子以爲工夫唯有如此，
而程子亦主此說。

　　歸結而論，伊川、朱子不言靜，只說敬，不僅表面意思以爲「恐人差入
禪去」，乃是基本上二者義理系統不同，亦即濂溪、明道以靜（性靜）爲體，
故工夫可通過靜坐以反求諸己，但伊川、朱子言體並無此至靜之神之體，體
不過只是靜態地存有，靜只是相對動靜之靜，因此才有與其以靜坐使心收斂
凝聚、保持清明的狀態去認知理，未若以敬使心不論動、不論靜都能專一。
依此，白沙謂伊川、朱子言敬，只是「防微慮遠之道」，又認爲己之靜坐主張
亦承伊川而得，顯然在義理分疏上有不嚴謹處。以下續論豫章、延平。

《羅豫章集》卷十四附錄上〔註163〕：

初李愿中以書謁先生，云：「先生性明而修，行全而絜，充之以廣
大，……至漢唐諸儒無近似者。至於不言而飲人以和，與人並立而
使人化，如春風發物，蓋亦莫知其所以然也。凡讀聖賢之書，粗有
見識者，孰不願得授經門下，以質所疑。」從之問學，終日相對靜
坐，只說文字，未嘗一及雜語。先生極好靜坐，愿中退居室中，亦
只靜坐。先生令靜中看喜怒哀樂未發之謂中，未發時作何氣象，不

惟於進學有力，亦是養心之要。相從累年，受《春秋》、《中庸》、《語》、《孟》之說，從容潛玩，有會于心，盡得其所傳之奧。先生少然可亟稱許焉。

從這段記載，可知豫章極好靜坐，且以靜坐教其弟子。而靜坐目的，在於「觀喜怒哀樂未發之謂中，未發時作何氣象」，並以爲此「不惟於進學有力，亦是養心之要」。若觀未發氣象，如伊川、朱子，則此觀不過是看實然的心平靜狀態，因此也無所謂「養心之要」，畢竟工夫重點在敬；持敬方能明理。但豫章卻認爲通過靜坐，不但是道德實踐用力處，亦能存養此心。如其詩云「靜處觀心塵不染，閒中稽古意尤深」〔註164〕、「性地栽培恐易蕪，是非理欲謹於初」〔註165〕，皆重在未發時，對心的存養與肯認；若只是動靜之靜，如伊川，如何能謹於初。依此，豫章此靜坐絕非只是使心保持平靜而已，乃是通過靜坐，「異質地指目一超越實體以爲中」，亦即體會一超越之性理內在於我；若人能覺此心體（亦即性體），便能肯認人此一存有之絕對價值義，而由此入手，工夫實踐方有其意義。

延平既承豫章靜坐工夫，則其與朱子答問時云：

十一月十三日書云：吾人大率坐此窘窶，百事驅遣不行，唯於稍易處處之爲庶幾爾。……大凡人禮義之心何嘗無，唯持守之，即在爾。若於旦晝間不至梏亡，則夜氣存矣。夜氣存，則平旦之氣未與物接之時，湛然虛明，氣象自可見。此孟子發此夜氣之說，於學者極有力。若欲涵養，須於此持守可爾，恐不須說心既放，木既伐，恐又似隔截爾。如何如何？又見喻云伊川所謂未有致知而不在敬者，考《大學》之序則不然。……要之，敬自在其中也，不必牽合貫穿爲一說。……灑落自得氣象其地位甚高，恐前數說方是言學者下工處，不如此則失之矣。由此持守之久，漸漸融釋，使之不見有制之於外，持敬之心，理與心爲一，庶幾灑落爾。（《延平答問》，《朱子全書》第拾參冊，頁320～321）

某晚景別無他，唯求道之心甚切。雖間能窺測一二，竟未有灑落處。以此兀坐，殊憒憒不快。昔時朋友，絕無人矣，無可告語，安得不至是耶？可嘆可懼！示諭夜氣說甚詳，亦只是如此，切不可更生枝

〔註164〕〈觀書有感〉，《羅豫章集》，卷13，頁317。
〔註165〕〈自警〉，《羅豫章集》，卷13，頁317。

節尋求，即恐有差。大率吾輩立志已定，若看文字，心慮一澄然之時略綽一見，與心會處便是正理。若更生疑，即恐滯礙。……夜氣之說所以於學者有力者，須是兼旦晝存養之功，不至梏亡，即夜氣清，若旦晝間不能存養，即夜氣何有！疑此便是日月至焉氣象也。曩時某從羅先生學問，終日相對靜坐，只說文字，未嘗及一雜語。先生極好靜坐，某時未有知，退入室中，亦只靜坐而已。先生令靜中看喜怒哀樂未發之謂中，未發時作何氣象。此意不唯於進學有力，兼亦是養心之要。元晦偶有心恙，不可思索，更於此一句內求之，靜坐看如何，往往不能無補也。（《延平答問》，《朱子全書》第拾叁冊，頁321～322）

首先，「灑落」一詞，延平謂「灑落自得氣象，其地位甚高，恐前數說，方是言學者下工處，不如此則失之矣。由此持守之久，漸漸融釋，使之不見有制之於外，持敬之心，理與心爲一，庶幾灑落爾」、「今學者之病，所患在於未有灑然冰解凍釋處，縱有力持守，不過只是苟免顯然尤悔而已。似此恐皆不足道也」〔註166〕。此處談到持敬之心。延平謂敬，不同於伊川、朱子以敬貫動靜，乃是「要之，敬自在其中也，不必牽合貫穿爲一說」。之所以敬自在其中，乃因此敬之要求亦發於主體自身，心體當下之不容已，因此自無動靜之別，只是心當體承擔之大勇矣。「持守」一詞，延平謂「大凡人禮義之心何嘗無，唯持守之，即在爾」。心本在，唯人自覺之、實踐之、完成之，而此一道德實踐過程即是要人時時振拔自己，存養此心而無失，故言持守，此持者、守者，亦是心之當體要求，主體之不容已；實踐動力根於道德主體，非由外求。所謂夜氣之說，亦是人若能自覺心體內在於我，且必然地將此要求具體體現，則此心之明未嘗不在；若未嘗失其本心，則雖未與物相接，人仍能在此平靜狀態中異質地復反其本心，體會此湛然虛明之理體。因此，夜氣之說必建基於「須是兼旦晝存養之功，不至梏亡」。又見此氣象之「見」，即是肯認、體證之意；自覺人之可貴，正因此超越之性理內在於我，且此理體湛然虛明，人之所求，亦求此即可。故延平乃謂「心慮一澄然之時，略綽一見與心會處，便是正理」；心慮澄然，即使心保持平靜狀態，但亦不僅只是如此，須有「見」，此見即靜復其超越之理體，體會吾人之心亦即此超越之體。依此，不論持敬之心、持守、存此夜氣，皆是存養此心之工夫，也因此延平謂此皆

〔註166〕《延平答問》，「己卯長至後三日書云」。（《朱子全書》第拾叁冊，頁321）

「學者下工處，不如此則失之矣」。相對於此，延平以為「灑落」之意即不同於此，且地位甚高。觀延平所謂，不論是「灑落」或是「灑然冰解凍釋處」，其之所以地位甚高，當指此已達即工夫即境界之意。畢竟，不論是持守、敬，或存此夜氣，此中不免仍有勉強，須時時提著此心，不使其稍有下墮之嫌，且儘管謂肯認此超越之性理，此肯認亦不過超越地自信、自證心即理，與道德實踐具體要求在日用中之呈顯仍有距離，因此延平乃認為工夫唯有達致自然而然、遇事能無一毫固滯，方是究竟處。否則，仍有持守，不免仍「見事不澈，中心未免微有偏倚」〔註167〕，徒增悔恨罷了！

接著，延平提出靜坐。延平問學於豫章，豫章教之靜坐工夫，從此引文亦可得證。靜坐之意，在於「靜中看喜怒哀樂未發之謂中，未發時作何氣象」，並認為此是實踐工夫用力處，亦是存養此心之關鍵。延平此靜坐之說，實可與上述「學者下工處」之義相參照。之所以靜中看未發之中有其實踐意義，乃因「禮義之心何嘗無」；既心體內在於我，則我反觀自省，自證此超越之理，亦有其實踐之意義。而此未發之氣象，亦猶如夜氣之說，「夜氣存，則平旦之氣未與物接之時，湛然虛明，氣象自可見」；具體而言靜坐之意，亦猶如「心慮一澄然之時，略綽一見與心會處，便是正理」。且儘管各工夫可互相參照，延平仍以靜坐為重，且認為通過靜坐之反觀自省，更能體察持守與日用有無未合處，或更有關鍵處有無未能融釋。〔註168〕而延平之所以如此重視靜坐，當如其所一再強調，乃受豫章影響故。而豫章雖未詳盡說解靜坐之意，但從延平直下肯定「大凡人禮義之心何嘗無，唯持守之，即在爾」，並由此進一步強調靜坐對存養此心的重要，亦是對豫章靜坐理論之補充。再者，延平提出「須是兼旦晝存養之功」，亦是歸本於實踐之本義，必然要求落在日用中呈顯，另外「灑落」之說，亦可謂對靜坐工夫有一圓滿、究竟的補充，可排除一般可能對靜坐空頭守住超越之理的質疑。總結地說豫章、延平靜坐工夫，其言靜坐、靜，雖不同於白沙按理而言有各自不同的意義，但其強調在吾人之靜（平靜心境）之時，即暫時隔離感性欲望之擾攘，逆反其心，異質地指

〔註167〕《延平答問》，《朱子全書》第拾叁冊，頁323。

〔註168〕參《延平答問》「庚辰七月書云：某自少時從羅先生學問，彼時全不涉世故，未有所入，聞先生之言，便能用心靜處尋求。至今汩汩憂患，磨滅甚矣。四、五十年間，每遇情意不可堪處，即猛省提掇，以故初心未嘗忘廢，非不用力，而迄於今更無進步處。常切靜坐思之，疑於持守及日用儘有未合處，或更有關鍵未能融釋也。」《朱子全書》第拾叁冊，頁323。

目一超越實體以爲中，體會此超越之性理內在於我，其義是一。因此可謂，白沙靜坐之說，在理論上確實可說是承繼豫章、延平而得。

總地說來，白沙爲其靜坐之辯解，以爲「此是防微慮遠之道。然在學者須自量度何如，若不至爲禪所誘，仍多靜方有入處。若平生忙者，此尤爲對症藥也」，並以「二程之得於周子也，朱子不言有象山也。此予之狂言也」，表明其靜坐工夫是有所承，是儒家工夫之一環。此說除了誤以爲伊川亦肯定靜坐，伊川、朱子言敬不言靜，只是擔心人差入禪去，而忽略彼此在義理上有本質的不同外，其說承濂溪之主靜，明道之靜坐，以及豫章、延平專以靜坐教人，確實在義理系統上有其脈絡可承，且可謂白沙以至靜爲體，以靜坐爲工夫，確實不悖儒家實踐本義，亦即肯定心即理，心之自覺即是天理。依此反省白沙與孟子、象山之不同，此不同當即是在工夫實踐處，白沙承濂溪說下，多了一個暫時隔離，超越的逆覺體證此性理，而未能直下信得本心定能衝破此現實紛擾。若由此謂，白沙無孟子工夫，此「無」字亦當從此理解，而非眞無孟子本心義之不容已。但白沙靜坐工夫有無豫章、延平之「灑落」之究竟工夫？白沙此一階段提出靜坐，並以靜坐爲有得，乃因自覺心固然不容已要求其自己，但人因有其有限性一面，故不免仍受氣性紛擾而未能如理體現其自己，因此不免認爲須暫時隔離，澄澈一下自己，使自己見此湛然虛明之理體，並認爲在肯認此體、存養此體後，人較能發而皆中節。故比孟子、象山多此一步工夫。但多此一步，最後仍須回到人倫日用中，且工夫最後，須連此對治相（暫時隔離之工夫）皆消融，否則心之發永遠有不順遂處。故在延平，有「灑落」的提出。對此，白沙此階段雖主靜坐爲有得，但如首章所論，白沙工夫亦非僅止於此，仍有進一步之體悟，下章將呈顯白沙此進一步之體會。

第四章　爲學究竟：大悟自然眞義

　　在緒論論及「白沙理論架構」，已針對東所〈白沙先生行狀〉、〈白沙先生墓表〉，及甘泉〈白沙先生改葬墓碑銘〉三文內容做闡釋，並說明透過東所的記載，確實較能對白沙思想進程有所掌握，即較能見出白沙思想發展至後來何以有「自然」之提出〔註1〕，亦因此可合理地將白沙思想分作三階段，且後兩階段是爲一根同質之發展。於此不再重複論述此三篇文的內容，而是直接針對白沙第三階段，亦即其思想最後成熟階段〔註2〕作討論。另外，東所、甘泉皆有對「自然」此概念提出自己的體會，而此體會也都爲白沙所認可，故於此將另立一節說明二者言「自然」之意，以作爲白沙此階段思想的補充。

〔註1〕　張學智亦認爲白沙雖以「靜中養出端倪」作爲修養方法起點，但這只是他學問的關鍵、起始，並不是學問的全部。養出端倪後，並非無事，還有擴充境界，使天地萬物在此境界中與心打併爲一這一覺解工夫。在白沙這裡，養出端倪，是一種自然的呈露，但這種呈露還只是「隱然」、「常若有物」，並非清晰、牢固的，還需要一個從本然到自覺、從朦朧到清晰的過程。端倪作爲一種道德感的萌芽，也需要發展爲擴大堅固的精神勢能。在經過多年體驗後，白沙得到了一種心中之理與宇宙萬物融合爲一，並且這種融合是自自然然、好似本來如此的境界。而此使心與萬物融合爲一的工夫即是「義理融液，操存洒落」的工夫；此工夫最重要，最能代表白沙思想的歸趣。（參氏著：《明代哲學史》，頁44、頁47）筆者雖然不同意張氏以「義理融液，操存洒落」作爲白沙工夫內涵，但對於張氏所謂，白沙思想從靜中養出端倪，至悟得此心之發即是天地之流行，天地萬物只是自然而然之說法，深表認同。

〔註2〕　牟宗三曾謂宋明儒講學重點唯落在道德本心與道德創造之性能（道德實踐所以可能之先天根據）上，故可謂此學是爲「心性之學」、「內聖之學」；「內聖」者，內而在於個人自己，則自覺地做聖賢工夫（作道德實踐）以發展完成其德性人格之謂也。參《心體與性體》第一冊，頁4。白沙言學亦遵循此傳統，且最終目的亦是實現此德性人格之完成，只是白沙對此人格歸宗於「自然」。

第一節　未得到自得：本體工夫的深化

一、自信爲學關鍵在覺

在前章曾先引〈與張廷實主事〉一則：

> 前輩謂學貴知疑，「小疑則小進，大疑則大進」。疑者，覺悟之機也。
> 一番覺悟，一番長進。章初學時亦是如此，更無別法也。凡學皆然，
> 不止學詩即此，便是科級，學者須循次而進，漸到至處耳。（〈與張廷
> 實主事十三〉，《陳獻章集》，卷2，頁165）

此強調白沙「初學」時已重視「覺」對道德實踐的重要；因此學不由積累而
得，唯有反求諸己、自證己心方能有所得。至今，白沙亦以此教東所，一方
面承此前意，強調道德實踐唯有自證己心，另一方面亦說明，此悟非一了百
當，仍須循序漸進，實地作工夫；悟與學同時並進，工夫愈深，體悟愈深；
體悟愈深，工夫愈深。所悟，悟此本體，工夫，亦以此體爲根據、爲動力，
因此方有所謂「一根同質之發展」。

白沙除以此教廷實外，亦教甘泉等人，益可見白沙對此之重視：

> 碧玉臥病踰半月，忽得手札，讀之喜甚，遂忘其病也。學無難易，
> 在人自覺耳。才覺退便是進也，才覺病便是藥也。眼前朋友可以論
> 學者幾人？其失在於不自覺耳。近因衰病，精力大不如前，恐一旦
> 就木，平生學所至如是，譬之行萬里之途，前程未有脫駕之地，真
> 自枉了也。思於吾民澤告之，非平時漫浪得已不已之言也。倘天假
> 之年，其肯虛擲耶？附去藥錢一百，煩手丸寄渡子回，景雲在病也。
>
> （〈與湛民澤五〉，《陳獻章集》，卷2，頁191）

白沙以爲「學無難易，在人自覺耳」。之所以無難易，只因此學非由外而得，
亦非積累而得，因此無所謂能不能，只在自己肯不肯爲而已。此肯不肯，即
是肯認與否的問題：肯認之，則心體沛然莫之能禦，充於四體，四體不言而
喻；未能肯認之，則只是禽獸。白沙續云「才覺退便是進也，才覺病便是藥
也」。覺，即覺此心體內在於我，爲我實踐動力之不容已之要求，且此要求必
然體現在事上。而退與進、病與藥亦只是一念之幾：若人能依從此心之要求
而行，即是進、即是藥，亦即是善；若否，則是退、則是病，亦即不善。因
此，雖謂退、謂病，並非指未達某種善的程度，或有稍不善之嫌，善即是善，
惡即是惡，善惡之別判然爲二，此絕無折衷之說。只是白沙此說，其意或不

重在此善惡之辨，如〈禽獸說〉，乃單就實踐言，此覺退、覺病皆心之發用故；之所以有退、有病，並非眞有一個「進」、有一個「藥」與之相對，乃單就心之不容已言，當其發用，即覺此心之不純粹，並使之純粹，此便是覺退、覺病，亦即是進、是藥。故此乃就一幾上做工夫，一念覺即天理，一念迷即人欲，而其關鍵即此心內在於我，端在吾人能否自覺之、實踐之。又白沙以爲此覺須時時警醒，亦即隨時振拔自己，否則終會退轉、有病。此猶如〈與伍光宇〉所謂心爲氣所亂乃病生，又如續云所謂，若未不斷修養自己，「一旦就木」，「前程未有脫駕之地」，終未能體現聖人之境。但無論如此，此進退、病藥之喻，仍須以道德嚴格主義作爲其最終根據，即是否純粹依從此心體之要求而行做根據。畢竟，誠如白沙自己所言，目前可與論學者甚少，此之所以少，其根據亦不離以此心爲本，而有所謂「其失在於不自覺耳」之判斷。

　　白沙教導甘泉「學」的關鍵在於「自覺」，而此「自覺」同於〈與張廷實主事〉「覺悟」之意，皆重在道德主體自身，以修養、對治人的有限而體現無限價值生命。但白沙言「覺」不僅止於此，乃進一步從我此一主體進至客觀天地，並將此天地收攝至一心而言道德實踐之覺；白沙此意，可見於〈與林時矩〉一文：

> 宇宙內更有何事？天自信天，地自信地，吾自信吾；自動自靜，自闔自闢，自舒自卷；甲不問乙供，乙不待甲賜；牛自爲牛，馬自爲馬。感於此，應於彼，發乎邇，見乎遠。故得之者，天地與順，日月與明，鬼神與福，萬民與誠，百世與名，而無一物奸於其間。烏乎大哉！前輩云：「銖視軒冕，塵視金玉。」此蓋略言之以諷始學者耳。人爭一個覺，纔覺便我大而物小，物盡而我無盡。夫無盡者，微塵六合，瞬息千古，生不知愛，死不知惡，尚奚暇銖軒冕而塵金玉耶！（〈與林時矩一〉，《陳獻章集》，卷3，頁242～243）〔註3〕

在論述此文之前，筆者欲先交代論述方式，以及說明何以要如此論述。此文，

〔註3〕　朱鴻林在其〈陳白沙的出處經驗與道德思考〉（引自《明清文學與思想中之主體意識與社會・學術思想篇》，頁17）一文中，指出〈與林時矩〉一文是白沙在成化七年寫給林時矩的信。成化七年，白沙年44歲。若是，則筆者在文獻時間的分期上，顯然歸置錯誤。但觀《陳獻章集》，附錄二〈年譜及傳記資料〉，以及陳郁夫編《明陳白沙先生獻章年譜》，都未記載此文作於白沙44歲。且朱鴻林在自己的文章中，也未說明何以他認定白沙此文定然作於成化七年。又依義理推斷，此文內涵實異於白沙44歲其他文獻，因此筆者確實很難理解朱鴻林的判斷依據爲何。也因此決定仍暫且將此文視爲白沙晚年的義理。

白沙先言天地萬物只此自然、自己如此，接著才由此指出其所欲反省者，是為濂溪「銖視軒冕，塵視金玉」一語。但筆者以為此「自然」之說，若是境界語，則儒釋道皆可如此表述；若是，對白沙言此之用心，又先落入是否為佛老之窠臼，且未顯「自然」與濂溪的關係，及何以白沙藉此批評濂溪之故。因此，筆者欲先申論白沙對濂溪言此之不滿為何：一方面可確立白沙所謂的自然，是以何種理論、何種實踐立基的自然，另一方面亦可見出白沙在反省濂溪之餘，其言自然究竟用意為何。又為了凸顯白沙批評濂溪之用心，因此不免花些篇幅闡述濂溪思想，以期在兩方思想對照下見出白沙的用意。最後，方從頭論述白沙此文所欲表達者，不外強調道德實踐究竟當無物我之別，只是一自然而然之流行，而此流行即是我一心之作用。以下論述之：

此則白沙主要辯濂溪《通書‧富貴第三十三》「君子以道充為貴，身安為富，故常泰無不足，而銖視軒冕、塵視金玉，其重無加焉爾」〔註4〕一語。而濂溪此語，可先參看〈顏子第二十三〉「顏子一簞食，一瓢飲，在陋巷，人不堪其憂而不改其樂。夫富貴，人所愛者也，顏子不愛不求而樂乎貧者，獨何心哉？天地間有至貴至愛可求而異乎彼者，見其大而忘其小焉爾。見其大，則心泰；心泰，則無不足；無不足，則富貴貧賤處之一也；處之一，則能化而齊。故顏子亞聖」〔註5〕之意，這樣便能更明確掌握濂溪第三十三則之意。故以下先分別就此二則做說明：

〈顏子第二十三〉，首先，濂溪引《論語‧雍也》謂，既然富貴是人所愛，何以顏子能不愛不求且樂於貧；其存心為何？而濂溪此問，乃指點語，要人從中自省人之所愛、所求當有更甚於富貴者。此猶如《孟子‧告子上》「魚與熊掌」一則，孟子通過生與義的對揚，指點出此心「人皆有之」，關鍵只在「能勿喪耳」；又藉由「萬鍾則不辨禮義而受之」，要人自問己心何以面對富貴便自喪己性，且要人從此反省中振拔自己。只是孟子此說可謂從消極面言之：求富貴之心往往使人未能自覺人之可貴、可求不在此；濂溪卻是積極地說：從顏子之樂乎貧，見出人有比富貴更可貴、可求者。但不論從哪一面說，其目的皆在指點此道德心體內在於我，此方是人之絕對價值所在。因此，濂溪乃續云「天地間有至貴至愛可求而異乎彼者，見其大而忘其小焉爾」。至貴至愛，就心體之超越性言，是為一絕對價值之源。可求，乃指此超越之心體亦

〔註 4〕 《周敦頤集》，頁 40。
〔註 5〕 《周敦頤集》，頁 32～33。

內在於我，求捨在我，端在我是否能自覺之。而天地一切存在既以此心體作爲其存在根據，則天地之物相較於心體而言，畢竟是有限的、相對的。所謂大、小之別，此大是至大，絕對的大，小就其只是相對的、有限的說小。此猶如《孟子・告子上》「先立乎其大者，則其小者不能奪也」：大指大體、心體，此天之所以與我者；小指小體、耳目之官，是形而下者，是有限的。故此雖謂大小之別，但不可以相對大小視之，乃是形上形下、有限無限之別。也因此濂溪以爲，若能體證此至大之心體，體會人之所貴正在於體現此心之無限義，這樣人自能不囿於有限存在之追求，畢竟已能了解人之爲人義不在此。依此義，濂溪進一步指出，既能體現人之無限性，則此心之不容已必能無失的呈顯在日用中；心體活動不已、神妙莫測〔註6〕，一切存在皆在其作用中體現其自己，則人自能自信自得而無有不足；人既能單以其自己便是目的自身，則自能處富貴安於富貴、處貧賤安於貧賤，因二者處之之道端在一心之發用；既能純粹依從本心之要求而行，自然能順成萬物、感召萬民〔註7〕，而與聖人同德。此即顏回之所以爲亞聖之意。

濂溪在〈顏子第二十三〉指出此心至貴至愛可求，且「見其大，則心泰」，因而顏子能實下地做工夫以達聖人之境。而〈富貴第三十三〉則在此義下續云，既此心可求，且此方是人之可貴可愛者，則人理當同於顏子，實下地作工夫以達聖人之境。也因此，此則開頭即以「君子」（以實踐道德爲職志，名之曰君子）一詞勉人，以爲君子既能自覺人之所貴在於體現此天道之內涵，人之爲人義亦即當體自身即是圓滿、充足，則人自能「常泰無不足」；心體神妙莫測，時時體現其自己，使人能在心之作用中，自信自得、無所偏倚，因此亦無所謂不足者。若是，當人此一無限存有身分面對富貴的誘惑，不論是軒冕、金玉，都能了解此些物不過是有限的、相對的存在，非人實現其自身絕對價值之依據，也因此它們對人的影響也不復存在。

統此二則觀之，濂溪以富貴權勢與道體、心體對比而論，其目的不外通

〔註6〕 濂溪〈思第九〉雖不是以「泰」言心，但以「通」表心之活動性，亦即「無思，本也；思通，用也。幾動于彼，誠動于此，無思而無不通，爲聖人。」（《周敦頤集》，頁22）在說到物時，亦以「不通」（〈動靜第十六〉，《周敦頤集》，頁27）表示其本質意涵不同於心。

〔註7〕 濂溪〈順化第十一〉「天以陽生萬物，以陰成萬物。生，仁也；成，義也。故聖人在上，以仁育萬物，以義正萬民。天道行而萬物順，聖德修而萬民化。大順大化，不見其跡，莫知其然之謂神」（《周敦頤集》，頁23～24）此便是心之作用，神妙莫測，使天地萬物不知然而所以然。

過此對揚方式，指點出人之可貴有更甚於富貴權勢者，亦即道體、心體之體現方是人之至貴者，方是人之爲人義。因此，可謂其用意旨在說明本末之理，並要人以本作爲實踐原則。若是，白沙謂「尚奚暇銖軒冕而塵金玉耶」，究竟此辯說用意爲何，以下續論之：

白沙引濂溪語，並謂「此蓋略言之以諷始學者耳」，又言「尚奚暇銖軒冕而塵金玉耶」，顯然白沙認爲濂溪此語仍有不足，但此不足就何種意義下言「不足」？白沙云「人爭一個覺，纔覺便我大而物小，物盡而我無盡」。覺，即覺此心體內在於我。又此心既內在即超越，則我當下體證之，自能呈顯我大物小、物盡我無盡之價值義。此大小之別，意同於前論濂溪語者，非指相對大小，乃就形上、形下之別言；盡與無盡，則從有限、無限論之。故對本體而言，乃形而上者，有無限性意義。接著，實踐關鍵既只在「覺」，才覺便能將此內在心體具體呈顯，而此呈顯之內涵亦即天道之流行，人之無限價值義便能當體挺立，則所謂「無盡」之意乃指，此心既不爲時空所限，卻又能具體體現在時空中而爲實事實理，因而對一自覺者言，其自身自能超越生死之命限，純然體現生命之無限性意義；若是，在人又何須言對治此求富貴之有限性一面。

檢視白沙上述語意所呈顯的意涵，基本上與濂溪並無二致，唯一略顯不同的僅是濂溪在言「覺」外多補上一語，即「銖視軒冕、塵視金玉，其重無加焉爾」。但倘若參〈顏子第二十三〉，「見其大而忘其小焉爾」、「見其大，則心泰」，亦可謂儘管濂溪多補上此語，但其工夫表述重點仍在「見其大」，亦即肯認此至貴至愛可求之心體即可。若是，說濂溪言此有不盡處，實難以見出有何不盡。且說到底，濂溪此說反而較近孟子，畢竟孟子謂鄉爲身死而不受，今卻甘爲萬鍾不辨禮義而受之。顯然，富貴相較於生死，更爲人所愛、所求。又倘若工夫直謂覺此心即可，毋須多言銖軒冕、塵金玉，則白沙實亦毋須言不知愛生惡死。若是，白沙辯說濂溪此語仍有不盡，實未必眞有不盡處。然白沙既言此，當有其用心，以下試申論之：

從之前觀之，「宇宙內更有何事？天自信天，地自信地，吾自信吾；自動自靜，自闔自闢，自舒自卷；甲不問乙供，乙不待甲賜；牛自爲牛，馬自爲馬。」白沙劈頭即謂天地流行，自信自證、自己如此。若不了解白沙言此乃針對濂溪而來，且重在人之自覺，確實難以理解白沙言此之用意，畢竟單就此語，或可謂此乃從客觀天道流行說下，或可謂此即是道家自然流行之意，

今既已確定白沙言此之用意，且此意基本上是爲儒家道德實踐之本義——心即理；因此對此段的理解即可順儒家義理脈絡說下。白沙以爲天地流行只是一般，天自有天道、地自有地道、人自有人道，〔註8〕而所謂自信乃各因單以其自己便能挺立其自己故言之。又儘管此處天地人皆言「自信」，但此自信之意當著重在人而言，畢竟只有人能自覺地實踐道德，自信亦從自我肯認此理方是人之價值立說；天地固亦是道的體現，但此體現乃「天道至無心」之義，端賴人實踐證成之，方爲眞實之理，方謂之「自信」自己必然如此。也因此，白沙此語雖然表示天道流行自然而然，但此自然而然而使天地萬物各盡其性之意，乃從人之道德實踐，自證自信之肯認立說；也依著此意方可謂，此理生生不已妙運天地，是爲一直貫創生之理。依此，白沙乃續云天地萬物流行，動靜、闔闢、舒卷只是自然而然、理當如此；人之存在亦只是當體獨立、自身即是價值之源；物之爲物，亦只是應如此存在而存在。又雖天地萬物自信、自爲，但此自己如此之理乃因有道作用其中，爲其所以自信、自爲之超越根據；此道體是爲寂感之神，其創生一切，使天地萬物都在道的流行中呈顯其自己，故雖物物自信自爲，但此自信自爲卻又理當如此、無所偏倚，只是一生機流行。

倘若將「感於此，應於彼，發乎邇，見乎遠」四句推其本原，「感於此，應於彼」即〈繫辭上傳〉「易無思也，無爲也，寂然不動，感而遂通天下之故」。易道只是純然、粹然之流行，自無思、爲造作在其中；而此流行，乃寂感眞幾，活潑潑地必然呈顯其自己，天地萬物則在易道之創生中得其存在之理。依此，〈繫辭上傳〉無思無爲、寂感等語，皆就本體而言；此體即存有即活動。牟宗三先生嘗謂「寂然不動，感而遂通」是先秦儒家原有而亦最深之玄思（形上智慧），而此根源智慧最先爲濂溪所默契。濂溪在〈聖第四〉謂：「寂然不動者，誠也；感而遂通者，神也」，即以「寂然不動，感而遂通」來理解誠體；「寂然不動者誠也」，此就誠體之體說，「感而遂通者神也」，此就誠體之用說。總之，誠體只是一個「寂感眞幾」，是即存有即活動之體。〔註9〕而白沙於此

〔註8〕〈繫辭下傳〉：「《易》之爲書也，廣大悉備。有天道焉，有地道焉，有人道焉。兼三才而兩之，故六；六者，非它也，三才之道也。」但白沙言天地人三才之道，非如〈繫辭下傳〉在於說明《周易》的象徵廣備天地人之道，乃單就實踐而言，天自證、自信己之存在，而地與人亦皆是如此。參黃壽祺、張善文：《周易譯注》，頁603。

〔註9〕牟宗三：《心體與性體》第一冊，頁333。

言「感於此，應於彼」，實亦就道體寂感之神來體會，亦可上承濂溪、《易傳》之意，故可謂白沙言此仍本先儒之義理內涵。當然，白沙此語亦可以濂溪〈思第九〉「《洪範》：『思曰睿，睿作聖。』無思，本也；思通，用也。幾動於彼，誠動於此。無思而無不通，為聖人」一語之意來理解。「無思」即〈繫辭上傳〉「易無思也，無為也」。「無思」並非槁木死灰，亦非停滯不前，乃就本體純然、粹然，只是自然而然之流行言。故「無思」一詞，乃強調此體不同於經驗現象之造作、有為，乃是超越的、純粹的，不容已之創造真幾而言之。既以無思為本，而此體又不容已地體現其自己，且必然要求作用在天地萬物，使天地萬物皆在其創生中體現其自己，故就本體之用而言，則名之曰「思通」；此「思通」之意，即「感而遂通者神也」。「幾動於彼，誠動於此」，此就道德實踐言。濂溪根據《洪範》「思曰睿，睿作聖」言，其所思者乃「幾善惡」（〈誠無為第三〉）之幾，「動而未形，有無之間者，幾也」（〈聖第四〉）之幾，「幾者，動之微，吉之先見者也」（〈繫辭下傳〉）之幾。思之功落在「幾」上用，使人在動念之微皆能復歸其善，並使之純然順應內在誠體要求，而無一毫私欲之夾雜。故「幾動於彼，誠動於此」乃從工夫對治相言，使己化除幾之惡而復歸於善。又濂溪以為，此對治工夫達至究竟，亦無所謂對治，只是一無思無為、誠體之流行；此便是思之最高境界，由聖人所體現。且從聖人「無思而無不通」之實現其自己，亦可證實天道誠體之流行，亦不過是無思無為、寂感真幾之流行。此便是誠體之真實化、具體化之表現。〔註10〕白沙言「感於此，應於彼」，就其上下文脈，雖旨在本體無思無為，寂感真幾，因而天地萬物自信自得、自然而然言，但推其根底，此本體之意涵仍必待人之道德實踐，方得以真實化、具體化其自己，且方為實事實理；此文續云即謂「故得之者」、「人爭一個覺」，即是強調此體內在於我，且唯有通過人之道德實踐，方得以體現天道流行之奧義，亦得以豁顯了人之於天道之意義，而此意將在下兩段細論。因此，白沙言「感於此，應於彼」一語，固然未必意涵〈思第九〉中所強調的工夫義，但實亦可隱含此意，因此二引文亦可謂有其相通處，而可以濂溪〈思第九〉來意會白沙「感於此，應於彼」一語之意。

「發乎邇，見乎遠」，即〈繫辭上傳〉「言出乎身，加乎民；行發乎邇，見乎遠。言行，君子之樞機，……言行，君子之所以動天地也，可不慎乎」。本義在說明《中孚》九二爻象徵君子言行乃道德實踐之具體化表現，而此表

〔註10〕牟宗三：《心體與性體》第一冊，頁339～341。

現又足以影響天地萬物，因此不得不謹慎。而白沙引此雖用來說明道體作用之廣、之大，然同樣亦可用來勉勵人以實踐道德爲職志，畢竟天道之具體化、眞實化在人的實踐中方得以呈顯，亦唯有人方能如天道生化，使天地萬物存在皆在一心之遍潤中呈顯其自己。

　　總地說來，白沙雖引此四句用來說明道體寂感之神，然此神妙實又須歸於道德實踐方得以肯認，故關鍵還是在道德主體自身。然白沙眞有此意？白沙云「得之者，天地與順，日月與明，鬼神與福，萬民與誠，百世與名，而無一物奸於其間」，此得之者即實踐下的證成，若能體悟此天道流行之意，則天地之道亦即我之道；所謂天地、日月、鬼神、萬民等，皆表示我一心之作用同於天道之流行。因此，當我自得之，一切存在皆不悖我而存在。故白沙固然以「感於此，應於彼，發乎邇，見乎遠」四句說明道體至神、至妙，但此神妙之體推到底亦必歸於實踐主體自身，方得以確定其眞實意涵。因此，白沙雖從天地流行說到人之自得，但此說之用意不外表示，人之道德實踐之全幅意涵亦即是天道之內容，人與天是一。

　　順此理解，倘若白沙言此確實重在人之道德實踐即是天道之流行，人即天此一意涵上，則依此檢視白沙對濂溪的批評，或可理解白沙謂濂溪言此不盡，此不盡非單從對本體的體會說，亦非單從工夫實踐之差別言，乃是從工夫究竟處言一體流行〔註11〕：人一旦自覺此心體內在於我，則此自覺之活動必然體現在日用中，而日用流行之理亦即是我一心之活動，且天地萬物亦皆在我一心中而得其存在，故我即是天，天即是我，天地萬物實不足以限制我，因此更遑論軒冕金玉對我的影響。依此意，白沙於此雖有我大物小、物盡我無盡之與物有對之對治相，然就全文內容，及其對濂溪之批評看來，白沙思

〔註11〕 牟宗三在詮解濂溪〈思第九〉曾謂，濂溪從「幾」上言思之功，特顯道德踐履之功之切義。然牟氏又認爲，孟子言「思誠」是朗現此誠體，是從正面言，而濂溪從思在幾上用，以化除幾之惡，則是從負面言。（《心體與性體》第一冊，頁 340）白沙此處言濂溪之不盡，亦是認爲心體一覺，自是超越天地萬物而爲其宰，因此工夫亦只需正面的覺此心體即可，根本無需「銖軒冕、塵金玉」此與物有對之狀態。若是，言白沙批評濂溪之不盡處，或亦可從工夫之差別言：只是此差別乃因對本體體悟之深淺（從對治到化掉對治，從與物有對到與物一體之圓融）而有不同的工夫表現。若是，白沙言此「覺」之意，未必只能從工夫究竟，亦即境界而言天地自然自信皆在我一心之活動，乃同時含著工夫義亦本當如此實踐方是實義之意。若是，則白沙言工夫，或可謂不純只是負面的、消極的對治人的有限性，乃積極地、正面的開發吾人之自由無限心，且自信自證此心一旦自覺，天地萬物亦在我一心之活動中而得其存在。

想已從主體自身之道德實踐、對治人的有限性，進而發展至化掉此對治相而言天地萬物皆在我一心之中，並從我之覺處，保住天地萬物一切存在，使一切存在只是如其存在、自然而然。故說到底，亦即是一自然流行之意。若從此意觀濂溪，自然覺得濂溪有不盡處；此不盡只就道德實踐未達究竟、圓融、自然而說，並非真反對濂溪「銖視軒冕、塵視金玉」一語，畢竟此分解說在道德實踐乃修養第一步，而此第一步不免仍有對治相，此在白沙的義理系統中亦可見，亦不可反對的。因此，此則之意只能說白沙藉濂溪之語，凸顯此階段之覺，不僅只是自證己心以體現人之為人義，乃進一步說明此心一覺，天地萬物皆我一心之感通中，因而天地流行只如此流行，自然而然。

二、得此心通塞往來之機，生生化化之妙

既然白沙言「覺」，已從個體修養進而體悟到範圍天地之意，則以下將進一步確定其對本體體會是否真含此意：

> 道至大，天地亦至大，天地與道若可相侔矣。然以天地而視道，則道為天地之本。以道視天地，則天地者，太倉之一粟、滄海之一勺耳，曾足與道侔哉！天地之大不得與道侔，故至大者道而已，而君子得之。一身之微，其所得者，富貴、貧賤、死生、禍福，曾足以為君子所得乎？君子之所得者有如此，則天地之始，吾之始也，而吾之道無所增；天地之終，吾之終也，而吾之道無所損。天地之大，且不我逃，而我不增損，則舉天地間物既歸於我，而不足增損於我矣。天下之物盡在我，而不足以增損我，故卒然遇之而不驚，無故失之而不介。舜禹之有天下而不與，烈風雷雨而弗迷，尚何銖軒冕、塵金玉之足言哉？然非知之真、存之實者，與語此反惑，惑則徒為狂妄耳。（〈論前輩言銖視軒冕塵視金玉・上〉，《陳獻章集》，卷1，頁54～55）

白沙此則如其標題，亦是針對濂溪〈富貴第三十三〉「君子以道充為貴，身安為富，故常泰無不足，而銖視軒冕、塵視金玉，其重無加焉爾」一語而來。前既已論濂溪言此之意，於此就不在複述。白沙此論分上中下三則，下則可謂上、中兩則的補充，因此此處主要就前兩則做討論，下則內容則依行文需要作為補充說明用。

針對濂溪說法，白沙從兩方面論述：其一，何謂道；其二，如何體會道。又從第一到第二的論述，中間還有一個環節，且至為重要，即「人是什麼」

的問題：白沙藉至大的道烘托道德主體之絕對義、無限義，而天地萬物亦不離我一心之活動而獨存。以下申論之：

其一：白沙指出，至大的道與至大的天地，二者看似相等同，但事實上，若以天地之所以存在來體會此至大之道，則可知此至大之道是爲天地所以存在之根據；又若以道創生天地而言，天地亦不過此至大之道之被造物者。由此，相對於道而言，天地實至小至微，又如何與此至大之道相等同？然白沙言此何意？首先，白沙以至大的天地與至大的道相較，並說二者似乎相同，此意不過要人通過對天地之大來體會道的至大。畢竟，對天地之大，人是可以理解自己是無法一把捉的掌握天地的全貌；但儘管無法確知天地有邊或無邊，但相對於道而言，天地至少是有形的、具體的，可被吾人思辨理性所逐步認知的，因此藉著與至大之天地的比擬，人較能體會道的「至大」之意。但此至大之道究竟是非經驗之物，不同於天地，因此白沙乃接著說，雖說以天地之大來體會道的至大，但這只是比擬，不可當眞，以爲天地之大同於道的至大。事實上，天地與道是不同層次的。而此不同層次，白沙進一步規定：天地以道作爲其存在根據，二者是形而上、形而下之別。因此，天地儘管至大，此至大終究是有限的，只因人的思辨理性無法一眼窮透，乃謂之「至大」，實則相對於無限的道而言，此天地之大亦不過「太倉之一粟、滄海之一勺耳」，亦不過是道的創生作用下的一個表現而已。總地說來，白沙藉天地之大之比擬，使人進一步體會天地萬物之存在並非只是如此存在，乃因有一無限的、至大的道作用其中，創生天地萬物，使天地萬物皆在道的活動中得其理序。〔註12〕

此道既非經驗之物，人又如何知此至大之道是天地之本，天地亦只是「太倉之一粟、滄海之一勺耳」？白沙在〈論前輩言銖視軒冕塵視金玉〉三則之下，云「或曰：『道可狀乎？』曰：『不可。此理之妙不容言，道至於可言，則已涉乎粗迹矣。』」〔註13〕道既非經驗之物，自不能囿於名言概念的限制，否則一落入名言，必爲名言所限，自不能充分體現道的無限性意義。因此白

〔註12〕張學智：「在陳獻章，道從存在方面說即宇宙萬物之全體，從其內涵說，則爲一切理的根源。天地是指具體的天地。從經驗的角度看，天地爲至大者，但天地既是經驗中的具體事物，它必有方所，有方所必有邊際。而道是一種理性的設定，非具體物，所以它可以無窮大。這種無窮是思維中的、邏輯上的無窮。道是體，天地萬物是用——道爲天地之本，這裡的本即根源、本源。也可以說道是體，天地萬物是用，道與天地萬物是本體與表現的關係。」《明代哲學史》，頁42。

〔註13〕《陳獻章集》，卷1，頁56。

沙認為，對於道的體會，絕不能從經驗概念來體會。道既不從經驗而得，白沙又認為人是可以體會此至大之道，若是，人如何得之？其根據為何？對此問題的回答，便是人是什麼的問題，亦即人的本質為何，且從此問題方得以確定人所以存在的意義、人應當實現的價值為何。只是白沙在此並無明確的表示，但仍不礙吾人對白沙言此之意之體會，關鍵只需憑藉相關文獻，便能見出此重要環節之意義，並使其一至其二的闡釋有一合理的體會。依前論，白沙以為天地的流行，即是道的流行，而人之所以能自信己之存在價值，乃因此心一覺，天地萬物就在我一心之作用中得其存在，而道之生生亦得以真實化、具體化，因此可謂人之所以能體會此至大之道，乃因此心之活動即道之流行，天地萬物皆在一心之作用中得其真實存在；心即理，故人不但能知至大之道，亦能知天地之大對於道而言，不過「太倉之一粟、滄海之一勺耳」。另外，白沙在〈程鄉縣儒學記〉云：「夫子太極也，而人有不具太極而生者乎」〔註14〕、詩〈偶成〉云：「聖賢當為天下極，何人不共此心靈」〔註15〕，亦是表示此心此理乃天之所以與我者，人皆可為聖賢之意；聖賢可範圍天地，體現天道之全幅內涵，我理當亦可，端在我能否自覺之而已。

承此，知白沙對其二的論述：以為人之所以能知道，能體會此至大之道，乃因道在我、我即至大之道。但此在我之意，並非沒有限制性，乃是「以吾知之。吾或有得焉，心得而存之」〔註16〕；吾之所以能得，只因此心內在於我故也。白沙以為人此一身即有限而無限。就有限性言，人的感性欲望所追求的，不外乎是個人的幸福，此是經驗之事。但問題是，「什麼是幸福？」人固然皆知追求幸福，但何謂幸福，卻沒有人可以給出明確的定義。何以如此？此乃因幸福其內容是人的欲望，而人的欲望固然可以是明確的，但因欲望無所底止，且往往為物欲所牽引，因此幸福的內涵也隨之而變。〔註17〕再者，

〔註14〕 《陳獻章集》，卷1，頁29。白沙66歲。
〔註15〕 《陳獻章集》，卷5，頁440。
〔註16〕 〈論前輩言銖視軒冕塵視金玉‧下〉，《陳獻章集》，卷1，頁56。
〔註17〕 康德曾定義幸福此一概念，謂幸福是「一切性好底滿足之總量」。然康德亦以為儘管有此定義，然此幸福概念，吾人對它實仍不能形成一定而確實的概念，因此儘管有此定義，但就「幸福」此概念本身仍是一個流動浮泛的觀念。而康德論此，主要是說明「去保求一個人自己的幸福」是一義務，一間接義務，且文中論及幸福只是一個游移不定的理念，且人寧願追求眼前性好之滿足等語。筆者於此並非要援引康德此處所論之內容，僅單就對「幸福」此概念之思考，乃參康德言幸福此概念之不確定性說法而得。於茲說明。牟宗三譯註：《康德的道德哲學》（臺北：臺灣學生書局，2000年），頁23。

對於幸福的追求，往往受限於自然因果，所謂富貴、貧賤、死生、禍福，自
非人能自作主宰，反而不免受到他者所決定。白沙以爲人既在此中不得自由，
人的絕對價值亦未得挺立，君子自不以此作爲其實現價值生命所在。然君子
可實現者爲何？即人的無限性。白沙以爲，君子所體現的乃是此心之無限義，
而此無限之價值義不爲天地始終、我之生命始終所限，乃單以其自身即是圓
滿、充足、絕對。又既然此天地之大，皆在我一心之作用中體現其自己，我
之絕對價值義又不因其表現而有所增損，那麼，儘管將天地萬物都歸於我，
我自亦不因其存在而感到有所增損。而白沙此意，亦見於〈送李世卿還嘉魚
序〉：

> 自首夏至白沙，至今凡七閱月，中間受長官聘修邑志于大雲山五十
> 餘日，餘皆在白沙，朝夕與論名理。凡天地間耳目所聞見，古今上
> 下載籍所存，無所不語。所未語者，此心通塞往來之機，生生化化
> 之妙，非見聞所及，將以待世卿深思而自得之，非敢有愛於言也……
> 世卿歸以所聞予者，質諸伯氏茂卿，登大崖山吟弄赤壁之風月。予
> 所未言者，世卿終當自得之。（《陳獻章集》，卷1，頁15～16。白沙61歲）

白沙於此亦是藉由可用名言概念表達者，以及未可用名言概念表達者之區
分，說明對心的體悟不可從積累而得，乃須通過心之自證、自信方能得之。
又此〈序〉言心乃「通塞往來之機，生生化化之妙」，顯然對此心之體會，已
不僅只是實踐主體之自得以對治生命的有限，乃是心之不容已之呈顯已達至
工夫究竟，且儘管言工夫，此工夫亦不過顯此心之妙，故亦只是表現一心之
流行義：一切的存在皆在一心之創造、妙運中體現其自己。

　　承此對本體的體會，白沙乃認爲天下之物既皆在我一心中，則天下之物
與我自無對，且對我之所以存在之價值亦無所增損。因此儘管有物突然加諸
於我，對我而言，亦不過是此心之流行，自能不掛心此物對我之存在有何限
制；又儘管突然失去某物，對我而言，亦不過是此心之流行，自能不執持於
此物之消失對我之局限。接續此意，白沙乃從兩方面立說：一者，白沙以爲
若能達至堯舜境界，自能有天下而不以爲有天下，且儘管遇到生命的挫折，
亦能不迷失於其中。若是，則濂溪言「銖軒冕、塵金玉」便有未盡處。再者，
白沙亦自覺到此不盡之批評，乃必須建基在對本體有充分的體悟，且能確實
的實踐在自我的生命中方可。否則若徒論境界，以爲自己已把握到此至大之
心，反而成爲狂妄之徒。依此，吾人則可推說，白沙對本體的體悟，不論是

言濂溪之不盡，或是要世卿自己自得此心之妙，顯然都有一個前提須被把握，即濂溪此對治相須被保住，且是工夫修養的第一步，否則直論聖人境界，不免徒增迷惑乃至狂妄。但若能守住此步，白沙亦以爲對本體之體會自不能只是如此，否則對本體體悟仍有不盡，因此乃要世卿得此心之「通塞往來之機，生生化化之妙」，且認爲唯有達至堯舜境界方能真正體悟此至大之心即至大之道，且方能包容天地萬物而妙運其中。若是，即可呼應上述〈與林時矩〉一則，白沙對濂溪的批評並非根本反對濂溪言此之意，乃重在對本體體悟以爲不能僅止於此，畢竟說到底，此心之妙既能創生天地萬物，自能與天地萬物一體而無對，物往物來不過只是此心之流行而已。

接續此意，白沙續云：

> 天下事物雜然前陳，事之非我所自出，物之非我所素有，卒然舉而加諸我，不屑者視之，初若與我不相涉，則厭薄之心生矣。然事必有所不能已，物必有所不能無，來於吾前矣，得謂與我不相涉耶？夫子謂：「不義而富且貴，於我如浮雲。」謂薄不義也，非薄富貴也。孟子謂：「舜視棄天下如敝屣。」亦謂重愛親也，非謂輕天下也。君子一心，萬理完具，事物雖多，莫非在我。此身一到，精神具隨，得吾得而得之矣，失吾得而失之耳，厭薄之心何自而生哉？巢父不能容一瓢，嚴陵不能禮漢光，此瓢此禮，天下之理所不能無，君子之心所不能已。使二人之心果完具，亦焉得而忽之也。若曰：物，吾知其爲物耳；事，吾知其爲事耳，勉焉，舉吾之身以從之。初若與我不相涉，比之醫家謂之不仁。昔人之言曰：「銖視軒冕，塵視金玉。」是心也，君子何自得之哉？然非其人，與語此反惑，惑則累之矣。或應曰：「是非所謂君子之心也，君子之辨也。」曰：「然。然無君子之心，徒有輕重之辨，非道也。」（〈論前篇言銖視軒冕塵視金玉‧中〉，《陳獻章集》，卷1，頁55～56）

此則承上說下，具體而言人的道德生命是與天地萬物一體而不遺；遺，則非真正體悟此心之至大之意。又此則白沙論述方式，可略分三個步驟：首先，從道德實踐乃綜合關係，以保住一切與我有對之現象物。接著，從心之至大，天地萬物皆在一心之活動中言一體之仁。最後，再次回應何以認爲濂溪之說仍有不足。以下論述之：

白沙以爲人之所以將物隔絕於我之外，乃因自認此事、此物本不從主體

而來，又其出現往往使人未能中節的體現其自己，因此不免與之有對，甚且對此事物之存在感到厭煩，以爲人的不善皆因此而起。但白沙認爲此厭煩之心其實是自找的，畢竟人的存在本來就不離事物而獨存，故當事物與我交涉時，如何能謂與我不相干？而白沙此意，乃是從心體之活動必然落實在經驗中而爲眞實存在，否則對此至大之心體之體會，不免只是虛幻、想像之物而說。又此說正顯示儒家重視道德實踐不離人倫日用之意，因此心體固然是超越的、形上的，但此超越之體必然要求實現而爲實事實理。依此，則人自無須對事的發生、物的存在過度緊張，反而通過此交涉過程，天理之眞實意涵方能在其中具體呈顯。白沙並舉孔子「不義而富且貴，於我如浮雲」，與孟子「舜視棄天下如敝屣」兩句指出，孔子與孟子之說，並非眞要人不要富貴、不要天下，因爲道德實踐關鍵不在此。如孔子，其所以不要富貴，是因此富貴之得是不義的，故方視之如浮雲，非單就富貴此一物而給出的判斷。同樣，孟子言舜之所以棄天下，亦因不忍棄其父，而此不忍又根於此心之不容已，只是仁心之要求，故亦非單就「天下」此一事作判斷。也因此可知，道德價值的判斷不在事、不在物本身，端在此心之活動是否是依於義，是否只是心體之不容已。又既然不在事、不在物，且道德實踐之具體化、眞實化不離此人倫事物，則天下事物儘管雜然前陳，亦無須與之有對，亦可將之視爲表現原則，而非限制原則；事物雖不同於心體，是爲形而下之氣，但因此心之活動必然通過氣方得以眞實化、具體化其自己，因此，事物與心體之關係是爲綜合關係，道德實踐必落在事中顯。

　　另一方面，事物既非與我有對，則人之厭薄之心生，則未可咎責於事物之發生或存在，乃當自反其心，歸咎己心方可。故白沙乃云「君子一心，萬理完具，事物雖多，莫非在我。此身一到，精神具隨，得吾得而得之矣，失吾得而失之耳，厭薄之心何自而生哉」。心體既內在於我，又爲一切存在之根據，則天地萬物之理本具我一心之中，且事物再多，亦無非我一心之活動耳。故當我與事物交涉，此心必然不容已地起作用，使我面對事事物物之際，理當如何便是如何，得與失亦只是一心之活動、一心之流行，此中毫無窒礙。若是，白沙以爲此中又何有厭薄之心生？接著，白沙以巢父、嚴陵爲例，說明二人正因未能自覺心體本義，致使己終未能容一瓢、未能禮漢光，以爲若如此即有損其心之絕對自由義，卻不知心之活動本不與物隔；若有隔，亦是人自己使自己隔於物之外，是自己使自己未得絕對的自由。

接著巢父、嚴陵的例子，白沙又舉出第二種態度：既然心體之活動必然落實在日用中，人是不能離事物而獨存，那麼我面對一物，我知其為物，面對一事，我知其為事，然後盡力地在物中、在事中實現自己。但對此態度，白沙亦以為有所不足，且未充分實現此至大之心之無限創生義。何以如此？問題就出在「初若與我不相涉」一語。心體之活動當是通體而出、自然而然、物來即應，此中絕無先意識到有一物、有一事與我相對，然後我才「勉之」與之交涉，然後才以心之理當如何來面對它，實此一交涉、此一活動便是一理之自然流行。又對此與物有對而未能真切體會本體之意者，白沙批評此便是「比之醫家謂之不仁」。而白沙此語，實本自明道而來。明道謂〔註18〕：

> 醫書言手足痿痺為不仁，此言最善名狀。仁者以天地萬物為一體，莫非己也。認得為己，何所不至？若不有諸己，自與己不相干。如手足不仁，氣已不貫，皆不屬己。……欲令如是觀仁，可以體仁之體。（《河南程氏遺書》卷第二上，《二程集》，頁15）

> 若夫至仁，則天地為一身，而天地之間品物萬形、為四肢百體。夫人豈有視四肢百體而不愛者哉？聖人，仁之至也，獨能體是心而已，曷嘗支離多端而求之自外乎？……醫書以手足風頑謂之四體不仁，為其疾痛不以累其心故也。夫手足在我，而疾痛不與知焉，非不仁而何？世之忍心無恩者，其自棄亦若是而已。（《河南程氏遺書》卷第四，《二程集》，頁74）〔註19〕

明道以為仁體人人本具，且遍體一切而與物無對；既與物無對，其流行當是感通無礙、渾然無物我內外之隔。因此，所謂「醫書言手足痿痺為不仁，此言最善名狀」，即表示此「仁」之義便是感通無礙，而以「痿痺為不仁」作喻，則最能體現此仁體之實義。接著，明道以「仁者」之境界來說明仁底意義、呈顯仁體之實義。仁者所呈顯的境界，是與天地萬物為一體，此一體非同一本體，乃指「同一個身體」〔註20〕；此說法文獻的證明有「如手足不仁，氣已不貫，皆不屬己」、「若夫至仁，則天地為一身，而天地之間品物萬形、為四肢百體」、「聖人，仁之至也，獨能體是心而已，曷嘗支離多端而求之自外

〔註18〕對明道義理的詮釋，以牟宗三說解為依據。《心體與性體》第二冊，頁218～227。

〔註19〕此語游定夫錄，但未明誰語。《宋元學案》將之置於〈明道學案上〉。卷13，頁671～672。牟宗三《心體與性體》第二冊，亦認為義理自屬明道。頁227。

〔註20〕「同一身體」此說，本自楊祖漢先生在論文討論會上的說法。

乎」、「夫手足在我，而疾痛不與知焉，非不仁而何」，皆以「同一個身體」來表示天地萬物與我同體，且更具體地說，即是將天地萬物視爲我的四肢百體，而我之所覺、所感自不離此一身而獨存、或外求，因此當身之某處有所麻木、有所桎梏，心必能知之，知之必能通暢之，使此體復其本然活潑潑、不麻木之眞生命。又聖人能體現此仁體之境，而此仁體又人人具有，因此人理當且能夠實現此仁體之境界。明道以爲若能眞切肯認此仁體實義，自能通暢其生命，而天地萬物自能與之無隔；若否，自未能肯認此一體之實義，自與物有對而未能活潑潑地體現其眞生命，此便是「自棄」。因此，對明道而言，唯有與天地萬物感通無隔、覺潤無方，方眞正體悟此仁體之實義。而白沙以「醫家謂之不仁」爲喻，言心體之實義亦同於明道，強調天地萬物與我不隔、只是一感通無礙之流行，且心之活動亦將此天地萬事萬物收攝在此一心之中，使此身之實踐即含著天地萬事萬物而言，故或可謂，白沙之所以強調道德實踐不可與物有對，乃本明道一體之義而來；對本體的體會必須由此「觀仁」、自得此心，方可謂眞正「體仁之體」、自得此萬理完具之心。

承此對本體的體會，白沙再次針對濂溪「銖視軒冕、塵視金玉」一語做反省。白沙以爲濂溪此語，畢竟是他自己的體會，但既是自己的體會，若因而照本宣科要人依從、學習，卻反而易使他人因此感到迷惑，且爲此而累。而白沙此說，當指人或因此語，誤以爲道德實踐在於與物有對，亦即以爲只要銖軒冕、塵金玉，人之絕對自由義便能彰顯，人便能挺立其自己。但問題是，人此一身不可能離天地萬物而獨存，且不可避免的要與事、要與物相交涉，若人仍困於與物有對的修養方式，不免最後或逃於世間、或自墮於現實生命的追逐；此皆爲生命之累，未能暢通此活潑潑之眞生命。當然或有人會爲濂溪辯說，濂溪此說正是義利之辨，而此義利之辨正顯儒家應然之理之體現，面對事事物物給出絕對之價值判斷，而此判斷又必然與物有對。但白沙認爲或許可如此辯說，但仍須把握一根本原則，即義利之辨其所辨者根據仍在此心之自得：若能體悟此心之至大，即與天地萬物一體，若是，又何須與物有對，言一「銖視軒冕、塵視金玉」；若未能體悟至此，僅言「銖視軒冕、塵視金玉」，難保此輕重之辨非根於心體之要求。

總地說來，白沙固然不反對道德實踐之對治相，但此對治相只是實踐之初尚未眞切體會此心體而使然，若能眞正體會此至大之心，理當便能當下肯認天地萬物與我一體，此時亦無須言對治，只是一心之感通無礙、覺潤無方，

自然而然之流行。而白沙對濂溪「銖視軒冕、塵視金玉」一語的反省，亦非只是道理上的逞強、爭勝，當亦有其體悟，畢竟從第一階段到第二階段，層層體現他在道德實踐上的反省，且深刻地自覺此心內在於我，求捨亦只在我此一儒家本質關鍵。尤其，白沙在第二階段雖然肯認心體內在於我，工夫亦強調自得，但因未能如象山自信己心，因此反而求一暫時與物隔離的工夫，若以第三階段來衡量，亦可見出此時從「一體」來體悟心體，對白沙本體之體悟而言，確實有逐步深化的意義。所以，白沙固然以濂溪「銖視軒冕、塵視金玉」一語作為其理論論說的批判對象，但究其實義可知，其重點並非反對濂溪的說法，乃藉此批判過程以顯其對本體之深一層的體悟。又或必須以濂溪作為論述對象，乃基於其理論發展第二階段主要本濂溪主靜無欲而來，故順此觀點步步反省、步步實踐，進而有第三階段的體會，而此體會闡述過程，又不免再度反省濂溪的話。此亦可顯其義理發展之一貫性。但於此不禁要問，白沙從靜坐中養出端倪，再去對治人倫事物，到此階段強調天地萬物與我一體，只是此至大之心之流行，在義理發展上有無理論之矛盾？觀呂大臨之為學，《宋元學案》載「初學于橫渠，橫渠卒，乃東見二程先生。故深淳近道，而以防檢窮索為學。明道語之以識仁，且以『不須防檢，不須窮索』開之，先生默識心契，豁如也，作《克己銘》以見意。」〔註21〕牟宗三先生評曰：「防檢、窮索，乃有志於道而未明澈者所不可免之事。明道對大臨指點之以『須先識仁』與『以誠敬存之』，使其推進一步，以端正其事道之方向，並示以簡易之工夫。『先識仁體』是道德實踐（道德行為之純亦不已）所以可能之本質的關鍵，亦即其明確的方向，而『以誠敬存之』則是實現此『純亦不已』之簡易工夫。自此而言，防檢與窮索俱落後著。若只停滯於此，則是無頭腦者。」〔註22〕同理，白沙固然實踐之初可謂求未發之中、靜坐以養其善端，但畢竟此體本自昭昭明明、活活潑潑，故若只停滯此一步終究「無頭腦」，並非真正澈悟此至大之心體義，因此仍須進一步言「君子一心，萬理完具，事物雖多，莫非在我」，以端正其事道之方向，明確地對道德實踐給出一簡易工夫，同時保住一切現象之存在，並賦予其存在之價值義。因此，白沙從第二階段到此一階段對本體的體會，儘管都在心即理之本質義理系統下說解，但不可不謂對本體體悟有更進一步的發展。

〔註21〕〈呂范諸儒學案〉，卷31，頁375。
〔註22〕牟宗三：《心體與性體》第二冊，頁219。

三、實踐究竟，人與天地只此自然、流行

順此對至大之心體的體會，白沙進一步言天地萬物既皆在一心之活動中，且渾然無物我內外之別，則一切流行即只是自然而然；儘管言自然，此自然亦是以儒家道德實踐爲本的自然、流行義。〔註23〕故白沙云：

> 江門洗足上廬山，放腳一踏雲霞穿。大行不加窮亦全，堯舜與我都自然。大者便問躍與潛，守身當以藩籬先。世間膏火來熬煎，市朝名利相喧填。百年光景空留連，丈夫事業何由宣？昔者綠鬢今華巔，嗚呼老去誰之愆？（〈示諸生〉，《陳獻章集》，卷4，頁325）

此詩是白沙用來勉勵自己的學生當努力爲學，勿蹉跎光陰，以實踐、發揚「丈夫事業」。然白沙「丈夫事業」爲何？首先，白沙言天地只此流行、自然而然，而堯舜與我亦皆在此自然中體現其自己。但白沙言此「自然」，乃以「大行不加窮亦全」一詞所規定，即孟子所謂「廣土眾民，君子欲之，所樂不存焉。中天下而立，定四海之民，君子樂之，所性不存焉。君子所性，雖大行不加焉，雖窮居不損焉，分定故也。君子所性，仁義禮智根於心。其生色也，睟然見於面、盎於背。施於四體，四體不言而喻。」〔註24〕孟子以爲固然得廣土眾民，實現個人政治抱負是君子所欲，但所樂並不在此，畢竟只有土地、人民，卻尚未能治天下。中天下而立，定四海之民，使天下百姓安其所安、樂其所樂，全然體現王道理想，固然君子樂之，然所性不存焉，即人之爲人義其價值不在此。而孟子此說乃層層逼顯，指點出人之至貴不在於得到多少幸福，或建立多少功業，乃單以其自己便是目的自身，便是絕對價值所在，也因此縱使大行其道，或者一生窮居潦倒，皆不減損自身人格價值之分毫。

〔註23〕就境界說的「自然」，既只是一自然而然的大化流行，此中自無道家之自然或儒家之自然之區分。否則，此自然即非渾化、究竟之自然意。但儘管言自然境界是一，若從如何達至此境界而說，則各家可有各家不同的工夫特點。又若從本質意涵作考量，更可分判出各家義理系統的不同，且正因此不同，而有所謂判教的可能。白沙從靜坐中悟得此端倪後，歷經二十餘年的修爲，終於大悟此心至神至妙，本不離乎日用而與萬物一體，並歸結此境界爲「自然」二字。而後人卻將此語視作白沙受道家影響的證據，殊不知此「自然」境界，儒釋道皆可表述。筆者以爲此章節既論白沙思想究竟，自然會一再提及「自然」一詞，故於此不免再次強調，白沙所謂「自然」之意，乃本儒家實踐本質意涵而發。就此意義分判，儘管謂「自然」，仍屬儒家工夫系統下所體現的自然。又，白沙自然之意既是如此，則以下論述亦不特別對照莊學之自然義，除非有行文上的需要。於茲說明。

〔註24〕〈盡心上〉。

且孟子指出，人之所以如此至尊、至貴，乃因此是天之所以與我者，心體之
不容已之自發之要求，故是超越的、遍在的，自身便是絕對價值所在，自不
為感性經驗所圍。也因此，人若能體現此善性，實現此內在心體所要實現的
理想，則人便已彰顯此絕對的善；不論其努力在現實中達至什麼樣的結果。
又固然人之至善不同於感性經驗層，但這並非抽象的、玄思的說人有一至善
之性。事實上，心體的活動必然落實在吾人生命中，使吾人此一有限形軀能
實現無限價值生命意涵。更進一步地說，此道德生命的展現，既然根源於人
皆固有之善性，且此善性亦不容已地要體現其自己，則在聖人君子真誠體現
其自己的同時，亦能興發他人之不容已之為善之心。楊祖漢先生以為此興發
作用，乃是人不可測度的化功、神用。聖人之化功本不可測，故聖人之化功
即神也。藉由聖人君子過化存神之感召力，亦可體會天道之神用，進而體悟
人之精誠的道德實踐便是天道的內涵，而天道之具體內容，亦在人之具體實
踐過程中得到證實。〔註25〕依此而論，白沙先言「大行不加窮亦全」，除了指
出人之絕對價值義不由經驗而來，亦不為現象所圍，單以其自己便是絕對價
值根源，且此根源內在於己，是為一道德心體，另一方面亦表示，心體呈顯
神妙莫測，自能興發人心、鼓動天地萬物，使天地萬物皆在一心之活動中而
成其存在，且只是此一流行亦即天道之流行。又依此「大行不加窮亦全」之
意涵，所謂堯舜與我都自然，此「都」字即表示因仁義禮智根於心、是天之
所以與我者，因此若能全然體現心體之全幅內涵，則人皆可同於堯舜，其心
之活動亦只是一神妙莫測、感物潤物之流行，只是此一自然而然；此自然就
道德世界而說，是一理的自然。

接著前首之意，白沙便具體言人在道德實踐上的艱困，並勉其弟子仍須
努力奮發，純粹依從心體之要求而行。白沙以為人的道德實踐是以心體作為
其實踐的根據，而此根據乃天之所以與我者，又實踐究竟，即若能澈悟道德
本體之本意，即可知天地萬物與我只此自然，但就具體實踐歷程而言，人在
面對自己現實的生命，則仍不免需對治工夫。如面臨較大的生命難題，即出
處進退問題。又如應事接物之際，人的價值判斷是依於義或依於利，此皆須
步步反省，且唯有以義行之方可，否則若未能守住人之所以可貴者，且因而
陷於感性欲望之紛擾、物質名利之牽引，最終只有自喪己性一途。且若迷失

〔註25〕以上關於孟子此段論述本楊祖漢先生說法。氏著：《孟子義理疏解》，頁 102
　　　　～106。

至此，直至年華老去才不免感嘆生命的有限，白沙以爲此感嘆乃自招的；此是人未能盡自己存在之義務而努力，這是人自己的過錯。依此，白沙所謂「丈夫事業」，當同於孟子言「大丈夫」之義，即單以其自己便挺立其自己，只是心體之純然、粹然之呈顯，完全不受任何外在力量所牽引；此便是君子獨立精神自由之人格。而由「丈夫事業」一詞，又可再次呼應白沙言「自然」，此自然之實義乃從道德生命歷經長期修養所抒發出來的自然而然之氣象，絕非只是單純求一精神之自由而無道德實義的自然之義。〔註26〕

　　心體的活動只是一活潑潑、自然而然，對人而言，實踐工夫究竟亦只是呈顯此一境界，亦即自然境界。因此說到底，一切存在不過此流行、此自然，而人實踐其自己、呈顯其自己，亦不過只此自然、只此流行。故白沙進而詩云：

> 正翕眼時元活活，到敷散處自乾乾。誰會五行眞動〔註27〕靜，萬古周流本自然。（〈枕上謾筆〉，《陳獻章集》，卷6，頁647）

> 一痕春水一條煙，化化生生各自然。七尺形軀非我有，兩間寒暑任推遷。（〈觀物〉，《陳獻章集》，卷6，頁683）

翕，〈繫辭上傳〉「夫坤其靜也翕」，表收斂凝聚之意；〈繫辭下傳〉「坤，陰物也」。乾乾，《乾》九三爻，君子效法乾道，剛健奮發、自強不息；〈繫辭下傳〉「乾，陽物也」。「正翕眼時元活活，到敷散處自乾乾」，此句雖言陰陽二氣生成變化萬物，但其之所以如此，乃因道創生其中：陰陽二氣互相消長，固然陰氣盛，天地呈顯收斂凝聚態勢，道只是活潑潑的作用其中；相反的，若陽氣盛，天地萬物呈顯生機盎然之氣，亦只是道之生生使其必然如此呈顯。因此天地萬物的存在、陰陽二氣的流行，皆只是以道作爲其存在根據，皆在道的創生妙運中生生。故總地說來，亦只此一自然流行。「五行」，指水火木金土，連著前而看，雖言五行，但其意同於濂溪〈動靜第十六〉「五行陰陽，陰陽太極」、〈太極圖說〉「五行一陰陽也，陰陽一太極也」，其所欲體會的不是氣，乃是創生此天地萬物之太極、之道。故白沙乃謂「誰會」，即誰能體會天地萬物流行之眞義；眞動靜，既強調「眞」，即此流行非相對動靜，亦即非有限的活動，乃如濂溪〈動靜第十六〉「動而無動，靜而無靜，神也。動而無動，

〔註26〕「大丈夫」一詞之義理參曾昭旭等著《孟子義理疏解》，頁220～221。
〔註27〕《陳獻章集》，〔註1〕，「動，林本、高本、蕭本作『靜』。」「林本」指明正德三年，林齊刻本，二十卷。「高本」指明嘉靖十二年，高簡、卞峽刻本，八卷。「蕭本」指明嘉靖三十年，蕭世延刻本，二十一卷。

靜而無靜，非不動不靜也。物則不通，神妙萬物」一則。此動靜不從經驗因果之相對動靜來理解，乃是動而無動相，靜而無靜相，只是神妙莫測，卻能生天生地、創生一切天地萬物言，故濂溪謂之神，而白沙所謂眞動靜也。又承此白沙強調「誰會」之意，亦可推知白沙此時體悟已非僅是道德實踐之對治相，以爲要振拔己之生命來對治生命的有限性，乃是進而體悟工夫實踐亦無所謂對治，若能眞切地自覺此心之不容已，便能自得此不容已亦不過是天道生生之義，只此一周流遍在、永恆不息之生意，而天地萬物本是如此、自然而然；此自然乃工夫究竟之體悟，形上形下只是一體之流行，渾然無物我內外之分，又若能達至此境界，亦可謂已通澈此心體之實義。

第二首詩白沙亦是表現此自然之境，人與天地只此流行。首先，白沙以一痕春水一條煙來表示，儘管是這樣驚鴻一瞥的存在，實皆是大道的創生、妙運使然。由此推說可知，天地萬物生生不息、變化不斷亦皆是道使之然，且此皆是自然而然；天地萬物在道的作用下，亦只是盡自己之性（性理）而體現其自己而已。此意猶如〈與林時矩〉一則，白沙一再強調的「天自信天，地自信地，吾自信吾；自動自靜，自闔自闢，自舒自卷；甲不問乙供，乙不待甲賜；牛自爲牛，馬自爲馬」此自己如此之意；雖自己如此，但之所以如此，乃因道作用在其中。接著，白沙從對天地的體會推到人此一存有，以爲一切存在既是如此生生化化、變化不息，那麼人又何需執持這有限形軀，畢竟就此形軀而言，只是隨著時間的流逝而老去、消失。然儘管白沙如此言說，卻未能以爲白沙言此只是消極地感嘆生命的有限，事實上反而是要人在此有限中體悟大道生生之意。畢竟，不論是春水、煙或人，就現象觀之，沒有一個是永恆的，換言之，每一個存在皆只是一瞬而已。就此意義，存在似乎只是虛無，只是遊戲。但白沙並非只是如此體會存在。從白沙對春水、對煙的體會可知，一切天地萬物雖然變化不息，但此不息正顯天道創生的意義，而物之存在亦在其中實現其所以存在之價值。因此，固然就現象觀之，春水、煙此一存在只是瞬間，但就道的創生、妙運而言，此瞬間卻是無限價值意涵之展現。同理，儘管人意識到自己生命的短暫，但此短暫亦不過是大道流行至神至妙之作用，而人既本天而生（此天之意，乃此天之所以與我者），理當亦能覺知此創生之意，盡其性地實現其自己。且若能達至此，生命的存在便不只是有限的，同時是無限眞生命的呈顯；此時也無所謂感嘆，只是同於天道展現「乾乾」、自然流行之意。

第二節　以自然爲工夫

　　承上節，白沙言覺、言自得，既已從肯定心體內在於我，心即理，進而體悟天地萬物的流行，不過我此心之活動，一切存在只是自然而然，因此也無需言物我內外之別，只是一體之流行。於此，則將續論白沙在此悟後，有無相應的工夫論的提出。對此，筆者以爲是有的，且可從兩方面立說：積極地說，只是顯一眞機活潑，即白沙自言「天命流行，眞機活潑」；消極地說，則是去滯工夫，亦即無使心凝滯一處。除此與本體體悟相一貫的工夫外，另外白沙亦有不廢對治相之工夫之提出，於此將一併討論，以完整呈顯白沙此階段之工夫內涵。

一、積極地：顯一眞機活潑

　　心體呈顯，天地萬物皆在一心之作用中，因而我與天地萬物一體。依此，人如何體現此至大之心？白沙指出：

　　有學無學，有覺無覺。千金一瓠，萬金一諾。於維聖訓，先難後獲。天命流行，眞機活潑。水到渠成，鳶飛魚躍。得〔註28〕山莫杖，臨濟莫喝〔註29〕。萬化自然，太虛何說？繡羅一方，金針誰掇？（〈示湛雨〉〔註30〕，《陳獻章集》，卷4，頁278）

此詩可分作兩個階段來體會，首先，白沙以爲道德實踐之關鍵，亦即爲學之關鍵，即在興發吾人內在之心體；若能自覺心體內在於我，那麼儘管人在此一實踐過程中不免仍須戰戰兢兢、戒愼恐懼，但終究是能實現人之爲人義而

〔註28〕據《陳獻章集》（以清康熙四十九年，何九疇刻本爲底本）、《白沙子全集》（依據版本爲：清乾隆辛卯年刻板碧玉樓藏版）、《陳白沙集》（《文淵閣四庫全書》集部，依據版本爲：國立故宮博物院藏本影印），皆作「得」字。但據《宋高僧撰》卷十二（《文淵閣四庫全書》子部，釋家類），標題「唐朗州德山院宣鑒傳」，《五燈會元》卷七（《文淵閣四庫全書》子部，釋家類）載「鼎州德山宣鑒禪師」皆作「德」字，當是，於此註明。

〔註29〕《陳獻章集》（以清康熙四十九年，何九疇刻本爲底本）作「渴」字，但據《白沙子全集》（依據版本爲：清乾隆辛卯年刻板碧玉樓藏版）、《陳白沙集》（《文淵閣四庫全書》集部，依據版本爲：國立故宮博物院藏本影印），以及《陳獻章集》，附錄一〈白沙子古詩教解〉卷之上，〈示湛雨〉，皆作「喝」字。查《中國禪學思想史》，亦作「喝」字。參第十九章「德山宣鑒之玄風」、第二十章「臨濟義玄之宗旨」。

〔註30〕《陳獻章集》，〔註1〕，「碧玉本題下有小注：『甘泉，初名雨，字民澤。』」

爲聖人，且具體彰顯天道的實義。因此，有學無學、有覺無覺，乃是道德實踐的第一步，也是最本質的第一義工夫；若有學、有覺，便是至善、至貴之道德生命之的體現。接著，白沙從對此本體的體會進一步指出，道德實踐之初固然不免有對治相、有艱難相，但此是雖志於道卻尚未明澈此體之不可免之事，若眞能體悟此心體之全幅內涵，便能理解天地萬物的存在即是天道的生生，心體的活動亦只是活潑潑地、不容已地體現其自己而已。因此，人與天地萬物實渾然無物我內外之隔，只是一生生之流行。白沙以爲，若能體悟至此，自無物我相隔之對治相、艱難相，不過一心之活動，神妙莫測、活潑潑地，卻又能感物、潤物，使天地萬物皆在一心之作用中而成其存在。而對此工夫妙義，白沙指出此猶如水到渠成、鳶飛魚躍。水到渠成一詞甚易理解，意指心體就其自身即是充實圓滿、絕對至大之理，故當心體通透無礙的體現其自己，自然而然便能妙運萬物，體現一至善之境，且此中無絲毫勉強，便能成就一切存在。鳶飛魚躍，《中庸》第十二章引《詩經・大雅・旱麓》二句，一方面表達天道生德流行，另一方面亦形容人體道時此充滿生意的心境；其實心中所呈顯此活潑潑之生意，亦即天道生德之流行，此二者是一。〔註31〕而白沙於此言鳶飛魚躍，除表現一活潑潑之生意，實亦表達此生意之自由無限義。此乃因白沙對本體的體悟，乃根於心體內在於我，並由主而客肯定天道流行之實義，而此心體本是自由無限心，是道德法則之給出者，因此在心體通透無礙的呈顯其自己時，自能顯一活潑潑地、自由自在之生意，因此對此絕對自由之體會，在白沙是不可少的。

既然人能體道，且當眞切實踐此心體意涵，自能水到渠成、鳶飛魚躍，則白沙以爲，儘管如禪宗工夫之幾近無工夫之指點，實亦可免。而白沙此說，一方面表現他對禪宗的不滿與批評，另一方面亦可表明其對儒家本體、工夫體會之眞切。然理由何在？以下將分別略述德山、臨濟思想，以及何以在眾多禪學家派中，白沙獨提德山、臨濟二宗，最後再論白沙對此問題的回應；此即可見出白沙所重的唯在「自得」，而其所謂「得」，亦唯有得此道德實體方謂之得。〔註32〕

〔註31〕楊祖漢著：《中庸義理疏解》，頁146。

〔註32〕以下關於德山宣鑒、黃檗希運、臨濟義玄的禪理，主要參《中國禪學思想史》（忽滑谷快天著，朱謙之譯，楊曾文導讀（上海：上海古籍出版社，2002年）。參該書第十七章「黃檗希運之禪」、第十九章「德山宣鑒之玄風」、第二十章「臨濟義玄之宗旨」）一書。

德山宣鑒以無事爲宗，所謂「若一念不生，則永脫生死，要行即行，欲坐即坐，更有何事？著衣吃飯，屙屎送尿，更無生死可怖，無涅槃可得，無菩提可證。只是尋常，一個無事之人，若心無事，事無心，則虛而靈，空而妙也」，「仁者，莫用身心，無可得。只要一切時中。莫用他聲色，應是從前行履處，一時放卻，頓脫羈鎖，一念不生，即前後際斷，無思無念，無一法可當情」。前引文，「心」是空義。後引文，「心」指意念。若要解脫生死，便要悟得此心；所謂空義，即不思前，不想後，亦即跳開因果關係，只就眼前當下該是什麼就是什麼。亦不先有一先行概念，決定應該如何行而行，而是只單就眼前當下，就此一特殊者身分，表現出來是什麼就是什麼。此是由特殊者通過一當下自反、破空的方式，見得只是尋常，無事之人；此或猶如康德所謂的審美，就對象只是「那種造局」（牟先生釋義：「其意是由如此這般之構造所呈現之徵象或性格。」簡單地說，即是「形式地說，就是這樣」）便稱作美，而康德此說乃通過反省判斷言一主觀的普遍性〔註33〕。當然，禪宗絕非爲了審美而有此立說，乃以解脫、了生死爲目的，然儘管如此，從德山所強調的當下，心只是空義，確實也表現出一種美感。以下將藉牟宗三先生〈水滸世界〉一文，來表現德山「心無事，事無心」之妙義〔註34〕：牟先生說對這些水滸漢子，只能從如是如是，只是當下即是來體會，否則便有酸腐氣，學究氣，便不能了解水滸人物的眞精神。如李逵說救母就救母，母被老虎吃掉，說哭就大哭，而其他英雄見狀，大笑就大笑。此便是超脫一切既成系統，而成就一個當下即是的世界；此只能如如觀之，且唯如如，方覺一切皆必然。此便顯一超脫生死，只就眼前當下即是。德山既認爲解脫生死關鍵只在眼前當下，斷掉一切念慮，不思前不想後，則其接人手段，亦絕非以言說明心，乃「必以棒」；目的便是要人斷一切念慮，一切執持，使人當下悟此空義而了生死。〔註35〕

〔註33〕參牟宗三譯註：《康德：判斷力之批判》（上冊）（臺北：臺灣學生，2000年），頁291～299。

〔註34〕牟先生謂《水滸傳》是禪宗：水滸漢子所表現的，只是純直無曲，當下即是，一「如是如是」之境界。因此，筆者以爲藉牟先生此文，最能闡明德山「無事」的妙義。《生命的學問》（臺北：三民，2004年），頁256～264。

〔註35〕禪宗此意，楊祖漢先生在上課時常常言及：禪宗以當頭棒喝方式，使人體悟當下即是，作用見性，此便是要人拉開因果關係的思考，只就眼前當下眼前，是什麼就是什麼；是什麼就是什麼，使每一當下都是絕對。對禪宗而言，當下就是無所得，就是空。此便是空義。而筆者於此只就此意，進一步申論表明。

　　臨濟義玄嗣黃檗希運，且「臨濟一宗，淵源於希運」，故先從希運言。希運主張「一心即佛」，以為「諸佛與一切眾生，唯是一心，更無別法」，且謂「此心無始已來，不曾生，不曾滅，不青不黃，無形無相」，又認為若要證得此心，唯有「當下無心，決定知一切法，本無所有，亦無所得。無依無住，無能無所，不動妄念，便證菩提」，又謂「學道人，若欲得成佛，一切佛法總不用學。唯學無求無著，無求即心不生，無著即心不滅，不生不滅即是佛」。義玄承此，謂「心法無形，通貫十方，……本是一精明，分為六和合，一心既無，隨處解脫」，故其教人往往「放喝頻頻」。有所謂「臨濟之四喝」，與德山之棒齊名。觀希運言心，略不同於宣鑒。希運言心，不生不滅，雖亦是空義，但主張通過此心是可證菩提，而宣鑒卻認為，無涅槃可得，無菩提可證，唯有不思前不想後，只就當下如如。但儘管如此，二者最終肯認的皆只是「無事」；只就眼前當下，莫向外求，且若見得，亦只是一生無事人。因此，可謂二者在義理上仍有其相近處，且在接人手段上，義玄亦以棒喝方式，要人斷因果，亦有其一致性。忽滑谷快天即認為，雖然義玄與宣鑒曾親相往來與否，史傳於此不明，但就其二人所處時代相同，同行棒喝，同罵諸方宗師，同以無事為宗，且在《續藏經》又有二人相處記事，顯然二人當有接觸才是。〔註36〕

　　另外，二宗還有共同的特點，亦即除了同樣強調「無事」，不念念向外求去，還同樣不重佛教經典、不重達摩等解脫者之尊位，以為無禪道可學，不重神通等。從二宗此些特點看來，就形式上，確實同於白沙對自得之學的體悟。畢竟，白沙亦認為為學關鍵不在聖人，也不在聖人典籍，端在主體自身的當下肯認。若認得及，便是道德實踐的第一步工夫；若否，只是他求，非真正見道。因此，從白沙在諸多禪學家派中，特舉德山、臨濟二宗，或不可不謂亦有其用心；此用心即是二宗為學基礎，亦是從肯定主體而發，故就此而言，其用心同於白沙，但問題是，固然同樣重視主體，亦有見道不見道之別，而此正是白沙所要進一步分判的。

　　白沙以為「萬化自然，太虛何說？繡羅一方，金針誰掇」。「萬化自然」，同於「天命流行，真機活潑」之意，只是一生生之流行、自然而然。而「太虛」一詞，橫渠言「太虛無形，氣之本體」〔註37〕。牟宗三先生謂橫渠此處言「太虛」一詞，乃依於「清通不可象為神」而說，故吾人即可以「清通不

可象爲神」來規定「太虛」。又相對於橫渠以「太和」一詞明道的創生義——
是綜持地說；太虛則是分解而立：一方既與氣爲對立，一方又定住太和之所
以爲和，道之所以爲創生之眞幾。〔註38〕依此，白沙言「太虛何說」，「太虛」
當同於橫渠「太虛」之意，乃分解地說，與氣爲對，且作爲氣之超越的體性。
〔註39〕然白沙於此對本體的體會，已不從分解地方式立說，反而強調體之創
生義，如同橫渠的「太和」言一「天命流行，眞機活潑」，故依此意反而認爲
何需言一「太虛」。繡羅，乃白沙藉以比喻天地萬事萬物雖多，不過皆在一心
之活動中；金針喻心，此心內在於我，求捨在我，誰能爲我決定；此凸顯了
道德主體之絕對價值義。而白沙此句，亦同於前「君子一心，萬理完具，事
物雖多，莫非在我」一語。白沙認爲若能悟得此體內在於我，且此體是能生
生化化，創生萬物，則人根本且無須超脫生死，以解脫爲究竟。畢竟，人的
當下，就在此一刻之眞實存在中；每一個當下都是天理的呈顯，因此每一刻
存在都是眞實的，都是有意義的存有。故德山、臨濟二宗固然能肯定主體，
但卻主張超脫生死爲主體之究竟義，視一切存在「本無所有，亦無所得」，只
是空，此終究仍是不見道的。且由此，白沙進一步認爲，既然道德實體內在
於我，人通過他自己便能意識到此體流行不已、眞機活潑，便不容已地顯發
其眞性情，因此根本無需棒喝之舉；棒喝，畢竟仍從外來，仍有勉強，仍是
刻意。

　　總地說來，白沙雖強調道的創生義，只是一體之流行、自然而然，但此
流行之根據乃本於活潑潑地心體，且此心體是能感物、潤物，使天地萬物皆
在一心之活動中而成其自己。且白沙以爲，若能眞切體悟此意，便能覺知工
夫究竟亦只是萬化自然、一體流行，渾然無物我內外之分。而白沙此意，亦
可見於〈贈周成〉一詩：「虛無裏面昭昭應，影響前頭步步迷，說到鳶飛魚躍
處，絕無人力有天機」〔註40〕。虛無，並非什麼都沒有，乃是實理、是眞機
活潑，故能在面對一事、一物之際，都能給出一應然之則。故白沙雖用「虛
無」一詞，不免易使人誤解，但若能體會此「虛無」是能「昭昭應」之虛無，

〔註38〕《心體與性體》第一冊，頁 443。
〔註39〕白沙〈次韻吳縣博見寄〉「自得不須言有命，太虛元只是無心」，亦是分解地
　　　　立說，以爲人之實踐道德，只是純粹不容已地體現其自己，此便是絕對自由、
　　　　絕對價值之體現，因此亦無所謂命限的問題，而天道之意涵亦本是如此，作
　　　　爲一切存在之根據。《陳獻章集》，卷5，頁 490～491。
〔註40〕《陳獻章集》，卷6，頁 566。

是為寂感之眞幾，則可體會此「虛無」實是「太虛」之意。又，固然此活潑潑之心體內在於我，但不免在實踐過程中仍戰戰兢兢，不使自己放失己性。對此，白沙以為若眞能澈悟此心體意涵，則實直使此活潑潑之眞機全然體現出來即可，這樣便是鳶飛魚躍；此中自無私意欲念造作其中，只是自然而然、眞機之流行。依此反觀禪宗，雖煞有其事的表現生命之自由，但此自由實非眞正的自由，因其所體悟的體固亦是言心，但此心非絕對自由之道德本心，也因此不免要與物為對。且白沙以為，若眞能體悟此心體，又何需通過此激烈棒喝方式來指點人心，人心本自活活潑潑，本自感通無隔、遍潤萬物，因此禪宗之說實不見道。而吾人由白沙對禪宗的批評，亦可見出其對「自得」的掌握，不單只是強調主體之自由，且此自由唯有以儒家自由無限心方是為學關鍵，方是見道，亦可見出其對儒學本質掌握的眞切。

二、消極地：使心無有凝滯

　　白沙雖認為對本體的實踐只需顯一天命流行、眞機活潑，便能鳶飛魚躍、水到渠成，但另一方面，他亦有對此工夫作消極的表述。但雖謂消極，然亦不過是一個說法的兩面：從一面言，既然此心與天地萬物是一，一切存在只是此心之流行，因此工夫只需使本心呈顯它自己即可，故有所謂「天命流行，眞機活潑」，工夫只是如如呈顯。但從另一面言，此心固然內在於我，但因在人不免仍須憑藉工夫使其眞如其然，因此就不免顯出從未發到已發此中有間隔的可能，亦即在覺知此善之要求同時，人有可能滑轉而有不純粹性的表現；此不純粹性的表現即非本體的活動，即不善，且對理當活潑潑地呈顯其自己之本心而言，此時便是窒礙，便非本心自身。因此雖言兩面，實只是一個工夫，即顯本心的工夫；雖只是一個工夫，但通過另一面的補充，更可明確地了解所謂顯本心之意，即是使心無所凝滯，如如呈顯。因此，另一面亦顯其積極地意涵，亦是不可少的說明。故此章雖以積極地說與消極地說來區分「顯一眞機活潑」及「使心無有凝滯」之意，但此只是為行文說解的方便，並非完全否定「使心無有凝滯」之積極義。以下將就此作論述：

> 承喻出處與逃患兩事，此重則彼輕，足下之論偉矣。但須觀今日事體所關輕重大小，酌以淺深之宜，隨時屈信，與道消息。若居東微服，皆順應自然，無有凝滯。孔子曰：「知幾，其神乎！」今以眾人

有滯之心，欲窺聖人至神之用，恐其不似也。更俟他日面論以決之。

（〈與張廷實主事三十五〉，《陳獻章集》，卷2，頁175）〔註41〕

此則可略從兩方面立說：一爲「出處逃患」，另一爲「居東微服」。前者，不論是出處或逃患，其判斷仍須考量事體之輕重大小，以做出較恰當的裁量，使己之或進或退皆能隨順自然，與天道流行、消長變化之理一。後者，既無二擇一的問題，則只需順應自然流行之理，活潑潑地體現其自己即可。後者之說，理當無疑義，但就前者，不免質疑白沙所謂「須觀今日事體所關輕重大小，酌以淺深之宜」，實已落入經驗現象的考量；既落在經驗現象的考量，又如何謂「與道消息」？對此可能的質疑，筆者以爲或可先就白沙對本體體會作判斷，亦即思考「君子一心，萬理完具，事物雖多，莫非在我」一語的意義，這樣或能得到較合理的理解。白沙以爲，天地萬事萬物與我無對，一事一物皆不離我心之活動，因此儘管去觀事體輕重大小，此觀亦是心之必然如此之要求，對事之有所斟酌，此斟酌亦是心之不容已，因此在現象上看似有衡量、有取捨、有差別，但就眞機活潑而言，一切表現只是理當如此、自然而然。由此白沙「須觀今日事體所關輕重大小，酌以淺深之宜」一語，則可知此判斷雖不離經驗種種大小之事，但其根據並非從經驗而來，乃純從本心之要求而發。而白沙此意猶如《孟子·告子上》孟告仁義內外的論辯。〔註42〕固然長之之長者是外在對象，但吾人之所以長之，並非如告子以爲的，只因他是長者就長之，而是仍根於道德主體的判斷，以爲面對一長者理當且必然要長之，這樣才是合理且恰當的行爲。總地說來，道德實踐不離經驗，卻又非經驗所決定；其價值判斷雖根源於天，亦即吾人內在心體，但此心體卻必然落實在經驗中而爲眞實。因此，不論是「出處逃患」或「居東微服」，白沙欲廷實體會的，亦即對此些問題所論實不在多，也不需多（否則便有所滯，便陷在經驗現象之思考中），端在使己之本心能全然地體現其自己，而人便能在當中隨順自然，亦無所掛礙。

接續此意，白沙引「知幾，其神乎！」一語，指出心若有所窒礙，即未

〔註41〕據《年譜》〈與張廷實〉第一書作於白沙五十五歲，故推說此則應晚於五十五歲。

〔註42〕此處主要參考文獻爲「孟子曰：『何以謂仁內義外也？』曰：『彼長而我長之，非有長於我也；猶彼白而我白之，從其白於外也，故謂之外也。』曰：『異於白馬之白也，無以異於白人之白也；不識長馬之長也，無以異於長人之長與？且謂長者義乎？長之者義乎？』」一段。

能使活潑潑之心體全然體現，此便是有滯之心；以此有滯之心，想去體會聖人至神之用，此「恐其不似」，亦即不可能達至此聖人境界。「知幾，其神乎！」，語自〈繫辭下傳〉「子曰：知幾其神乎？君子上交不諂，下交不瀆，其知幾乎？幾者，動之微，吉之先見者也。」幾，固然可解爲事情變動的微小徵兆〔註43〕，但筆者以爲若解爲意念隱微之發動處，如濂溪〈聖第四〉「動而未形，有無之間者，幾也」，愈能顯發君子修身自省之意，且由此亦可證實道德形而上學之實義——在〈繫辭下傳〉可解爲：君子上交不諂，下交不瀆，乃因其在意念隱微發動處能當下自覺、當下自反，仍能純粹依從心體之要求而行，且由此愈顯發此眞機活潑、自然而然之流行。在白沙此句所引之〈繫辭下傳〉「知幾，其神乎！」一語，則可表明：就寂感眞幾言，此心體至神至妙；就人道德實踐之究竟處言，亦可謂至神至妙。只是白沙此處特別強調，唯有聖人方可無凝滯之心，亦即方能順應自然，純從心體的活動而表現其自己，其餘則不免仍有滯，仍有不純粹性之可能，則其目的一方面在勉勵東所，工夫唯有順應自然，與道消息，方能在出處進退之際無所凝滯，且皆能恰當合宜地體現自己，另一方面亦在告誡，此工夫唯達至聖人至神之用的境地，方可謂此心之發乃活潑潑地、無所凝滯，否則不免仍是有滯之心，皆仍不足。依此，吾人可謂白沙對本體的體會，固然強調工夫只是一渾然無物我內外之分，只是一無有凝滯之流行，但此絕非意味白沙此意只是要人一覺即一了百當，只空抓著自然之妙義，實則自然之意仍是要人不斷純粹化其自己，以一種去滯的方式，使己之本心眞能在每一當下皆如如呈顯、無有凝滯。又對此等工夫，白沙在與甘泉書信中，亦詳盡論及此意：

> 承示教，近作頗見意思。然不欲多作，恐其滯也。人與天地同體，四時以行，百物以生，若滯在一處，安能爲造化之主耶？古之善學者，常令此心在無物處，便運用得轉耳。學者以自然爲宗，不可不著意理會。俟面盡之。（〈與湛民澤七〉，《陳獻章集》，卷2，頁192）

此「體」即「一體」，同一身體之意。白沙以爲天地萬物皆在一心之創生妙運中體現其自己，因此春夏秋冬之所以運行，一切存在之所以如此生生，不過是一心之妙運。既然人心如此重要，白沙以爲人若自限己心，使心的活動未能如如呈顯，亦即理當純粹之心之活動變得不純粹，人又如何謂己之存在本至尊至貴，爲一切存在之根據？而白沙此意猶如其所強調的「一體」之意：

〔註43〕此意可參黃壽祺、張善文：《周易譯注》，頁584。

倘若身體樞紐發生問題，致使手足痿痺不行，則此樞紐又如何謂已真為樞紐之位？接著，白沙以古之人為喻，強調實踐此心體之工夫唯有「常令此心在無物處，便運用得轉耳」，實即呼應上句所謂「若滯在一處，安能為造物之主」一語。〔註44〕且由此兩句對照，更可確定白沙此處工夫表象即是「去滯」二字，而所謂去滯，即使心之發隨感隨應，只是純然、粹然之體現，此中絕無夾雜個人私欲、意念在其中。又雖是去滯，實不過是顯發本心之意；雖強調工夫只是顯發本心，但所謂顯發本心，實不過是去滯二字。也因此，正可呼應此段開頭語所謂此二工夫不過是一個說法的兩面，基本上仍只是一個工夫。故白沙謂「學者以自然為宗，不可不著意理會」，此「以自然為宗」即是將二者之意收歸於一，直以「自然」二字表示，並認為道德實踐者唯有順此要求而行方能體會此至大之心、至大之道。然白沙何以必歸結到「自然」二字？筆者以為此仍上承其對本體體悟之故。既然心體內在於我，且此心之活動便是道的創生，因此對本體之體會至於究竟，亦不過是一活潑潑地、自然而然之流行。順著對此流行之體會，工夫固然積極地可說顯一真機活潑，消極地可說使此心無有凝滯，但事實上其用意亦不過是使此心體如其本然呈顯其自己，亦只是自然而然之意。因此，白沙最後歸結其學說為「以自然為宗」，

〔註44〕「常令此心在無物處，便運用得轉耳」一語，雖憑藉「若滯在一處，安能為造物之主」，便可得知白沙言此之用心，但事實上細讀此語，仍可再進一步作分析，且由此分析亦可見出白沙此階段之用心，確實只是思考如何使心如如呈顯其自己：「便運用得轉」，此句尚可理解，畢竟心體活潑潑地必然體現其自己，倘若人自限己性，使此心未能全然體現，而有不純粹性的表現，此心之活動便是受到阻礙，便未能具體落實而為實事實理，此便是不運用得轉。但心既然要求體現其自己，則道德實踐必不能脫離經驗現象之物，何以又謂「常令此心在無物處」？對此，筆者以為就道德實踐，此是綜合關係，因在本體界，果在現象界：心體之活動不可離氣化而獨存，否則只是思辨之事。但對本體的體會，心體寂感真幾、神妙莫測，只是純粹不容已的活動。若今於此活動處加上意念之考量，則此即非本體自身，即是不純粹，亦即是有滯之心。有滯之心與心體是不同層次，即形下形上之分。因此，固然實踐是綜合之事，但就實踐本身仍只是體之活動，只是心體純然、粹然之不容已，此心自不能陷在形下的思量中，否則亦只是物而已，亦未能為造化之主。故白沙乃謂此心之工夫，唯有常令此心在無物處，亦即使心保持其純粹性、絕對性，這樣才能真成為造化之主，且才能體現其至神至妙之真幾。又，白沙〈語錄〉：「治心之學不可把捉太緊，失了元初體段，愈認道理不出。又不可太漫，漫則流於汎濫而無所歸。」（《白沙學案上》，卷5，頁92～93）強調體道唯有不偏不倚、恰到好處，實亦表示工夫唯有使心如如呈顯其自己，過與不及都是造作，都非真心活動。

一方面表示其對本體體會究竟之意涵，另一方面亦呈顯此體會下所應有之工夫要求。且依此要求可知，雖是工夫究竟，且可謂只是一聖人境界的體現，但此中亦顯曾子「死而後已」〔註45〕之實踐義。

> 此學以自然爲宗者也。承諭近日來頗有湊泊處，譬之適千里者，起腳不差，將來必有至處。自然之樂，乃眞樂也，宇宙間復有何事！故曰：「雖之夷狄，不可棄也。」今之學者各標榜門牆，不求自得，誦說雖多，影響而已，無可告語者。暮景侵尋，不意復見同志之人，託區區於無窮者，已不落莫矣。幸甚，幸甚。（〈與湛民澤九〉，《陳獻章集》，卷2，頁192～193）

白沙此則即開宗明言其學爲自然之學；但此「自然」之意，承上所論，其實踐根據是爲道德本心，且此心之流行義是爲創生性原則，一切存在之所以存在，其目的皆以實現道德世界爲其究竟，故此自然絕非只顯一空靈自在、逍遙任性之自由義，乃是從心體之活潑眞機、如如呈顯其自己而言自然而然之道德實義。又雖此自然同時含著對本體究竟之體悟，及究竟工夫之工夫義，但誠如上所言，此一實踐過程乃「死而後已」，因此雖謂「究竟」，但仍有其工夫需待實踐、完成，故白沙乃謂「近日來頗有湊泊處，譬之適千里者，起腳不差，將來必有至處」；此即要甘泉體會，固然能知、能覺此本體自然、工夫自然，但此仍須待己實下作去，並持之以恆、死而後已，此自然之眞義方可謂爲人眞正體悟。

又此處言「湊泊」一詞，已不同於白沙早期謂「此心與此理未能湊泊脗合」之「湊泊」之意，而是只是表示甘泉近日爲學已貼近自然的本義。又白沙從「近日頗有湊泊處」，言至「將來必有至處」，並由此提出自然之樂乃眞樂，顯然此工夫至處便顯一自然之樂，而此自然之樂亦即工夫究竟之體現。若是，益加呼應了白沙所謂以自然爲宗，此「宗」字不但表達對本體體會當只此一心之眞機流行，工夫亦只是無有凝滯、順應自然，另外更說明了對此本體工夫的體悟，唯有達至自然之樂方是此實踐眞義；亦即對此境界的表述，以「自然」二字來規定。再者，白沙從人的道德實踐所體現的至樂之意，謂「宇宙間復有何事」，亦再次體現其對形而上天道體會，乃從道德主體之實踐處肯認之：由人心之至樂，體會到天道流行亦只此樂事，而天地之流行亦不過是此道德世界之流行，一切存在皆只此自然。也因此，白沙乃謂若能體悟

〔註45〕《論語・泰伯》。

此自然之樂，則夫復何求！依此反觀白沙在第二階段的體悟，雖亦言眞樂，但當時對眞樂的體會乃從「富貴非樂，湖山爲樂；湖山雖樂，孰若自得者之無愧怍哉」，此種層層推進、層層反省，最後通過義利之辨顯出人之至樂在於主體絕對精神之體現，且由此言「自得」；此樂重在道德主體的自覺，肯定人的絕對價值在於實踐此道德生命。而此處所謂「眞樂」，卻又進一步渾化此物我之分：對本體體會，不只強調道德自覺，乃進而要人悟得人與天地萬物一體；工夫只用在使此心無所凝滯，顯一眞機活潑；境界的體現亦只此自然流行。故最終直以「自然」二字來規定眞樂之實義即可。〔註 46〕也因此，白沙此處批評今之學者不求自得，此「自得」之意已不僅包含自證、自信道德心體內在於我，且進而須悟得人與天地萬物只此流行，得亦得此而已。〔註 47〕

三、雖言自然，然亦不廢對治

　　儘管白沙在此階段之體悟，已從與物有對而至人與天地萬物同體，工夫亦從暫時與物隔離至順應自然、無有凝滯，並且直以此學教其弟子，如廷實、甘泉，但事實上，就白沙此階段文獻觀之，並非眞得只是講「一體」、「自然」此種超自覺、無工夫之工夫，實仍有對治，仍對生命既有限而無限提出他深刻地體會。但另一方面，通過此些文獻的闡述，並從第二階段發展至今整體觀之，亦可見出白沙此期重渾然無物我之圓融，強調工夫只是活潑潑地、隨順自然，確實並非只是空頭地說一自然妙境，乃是從分解到非分解的實踐歷程，且通過此歷程，亦可見出其理論發展之一貫性。以下將闡明此意：

　　　　夫人之去聖人也，遠矣。其可望以至聖人者，亦在乎修之而已。苟

〔註 46〕張學智將白沙此「眞樂」之意，與康齋苦修而得之樂作比較，並謂「陳獻章的樂，不是道德戰勝感官欲望從而主體看到了自己的崇高而發生的愉悦，而是主體的意志、行爲與宇宙律則自然順適，不強與之合而自然吻合，主體從中體會到某種境界而有的愉悦。」（《明代哲學史》，頁 50〜51）對於張氏區分二者之樂：一個從道德而說（義利之辨，彰顯人之自尊自信而言樂），一個從隨順無心而與自然合一而說；雖不甚認同（畢竟，白沙境界體現雖爲自然，但其實義仍以道德主體爲依歸，若直從張氏區分，不免讓人誤以爲白沙所謂自然，不從道德實踐入），但至少張氏此說表現一個意思，亦即白沙自然的體會已不僅僅停在義利之辨之對治相，乃進而渾化物我，只是一體自然流行之意。
〔註 47〕白沙嘗詩云「自家眞樂如無地，傍柳隨花也屬疑」，即表示此眞樂之意唯有人之自得方可，否則皆非對本體有眞實的體悟；另一方面，若能眞切悟此眞樂之實義，則人與天地無對，且隨時與道消息。〈偶憶廷實遷居之作，次韻示民澤〉二首之二，《陳獻章集》，卷 6，頁 623。

能修之，無遠不至。修之云者，治而去之之謂也。去其不如聖人者，求其如聖人者。今日修之，明日修之；修之於身，修之於家國，修之於天下，不可一日而不修焉者也。（〈重修梧州學記〉，《陳獻章集》，卷1，頁 32。白沙 71 歲）

白沙嘗詩云「聖人與人同，聖人與人異」〔註48〕，此「同」，乃從此天之所以於我者，人皆可為堯舜立說，是人之為人義之超越根據，亦是人實踐道德之所以可能之根據，而「異」字則從實然處立說，固然人皆可以為善，但人往往不如此為善，或困於氣性限制，或未能自覺人之至善至貴在於此心內在於我，因而有聖人與人的分別。而白沙在此言人之去聖遠矣，此去聖之故亦即從實然處立說，以為人理當能為善，卻未能實現此善性，因而未能同於聖人體現人之為人義。又儘管如此，因善性人所固有，因此人仍可實現此至善之義而達至聖人境界，只是關鍵在於能否「修之」而已；「修之」，即能體現聖人境界，我即是聖人。又對此「修之」之意，白沙明確其概念意涵為「治而去之之謂也」；對治並去除此限制。具體地說，聖人之所以為聖，乃因能純粹地體現此至善之性，無一點私欲夾雜在其中，而人之所以不如聖人，正因在心體發用之際，不免有所滑轉而導致不純粹性，而今所謂修之，即是要人自覺人心之不純粹性並去除之，使此心能全然體現其自己而無所偏。接著，白沙又強調此「修之」之功不可間斷，必須今日修之、明日修之，且修之於身家國天下。而白沙此說，固然因此作是為〈學記〉，而學政建立目的便是培育賢才，以風化治世天下，故自需將家國天下籠括在其中，但另一方面實亦表示此心固然內在於我，但當它具體彰顯其自己時，自能同時妙運、創生天下萬物，使一切存在皆在此一心之作用下彰顯其自己。故固然言修己，但在此修己之同時，實亦包含家國天下在其中，沒有一個可遺漏。

依此所論，可得兩點：其一，白沙「修之」之意，雖顯一對治相，但此對治已非只是克制個體私欲，顯一道德生命而已，乃是從己身推至家國天下，一如此期所強調的「一體」之意。其二，白沙此期固然強調一體流行、只此自然，但仍不廢對治相在實踐上的意義。又由此二點可知，白沙此期對治相所顯「一體」之意，正說明了白沙思想發展的一貫性：從面對個體生命的限制，進而將天地萬物存在收歸一心，實踐亦從「一體」而入。

〔註48〕〈贈世卿〉六首，《陳獻章集》，卷4，頁 300。白沙 61 歲。

另外，關於行文中言及白沙「修之」之意，乃針對人的有限性而言，可以白沙〈送李世卿還嘉魚〉一文爲據：

> 襟懷有全楚，勝處多臥遊；大崖月同同，赤壁風颼颼。行藏君自知，
> 可以與我否？我若登南嶽，寄聲黃鶴樓。富貴何忻忻，貧賤何戚戚！
> 一爲利所驅，至死不得息。夫君坐超此，俗眼多未識。勿以聖自居，
> 昭昭謹形跡。在物有常性，水濕而火燥；在人無常情，所惡變所好。
> 昨日見其恭，今日見其傲；蔓草輕芝蘭，清源亦黃潦。世情每如斯，
> 聊爲行者告。疾風起驚濤，舟以柁爲命。柁乎苟不操，舟也何由靜？
> 是舟如我身，孰知身之窘？是柁如我心，孰袪心之病？不如棄其舟，
> 免與風濤競。（〈送李世卿還嘉魚〉，《陳獻章集》，卷4，頁314。白沙61歲）

此詩共五首，今擇取第二首至第五首。第二首關鍵在於「行藏君自知」，除勉勵世卿當自知出處進退之道，另一方面正因此「自知」之意，顯示道德實踐的關鍵在主體的自覺，不論行事恰當與否，自己最爲明白知曉，也因此自己須負完全的責任。「可以與我否」，則是對道德判斷做進一步地補充。畢竟，此心即內在即超越，就其內在性言，單我自己便是目的自身，便是絕對自由、絕對價值之所在，故此應然之理乃是我道德主體自發之無條件要求；就超越性言，此應然之理固然發自於我此一主體，但此要求因具有純粹性、絕對性，故又可推知每一個人面對此一事、此一物必然都給出此一要求，故此要求又有其普遍性、必然性。因此，此道德判斷理當具有公開性原則，是可公諸於外，經得起檢驗的，因而白沙乃從「行藏君自知」之自我道德判斷，進一步言「可以與我否」，顯一道德判斷之絕對自由，同時又是普遍、可公開之純粹無雜之理之內涵。

第三首詩白沙言兩種人，一種人汲汲於富貴，另一種人則以聖人自居。前者，未能自覺人之至貴至善不在富貴權勢，乃單以其自己便是目的自身、絕對價值所在。而此種人，白沙亦了解此絕非李世卿所追求的。後者，雖能超越感性欲望對人的限制，亦能不爲富貴權勢而自放己性，但白沙認爲此一類人亦有其實踐上的限制，而此正是白沙要告誡李世卿的：雖人能自覺人之至貴至善內在於己，且亦能以實現此爲職志，但倘若因此自以爲此一覺已不同於他人，實此只不過顯示己身道德實踐之不純粹性而已，且此覺即非道德之覺。白沙認爲道德實踐唯有在每一應事接物之際，皆能戰戰兢兢，謹愼自己言行是否合於心體之要求，這樣才是眞正的爲聖之道。

　　第四首詩，白沙主要說明人之人情性。白沙以為人之人情性常常變化其好惡，行為亦無定準；品德差的卻輕視德性材質美好者，本性良善者卻往往流於不善。白沙以為世俗人情每每如此，並由此告誠李世卿。

　　第五首詩則以「疾風起驚濤，舟以柁為命」為喻，說明人處在上述世俗人情中，不免常常遇到驚濤駭浪之事以考驗自己是否仍能自持，而人心如柁，人身如舟，若柁不成其為柁，舟便失去方向，無法從驚濤中破險而出，反而有沈淪的危險。白沙又進一步以舟與柁為喻，以為身猶如舟，不免有其限制，而心猶如柁，須時時守住此柁以防主失其主。又對此身對人的限制，白沙又云「不如棄其舟，免與風濤競」。白沙此說不免使人置疑，難道白沙要人捨去此身，只為了要逃離世間對人的考驗？但從前章論至此，白沙並未有棄世觀念，且儘管認為人此一形軀是人的限制，但另一方面此限制亦可轉為表現原則，畢竟人之至善之理仍須通過此身方能具體化此善性，因此如何謂要棄此身以逃避此身對人的限制。因此，筆者以為對此句詩的理解，或可從此身之所以為限制之限制言，並由此言棄此限制，換言之，此身之限制在於感性欲望之追求，且此追求是未能自主的，只是隨外物之牽引而一直往外撲。倘若人能知此身之限制，並且不再以追求此身之滿足為職志，或為必要，這樣人就能不陷溺在物質誘惑中，亦能在世俗名利之考驗中挺立出來，因此也無所謂「與風濤競」的問題。

　　總地說來，從第二首詩到第五首詩，白沙不論是隱是顯都表示了人此一存有乃既有限而無限。第二、第三首為一組，第四首、第五首為一組。前一組從人儘管自覺為善，卻仍須戒慎恐懼、戰戰兢兢，使自己的言行皆合於內在心體之要求。而之所以必須如此，乃因人非只是一純理存有者，因此當存心稍有不慎，便未能純粹體現此至善之理，便是不善。由此亦可見出人之有限性，而此有限性在道德實踐是必須正視的。後一組直從現實生命言，人之人情性所追求的只是個人的幸福，此中沒有應然可言，只考慮現實利害問題，故人在此中是善變的，是沒有價值義的。畢竟，其所追求的價值在外，其自身之價值亦由外在之物所決定。然人何以如此？白沙以為人此一身故。人此一形軀就其生存需求，自然食求飽、衣求暖，此中本無價值可說，亦只是人自然之性。但人卻往往貪愛此身之需求，不斷追求外在之物，以為此方是人之可貴處，卻不知此一追逐已自喪己性，且人之絕對之價值性亦因此而喪失。從此觀點，人此一形軀不免成為道德實踐之限制原則，人之不善往往因此而

起。因此不論是前組或後組所透顯出的問題，實可理解白沙固然對本體有進一步的體會，但對此「修之」之意並不廢棄，且強調唯有此修之之歷程，方能眞正體現此至大之心乃包含身家國天下及其一切之存在。

> 傳曰：「道在邇而求之遠，事在易而求諸難。」又曰：「行之而不著焉，習矣而不察焉，終身由之而不知其道者，眾也。」聖賢教人多少直截分曉而人自不察。索之渺茫，求諸高遠，不得其門而入。悲乎！〈次韻廷實見寄〉二首，前言因廷實而發，非專爲廷實也。（〈與張廷實主事三十七〉，《陳獻章集》，卷2，頁176）〔註49〕

此二引文本自《孟子》。〈離婁上〉「道在邇，而求諸遠；事在易，而求諸難。人人親其親、長其長，而天下平。」〈盡心上〉「行之而不著焉，習矣而不察焉，終身由之而不知其道者，眾也。」前則強調心體內在於我，工夫亦求捨在我，故實踐關鍵只在能否當下自覺、當下肯認，並具體實踐之即可；但人卻不知此理易知易從，反而向外求索，本末倒置，致使自己終未能實現人之至貴。又對此易知易從之工夫內涵，孟子以爲人若能親親、長長，便能天下平。然何以如此？孟子以爲此因良知良能內在於我，此是不學而能、不慮而知。若能將此心體全然體現，自然見父知孝、見兄知弟；將此仁義之心擴而充之，自能達之於天下。〔註50〕後則說明此心內在於我，人皆可爲善，但人卻往往不彰顯、覺察此善性，致使自己只是如此行而行，卻不知此之所以行乃因己自身即是至貴、至重者。而白沙引此二則便是要人體會此善性人所固有，人必須覺察之、實踐之，否則若未能自覺，不免總是向外求索，將己之所貴置於物外，致使己已自喪己心卻仍渾然不知，且正因此不自覺，因而未能體會聖人易知易簡之教方是至當之理，卻反而「索之渺茫，求諸高遠，不得其門而入」。

由白沙此說可知，人之有限性固然可從形軀生命言，但形軀生命並非需被咎責的對象，人之不善只因人未能自覺，或未能直下肯認人之至貴至善不從外來，單以其自己便是價值之源。相反，倘若人能自覺之，人自能體現人之純粹之善性，畢竟此善性我所固有，端在自己能否實踐之。因此，不管人

〔註49〕據《陳獻章集‧年譜及傳記資料》，〈與張廷實〉第一書作於白沙五十五歲，故推說此則應晚於五十五歲。（附錄二，頁826）

〔註50〕參〈盡心上〉。孟子曰：「人之所不學而能者，其良能也。所不慮而知者，其良知也。孩提之童，無不知愛其親者，及其長也，無不知敬其兄也。親親，仁也。敬長，義也。無他，達之天下也。」

之生命之有限性爲何，人終究且必然是能爲善的，且此能亦發自於主體自身，關鍵只在自己能否肯認之而已。而白沙此說，相較於前則要人正視人的有限性，此則更能體現人之爲人義；不但體現此無限生命之意涵，且同時彰顯了道德實踐之眞義。

四、自然義下對讀書與靜坐的反省

白沙思想發展既有根本意涵的扭轉，亦有同質的發展。在同質發展過程中，亦表現了對道德生命更深一層的體會，且此體會同時又表現在工夫具體作爲上。因此，對於前期所提出或提及的相關重要工夫，於此必須再次檢視，以見出白沙在此時之體會或態度爲何，亦可見出其中的意義。而在整理白沙此期文獻過程中，確實也可找到相關線索，見出白沙對此些概念的重新思索，及其此思索所呈顯的意義。其中，又以讀書、靜坐二工夫最值得提出討論。讀書，從白沙問學於康齋，便是一個討論的課題，儘管白沙後來體悟到實踐關鍵在於自得、心即理，並以靜坐作爲爲學的入路，但對於讀書一事的省思卻未嘗廢棄，且直至晚年仍可見出此課題仍是他反省的重點。此或許是當時學者不論是入學或爲學，皆不離讀書故，又另一因，且或爲最重要因素，即聖人與典籍的關係。人之爲學是以成聖爲目標，而聖人所體現的精神、氣象，亦唯有典籍可供後人憑藉、想像。因此，讀書與否，確實是很難不去反省的問題。靜坐工夫是白沙體悟道德實踐關鍵在己，心體內在於我後，所提出的工夫修養方式，且認爲此工夫是最有效且值得以此教人者。但隨著對本體有更深一層的體會，自然在工夫表現上有不同的呈顯或要求，相對於此要求而言，對靜坐工夫自有其反省的必要。因此，筆者將順此理當之反省，試圖憑藉白沙相關文獻作一論述。又依白沙思想歷程發展相關概念的討論，此處將順此發展次第，先討論讀書，後討論靜坐。以下論述之：

從前論述可知，白沙對讀書態度在於，若能悟得道德實踐本義在於彰顯此內在心體，則讀書無須廢，亦是不可廢。但倘若捨本逐末，以爲體道唯有通過讀書方得，又或陷溺於文章、著述之豐而不可自拔，則典籍不但可視之爲糟粕，又或如許文正所言，當如秦火焚書一遭；蓋此中有不得已也。而白沙此期對讀書的態度基本上也承前期所論，有肯定讀書，亦有否定讀書一事，但推其根本亦唯在能否自覺心體方是至貴，方是自得者。以下先就白沙肯定

讀書一事說起，再論否定讀書一事，以及何以否定讀書，最後歸其本提出白沙論此之基本態度：

首先，白沙以爲六經乃寄聖人之意：

> 六經如日朝出東，夫子之教百代崇；揆之千聖無不合，施之萬事無不中。水南新抽桃葉碧，山北亦放桃花紅。乾坤生意每如是，萬古不息誰爲功？（〈次韻莊定山謁孔廟〉，《陳獻章集》，卷5，頁488）〔註51〕

以太陽從東邊升起來喻六經，象徵六經之作使天下生意萌動，一切理則皆從此孕育而出。換言之，六經有其重要意義，即唯有憑藉六經，聖人之教才能不斷地興發人心，使人皆能以實現德性爲職志。又六經中的教誨，其所傳達之深刻意涵具有普遍性、恆常性，是爲爲學之眞理，因此能「揆之千聖無不合，施之萬事無不中」；聖人之心即此道、此理，六經所傳達的意涵亦是此道、此理，因此若以六經之理去審度聖人之言、之行，自然無不中的，此即顯六經之所以爲六經，重點不在六經此表面所呈顯之語言，乃是語言背後所傳達之超越之理，而此方有普遍性、恆常性之意義，也唯有此，方能將之用於日用而不失，畢竟天地萬物之流行，亦只是此道、此理。接著，白沙藉桃葉之新抽、桃花之綻放，象徵陰陽氣化流行不息，而此不息正因道作用在其中。而此亦與頷聯之意相襯。六經乃聖人之作，聖人之用心同於天道之流行，因此若能體悟六經之意，則陰陽氣化亦在一心之生生中體現其自己，故萬古不息雖爲天道創生之功，但此功之具體施爲卻在聖人中見，而聖人之理亦在六經中見，故人契合此聖人之心可憑藉六經而得。由此，六經之不可廢，便見其深意。

又接續此意，白沙是肯定讀書的，且以此教子，如與〈景暘讀書潮連，賦此勖之〉〔註52〕，白沙詩云「日往則月來，東西若推磨。及時願有爲，何啻短檠課？強者能進取，不能空墜墮。四書與六經，千古道在那。願汝勤誦數，一讀一百過。」除強調四書六經意義在於「千古道在那」，另外還勉勵他的兒子勤讀書；這點在白沙是很特別的。或有人問，儘管千古的道就在四書

〔註51〕《陳獻章集》，附錄二〈年譜及傳記資料〉，「十九年正月，白沙（56歲）先生入京，過定山，相留越月，送於揚州。」湛若水〈莊定山墓志〉「往年，白沙過予定山，論及心學，先生不以予言爲謬，亦不以予言爲是，而謂予曰：『此吾緝熙林光在清湖者之所得也，而子亦有是哉！』」《明儒學案》引〈莊定山要語〉

〔註52〕《陳獻章集》，卷4，頁313。

六經中，但道不就在主體當下自覺中顯，又何以須從讀書中見道？對此，續觀白沙此詩，「古稱有志士，讀書萬卷破。如何百年內，能者無一個？書生赴場屋，勢若疾風柁；不悟進爲退，反言勇者懦。吾聞邵康節，撤席廢眠臥；又聞范仲淹，畫粥充飢餓。砥柱屹中流，有力始能荷。汝患志不立，不患名不大。師友爲汝資，薪水爲汝助。黽勉在朝夕，用爲老夫賀。」白沙對道體的體會是一貫的，且從此一貫的態度亦表現在他讀書的態度上。白沙雖然鼓勵其子多讀書，並認爲道就在聖人典籍中見，但這裡是有一個前提的，亦即「汝志爲何」。白沙反省，過往以來奮力於讀書中者甚多，但何以「能者無一個」；此「能」就能眞正體現德性人格者而言？只因未能「立志」，未能明確生命的方向，致使最後追逐於經驗知識之豐，汲汲於名利的累積。此皆是退、皆是懦，皆是未能體會讀聖賢書的意義。也因此，若能有此自覺，儘管道不從外求，但亦可不廢讀書一事，甚且可積極地看待此一事所代表的意義。

然白沙除有對經典、讀書表示肯定外，基本上就其文獻內容觀之，有更多對讀書持反對的態度，而此反對愈能顯示白沙對此問題所持之基本立場。因此，接續前者正面的態度，此處將續論其對讀書所採否定之態度爲何，並說明何以如此：

對於白沙不喜著述，一般喜引「莫笑老翁無著述，眞儒不是鄭康成」〔註53〕一句，另外尚有「莫笑狂夫無著述，等閒拈弄盡吾詩」〔註54〕、「文字費精神，百凡可以止」〔註55〕等。且單從這些語句，確實亦可證明白沙不喜著述，甚至輕視著述。但理由爲何？據其上下文句，如〈再和示子長〉「人世萬緣都大夢，天機一點也長生」、〈贈世卿〉「元神誠有宅，灝氣亦有門。神氣人所資，孰謂老氏言？下化囿其跡，上化歸其根。至要云在茲，自餘安足論。可以參兩間，可以垂萬世。聖人與人同，聖人與人異。堯舜於舞雩，氣象一而已。大者苟不存，翩翩竟奚取？老夫嘗用力，茲以告吾子。文字費精神，百凡可以止。一落永不收，年光建瓴水。」鄭康成著書之繁，此「繁」畢竟是有限的、相對的價值。且從此有限觀之，人生如夢，不過在自然因果中受時空所限，所著之書亦終究在時間之流中化爲空無，而個體生命之所以存在之意義亦未得以在其中確立。但人之存在亦非如此消極或虛無，實人之存在

〔註53〕〈再和示子長〉二首之二，《陳獻章集》，卷5，頁456。白沙63歲。

〔註54〕〈雨中偶述〉三首之三，《陳獻章集》，卷5，頁461。

〔註55〕〈贈世卿〉六首，《陳獻章集》，卷4，頁300。白沙61歲。

其存在之積極意義正待人去實現，而此即是此天機一點；依白沙前一再強調的，即此天之所以與我者、此眞機活潑之意。故白沙不著述，並非就著述一事去評斷，乃就實現絕對價值或只是追求相對價值而言，以爲人當實現此絕對價值生命，此方是人之所以存在之意義。也在此意義下言「眞儒不是鄭康成」，以點出儒家實踐眞義不在對外在事物的追求，即不在以著書之繁與否來決定此儒者之生命，乃單以其自己是否能純粹體現此至善之理來判定。既依此判定，則著述之繁與否便不是考量的範圍，此便只是枝節。

　　不喜著書之繁，白沙亦提出另一個理由，即人一旦陷在文字的追逐裡，不免迷失自性，未能自拔。「元神誠有宅，灝氣亦有門」，元神指人的精神、靈魂，灝氣指瀰漫在天地間的大氣，或指天地，但不論意指什麼，重點只在「誠有宅」、「亦有門」此六個字。孟子以仁爲人之安宅，義爲人之正路，〔註56〕意在指出唯有以仁義爲其根據，方是人之爲人義。此處白沙亦強調一切存在皆以道爲其根據、以道爲其生生之理，在人則以心表現之，因而人能安其所安、天地之流行亦有其理則使其如此流行。然何以如此解？一方面承上論至此可知，白沙對本體體會不離道德實踐而說，且是爲道德形而上學之義理型態；另一方面，則可依下句詩文來做佐證：白沙以爲人憑藉神氣而生，但此神氣之意不同於道家言氣，實只是形而下之氣化流行。此氣聚散而爲物，推其本源則在天道創生作用其中，而人之實踐關鍵亦在此，亦即體悟天道生生之理。然對此道體的體悟，據前所論，「道在我矣」，因此亦無需向外求一個超越之性理，理就在我心中，我心之當下呈顯即是天理之全幅內涵。因此，若能體悟此心至神至妙之創生義，便能參與陰陽氣化之流行，畢竟此流行，亦即道之作用，只是一體生生之義。又此心之具體實現其自己，其所實現者自不爲自然因果所限，也因此其所體現之價值有其絕對性與必然性，故自可垂萬世；此心之作用既可妙運天地上下、往古來今，則其所謂垂萬世之垂字，乃表示此心對天地的影響無窮無盡之意，「萬世」亦就不爲時間所限而言一無限性。人心之廣大、神妙如此，而此正是聖人與人相同之處，亦是聖人與人不同之處。之所以同，就存有論而言，人同此心，心同此理，人皆可爲堯舜；之所以不同，乃因就道德實踐而言，人若欲充盡體現此至善之心必須有工夫修養，而此工夫亦即如何使此內在之心體純然、粹然地體現其自己；在聖人，即能全然體現之，在人，則不免尚有一絲勉強，一點不純粹。但儘管如此，

〔註56〕〈離婁上〉。

因人皆有是心，皆可單以其自己便能爲善，因此人皆可達至此聖人境界，且此境界所體現之絕對價值，人與聖人無所分。又，人既有此至善之性，白沙以爲人理當以實現此爲職志，畢竟此方是人至貴至善且可求者；倘若人不存養此心，那麼人還有什麼值得去追求的？白沙並提出其爲學經驗，以爲自己曾逐於文字積累，反而陷在其中未能自覺人之至貴可求者，因此勸李世卿勿重蹈覆轍。由此可知，白沙謂「文字費精神，凡百可以止」，是有他自己的體會，並非隨意認爲著述讀書不好。

總地說來，白沙之所以反對讀書、著述，並非單只是排斥讀書、著述此表面事，乃因自覺人有更值得去實現的價值理想，而此理想亦即道德生命之完成。另一方面亦體會到，倘若人追逐於經驗知識、著述之豐，不免使自己的精神耗損其中，且久之，便難從中抽拔出來，體悟到人的生命價值根本不在此，而只在道德生命的完成。因此，乃不免藉由較否定著述、讀書的語句，來提點其弟子爲學之關鍵不在此，端在實踐此內在之德性。若如此，白沙不論是肯定讀書，或是否定讀書、著述，基本上他的態度只有一個，即認爲唯有實踐道德生命方爲人的絕對價值所在。因此，吾人在理解白沙語言之際，不免須特別注意此點，否則隨其文字翻轉復去，最後便只落在表面文字之枝節，而未能確實掌握其根本宗旨。又今既了解白沙之用心，吾人即可進一步體會白沙此些詩的意義：

> 往古來今幾聖賢，都從心上契心傳。孟子聰明還孟子，如今且莫信
> 人言。（〈次韻張廷實讀伊洛淵源錄〉，《陳獻章集》，卷6，頁645）

> 六經盡在虛無裏，萬理都歸感應中。若向此邊參得透，始知吾學是
> 中庸。（〈與湛民澤〉，《陳獻章集》，卷6，頁644）

《伊洛淵源錄》爲朱子載周、張、二程及其門下弟子之言行而成，主要藉聖賢言行以矜式後學者。而白沙讀此書後，亦有所感，並將其體悟寫成絕句寄予張廷實。白沙以爲從周張二程等人之言行可知，從古至今之聖賢，其所以能不斷傳承而下，依靠的亦即吾人內在之本心；此心既內在又超越，故能不爲時空所限，一方面單以其自己便能振拔己心，同時又能與聖賢言行相感通。因此，聖賢與我只是一心，而我之所以能感於聖賢，並以體現聖賢氣象爲職志，亦因此心故也。白沙又謂「孟子聰明還孟子，如今且莫信人言」，亦即認爲實踐之本質關鍵既在我，則吾人爲學僅需通過自己便能證得，便能信得及，因此根本不需聖賢言語。對於白沙此說，筆者以爲可作進一步思考：若悟得

爲學關鍵在心，聖賢之所以爲聖賢，亦在此心之不容已，則爲學確實僅需發明本心，根本不必理會孟子言語，亦無需理會他人教誨。但白沙之所以有此體會，乃因讀《伊洛淵源錄》後而得，並非憑空生出此語，若是，讀聖賢經典當亦有其意義方是，何以白沙卻在〈次韻張廷實讀伊洛淵源錄〉此詩名下，謂「孟子聰明還孟子，如今且莫信人言」？此中便顯弔詭處。對此，筆者推之此當即是白沙對讀經典的態度，而此態度亦是白沙要廷實體會的。道德實踐之學本不可從經驗現象而得，乃必須直從心體去體證，心方是關鍵，因此本來即是莫信人言、孟子聰明還孟子；但若能悟得此關鍵義，儘管人言、儘管孟子聰明，吾之所見者無非興發吾人之心之契機，也因此一切爲學皆可在此意義下保住，且顯其存在之眞義。也因此，白沙謂讀《伊洛淵源錄》有得，此得又是「孟子聰明還孟子，如今且莫信人言」，此便顯一理當如此，而非僅是語言上的弔詭。而白沙此詩，實亦可呼應前論白沙既肯定，又否定讀書、著述之所由。

　　〈與湛民澤〉一首亦表現此玄妙之理。虛無，見前論〈贈周成〉一詩中所謂「虛無裏面昭昭應」，可知虛無並非什麼都沒有，當然也不是縹渺無定所之意，乃是道德實理、眞機活潑，是能給出定然理則，使人行事能有所依循。故虛無，實即太虛，從寂感眞幾來體會，故言昭昭應。此處言六經盡在虛無裡，即六經所蘊含的理則即是太虛，太虛神妙作用亦將六經義理包含其中。而天地萬物之所以流行，不過太虛即寂即感、神妙莫測之用，亦即太虛之生生使天地萬物如此存在，因此天地萬物之理皆歸本於太虛。白沙以爲若能體悟此理，便能「始知吾學是中庸」。中庸，或指《中庸》一書，或指平常之理。但不論指《中庸》一書，或直指平常之理之意涵，實皆強調道理不過如此、平平當當。畢竟，《中庸》一書所欲表達的便是此平平當當之理，如程子所謂「不偏之謂中，不易之謂庸。中者，天下之正道，庸者，天下之定理。」〔註57〕天地之流行，不過此誠體之流行，而聖人之所以爲聖，亦不過體現此誠體，故天下之理只是如斯，人之爲聖亦不過如斯，故曰中庸。依此，白沙云，若能體悟太虛神妙之意，便能體會吾人之道德實踐不過只是如此，而《中庸》所欲表達的義理，亦不過如此。因此，固然六經盡在虛無裡，關鍵亦只在人體悟此太虛神體之妙義即可；當悟得此體，則六經固然可廢，實亦無須廢之，畢竟通過六經，人更能藉此悟得聖賢言語眞義。

〔註57〕《中庸章句》，《朱子全書》第陸冊，頁32。

說到忘言處，無詩可贈君。許將臨別意，一點落黃雲。君若問鳶魚，
鳶魚體本虛。我拈言外意，六籍也無書。（〈贈陳護湛雨〉二首，《陳獻章
集》，卷5，頁524）

鳶魚，即鳶飛魚躍，因從主而客肯認天道流行之實義，因此可謂此詞主要是
為境界語，表現一活潑潑地、自由自在之生意，而此生意乃通過道德主體之
自由無限心證成。又因強調此心之至神至妙，不為書籍所限，人對此體之體
會亦不可從經驗現象來理解，故以虛、神來形容此本體。而白沙謂「鳶魚體
本虛」，即強調此鳶魚之境其根據即此太虛，亦即真機活潑、至神之用之心體。
依此觀〈贈陳護湛雨〉：此詩由二首組成，從說到忘言、無詩可贈君以表達內
心情感不可言喻，進而指點道德實踐之究竟，即鳶魚之境，亦有其不可言說
處。之所以不可言說，自非因情感難以表達，乃因道德本體本是超越的，自
不為言說所圍，且言說亦未能充分體現本體之無限絕對義，因此此中自無可
言者。但白沙以為對此心體，固然難以言說表達，然亦非不可表達，畢竟此
超越之心內在於我，求捨亦在我。因此，對此心體人是可自得，對此境界之
體悟人亦是可得的，關鍵只在人能否自己去體會。對白沙而言，其既然要教
其子弟了解此道理，自不能免一番言說，只是又不希望其弟子陷在言說中，
因此乃要甘泉體會其說之言外之意。既是言外之意，即需甘泉自己去體會。
故白沙謂「我拈言外意，六籍也無書」，不論是自己的教導，或是六經的內容，
對此境界之體會必須了解不在文字中，而在文字之外；此外即吾人之心自能
證成之，端在己能否體會此至神之妙之意。依此，由白沙言言外意，又言六
籍也無書，顯然前提並不廢師友之教，亦不廢六籍，只是要人了解對本體之
體會、境界之體悟，固然可通過師友之教、六籍內容來興發己心，但此心之
妙實不為此些所圍，因此要能守住實踐之關鍵仍在此心。

　　總地說來，白沙以為一切為學關鍵只在道德主體自身，若能守住此要點，
不論是讀書也好、著述也好，皆不妨礙；反之，若未能真切體會，則一切工
夫皆是枉然，對本體、對境界的體悟，皆不中的。而白沙此體會，亦可見出
此確實承自第二階段對讀書的體悟而來，只因此期對本體的體悟有更深一層
的了解，因而在闡發此階段對聖賢典籍、讀書一事的態度，不免有更進一步
的說解，如進而言鳶魚之境、自然一體之意。故由此，亦可見出白沙思想確
實是有進程的。

　　靜坐是白沙在第二階段一個重要的修養工夫，且通過此工夫確實讓白沙有

所得。然隨著自己思想進一步的深化，其不免自覺此工夫對其為學的限制，甚而有所謂未得的反省。對此，筆者以為，就從事哲學思維的人來說，自我批判反省是不可免的，且從批判過程中認為自己前期思想是不成熟，是「未得」的，此是極合理的事；但另一方面，若研究者因而順此研究對象之自我批判語言，便直謂此思想家某一階段思想為「未得」，並完全否定前期思想所代表的意義，此便是忽略思想發展中批判反省的意義，以及此反省在整體思想中的定位與價值。簡單地說，對思想家本身而言，其可因其思想的進程，對自我做一批判的反省，以為以前所謂得，實仍未有所得，而今之體會，方可謂得。而此正顯示此思想家生命之活潑潑，對自我生命之眞誠表現。但對研究者或後學者而言，即未可因思想家對自我前期思想之批判，便隨之謂前期所論一無是處，或以為前期確實未有所得。畢竟，其所謂未得，乃就自我生命不斷發展而言前期是未得的，但此未得卻非眞的未有所得，乃因此有得又進而有所得，故就後一發展而言前一期為未得，但事實上前之所得，亦有其理論發展之意義。若能認同此意，由此進而觀白沙此期對靜坐之反省，便更能見出其反省乃有其深意，而此深意正建基在靜坐而得之體會上。以下即申論之。

　　言白沙靜坐未得，主要承白沙弟子東所、甘泉說法而來，如首章所論。此處則依白沙文獻，以見白沙對靜坐態度為何。然在說解前，必須說明此詮釋上的限制，即白沙關於此靜坐論述甚少，亦不過幾句詩語，因此筆者僅能從此些線索姑且為之描畫、論述，以暫待他日更多文獻作為佐證。

　　白沙在〈次韻姜仁夫留別〉詩云「家近桐江舊釣臺，鳳林何日暫歸來？平生章子如相問，道我山中日閉齋」〔註58〕。姜仁夫從學章德懋，白沙此詩作於姜仁夫過白沙，而白沙與之唱和、辭別。詩中章子，指章德懋；章德懋，據白沙此詩自序，是相交二十年的好友。此詩既不諱告知好友近日為學為「山中日閉齋」，顯然白沙此期並不排斥靜坐工夫，或全然否定靜坐在工夫修養上的意義。另外，在〈靜軒，次韻莊定山〉，白沙亦詩云「蒲團坐破千峰月，信手推開六合塵。無極老翁無欲教，一番拈動一番新」〔註59〕。此詩亦表示通

〔註58〕《陳獻章集》，卷6，頁673。白沙62歲。
〔註59〕〈靜軒，次韻莊定山〉，《陳獻章集》，卷5，頁485。《陳獻章集》，附錄二〈年譜及傳記資料〉，「十九年正月，白沙（56歲）先生入京，過定山，相留越月，送於揚州。」湛若水〈莊定山墓志〉「往年，白沙過予定山，論及心學，先生不以予言為謬，亦不以予言為是，而謂予曰：『此吾緝熙林光在清湖者之所得也，而子亦有是哉！』」《明儒學案》引〈莊定山要語〉。白沙69歲，有〈與莊定山書〉。

過靜坐工夫，可以體悟天地宇宙流行之理；此理之體悟，乃藉濂溪主靜無欲之功，體會此體至神至妙，只是一真誠無妄之流行。依此，靜坐亦不妨礙對本體層層的體悟，或更可通過此靜坐之功，對本體有更深一層的涵泳。若如此，顯然靜坐主張則非如東所在〈墓表〉所述，只是「未之有得」，且歸在「迅掃夙習」之列，直以「或浩歌長林，或孤嘯絕島，或弄艇投竿於溪涯海曲」作爲工夫修養〔註60〕；亦非如甘泉直接忽略靜坐對白沙爲學的意義，直以自然作爲白沙思想之內涵。

　　但靜坐固然對白沙思想有其助益，白沙亦非以爲唯有靜坐工夫方可。此意誠如前章所論，儘管重視靜坐，但這只因白沙自己通過靜坐確實有所得，且因此以此教人，但並非沒有對靜坐此一工夫做更進一步的反省。亦誠如前論，白沙以靜坐與讀書相較，固然認爲靜坐甚爲重要，有時讀書可廢，但靜坐卻不可去之，但其理由只因通過靜坐可以存養此端倪，亦即通過靜坐，人較容易體悟此超越之性理內在於我，並存養此心體，使自己再次面對人倫日用之際，有較恰當合宜的體現。因此，重點仍在存養此心，使心體之不容已能純粹地體現其自己。且白沙亦認爲，倘若捨本逐末，只以靜坐爲樂，且因而迷失己性，反而未能自覺人之所貴、至善正在於實現此心之不容已，則靜坐工夫也當捨棄。若依此論點，見白沙此處所云：

> 樹倒藤枯始一扶，諸賢爲計得毋疎。閱窮載籍終無補，坐破蒲團亦是枯。定性未能忘外物，求心依舊落迷塗。弄丸我愛張東所，只學堯夫也不孤。〔註61〕（〈次韻廷實示學者〉，《陳獻章集》，卷5，頁495）

首聯，白沙藉樹倒藤枯爲喻，強調工夫修養當無間斷。頷聯，則指出工夫若只是表面的讀書或靜坐，基本上對道德修養仍無助益。而白沙此意一方面強調修養工夫是必要的，另一方面又提醒此些工夫只是助緣，若捨本逐末，反

〔註60〕但從張詡〈行狀〉的記載，亦可見其對白沙靜坐工夫仍是有正面積極的肯定。

〔註61〕又尾聯「弄丸」一詞，《莊子‧徐無鬼》有「市南宜僚弄丸而兩家之難解」一語；《二程集‧河南程氏遺書卷第二上》「堯夫之學，先從理上推意，言象數言天下之理，須出於四者，推到理處，曰『我得此大者，則萬事由我，無有不定。』然未必有術，要之亦難以治天下國家。其爲人則直是無禮不恭，惟是侮玩，雖天理亦爲之侮玩。如《無名公傳》言『問諸天地，天地不對，弄丸餘暇，時往時來』之類。」（頁45）。據《性理大全書》卷十三（明‧胡廣等編，《文淵閣四庫全書》子部，儒家類）「丸謂太極」。從白沙這句話，固然「丸」未必解爲太極，但至少肯定廷實直從心上肯認道德實踐之理，一如堯夫「我得此大者，則萬事由我，無有不定」之自信。

而窮索、執持在此工夫之表象，如追逐於知識之豐，或耽溺在靜坐時的寧靜感，終究同於樹倒、藤枯之結局。若如此，白沙欲其弟子體悟什麼？白沙謂「定性未能忘外物，求心依舊落迷塗」。此定性當本於明道〈定性書〉之定性，而性亦無所謂定不定的問題，實定性即定心。明道以爲「所謂定者，動亦定，靜亦定，無將迎，無內外」，反對心體之發有物我內外之分，以爲當只是明覺自然、澄然無事。依此，白沙謂定性未能忘外物，亦即批評倘若工夫以定性爲本，卻又有物我內外之分，實即非眞正定性之本義，亦即非眞正道德修養。且若自覺此心明覺自然，求此心之當下即覺此心之不容已，卻又有工夫落在外，執持在讀書之豐、靜坐之枯寂上，顯然亦非眞正的求放心工夫，實不過仍放失己心。由此可知，白沙批評靜坐，乃因認爲若人之道德實踐只是靜坐，卻未能覺知此靜坐之目的在於體悟此體之渾然無物我內外之別，只是一明覺自然之流行，則此靜坐工夫實亦可去，且理當去之。畢竟，爲學本質不在靜坐與否，端在能否自得之而已。

若如此，依前章白沙對靜坐工夫既有肯定亦有否定觀之，吾人亦可如此推說，白沙此期對靜坐的態度亦有肯定，亦有否定，只因爲學重點都不在此，端在能否自覺此心明覺自然，且此心之發即渾然無物我內外之分，只是一生生之機、流行不已之意。又依此反觀東所、甘泉對白沙靜坐「未得」的說法，筆者以爲就其論述，須藉此再次釐定二人所謂靜坐未得之意；否則，觀二人之說，不免誤以爲白沙在靜坐未得後，便完全否定靜坐工夫。筆者以爲，若從爲學進程而言，謂白沙靜坐未得，此未得是從未能悟得此體本自然流行，則此靜坐未得之說是可成立。但倘若此未得之意，便是直接否定靜坐在白沙思想中的分位，且認爲白沙通過靜坐完全未有所得，則此說法顯得太過。又若直以爲白沙悟得自然之體後，從此便廢靜坐工夫，則此又未能體會白沙爲學用心端在能否體道，而非用力於選取何種工夫此枝節問題上。又同此論點，吾人除了可見白沙思想的一貫性，亦即強調道德實踐關鍵只在能否體道，另一方面亦可見出，雖同樣強調體道，但就其所以悟得的本體意涵來看，確實又有其深化的一面，即前期靜坐重在悟此心之超越性，只是至虛、至神之道德本體，而此處靜坐所悟之體，卻重在一體之流行之意上。此確實又符合前白沙對本體體會的論述。

第三節　從東所、甘泉看白沙自然之意

　　白沙此期明確標示其學宗旨爲「自然」二字，也曾稱許東所之學「以自然爲宗」，且認爲甘泉對此宗學問有湊泊處。因此，東所、甘泉對白沙言「自然」，或多或少都有所體會，且此體會也爲白沙所認可。但另一方面，儘管二者言「自然」皆承自白沙，按理學問說到底當有相通處，但就甘泉對東所批評看來，似乎又不盡如此。〔註62〕此節寫作固然不在比較二人學問殊異，但期藉著二人對白沙思想的體會，以烘托出白沙「以自然爲宗」之義理內涵。當然，透過此過程，亦可略顯東所與甘泉在繼承白沙思想上的意義。又，因章節安排故，將先論東所，後再論甘泉，最後總結說明。

一、從東所看白沙自然之意

　　白沙在〈送張進士廷實還京序〉贊廷實之學：

> 蓋廷實之學，以自然爲宗，以忘己爲大，以無欲爲至，即心觀妙，以揆聖人之用。其觀於天地，日月晦明，山川流峙，四時所以運行，萬物所以化生，無非在我之極，而思握其樞機，端其銜綏，行乎日用事物之中，以與之無窮。……廷實所以自期廷實，其自信自養以達諸用，他人莫能與也。（《陳獻章集》，卷1，頁12~13。白沙62歲）

白沙以爲，東所對自然的體會在於：工夫體現是爲忘己、無欲，而此亦即白沙所謂使心無有凝滯，只是一眞機活潑、天命流行；工夫究竟只是至神至妙，而聖人之所以爲聖，亦只此心之活潑潑，是一生生之理。且白沙認爲，東所

〔註62〕當甘泉論及白沙思想時，屢屢見出其對東所的不滿。甘泉以爲，東所雖問學於白沙，但基本上東所不問，白沙亦不教，因此東所雖往來白沙之門二三十年，實「未嘗問學」。又甘泉以爲，東所悟性甚高，是禪，主張三教合一，但因不聽師友勸諫，且白沙又「不早與之斬截，至遺後患」，致使他人皆誤認白沙之學近禪。（參《知新後語》「常恨石翁分明知廷實之學是禪」一則、「初年齋戒三日，始求教白沙先生，……予知其非白沙之學」一則。《泉翁大全集》，卷3，頁12）但從白沙與東所往來書信（共六十九則）看來，東所並非不問、白沙亦非不教，因此甘泉謂東所「未嘗問學」於白沙，不盡合理。筆者於此暫不深入細論何者方爲白沙學正統，僅期通過二人彼此對「自然」之意的體會，以烘托白沙自然之實義；因只是「烘托」，基本上對白沙言「自然」之體會，已見於此章第一、二節的討論。又本文甘泉文獻引自鍾彩鈞彙編《泉翁大全集》、《甘泉先生續編大全》（臺北：中央研究院漢籍電子文獻，2004年7月）。

悟得天地之所以如此流行、如此存在，乃因此一心故也；此心內在於己，若能悟得此至大之心，自能與事、與物皆無對，皆能有一恰當合理的表現。白沙此說，實同於此期他對自然的體悟，因此也表現在他對東所爲學的肯定。梨洲在〈白沙學案下〉引述此序，並謂「觀此，則先生之所得深矣」〔註63〕。《四庫全書總目‧東所文集十三卷》提要則謂「其學出於新會，故所爲〈白沙文集序〉、〈白沙遺言纂要序〉、〈周禮重言重意互註序〉，及學記，與友人往復諸書，大抵皆本陳氏之說」〔註64〕。似乎亦可印證白沙對東所爲學的了解，亦可說明東所確實本自白沙而得。若是，東所言「自然」〔註65〕當同於白沙，白沙之學亦可在東所中見到承繼關係。然果眞如此？以下申論之：

對東所之學「以自然爲宗」的論述，筆者據其文獻〔註66〕以爲可分作三點，並以層層深入方式討論：首先，從東所對讀書一事的體會，顯出其態度同於白沙重在「自得」。其次，從此「自得」強調工夫實踐重在一「悟」，益顯其思路同於白沙重「覺」。最後，筆者將由此「悟」字進而具體言東所本體、工夫之意涵。〔註67〕以下論述之：

〔註63〕 梨洲又謂「白沙論道，至精微處極似禪。其所以異者，在『握其樞機，端其銜綏』而已。禪則并此而無之也。奈何論者不察，同類並觀之乎！」（〈白沙學案下〉，卷6，頁100）梨洲此儒佛之辨極佳，固然佛教修行究竟亦可謂「自然」、只是如如，但推其本源、工夫之初，其根據只是空理，未若儒家先肯定道德實體，且此實體即內在即超越，是能給出應然之則，且此理則必然要求實現在事中而爲實事實理。更重要的是，儒家所呈顯的道德世界，是能保住一切存在，使其存在得其生生，且己與物無對，只是一體之流行。因此，梨洲從「握其樞機，端其銜綏」，強調此正是禪宗所無，而爲白沙、東所所重，即顯二者在義理本質上有根本的不同，因而也無所謂是禪的問題。

〔註64〕 《東所先生文集》附《四庫全書總目‧東所文集十三卷》提要（此提要在《東所文集》下有小標：「浙江汪啓淑家藏本」），頁集43～445。以下東所文獻引自《東所先生文集》，《四庫全書存目叢書‧集部四三》（臺南：莊嚴文化事業有限公司，據天津圖書館藏明嘉靖三十年張希舉刻本，1997年6月初版一刷）。

〔註65〕 此「自然」同時包含對本體、對工夫、對境界的體會。畢竟，白沙言自然，此自然意不僅只是境界描述語，同時又有對本體的體悟，以及以自然爲工夫的表現。

〔註66〕 目前所得東所文獻有《東所先生文集》十三卷，以及《南海雜詠》十卷，《四庫全書存目叢書‧集部四三》（臺南：莊嚴文化事業有限公司，據中山圖書館藏明弘治十八年袁賓刻本，1997年6月初版一刷）。但因《南海雜詠》主要是雜詠廣州古蹟而得，義理性不大，故此處暫不予參考。又《東所先生文集》中與本文議題相近者甚少，因此在文獻互證上不免有不足之憾。於茲說明。

〔註67〕 事實上，東所言工夫亦從自然入；悟得此心只是一自由無限心，工夫亦只是使心如如呈顯，無有凝滯。而其文獻表現，亦只是本體工夫渾融的說。因此，

《論、孟或問》世多聞其名而未獲覩其書，乃今出於數百年之後，
與《大學、中庸或問》並行於世，使學者有所考據，得以益廣其知
識，開其聰明而爲斯道之禪也。是書之出也，詡固竊爲天下後世喜
也。雖然，「予欲無言」，孔子嘗以是爲子貢啓也，故曰「天何言哉？
四時行焉，百物生焉，天何言哉」。「盡信書，不如無書」，孟子嘗有
所感也，故曰「吾於〈武成〉，取二三策而已矣」。夫誨人不倦，聖
人之心，而欲無言；六經，萬世所尊，而孟子猶有所擇。自古聖賢
指之的、擇之精，不狗跡而任眞，不貴耳而賤目也如是，使學者深
悟而自得焉。則《論》、《孟》本具胷中，雖無《論》、《孟》可也，
況《或問》乎！不然溺意筌蹄，留神糟粕，吾恐認浮雲而迷太虛，
知識多而大智昏，聰明作而太樸散，卒爲斯道之障也。是書之出也，
詡又竊爲天下後世憂也。先儒著述之富，未有如文公先生者。蓋當
時欲矯陸學之偏故耳。在文公則然，在我學者不可以不之覺也。(〈論
孟或問序〉，《東所先生文集》，卷2，集43～368)

此序東所從所以喜者、所以憂者，抒發己意；然雖言喜，卻未見喜意，直謂
聖人欲無言，孟子有所擇，憂則確有所憂，故言喜、言憂，實只是憂一字。
東所此意值得玩味：

所以喜者，乃因此書久聞其名，未見其書，而今終於見世，故爲天下後
世喜。雖爲之喜，卻不免仍藉孔子欲無言、孟子猶有所擇爲例，強調爲學之
要不在書，聖人用心亦不在此跡上，只是「任眞」耳。何謂「任眞」？任其
本眞，自然而然。孔子這無言之嘆，天何言哉之實感，實已蘊含無限的奧義；
此奧義自非言語所限，而人之自反亦不可只從言語中求，故孔子一下子把這
些言行教化全收歸於寂，要人默爾冥契。〔註68〕孟子之於〈武成〉之所以取
二三策耳，亦純任一心之發用；此心之發，與天地周流，仁人自能無敵天下，
「何其血之流杵」。〔註69〕而東所本此孔孟之教，亦以爲道德實踐眞義根於己
心，關鍵端在能否「深悟而自得焉」；若能自證自得，則「雖無《論》、《孟》

若要從其文獻具體抽離出單一義理內涵，實屬不易，如引某段文獻討論東所
的本體意涵，實此另一方面已同時呈顯了其工夫特點。但筆者以爲，若要清
楚地表現東所某一概念，對整體文獻偏重的體會是不得不然的方式，亦即儘
管言本體時，工夫義亦在當中，但此時仍暫且偏重在對本體的討論。

〔註68〕 楊祖漢等著：《論語義理疏解》，頁148。

〔註69〕 〈盡心下〉。

可也，況《或問》乎」！猶有進者，東所認爲典籍用意當只在興發吾人道德本心，若今反客爲主，本末倒置，最後「卒爲斯道之障也」，反而有害。故東所雖言喜，不免仍有所憂，不免仍有所提醒。

所以憂者，乃因朱子著書甚繁，而人之學朱子，若未能明白朱子的用心，反而只見朱子表面著書之豐而學他，這樣不免又陷在爲學危機中。畢竟，爲學當重在自得，肯定此理本具胸中，而語言文字只是聖人興發、指點吾人心體之一機。

總地說來，爲學關鍵當只在自得，肯定吾人此心無限義即此天地流行、自然而然，而此平平當當、本來如此之理，亦只在一心之活動中見。又語言文字固然是聖人寄言之所，但聖人之心絕非語言文字可以盡釋，因此人要學聖，自不能只從語言文字中求聖人之道，聖人之道就在吾人心中。因此，東所不論是爲天下後世喜，或爲天下後世憂，基本上只想表達一個關鍵，即道德實踐唯有反己自證、開顯本心，方是道德實踐之本義，至於讀書著述，只是末事。

又東所此意，亦見其〈白沙遺言纂要序〉。其中有謂：

> 故我白沙先生起於東南，倡道四十餘年，多示人以無言之教，所以救僭僞之弊，而長養夫眞風也。其恒言曰：「孔子，大聖人也，而欲無言。後儒弗及聖人遠矣，而汲汲乎著述，亦獨何哉？雖然，無言二字亦著述也，有能超悟自得，則於斯道思過半矣。然則《六經》、《四書》，亦剩語耳，矧其他乎！」而世方往往勸先生以著述爲事，而以缺著述爲先生少之者，蓋未之思耳。（《東所先生文集》，卷2，集43～371、集43～372）

又云：

> 詡誠懼夫後修者，復溺於無言以爲道也，因摭先生《文集》中語，倣南軒先生《傳道粹言》例，分爲十類而散入之。……輯成，名曰《白沙先生遺言纂要》，凡十卷云。（《東所先生文集》，卷2，集43～372）

所謂孔子無言之教以自得爲本，東所指出此說乃承白沙而得。就前所論，不論讀書著述與否，白沙以爲爲學關鍵當在自得。若能自得，讀書亦可不廢；若否，則典籍亦糟粕耳。此處東所所引白沙語，亦是強調爲學關鍵只在能否「超悟自得」。若能自得，雖「無言」二字亦著述。畢竟，自得者其根據在心，若透過此二字便能興發己心，則此二字意義同於著述。然東所又謂，聖賢雖

示無言之教，但人又不可因而耽溺在「無言」二字，以為無言便是道。事實上，道不為有言、無言所限，而言亦不可廢。

由東所此種讀書不讀書、有言無言之層層辯破，以及上引文之意可知，其言說重點實同於白沙，以為實踐關鍵只在自得；此所得者，因不為語言文字所限，自不能只從語言文字中求，當重在此心之悟，此方是自得。〔註70〕也因此，東所甚重此「悟」之意：

> 斯道之在人心，精微廣大，非積之真力之久，不足以悟而入也。《易·豫》之六二曰：「介于石，不終日，貞吉。」《傳》者以為自守之象，其節介如石之堅也。人才如司馬溫公、范文正公輩偉矣，語其所立，巍乎如山嶽之峙，富貴禍福豈有動其心者，所謂介于石者何愧然！考其學問之淵源，所謂精微廣大，其體其用與天地同者，容有慊焉，何哉？所積者不真，則所力者雖久，譬如種瓜者然，雨露非不均也，人力非不至也，然根甜則實甜，根苦則實苦，雖造化不能易也。……今夫有志於學者，皆知力之為難，而不知悟之尤不易也，眾矣。……夫知之真則守之固，不真而固，冥行而已矣，夢說而已矣。吾恐其所謂介者，非安排則執滯，抑何以得乎无思无為之體，執乎日往月來之機，通乎陽舒陰慘之變化，神之心而妙之手，以圓成夫精微廣大之道也哉！……其所謂介石者，他日不患其不力，特患其發軔之初，所積者不真而為終身之誤耳，故敢以悟之不易為啓，以待自求焉。（〈介石記〉，《東所先生文集》，卷5，集43～401、集43～402）

心體既內在於我，人對己心自明白易曉，而為學之難當只在是否能純粹依從此心之要求而行，何以東所此處卻謂「悟之尤不易」，莫非東所言心不即理義？東所謂「其所謂介石者，他日不患其不力，特患其發軔之初，所積者不真而為終身之誤耳，故敢以悟之不易為啓，以待自求焉」，可知其所以言「悟之尤不易」，蓋有其用心，非即謂心不即理；若心不即理，當重在教人如何求理，

〔註70〕 又如〈如賓記〉一文，陳時周來信自述自己得於白沙靜一之說，而後又以為「靜一入手莫敬焉」，「欲敬莫承祀見賓焉」。東所則告之白沙之善誘，其旨在於「有不待言而自悟者」，且認為「昔者孔門以承祀見賓之說為仲弓告矣，異時，語顏子暨諸子又各各不同焉，豈多術乎哉？良以聖賢千啓發而萬告教，率藥也。……病愈藥除，聖人之道了無加損之可言矣，否則，藥病橫其中而弗覺，其為害也滋甚矣」，因此為學重點不在非得執持何種實踐方式，只在能否自得、體道耳。《東所先生文集》，卷5，集43～400、集43～401。

而非啓發他人之心，以待人自求。然東所用心爲何？東所以爲此至大之心，無思無爲、至神至妙，一切存在皆以之爲根據，一切流行不過此心之流行，而至大之道亦因心之活動而眞實化其自己。若人能覺知此至大之心內在於我，自能富貴禍福不動其心，其體其用與天地同；若否，終不見道，終是冥行、夢說而已。而東所此說，乃從工夫論言。畢竟，就實踐理性言，此心此理內在於我，求則得之；但就人此一既有限又無限之存有者言，終不免需一悟。若此悟仍有執滯，仍不純粹，則非眞悟，仍不見道；唯有眞切體會此至大之心，乃是無有凝滯之活潑潑之流行，則此用力方能達致聖人之境。因此，東所此說實有提撕意味，畢竟如前所謂人之惑于讀書一事，正因未能眞切悟得此心之意，便茫昧追尋讀書著述之豐，以爲聖賢之道就在語言文字中求，實不過誤此一生。也因此東所之所以異於眾人之說，而「敢以悟之不易爲啓」，此「敢」蓋有其不得不然之用心。

　　東所言學既重在「悟」，亦即重在對本體眞切地體悟。以下將具體言其對本體體會爲何：

> 子思所謂「至誠無息」，即「逝者如斯夫，不舍晝夜」之意，全體呈露，妙用顯行，惟孔子可以當之，在學者則當終日乾乾也。至於心無所住，亦指其本體，譬如大江東下，沛然莫之能禦。小小溪流，便有停止；纔停止，便是死水，便生臭腐矣。今以其本體人人皆具，不以聖豐而愚嗇，此孟子所以道性善，而程子以爲聖人可學而至也，學者不可以不勉也。（〈復乾亨〉，《東所先生文集》，卷6，集43～405）

首先，東所指出唯聖人方可謂全體呈露、妙用顯行，只是一自然而然、誠體流行，在學者則仍須言終日乾乾、自強不息。然雖有此聖人、學者之分，但就本體言，實不過只是一不容已地體現其自己，實現其自己之要求。畢竟，此體人人本具，有本有源，不爲人之氣性所限，故人雖未達至聖賢之境，卻有此成聖之可能與要求。因此，東所乃續云，雖有聖人、學者之別，但人是不可自限的，且此正是孟子所以道性善、程子言聖人可學而至之用心所在；從孟子道性善，程子言聖人可學而至諸語，可知東所此處對心體意涵之體會，乃從「道德實體」義來理解，畢竟，此義從有本有源，只是不容已之心體切入，便見此體是爲一實理，而非虛理、空理。

　　又東所除了從道德實體來說解此心之意，另一方面，亦從「虛」來闡發本體意涵。如其謂「先哲云，『心兮本虛』。蓋虛則通，不虛則塞矣；然則體

道者，舍虛奚以？又曰，『虛以受人』。蓋虛則無物，而有容納之地，否則反之矣；然則求益者，舍虛奚以？……天下事無大小，蓋無乎不可也。至哉！虛乎！其天地之根、性命之蒂乎」〔註71〕。「心兮本虛」語自伊川〔註72〕。「虛以受人」典自《咸卦・大象傳》〔註73〕，詳細見於橫渠《橫渠易說・繫辭下》「虛以受人」〔註74〕。東所此處引此二句，就其上下文，尤其是文末所謂「至

〔註71〕　〈虛所說〉，《東所先生文集》，卷8，集43～418。

〔註72〕　〈視箴〉：「心兮本虛，應物無迹；操之有要，視爲之一作之爲。則。蔽交於前，其中則遷；制之於外，以安其內。克己復禮，久而誠矣。」（〈四箴〉，《河南程氏文集》卷第八，《二程集》上，頁588～589）依牟宗三對伊川言心的理解，牟先生認爲伊川固然在順經典詮釋之際，多有道德的意義與形而上的意義，但就其底子，實仍以實然的心理學的心爲心，只是心氣之心，情識之心。牟先生又謂，正因伊川所言的心只是心理學的心，所以工夫重在敬與涵養。敬是這實然的心自己振作、整肅、凝聚。敬則有主，有主則虛，邪不能入。又常常存此，即曰存養。養是養這個敬的心，存亦是存這個敬的心，所以不是存養那個實然的心理學的心自己。（《心體與性體》第二冊，頁384）順此，伊川所謂「心兮本虛」即表示心以虛爲主；唯有有主的心，心方能應物無跡，而此便是克己復禮之功。又此「虛」義，乃就敬心時所表現的狀態而言，非指本體自身。今東所雖引伊川此語，但就其上下文觀之，顯然其對「虛」字體會異於伊川，而有本體意涵。此文重點在於表現東所承繼白沙本體意涵部分，爲了避免行文過於支離，因此東所對伊川的進一步理解爲何，殊異爲何，於此暫不討論。

〔註73〕　《象》曰：「山上有澤，咸；君子以虛受人。」從《咸》卦山澤相通，象徵交感；「二氣感應以相與」（《彖》）。進而說明君子當效法《咸》象，虛懷接物，以成「感應」之道。（黃壽祺、張善文：《周易譯注》，頁257～259）依《象》說解，君子虛懷接物，此虛字理當不是虛空之意，乃是可以感物、潤物，使天地都能在君子之懷中得其生生之創生之理。

〔註74〕　橫渠：「『何思何慮』，行其所無事而已。下文皆是此一意。行其所无事，惟務崇德，但妄意有意即非行其所无事；行其所无事，則是意、必、固、我已絕。……《咸》之九四，有應在初，思其朋，是（咸）〔感〕其心也。不言心而言心之事，不能虛以受人，乃憧憧而致其思，咸道失矣。憧憧往來，心之往來也；不能虛以接物而有所繫著，非行其所无事也。」（《張載集》，頁215～216）橫渠順〈繫辭下〉重在《咸》之九四之意。心，當能虛以受人；今不言心，而言心之事，顯然橫渠不以不純粹之心爲心。不純粹之心，即有私欲造作其中，即非理之本然；唯有工夫已達「意必固我已絕」，方是「行其所無事」，方可謂此是心之發。依此，對應橫渠自言「太虛無形，氣之本體」，「太虛」一詞就氣之本體言；由「清通不可象爲神」而說者，是與氣爲對，作爲一切存在之超越根據；氣變雖有客形，而清通之神與虛則遍而一，乃其常體。（參牟宗三：《心體與性體》第一冊，頁443～444）此處「虛以受人」一詞雖重在工夫，強調因不能絕此意必固我，致使心未能純粹體現其自己，未能使天地都在心之妙運中生生，因而「憧憧而致其思」。但就心的自身活動（心的用）言，此「虛以受人」之虛字，當可同於「太虛」，亦有本體義。

哉！虛乎！其天地之根、性命之蒂乎」，可知其用意在於以虛言心體；此「虛」字意，並非指此心空無一物，或只是虛空之意，乃如白沙從寂感眞幾、神妙之用體會。故虛則通，不虛則塞，此通塞之別，亦即濂溪所謂「物則不通，神妙萬物」（〈動靜〉第十六）。

又對此虛體之體會，東所進而言工夫義。以下續論其工夫意涵：

> 曰：「虛有所耶？」曰：「虛無聲臭，無形色，安有所謂所者。然朝斯夕斯必有事而勿忘，如所謂『所其無逸』之所。」……曰：「古今人從事乎虛者，多矣。率弗克虛，支離其道，往往自用，平居侈大，談何容易！一涉毫末利害，心動色沮，卒喪所守，神氣枯瘁，未老而昏眊。何耶？」曰：「虛，無物也。今而執之，則有物而反實矣，故虛自虛，而我自我也。必克己以至無我，然後虛即我，而我即虛，亦無所謂即虛即我者，則活水洋洋，妙用顯行，而造化之權衡在我矣。此聖門千載不傳之的緒。其次因氣稟學問人人殊，不得已降而救病焉耳已矣，豈的緒端使然哉！」……故予竭其底裏而語之，是爲〈虛所說〉。（〈虛所說〉，《東所先生文集》，卷8，集43～418、集43～419）

虛體固然出入無時，莫知其鄉〔註75〕，然東所以爲人必須時時操存此心，使己之行即此心之至神至妙之活動。問題是此心既神妙難測，人又如何執此心之用？對此，東所認爲若自以爲心可執持、把捉，此便是用意，便是不純粹。以不純粹之心用於事，則體之用未顯，而人實已遠道。因此工夫唯有克己，唯有純粹化自己，使己之發用純然依從心體之要求而行，這樣方能達致虛即我，我即虛，也無所謂即虛即我，只是至神至妙之流行境界。且唯有如此，天地萬物之生生方在我一心之作用中得其存在。而東所此意，很能表達白沙以自然爲工夫之意。本體既內在於我，對我而言，只是如何使此心如如呈顯其自己；又此心之呈顯，亦只是使心之發無有凝滯，亦即無一點私欲造作在其中。因此，若能悟得此心之義，則工夫只是一個工夫，亦即顯此本體之工夫；既只是使心如如呈顯其自己，故也無所謂工夫，畢竟既然悟得此心之妙，心又能源源不絕的湧現其自己，則說到底，人之道德實踐只要讓心如此呈顯、

〔註75〕《孟子·告子上》。

無有凝滯即可〔註76〕，因此直以自然爲工夫、直以本體爲工夫便是「聖門千載不傳之的緒」。至於其他工夫，雖有其存在的意義，但並非本質工夫，只是救病之藥。若病除，則藥不可留，仍須回到實踐的本質工夫。〔註77〕

總地說來，東所重自得、重悟，且其所得者、所悟者，只是此至大之心，無思無爲、至神至妙之流行，言工夫亦從無有凝滯，只是使心如如呈顯其自己入。實可謂其在義理上，尤其「以自然爲宗」之意，確實直承白沙晚期思想而無所偏。依此省察東所〈白沙先生墓表〉一文，謂白沙「其爲道也，主靜而見大，蓋濂洛之學也。由斯致力，遲遲至於二十餘年之久，乃大悟廣大高明不離乎日用。一事萬事眞，本自圓成，不假人力。其爲道也，無動靜內外，大小精粗，蓋孔子之學也。濂洛之學非與孔子異也。」〔註78〕確實也很能表現白沙義理內蘊之進程。畢竟，白沙爲學之初對本體的體會，確實從濂溪主靜入；但此主靜之學，工夫畢竟趨向於一偏，亦即落在靜坐以養其端倪，終究未能充盡體現本體無分動靜之意。也因此，白沙雖從靜入，但亦從此反省，並進而悟得本體只是一生生之機、自然之流行，工夫亦只是顯其本體、無有凝滯。體悟至此，益顯其爲學乃眞實本於儒家本質義理內涵，且再次印證從濂溪主靜之學入，亦是儒家爲學之一路。又，除〈墓表〉一文外，東所在〈白沙先生行狀〉亦有論及白沙之爲學。「蓋其學初則本乎周子主靜，程子靜坐之說，以立其基。其自得之效，則有以合乎見大心泰之說。故凡富貴、功利、得喪、死生，舉不足以動其心者。其後造詣日深，則又以進乎顏氏之『卓爾，雖欲從之，末由也已』之地位，而駸駸乎孔子無意必固我之氣象矣。其學有本原，進有次第，的然可據如此。迨其晚年，超悟極於高遠，則又有非他人所能窺測，言語所能形容者矣。」〔註79〕姑且不論東所此文有無溢美

〔註76〕東所除直從虛體言工夫，亦有以義言。〈復陳時周侍御〉「夫出處無常，惟義所在。今旣謂仕希周而學希顏矣，則客星紫氣之事，恐非所宜擬者矣，況如僕處臣微之地，有世臣之誼者哉！……平生所學，他靡所長，至如出處大義，亦頗講之，熟而守之確也，其敢凝滯以畔道乎！」（《東所先生文集》，卷6，集43～406）雖以義言，但對此義之體會，亦非從對治面言是非價值之判斷，乃仍從本體之發只是如如呈顯，而人只要純粹依從此體之要求而行，無使義體稍有凝滯即可。

〔註77〕以藥喻學聖工夫，如敬、承祀見賓等，可見於〈如賓記〉，《東所先生文集》，卷5，集43～400、集43～401。但東所於此亦強調，重點不在藥，而在能否自得。若能自得，則病愈藥除，方能體悟聖人之道本了無加損之可言矣。

〔註78〕《陳獻章集》，附錄二，頁883。

〔註79〕《陳獻章集》，附錄二，頁880。

之辭，但就此文與〈墓表〉相對照看，便能理解何以東所能在謂白沙靜坐未得之餘，亦能肯定靜坐在白沙思想中的意義。畢竟，對白沙而言，從濂溪主靜、程子靜坐，至悟得道無分動靜，工夫唯達毋意必固我方就是究竟義來看，其思想確實如東所所言，是「學有本原，進有次第」；爲學既有次第，則其爲學之初既從靜坐入，且靜坐亦有得其所得者，因此未能完全否定。也因此總地說來，東所此二文對白沙之學的論述，確實很能掌握白沙學發展之全部意蘊。

二、從甘泉看白沙自然之意

東所不論是思想內涵，或是對白沙爲學進程的掌握，確實都很能充分體現白沙思想全部意蘊。相對於東所，甘泉此曾爲白沙讚許對此宗學問有湊泊處者，又是如何？以下續論之：

白沙嘗詩云：

> 小坐江門不記年，蒲袍當膝幾回穿。如今老去還分付，不賣區區敝帶錢。皇王帝伯都歸盡，雪月風花未了吟。莫道金針不傳與，江門風月釣臺深。江門漁父與誰年，慚愧公來坐榻穿。問我江門垂釣處，囊裏曾無料理錢。達摩西來，傳衣爲信，江門釣臺亦病夫之衣鉢也。茲以付民澤，將來有無窮之託。珍重，珍重。(〈江門釣瀨與湛民澤收管〉三首，《陳獻章集》，卷6，頁644)

因此一般多據此詩以爲甘泉乃白沙學繼承者〔註80〕，甘泉亦以此自許〔註81〕，且在〈重刻白沙先生全集序〉謂「予惟自然之學固先生始已命水矣，乃

〔註80〕 如〈武夷風月代券付洪子歌〉：「覺山洪峻之侍御，將別嶺南，曰：『石翁謂達磨傳衣爲信，江門釣臺亦衣鉢也。既以付公矣，敢援此例，願乞武夷風月以爲衣鉢之信，詩以代券云。』」(《泉翁大全集》，卷54，頁18)張學智：「甘泉爲白沙欽定的江門學派傳人。」《明代哲學史》，頁55、58。黃明同亦主此說，並謂甘泉雖就學時間短，卻能領悟白沙學眞諦，對白沙自得之學領會尤深；既有獨立思考，又繼承和弘揚白沙學說。《陳獻章評傳》，頁57、275。

〔註81〕 如〈釣臺豎石坊柱告神文〉：「維嘉靖二十四年，歲次乙巳，八月辛卯朔，越二十八日戊午，前南京兵部尚書湛敢昭告于江門釣臺土地之神曰：仰惟釣臺，乃先師石翁所囑付于水者。今起石坊，表識高風。茲晨吉日，豎柱上梁，謹以牲醴，用伸虔告。謹告。」《甘泉先生續編大全》，卷13，頁29。〈奠先師白沙先生文〉：「嗟哉！先生昔嘗執我之手：『惟我與爾，以慨斯文。』今也斯文喪天，予將疇親？吁悲無垠。」《泉翁大全集》，卷57，頁1。

不辭而謹序之，俾後之開卷者當作如是觀」〔註82〕。〈甘泉學案一〉：「初楊文忠、張東白在闈中，得先生卷，曰：『此非白沙之徒，不能為也。』拆名果然。」〔註 83〕似亦表明甘泉之學確實很能體現白沙思想意涵。然甘泉承白沙學為何？甘泉自言，此即是「隨處體認天理」〔註 84〕一語；甘泉強調此語是為白沙所認可〔註 85〕，而甘泉亦以此作為其為學宗旨。若是，以下將從此概念論下，並由此關涉相關概念，以明確見出其所謂承自白沙自然之學為何。

> 民澤足下：去冬十月一日發來書甚好。日用間隨處體認天理，著此
> 一鞭，何患不到古人佳處也。（〈與湛民澤十一〉，《陳獻章集》，卷2，頁193。
> 白沙71歲）

白沙此段話為甘泉日後為學、論學、教人之依據，且由此證明己乃白沙學之繼承者。然白沙認可之意為何？就白沙文獻看，「日用間隨處體認天理」一語只見於此則，故難以確定白沙對此語體會之具體內涵為何，但從白沙謂「著此一鞭，何患不到古人佳處」，亦可見出白沙對甘泉此語的肯定，且認為若為學能由此用力，當可達聖人境界。以下將先確定甘泉此語之意，並由此層層反省此意與白沙言自然之關係：

觀甘泉書信：

> 門生湛雨頓首百拜尊師白沙老先生函丈執事。自初拜門下，親領尊
> 訓至言勿忘勿助之旨，而發之以無在無不在之要，歸而求之，以是
> 持循，久未有著落處。一旦忽然若有開悟，感程子之言：「吾學雖有
> 所受，天理二字，卻是自家體認出來。」李延平云：「默坐澄心，體
> 認天理。」愚謂「天理」二字，千聖千賢大頭腦處。堯舜以來至於
> 孔孟，說中，說極，說仁義禮智，千言萬語都已該括在內。若能隨
> 處體認真見得，則日用間參前倚衡，無非此體，在人涵養以有之於

〔註82〕〈重刻白沙先生全集序〉，《甘泉先生續編大全》，卷2，頁12。
〔註83〕〈甘泉學案一〉，卷37，頁140。
〔註84〕甘泉謂「隨處體認天理，六字千聖周行，萬里一心感應，虛靈中正觀生。」〈示學六言贈六安潘汝中黃門〉，《泉翁大全集》，卷34，頁15。黃宗羲即謂「先生宗旨隨處體認天理」。〈甘泉學案一〉，卷37，頁140。
〔註85〕甘泉謂：「昔先生曾決我隨處體認天理之說矣，盡之矣。」〈新創衡嶽白沙祠記〉，《甘泉先生續編大全》，卷4，頁20。「後水質問隨處體認天理之學，先師答書云：『得某月日書讀之，遂忘其病。日用間隨處體認天理，著此一鞭，何患不到聖賢佳處也。』其後先師指水語一當道云：『此子為參前倚衡之學者也。』」〈與鄧君恪睧論啓洪大巡書〉，《甘泉先生續編大全》，卷7，頁5。

己耳云云。丁巳冬十月一日〔註86〕，門生湛雨百拜頓首頓首謹啓。

（〈上白沙先生啓略拾遺〉，《泉翁大全集》，卷8，頁1）

今日天理二字，實是元初予自悟得，可念二三十年未得了手。初從白沙先生，歸甘泉半年，有悟處，致書請問先生曰：「近日見得天理二字最緊關。程子曰：『吾學雖有所受，天理二字，卻是自家體貼出來。』延平先生云：『默坐澄心，體認天理。』竊惟天理，切須隨處體認，若眞見得，日用間參前倚衡，無非這個充塞流行矣。」先生答云：「得某日書，甚好，喜之，不覺遂忘其病。隨處體認天理，著此一鞭，何患不到聖賢佳處也。」（《新泉問辯錄》，《泉翁大全集》，卷69，頁21）

從甘泉這兩段文獻，可以見得四個關鍵意思：首先，從甘泉對白沙學的反省，見得此關鍵即「久未有著落處」一語。其次，從有無著落處中反省，悟得「天理」此二字。接著，從對天理的體會，了解工夫唯有「隨處體認」。最後，從隨處體認工夫究竟，亦即所謂「眞見得」，則所得境界便是「日用間參前倚衡，無非此體，無非這個充塞流行」。又從這四點觀之，既是從白沙學反省而發，或可謂對白沙學的不滿，或如當年白沙未得於康齋學之意，何以白沙於此卻對甘泉極爲認可，且認爲甘泉對此宗學問「頗有湊泊處」，而甘泉亦認爲其學乃眞傳自白沙而得？對此，筆者將針對此四點一一釐清，並試圖從中獲得解答。

首先，甘泉自言白沙教之「勿忘勿助之旨」，「發之以無在無不在之要」。「勿忘勿助」一詞，只見於白沙〈與林郡博〉一書〔註87〕。此書重點在於悟體，肯認一自由無限心；若能悟得此心體，便能體會天地流行不過此一心之流行，而工夫亦只是顯本體之工夫。在此意義下，所謂勿忘勿助，便只是一純粹化其自己，顯眞心的工夫；無在無不在之要，亦旨在說明此心「出入無時，莫知其鄉」〔註88〕，因此工夫唯有使心如如呈顯，否則皆是造作，皆是有意。而白沙此意，同於東所〈虛所說〉。東所以爲本體只是妙用顯行，生生之機，倘若人以爲可以去把捉此超越的虛體，事實上，此已離道遠矣！畢竟，「虛無物也」。因此工夫唯有「克己以至無我，然後虛即我，我即虛，亦無所謂即虛即我者，則活水洋洋，妙用顯行，而造化之權衡在我矣」；此亦即顯眞

〔註86〕此文作於孝宗弘治十年丁巳，白沙年70歲。

〔註87〕對此書信具體論述見於本論文第三章。

〔註88〕《孟子・告子上》。

心的工夫。相較於東所的有得，甘泉卻謂「久未有著落處」，何也？是完全不契白沙之學，故未有著落處，還是雖有所契，但仍覺白沙學之意涵仍須進一步，故有此「未有著落處」之反省？筆者以爲從上白沙對甘泉的肯定，以及甘泉對白沙學之承繼的自信與使命觀之，顯然當是後者。若是，「未有著落處」一語當如何理解？思甘泉云「一旦忽然若有開悟」等等，並以「天理」爲大頭腦，顯然甘泉是將白沙學「著」於天理二字，以天理貞定「出入無時，莫知其鄉」之心體。然果眞如此？以下將先論述甘泉如何體會心與理的關係。

首先，甘泉對本體的體會是爲心即理義：

> 天理二字，人人固有，非由外鑠，不爲堯存、不爲桀亡，故人皆可以爲堯舜，途之人可以爲禹者，同有此耳。故途之人之心，即禹之心；禹之心，即堯舜之心。總是一心，更無二心。蓋天地一而已矣。《記》云：「人者，天地之心也。」天地古今宇宙內，只同此一個心，豈有二乎？初學之與聖人同此心，同此一個天理，雖欲強無之又不得。（《新泉問辯錄》，《泉翁大全集》，卷 67，頁 9）

此文論述，甘泉先對天理二字作闡述，接著是心，最後歸結心與理義。以下論述之：首先，甘泉指出天理二字，既內在即超越：天理既是人人固有，非由外鑠，可知此天理之意內在於我，由我而發，非求在外者也；此天理不爲堯存，不爲桀亡，可知此天理乃是超越的、遍在的，不爲感性經驗所影響。又對此天理二字，甘泉謂「故人皆可以爲堯舜，途之人可以爲禹者，同有此耳」，可知人之所以可能實踐道德，乃因天理故也，亦即以天理定住人的道德生命；人因有此既內在即超越之天理作爲其存在根據，且此根據乃是要人體現道德生命作爲最終依歸，因此人必然有成聖的可能與要求。接著，甘泉從天理二字轉而言心，謂「故途之人之心，即禹之心；禹之心，即堯舜之心；總是一心，更無二心」等。強調心只是一心，且此心人人皆然，無分途之人之心與禹之心；且進一步地說，此心不但人人皆然，天地亦以此心爲心——天地之所以存在，亦以此心作爲其存在根據。〔註 89〕依甘泉此說，心之意涵

〔註 89〕 「《記》云『人者，天地之心也』」，此《記》即《禮記・禮運》。但觀〈禮運〉：「故人者，其天地之德，陰陽之交，鬼神之會，五行之秀氣也。故天秉陽，垂日星；地秉陰，竅於山川。播五行於四時，和而后月生也。是以三五而盈，三五而闕。……故人者，天地之心也，五行之端也，食味別聲被色而生者也。」此天地之心似乎含著宇宙氣化流行而生之意，與甘泉此文所強調的天地之心是爲道德的形而上學之意涵不同。

當同於天理之意，是爲既內在即超越之體，而甘泉在此文最後確實亦是表現此意，謂「初學之與聖人同此心，同此一個天理，雖欲強無之又不得」；心同，理同，此是人所固有，亦爲人成聖之超越根據與必然之要求。

然儘管甘泉對本體體會是爲心即理義，但甘泉更重視天理在道德實踐上的意義：

> 一友患天理難見，衝對曰：「須於心目之間求之。天理有何形影？只是這些虛靈意思平鋪著在，不容你增得他一毫、減得他一毫，輕一毫不得、重一毫亦不得，前一步不得、卻一步亦不得。須是自家理會。」看得儘好，不增不減、不輕不重、不前不卻，便是中正。心中正時，天理自見。難見者，在於心上功夫未中正也。但謂「天理有何形影」，是矣。又謂「只是這些虛靈意思平鋪著在」，恐便有以心爲天理之患，以知覺爲性之病，不可不仔細察。釋氏以心之知覺爲性，故云：「蠢動含靈，莫非佛性。」而不知心之生理乃性也。「平鋪」二字無病。（《新泉問辯錄》，《泉翁大全集》，卷67，頁10）

甘泉謂，心中正時，天理自見；心上工夫未中正時，則難見天理。又謂，「只是這些虛靈意思平鋪著在」，恐便有以心爲天理之患，以知覺爲性之病。然甘泉此說究竟何意，畢竟依上引文，心同理同，何以此處又心與理有間？對此，先觀甘泉言「心」之意：

> 吾常觀吾心於無物之先矣，洞然而虛，昭然而靈。虛者，心之所以生也；靈者，心之所以神也。吾常觀吾心於有物之後矣。窒然而塞，憒然而昏。塞者，心之所以死也。昏者，心之所以物也。其虛焉、靈焉，非由外來也，其本體也。其塞焉、昏焉，非由內往也，欲蔽之也，其本體固在也。一朝而覺焉，蔽者徹，虛而靈者見矣。日月蔽於雲，非無日月也；鑑蔽於塵，非無明也；人心蔽於物，非無虛與靈也。心體物而不遺，無內外，無終始，無所放處，亦無所放時，其本體也。（〈求放心篇〉，《泉翁大全集》，卷31，頁5~6）

此文可從兩方面而論：一，甘泉言心是爲本體義；此心作爲一切存在之根據，且能感物、潤物而不遺。另一，此本體義的心可區分爲本然的狀態與實然的狀態，且從此狀態的轉變，甘泉強調人必須有工夫，且工夫就用在心上。前者之意，已可見於上引文。後者，甘泉指出當心體尙未與物相交接時，其本然狀態是虛、是靈；此即以虛、靈來規定心體義。而甘泉此說，確實有所據。

白沙言心，亦從虛體言，強調心體之神妙莫測，只是一感物潤物之流行，而東所言心，亦以虛來表示，亦是重在心之「出入無時，莫知其鄉」一面。但甘泉指出，儘管心體神妙莫測，至虛至靈，但一旦於物相交，總不免爲物所窒而喪其本然而爲實然之心。心一旦失其本然之性，即失其本然至虛至靈之妙，亦即失其心之所以爲心而只是物也。但甘泉又以爲儘管如此，就心體自身而言，仍未可說心已無至虛至靈之活動義；此時只是隱而未顯，故未能發揮至虛至靈之作用。若心能當下自覺、當下振拔，心亦即恢復其本然狀態；畢竟，心之所以昏、所以塞，都是外加的，並非心體自身本有，因此若能覺此，心自能當下去此昏蔽而復其虛靈之體。

承此而論，吾人可謂甘泉對心的體會爲：一、心是本體義的心；二、以虛靈來規定心體；三、虛靈之體在發用時，不免受物欲蒙蔽而失其虛靈作用，因此爲學用心當在覺，亦即去蔽。依此，反省上引文問題：既然心同理同，何以心與理又有間？觀甘泉所謂，「心中正時，天理自見；心不中正，天理難見。」心與天理是一，方有所謂心中正時，「天理自見」之意。畢竟，天理（心）既內在即超越，當我當下自覺，自然求則得之，天理自爲我所體認。但今問題是，心固然是本體義，但卻可能失其虛靈作用，下墮而爲物。故就心而言，有所謂中正、不中正的可能。心中正，則其虛靈作用神妙不已，不增不減，不輕不重，不前不卻，此便是中正；中正，即是心之發恰到好處，一絲一毫都不爲物所蔽，只是理之當然。既是理之當然、恰到好處，此自然便是天理的呈顯。反之，心不中正，便有所偏而爲物；既是物，自然不同於天理。但就心體本身，本自昭昭明明，若能在此用功，自又能復其本然，則又是天理自身。

從工夫言心中正不中正，似乎心與天理的「有間」並不難解，但就甘泉所謂「『只是這些虛靈意思平鋪著在』，恐便有以心爲天理之患，以知覺爲性之病」，似乎就非僅是工夫上的問題，而是對本體有更進一步規定的意思。甘泉云：

> 夫至虛者心也，非性之體也。性無虛實，何有靈耀？心具生理，故謂之性；性觸而發，故謂之情；發而中正，故謂之道，否則偏矣。道也者，中正之理也。（《二業合一訓》，《泉翁大全集》，卷4，頁12）

甘泉此處對每一概念下定義，但每一概念之意並非完全劃開，或可如〈心性圖說〉以穀爲喻來說明彼此的關係：

> 性者，天地萬物一體者也；渾然宇宙，其氣同也；心也者，體天地
> 萬物而不遺者也。性也者，心之生理也，心性非二也。譬之穀焉，
> 具生意而未發，未發故渾然而不可見。及其發也，惻隱、羞惡、辭
> 讓、是非萌焉，仁義禮智自此焉始分矣，故謂之四端。端也者，始
> 也，良心發見之始也。（《泉翁大全集》，卷32，頁8）

性，作為天地萬物存在之根據；心，能感物、潤物，使天地萬物都在一心之
作用中生生。依此，心與性在甘泉皆是本體義。甘泉又謂，「性也者，心之生
理也，心性非二也」。顯然，心之所以為心，甘泉是以性作為定盤針；從本體
體會，心性固然是一，但若分別細論彼此的意義，則性猶如穀之生意，雖只
是一未發狀態，但就其自身的存在，實已決定了此體未來理當該有的走向。
此猶如穀種的存在，就其是為何種穀種，實已決定了此穀物未來成長的樣貌。
也因此，性作為一未發之體，儘管言渾然而不可見，但其自身實已本具此體
已發之生意。而心，則就此體已發狀態言。此體本具生意，故此體一旦發動，
則當惻隱自透顯惻隱之端倪，其餘皆然。此猶如穀物，當穀物開始萌動、發
芽，自然本於自身物性該如何生長就如何生長。

依此，甘泉雖言心性是一，但就心性關係，心必須依照其本具生意之性
而發，方謂之心，否則稍有偏失，如前所謂不中正時，心即失其所以為心而
只是物。若是，上引文之意當為：性是心的生理，決定心當如何活動者，因
此心自「非性之體」；又性本身只是一未發狀態，渾然而不可見，自無虛實可
言，又有何靈耀可說。從此對心與性的體會，一如〈心性圖說〉之意。甘泉
又謂「心具生理，故謂之性」。性既就「具生意而未發」言，何以此處又謂心
具生理謂之性？筆者推之，甘泉此意或在於強調，心唯有本具此生理方可謂
之心，方可謂心即性。而筆者之所以如此推說，乃因甘泉下句「性觸而發，
故謂之情」。按理來說，性當只就未發，渾然而不可見說，而所謂發，只就虛
靈之心言，然此處卻謂「性觸而發」，顯然此性就是心；具生意的心。儘管心
具此生意，但心之動卻未必皆能純粹的依從此生意而發，因此，又有所謂發
而中正、不中正的問題。當心發而中正，亦即純粹從體而發而無所偏失，則
此自然是道的活動；反之，皆是偽也。

從這些說解，不難看出甘泉的用心。甘泉固然肯定虛靈之體之神妙莫測、
生天生地之妙運義，但此終究玄虛難測，且當至虛之心滯於物，人又如何知
此難測之心已有所凝滯，並能當下自覺而復其虛靈之體？因此，甘泉方在心

之發處，必以未發之性來規定心之所以爲心之意。若此解成立，觀甘泉所謂「『只是這些虛靈意思平鋪著在』，恐便有以心爲天理之患，以知覺爲性之病」，便可知其並非根本否定心即理義，只是此心必須是具生理的心方可謂之心，否則單言心，甘泉認爲此心只是虛靈活動，沒有定向，若由此把捉本體，不免徒落虛空之意，而無道德實義。〔註90〕

　　既確定甘泉心、性（理）關係後，吾人即可從此省察甘泉所謂「久未有著落處」、「一旦忽然若有開悟，……天理二字，千聖千賢大頭腦處」諸語。從上甘泉對心性的討論可知，甘泉並非不了解白沙從虛靈說心之意，也因此其所謂久未有著落處，並非表示甘泉未解師說，只是甘泉認爲，直從至神至妙、自然而然之虛體把握本體意涵，此未免不夠落實，且過於虛玄，畢竟工夫沒有一個著落處。既工夫要有一個著落處，但又不能背離儒學實踐本質意涵，去從外求一個理作爲實踐的根據，則此根據唯有從既內在又超越之「天理」二字來肯認。這也是爲何甘泉指出堯舜以來至孔孟，不論說中、說極，千言萬語，都只在「天理」二字。但何以甘泉有此自信？筆者以爲或許可從自由無限心與天理兩概念來體會。面對一事，該如何就如何，此一該字便是吾人對自己的要求，而此要求本身只是一理當如此，無一毫私欲夾雜在其中。故此要求，便是所謂天理；對此天理，人是可以清楚地意識到的。但人何以能完全不考慮個人私欲，而發此純粹無條件之要求？顯然，在人此一身，不只是感性欲望的追求，乃是有一超越感性欲望，只是一不容已的自發之動力，要自己非得如此行方可安之。由此，便見得一自由意志，此意志完全不受任何感性欲望的影響，只是一絕對自由的體現；吾人便稱此爲自由無限心。道德實踐，按理來說，當心體在前，而天理在後；所謂心體給出了應然之則，此理則具有客觀普遍性，可推諸四海皆準，故謂之天理。〔註91〕但事實上，吾人往往是先意識到天理的內涵，方眞實了解到原來人有此絕對的自由。因此，對天理的體會往往比去掌握一「出入無時，莫知其鄉」的心還來得穩當與確實。而甘泉固然肯定心即理，卻又強調心必須從具生理的性說之方謂之

〔註90〕對於心必須從性來體會心之所以爲心之意，甘泉甚爲強調，且亦嘗以雞抱卵之喻來說明此意。甘泉以爲心之所以可用功乃因種子故。「何謂種子？即吾此心中這一點生理，便是靈骨子也」，因此「學者須識種子，乃不枉了功夫」，若「動不動只說涵養，若不知此生理，徒涵養個甚物」。《新泉問辯錄》，《泉翁大全集》，卷67，頁15。

〔註91〕此先後非時間上的先後，乃是邏輯上的先後，存有論的先後。

心，顯然，甘泉亦認爲若單言心的自由虛靜活潑，可能不太穩當，且在實踐上沒有一個著處，因此必須以天理來定住心。從天理來定住心，而天理又是心給出的，則此天理意涵又不背離儒家心即理義。因此，甘泉乃自信必須以天理二字爲頭腦，且唯有如此，工夫方有欛柄而無落空之嫌。

甘泉既不走白沙完全從自由無限心來體會道德、實踐道德生命，而以對天理的體悟來貞定心之所以爲心之義，顯然在義理上已對白沙學作了修正〔註92〕，而此修正又爲白沙所認可，並贊以「此子爲參前倚衡之學者」〔註93〕。故可謂，甘泉雖然修正了白沙學，但此修正亦不可不謂乃承白沙學而來。又或可謂，白沙學發展至此，唯有從天理二字貞定至虛至神之心體，否則不免流於虛玄而蕩，故白沙乃讚甘泉得此書「不覺遂忘其病」，「著此一鞭，何患不到古人佳處」；關鍵亦即在此「著」字。而白沙此意，亦見其讚甘泉「此子爲參前倚衡之學者」一語。「參前倚衡」典自《論語・衛靈公》〔註94〕。子張之問，意在於行爲如何求得聞達，但孔子卻教之反求諸己；「言其於忠信篤敬念念不忘，隨其所在，常若有見，雖欲頃刻離之而不可得。然後一言一行，自然不離於忠信篤敬，而蠻貊可行也」〔註95〕。忠信篤敬便是行爲的著落處；一切行爲皆須歸返其本，以忠信篤敬作爲行事判斷依據。而甘泉以天理作爲其行事判斷根據，心體之活動亦必須確實依理而發，此便是以天理二字爲實踐之著落處，便是參前倚衡之意。依此，白沙稱甘泉爲參前倚衡之學者，可知其並非空頭稱許甘泉，乃有其實義與用心。

確定甘泉言「天理」之意後，以下將續論「隨處體認」：

> 衡問：「先生教人體認天理，衡只於無事時常明諸心，看認天地萬物
> 一體之義。至有事時，只就此心上體會，體會便應去求個是便了。
> 不識然否？」吾所謂天理者，體認於心，即心學也。有事無事，原
> 是此心。無事時萬物一體，有事時物各付物，皆是天理充塞流行，
> 其實無一事。（《新泉問辯錄》，《泉翁大全集》，卷68，頁26～27）

〔註92〕 張學智亦認爲，白沙治學本體論偏於玄，工夫論偏於虛，而甘泉爲了彌縫白沙的不足，乃倡隨處體認天理之說，使江門之學折歸實地。《明代哲學史》，頁58。

〔註93〕 〈與鄧君恪眇論啓洪大巡書〉，《甘泉先生續編大全》，卷7，頁5。

〔註94〕 「子張問行。子曰：『言忠信，行篤敬，雖蠻貊之邦行矣；言不忠信，行不篤敬，雖州里行乎哉？立，則見其參於前也；在輿，則見其倚於衡也。夫然後行！』子張書諸紳。」

〔註95〕 《論語集注》，《朱子全書》第陸冊，頁203。

來論於隨處體認天理，而會之以「執事敬」之一言，最親切。或疑
隨處體認恐求之外者，殊未見此意。蓋心與事應，然後天理見焉。
天理非在外也，特因事之來，隨感而應耳。故事物之來，體之者心
也，心得中正則天理矣。……蓋人與天地萬物一體，宇宙內即與人
不是二物，故少不得也。(〈答聶文蔚侍御五條〉，《泉翁大全集》，卷9，頁13)

甘泉雖以天理貞定心之意涵，但此天理並非外求而得，乃一心之所發。此意
前已論。故雖言隨處體認天理，此天理亦即是心；體認天理即體認於心之意。
而所謂「隨處體認」，當指有事無事而言。不論有事無事，一切的存在、一切
的活動，皆以此心作為其存在之根據，皆以此心之活動為活動。因此，甘泉
乃謂「無事時萬物一體，有事時物各付物，皆是天理充塞流行，其實無一事」。
無事時，本體未發，心具此生理，只是一渾然而不可見的狀態；天地萬物都
以此性理作為其存在根據。有事時，心當下萌動，面對一事、一物，自然給
出應然之則；天地萬物都在此理則作用下得其序。也因此，甘泉總結此有事
無事，認為天地萬物之存在既以性理作為其存在根據，天地萬物之流行亦以
性理之流行為流行，則一切存在只是心的活動，因此亦無所謂有事無事，實
「只是無事」而已；此無事即強調一切不過理之自然。依此，甘泉雖強調工
夫在於「隨處體認」，無分有事無事，其實重點亦不在此，關鍵只在此心之發，
且此心之活動必須是有理則的活動；心給出應然之則，吾人之實踐從此應然
入，此是人人可以明確意識到的，故又從此應然處貞定住心，強調此心之發
只是一應然之則。而甘泉此意，亦見於下引文所謂「蓋心與事應，然後天理
見焉。天理非在外也，特因事之來，隨感而應耳。故事物之來，體之者心也，
心得中正則天理矣」。天理是心之所發，且是在吾人面對一事、一物時，自然
給出一事、一物之理則；此理則純粹、不容已，只是一理當如此，故謂之天
理。此理則既發之於心，因此甘泉強調「天理非在外也」，即是說明雖然事物
之來，心隨物而應，但此「應」之根據必須從心而發，亦即純粹從心之生理
之要求而發，否則心為物所蔽，便失其中正之意。

又甘泉學說既強調天理二字，又標舉為學唯有隨處體認，筆者以為此中
實含兩個意涵：一、就甘泉內部義理系統說之；另一，對白沙學的回應。雖
包含兩個意涵，然甘泉義理之發展即是從白沙學中批判反省而得，或更可謂
直從白沙學中作進一步的發展。因此，以下亦不分點論述，直說明這兩個意
涵共同呈顯的意義：白沙學直從自由無限心來體會為學的本義，而此自由無

限心之意涵，本來即表現在本體活潑眞機、自然而然之意上，因此根本無需強調本體之活動義。但甘泉卻從天理來貞定本心義，以爲唯有從理之當然處，心方可謂之心。此意雖然強調了本體是爲應然理則，道德實踐唯有依從理之當然而行，但另一方面，卻也減殺了本體活潑潑之不容已之生意。但對甘泉來說，其並非完全否定白沙直從心上作工夫，亦非反對心即理義，只是認爲若單言一活潑自然眞機，而工夫亦只是顯眞機活潑、自然而然，則此終究不免過於虛玄而無實處，因此才提出天理二字，以天理來規定心；亦即心之所以爲心，必須是理之當然方謂之心。當然，甘泉也須面對從天理來規定心所可能的對本體活動義減殺的質疑。而對此問題，甘泉也確實的作出回應，亦即提出「隨處體認」。甘泉以爲，雖以理之當然來定住心，但此理之當然實即心之所發；此心之發，即是理之當然，而此當然之理不分有事、無事，都不容已地給出其超越之理則，使天地萬物都有所依循，而人之道德實踐亦因此而無分有事無事，只是該如何便如何，此便是自然，便是心的活動，便是天理之內涵。因此，工夫便只是隨處體認，而天理就在隨處體認中見得。

最後，甘泉既認爲爲學工夫旨在「隨處體認天理」，則其工夫究竟，甘泉謂「若能隨處體認眞見得，則日用參前倚衡，無非此體」，又謂「天理切須隨處體認，若眞見得，日用間參前倚衡，無非這個充塞流行」。甘泉此意當指，若能在每一應事接物之際，皆能悟得此心之發只是一理之當然，而天地萬物之流行，亦不過此心之流行、天理之流行，則便能體會一切只是無事，只是自然而然。若是，甘泉義理說到底，亦可同於白沙自然之意，只是一自然而然之流行。只是甘泉在說此自然之意，乃從天理規定心之自然，非如白沙直以心說自然。但又儘管如此，甘泉此說亦爲白沙所首肯，故或亦可謂此自然爲白沙之自然，而甘泉確實亦以爲如此。如其〈自然堂銘〉「夫堂何以名自然也？夫自然者，聖人之中路也。聖人所以順天地萬物之先，而執夫天然自有之中也。……先師白沙先生云：『學以自然爲宗。』當時聞者或疑焉。若水服膺是訓，垂四十年矣，乃今信之益篤。」〔註96〕順天地萬物之先，即前所謂「觀吾心於無物之先矣，洞然而虛，昭然而靈」，從心體至神至妙處言。執夫天然自有之中，則指此心之所以爲心，只是一理之當然、自然而然，因此爲學關鍵亦當執此具生理之心，方可謂得心之中正，方是天理。而甘泉以爲此自然之意，便是白沙之自然，且自己服膺四十餘年。在〈重刻白沙先生全集

〔註96〕《泉翁大全集》，卷33，頁16。

序〉，對於白沙自然之學術，甘泉亦云「夫自然者，天之理也，理出於天然，故曰自然也。在勿忘勿助之間，胸中流出，而沛乎絲毫人力不存。」〔註97〕亦是從理之當然來規定心之自然之流行，而此理之當然又從心之自然而然、恰當好處來體會，故此「自然」說到底，亦只是自然而然之體現；工夫究竟亦不過是「自然」二字。

承此，吾人可歸結謂：甘泉言自然確實可謂承白沙而得，只是此得並非如東所乃完全承繼白沙學內容，而是通過批判反省方式繼承白沙學說；此方式亦為白沙所首肯，且認為如是此學方有著處。依此觀甘泉〈白沙先生改葬墓碑銘〉即可體會，甘泉完全否定白沙靜坐在白沙學中的意義，並非不是不了解靜坐在白沙思想進程中的意義，只是從白沙自然之意觀之，或更可謂從他「隨處體認天理」之意來看，靜坐只是尚未體道的階段。〔註98〕而其所引白沙與其諸弟子的對話，如「甘泉湛生因梁生景行以見，語之曰：『噫，久矣，吾之不講於此學也。惟至虛受道，然而虛實一體矣。惟休乃得，然而休而非休矣。惟勿忘勿助，學其自然矣。惟無在無不在，斯無忘助矣。』問體認天理，曰：『其茲可以至聖域矣。』問參前倚衡，曰：『惟子是學矣。』問東所張子敏也，子何不之講，曰：『弗問弗講，吾且順其高談，然幾禪矣。』」〔註99〕無非只是為了強調白沙自然之學唯有定在天理二字，方是自然之本義。〔註

〔註97〕 《甘泉先生續編大全》，卷2，頁11。

〔註98〕 如「靜坐，程門有此傳授，伊川見人靜坐，便嘆其善學，然此不是常理。日往月來、一寒一暑，都是自然常理流行，豈分動靜難易？若不察見天理，隨他入關入定，三年九年，與天理何干？若見得天理，則耕田鑿井、百官萬物、金革百萬之眾，也只是自然天理流行。孔門之教，居處恭、執事敬、與人忠，黃門毛式之云：『此是隨處體認天理。』甚看得好。無事時不得不居處恭，即是靜坐也；執事與人時，如何只要靜坐？使此教大行，則天下皆靜坐，如之何其可也！明道終日端坐如泥塑人，及其接人，渾是一團和氣，何等自然！」（《新泉問辯錄》，《泉翁大全集》，卷68，頁2）「虛見與實見不同，靜坐久隱然見吾心之體者，蓋先生為初學言之，其實何有動靜之間！心熟後雖終日酬酢萬變，朝廷百官萬事，金革百萬之眾，造次顛沛，而吾心之本體澄然無一物，何往而不呈露耶？蓋不待靜坐而後見也。……隨處體認天理，自初學以上皆然，不分先後。居處恭，執事敬，與人忠，即隨處體認之功，連靜坐亦在內矣。」（《新泉問辯錄》，《泉翁大全集》，卷69，頁15～16）

〔註99〕 〈白沙先生改葬墓碑銘〉，《陳獻章集》，附錄二，頁884～885。

〔註100〕 甘泉在此文，亦總結白沙自然之意，謂「甘泉生曰：『夫至無，無欲也；至近，近思也。神者，天之理也；宇宙，以語道之體也。乾乾，以語其功也；勿忘勿助，一也，中正也，自然之學也，皆原諸周程至矣。惟夫子道本乎自然，故與百姓同其日用，與鬼神同其幽，與天地同其運，與萬物同其流，會而通

100）其餘如體認天理，可以至聖域之說，實即白沙所謂「著此一鞭，何患不到古人佳處」；參前倚衡，即甘泉將心體定在天理二字，白沙以爲此說確實使實踐工夫有所著處，此猶如《論語》將行反求諸於忠信篤敬之意上，故稱甘泉爲參前倚衡之學者。至於甘泉載白沙對東所之不滿，若就義理觀之，顯然未必如此。

　　總地說來，從東所自身義理的闡發，確實可呼應了白沙此期爲學內涵，只是強調本體之自然、工夫之自然，心爲一切爲學之根據，亦是天地萬物所以存在、所以流行之理，故人唯有顯發此心體，方可謂與天地萬物是一。然對甘泉來說，雖然在義理上仍可謂承繼白沙學而得，但就其實義看，實已轉出白沙學的根本核心——唯道德主體是從；因此，雖最後仍歸宗心之自然、理之自然，但其義理精髓卻已表現在重道德法則上，亦即從理之當然來規定心，強調心之中正。對此，筆者以爲二人對白沙學走向雖然不同路，但基本上都還是反映了白沙學自然之實義，尤其甘泉對白沙自然的反省，亦可見出白沙學可能的新走向、新發展，不可不謂對其白沙思想提供一個新的思考徑路。

　　　　之，生生化化之妙，皆吾一體，充塞流行於無窮，有握其機而行其所無事焉耳矣。惟夫子學本乎中正。中正故自然，自然故有誠，有誠故動物。』」（《陳獻章集》，附錄二，頁 885）觀其所述，無非認爲白沙言心體活潑潑之自然而然之流行必定在中正之意上，亦即天理二字，故可謂甘泉所論白沙之自然，即是他自己所體會的自然。而甘泉自然之意，或隨處體認天理之意，承上已申論至此，故於此不再贅述。

第五章 結 論

　　承上論述至此，可謂確實解決目前關於白沙諸多爭論議題，如白沙與康齋學的關係、白沙如何轉出朱子學系統、白沙與心學的關係，以及白沙思想本質意涵為何等。另外，關於白沙諸多概念的釐定，如靜坐、自然、虛體、自得等各自意涵，及靜坐、自然與自得的關係等，於此文也獲得充分的解決。又，通過對東所與甘泉對白沙「自然」一義的詮解，再次印證白沙學內部的意涵與發展。更重要的是，通過本論文的完成，確實證成了對白沙思想的體會，唯有以白沙為學進程作為論述架構，方足以使諸概念在其確定的分位上呈顯其各自的意義，且能同時表現了白沙思想發展的內在邏輯性。

　　在具體陳述本文研究成果前，筆者欲指出此「結論」寫作考量要點：首先，既是結論，筆者不欲詳細論述論證過程，只就相關要點扼要說明。其次，對於諸議題、諸概念的釐定，筆者於結論處同樣將之置於其所屬分期階段做說明，不另立標題解說，以期結論扼要、明白。以下論述之：

一、「自得之學」一詞最能充分彰顯白沙思想之全幅意蘊

　　白沙思想雖然最後歸宗於「自然」，但自然一詞卻未必能充分彰顯白沙思想意蘊，畢竟，此意只能表現白沙思想究竟，亦即後期思想發展的成熟階段。若吾人直以此來統括白沙全部義理，不免會產生兩點質疑：其一、既言自然，何需強調靜坐工夫？另一，從靜坐而得的自然之體，此體究竟何意？而此兩點實即蕺山在〈師說〉對白沙的批評：「孟子曰：『君子深造之以道，欲其自得之也。』不聞其以自然而得也」，「自然而得者，不思而得，不勉而中，從容中道也，聖人也，不聞其以靜坐得也」。筆者以為，儘管白沙言其學以自然

為宗，但吾人未能因此便隨之而從自然來觀白沙義理。畢竟，白沙可以如此說，乃因此是他為學究竟的體會，而此體會亦確實歸宗自然，但對一研究者而言，則必須整體觀之，指出何者方為白沙真正義理精髓，且此精隨處又能統括白沙思想之全部意蘊。否則，若如簡又文先生等人，直以自然為宗作為立論依據，最後不免在理論論證上失敗，此甚為可惜；且又或同蕺山，以為白沙自得是自然而得，靜坐是作為悟得自然的工夫，此一種錯誤的理解。但究竟何者方為白沙思想核心？又何以必須在理論論證上指出思想者之核心關鍵？對此，筆者先回答後者，再提出前者看法。

針對後者，筆者以為梨洲在〈明儒學案發凡〉說得甚好：

> 大凡學有宗旨，是其人之得力處，亦是學者之入門處。天下之義理無窮，苟非定以一二字，如何約之使其在我。故講學而無宗旨，即有嘉言，是無頭緒之亂絲也。學者而不能得其人之宗旨，即讀其書，亦猶張騫初至大夏，不能得月氏要領也。是編分別宗旨，如燈取影。杜牧之曰：「丸之走盤，橫斜圓直，不可盡知。其必可知者，知是丸不能出於盤也。」夫宗旨亦若是而已矣。〔註1〕

一個真正的思想家本當都能透過一二字來歸結其義理內涵，畢竟，義理之發展本來就有本有源，皆有一明確立論的主軸與用心。因此，後人對其思想的掌握，也就能藉此逐步體會其全部思想意蘊。且若思想家能守此要義，不論其思想開展至何境地，皆能萬變不離其宗，仍可透過一二字來體現其思想意涵。反之，若東說一句，西扣一理，實此不過是不成熟的理論，且根本不可能定之以一二字表示；若是，此思想者之理論實亦無須多說。從上論述至此，筆者是可確信白沙思想是可定以一二字表示，且其義理發展有本有源，是有脈絡可循的。又，梨洲雖強調宗旨當是「定以一二字」之意，然見其對白沙思想的闡發卻謂「先生之學，以虛為基本，以靜為門戶，以四方上下、往古來今穿紐湊合為匡郭，以日用常行分殊為功用，以勿忘勿助之間為體認之則，以未嘗致力而應用不遺為實得」；雖然看似白沙要義全在其中，但顯然是說多了，且未見白沙何以從虛而見四方上下、往古來今，何以從靜而入日用常行、勿忘勿助，又何以從虛、靜最後進至實得階段？因此，筆者雖贊同梨洲對「宗旨」二字的體會，但卻不認同梨洲對白沙思想的歸結。

但何宗旨最能體現白沙思想精神與意蘊？筆者以為當即是「自得」二字；

〔註1〕 〈明儒學案發凡〉，頁5。

白沙以自得爲學，其學說可謂「自得之學」。然理由何在？承上論述至此，筆者提出四點理由說明：首先，不論白沙爲學如何發展，工夫如何轉變，但究其根本要義仍只關注在如何悟得吾此心之體；若能得此，便是體現爲學根本精神，便能實現儒家成聖目的。其次，不論是對朱子學的反省，靜坐工夫的提出，或是對自然的體會，皆可歸宗於自得：對朱子學的反省，最大的意義即肯定心即理，道德主體內在於我，端在我自得之、肯認之；靜坐的目的則在於悟此端倪，亦即肯認心體內在於我，端在我當下自覺之、肯認之、自信之；自然則不論是從本體意義來體會的自然，或是從工夫上來表述的自然，皆無非在於強調心體內在於我，端在我當下肯認之，實踐之、體現之。再者，此自得義亦可表現白沙思想根本用心只在對本體的體會：從強調反求諸己，肯認此心內在於我，心即是天理之給出者，進而提出此心眞機活潑、自然流行，而天地萬物與我是一。最後，直以「自得」一詞來總結白沙思想，實較「心學」更能顯發白沙思想意蘊。此乃因一般言「心學」多半從孟子、象山心學義來體會，但誠如前所論，白沙雖肯定心即理，但究其根本，其對心體的體會、工夫路徑的選擇，終究異於孟子、象山，而近濂溪、延平等人從虛言體，從靜坐悟道。因此，直以「心學」來代表白沙思想，實仍不足以貼切地表現白沙思想特點。「自得」一詞則不然。「自得」不但表現了白沙重視主體，強調道德實踐唯有自己眞切地體會方能眞謂有所得一面，另一方面亦可表示之所以能肯認爲學唯有自得方可，乃因此心體本內在於我，亦即心即理義。前者，可呼應唐君毅先生等人強調白沙重「主體」一面，後者，亦可見出白沙是爲心學無誤。但豈孟子、象山不重自得？非也。畢竟「自得」一詞典出《孟子》。只是如前所論，從白沙與孟子、象山義理的比較中可知，白沙確實在爲學上甚重「主體」在道德實踐上的意義，而非如孟子、象山直以發明本心爲要。此或即是前所論，白沙之學乃是從朱子學反省而得，因此在積累之學與非積累之學的徹悟下，體會到爲學關鍵只在非積累處，只在主體上求即可，因而特重自我得之之意。故總而言之，從本論文中即可知，唯有採「自得」二字作爲白沙學說宗旨，方最能顯發白沙思想特點，也唯有以「自得之學」稱之，方可充分展現白沙思想意蘊。

二、從白沙爲學進程論述其義理發展，方能確定諸概念之實義

　　從前人研究可知，雖能掌握白沙思想精髓在於「道德主體」，但因未能從

白沙思想進程中闡發此意，最後不免只是繞在「靜坐而得自然，此自然之得又爲何意」之解釋裡。但通過本文論述可知，唯有將白沙思想進程此一要素加入義理的討論，方可眞切地展現白沙思想發展脈絡，且可確定諸概念在每一階段中的意義。以下概述此文所得：

　　白沙思想的發展確實是可分作三階段，第一階段到第二階段是爲異質的**轉變**，第二階段到第三階段則爲一根同質之發展。前者，可見出白沙思想的價值，在於自覺道德實踐關鍵在於道德主體自身，亦即肯定一自由無限心。後者，從對本體體會的深化，進而展現一圓融、無礙之自然而然之境界，而工夫亦在此過程中渾化爲只是自然。從白沙此思想之進程，亦可見出義理發展之合理性：首先，實踐關鍵在於能否悟得本體，此是實踐第一義工夫。接著，對本體的體會能否從對治階段，進而去此對治而達渾化與圓融境界。此便是工夫的究竟義。又從此思想進程的展示，吾人可釐清前人論述上的盲點。如將靜坐與自然混同而言，將自得與自然歸併而說。其實每一個概念，在白沙思想進程中都有其意義與理解的方式，並非能混合地說，否則，僅顯攪擾而未見其諸概念在白沙學中的意義。今既已釐定，則以下將細論每一階段論述之所得：

第一階段

　　首先，白沙問學於康齋，並謂「未得」於康齋，此「未得」必須從義理上做考量，而非從現實上考證白沙有無認眞問學於康齋，或康齋究竟有無針對白沙講學。就本文所論可知，康齋不但有講學，且白沙也從康齋處習得爲聖的方法，只是白沙終究未契康齋之學，因而另尋其他爲學途徑。

　　接著，從白沙何以未得康齋之學，且謂「吾此心與此理未有湊泊脗合處」做反省，固然此並非直接從白沙文獻作討論，而是間接地從朱子、康齋學的討論見出白沙未得之意，但吾人確實可從中發現此中關鍵，即朱子重視性理意涵對人實踐道德的意義，而在康齋卻轉而爲強調學聖、希聖一事。此一轉，不但失去性理對人實踐道德的責成性，同時也減殺了人必然實踐此要求之動力。畢竟，在朱子，實踐的目的在於明白自家道理，而此道理並非枝枝節節的日用之事，乃在此日用之事背後所隱含的超越的根據；此方是人的自家道理。因道理本在，只是人受自己的氣性影響故，因而不免藉聖賢言語來體會自家道理。但基本上，關鍵仍在自家道理，讀書則只是「第二義」。但在康齋，卻把這「第二義」視作「第一義」，以爲只要將聖賢言語體貼身心，儘管未能

成聖，至少能成大賢或賢者。也因此，康齋特重聖賢以及聖賢所傳授的典籍，且教人亦以讀聖賢書為基本。而此對白沙來說，朱子學系統已未能直下肯定天理即是吾心之不容已之要求，而康齋卻進而將朱子所強調的性理轉而為學習聖賢即可——康齋此說，致使性理對人的動力又再次減殺，且最後，心不是道德本心，理也只是聖人所說的日用道理——那麼，心又如何能與理湊泊脗合呢？也因此，對白沙來說，儘管遵循康齋所學讀書以明理，但最後終究未契，並從此未契中，大悟為學的關鍵不在聖賢所說的道理，端在我心之不容已處直是天理，亦即自覺到實踐的本質關鍵就在此超越之心體，理就從此而出。整體而言，白沙對於朱子學可說是本質意義上的扭轉，也就是從朱子學言心不即是理，而直下肯定心即是理；經白沙此一思想的扭轉，對白沙自己而言，奠定自己是為心學家一系，且在思想史上，更可謂開明代心學的先河，可稱得上是「心學的哥白尼式革命」。又，白沙與康齋的關係。固然白沙在思想本質意涵上已不同於康齋，但這不意味著康齋對白沙思想是沒有影響的，只是這「影響」一詞必須是從外緣上做理解，亦即從康齋對白沙為學的激勵與成聖的決心上說，絕不可從義理內涵上做思考，否則又會墮入康齋思想或隱含心學成分的迷思中。

第二階段

　　第二階段在白沙學中表現了兩個要素，一為悟體，此體是為道德心體，另一則為工夫的擇取，從濂溪、明道、延平等人說下，肯定靜坐悟得此心體的意義。前者可知，白沙為學關鍵在「覺」；此一概念居於白沙思想進程的關鍵，亦即白沙每一次思想的躍進，皆因有所覺而起，而此一階段之覺則重在悟得己身方是為學關鍵——自覺此心體內在於我，若能當下肯認之，則心體一發，理就在其中。又對此體的體會，白沙確實從「虛」、從「無」來規定本體義。從「無」來體會本體，並非表示此體空無一物，或虛空之意，乃是強調本體之超越性；「至無而動」、「至無有至動」，從體之超越性強調此體並非經驗之物，亦不為經驗物所限，只是一破空而出之不容已，因此能隨時、隨處地起作用，故言「至無」。從「虛」來體會本體，亦非指本體空無一物、虛空之意，也絕非指此體只是一凌虛觀照之意，乃是可以真實作用於事中而給出應然之則者；此虛體義猶如康德所謂道德法則只是形式原則，此中無實質內容，故以虛字表示。也因此，白沙謂「虛其本也，致虛之所以立本也」，又謂「必得所謂虛明靜一為之主」等，皆表示此虛字義是有道德實義，是可生

發性理，使人在面對現實利害，仍能有所本而不失己性。另外，從白沙強調為學在己而不在聖人、不在積累處見，亦可見出此期所得乃針對朱子學而發，且此體會乃是從儒學本質要義所做的判斷。

後者，對於白沙工夫論的討論，筆者從白沙對於人的有限性的體會說起，並由此論及白沙與孟子學系的不同，且從中再次針對牟宗三先生對白沙無孟子工夫的批評做深度的思考，最後才提出白沙言靜坐工夫的內在意涵，並對其所以主張靜坐的理論淵源做進一步的檢視。首先，筆者以為白沙為學並非不重視人的有限性，或可謂正因正視人的有限性，因而在肯認此體內在於我之際，又極強調工夫的重要。當然，對白沙來說，此工夫仍是顯本體的工夫，且若能悟得此體，此形軀生命對人而言，亦可從限制性原則而為表現原則。而白沙此一意，在前人研究中甚為缺乏，或可謂無，因此筆者以為此一節的討論對完整白沙思想義理內涵而言極為重要，且同時可消弭一般對白沙只說境界而忽略人的有限性的質疑。接著，從白沙重實踐處言，筆者發現，在白沙肯定心體之際，實已承繼了孟子、象山重主體自覺義，以為人若能當下自覺，此心便即是天理；但同時筆者也發現，儘管白沙如此自信本心內在於我，卻又在「自覺之便能實踐之、體現之」處未若象山信得及，因而終究不同於孟子、象山能言直下發明本心之工夫。依此，牟宗三先生批評白沙無孟子工夫等語，說對也不對。不對的地方在於，對本體的體會，亦即肯定心即理義，白沙是同於孟子的，且從此言，面對一事，工夫亦只是使心體呈顯其自己，因而此理當是有孟子工夫。而對的地方在於，白沙確實不如孟子、象山信得及本心——心體自覺之便能實踐之、體現之；反而要去求一靜坐以悟體，故就此言，確實無孟子工夫。但白沙之所以有此體會，亦有其理據。白沙以為，雖然心體內在於我，但倘若人不去涵養它，時時警醒、念念不忘此心之意，人終究不免為氣所奪。且就白沙自己經驗，也認為平時應事接物過繁，致使人往往不能純粹依從此心體要求而行，故認為工夫唯有暫時與物隔離，好好存養、體悟此心體，這樣當再次面對人倫事物時，方能真誠無妄地依從心體要求而行。當然，就白沙此一考量，若從象山角度觀之，亦只不過是信不及本心而已！又，一如前人研究所論，靜坐確實在白沙思想中是個不可忽略的重要工夫，且白沙亦自述其學乃通過靜坐而見體。但在筆者的研究中發現，靜坐工夫固然重要，但其之所以重要，是必須在能悟得本體的意義下才獲得肯認——靜坐與否，實同讀書一般，若能悟體，則此工夫便有意義，若否，

則不論何種工夫皆須「去之」；也因此，實踐關鍵仍在能否自得。最後，白沙言其靜坐工夫乃承濂溪、明道、延平等而得。筆者以為，白沙固然可以如此言說，但細論此些學者對靜坐的體會可知，白沙言此亦不過是為自己主張做辯解，且從其所謂承伊川、承朱子或承象山，基本上從義理的考證觀之，實毫無理據，因此可謂辯解成分居多。但另一方面，白沙強調從靜中養出端倪，確實又可與延平在義理上有其一致性。

第三階段

　　此階段白沙表現兩個特點，其一仍是對本體的體會，另一則是以自然為工夫的表現。對本體的體會，同前階段一樣，首先表現在「覺」一字；強調正因對本體體悟的深化，因而在為學上方能日益進展。接著，從此「覺」一字，筆者指出白沙此時對本體的體會，已從重道德主體自身，以修養、對治人的有限而體現無限價值生命，進而從我此一主體進至客觀天地，並將此天地收攝至一心而言道德實踐之覺。因此，此心體重在強調通塞往來之機、生生化化之妙上，而人與天地關係只從一心之流行、自然而然處體會。

　　既然對本體的體會已重在真機活潑、自然之義上，白沙對工夫的體會已不停留在靜坐；或可謂雖仍有讀書、靜坐的表現或反省，但此表現或反省無非是為了體證此一自然流行、生機之體。且讀不讀書、靜不靜坐，亦非為學關鍵所在，重點仍只是如何如如呈顯此心體。對此，筆者歸納白沙以自然為工夫實可從兩面觀：一、積極地說，顯一真機活潑；另一、消極地說，使心無有凝滯。但不論是積極或消極，實不過是自覺此心體本來如是，工夫亦只是使其如如呈顯而已。論至此，實可發現白沙不論是對本體的體會，或是工夫的強調，皆只是「自然」一義，故由此亦可歸結何以白沙最後提出其學是「以自然為宗」；此絕非憑空杜撰而得，乃確實從前步步實踐、反省而來。筆者在論述最後，通過對東所、甘泉義理的論述，再次對白沙自然一義提出反省。筆者得，東所之說可謂完全承繼白沙言心之義，確實可呼應了白沙此期為學內涵，只是強調本體之自然、工夫之自然，心為一切為學之根據，亦是天地萬物所以存在、所以流行之理，故人唯有顯發此心體，方可謂與天地萬物是一。但從對甘泉義理的闡發便可發現，甘泉雖亦可謂為白沙學的繼承者，但其繼承方式卻完全異於東所的完全接受、完全承繼的態度，乃是通過自己批判的反省而得。又從甘泉對白沙自然之學的體會從天理二字來貞定，亦可見甘泉已從白沙純粹重視主體，強調一自由無限心處，轉而強調此心之法則

性,亦即強調心之中正;從中正來規定心。對此,筆者以為二人對白沙學走向雖然不同路,但基本上都還是反映了白沙學自然之實義,尤其甘泉對白沙自然的反省,亦可見出白沙學可能的新走向、新發展,不可不謂是提供另一種對白沙「自然」的體會。

參考書目

以下書目，典籍部分依時代，其他部分依姓名筆劃順序排列。

一、傳統文獻

（一）

1. 明・陳獻章撰：《陳獻章集》（北京：中華書局，2008 年 7 月）。
2. 明・陳獻章撰：《白沙子全集》（臺北：河洛圖書出版社，據清乾隆辛卯年刻板碧玉樓藏版，1974 年 9 月）。
3. 明・陳獻章撰：《陳白沙集》，《文淵閣四庫全書》集部（臺北：臺灣商務印書館，據國立故宮博物院藏本影印，1983 年）。
4. 明・陳獻章撰：《白沙子全集》（臺北：臺灣商務印書館，據岫廬現藏罕傳善本叢刊，1973 年）。

（二）

1. 宋・周敦頤撰：《周敦頤集》（北京：中華書局，2009 年 2 月）。
2. 宋・張載撰：《張載集》（北京：中華書局，2008 年 7 月）。
3. 宋・程顥、程頤撰：《二程集》（全二冊）（北京：中華書局，2006 年 9 月）。
4. 宋・羅從彥撰：《羅豫章集》（臺北：廣文書局，1998 年 10 月）。依據版本為：和刻本，係據謝鸞重校本（明嘉靖三十三年（一五五四），有沙邑人謝鸞重校十七卷本），於日本寬政十二年（一八〇〇年）加訓點翻刻。
5. 宋・朱熹撰：《四書章句集註》（臺北：鵝湖出版社，1984 年 9 月）。
6. 宋・黎靖德編：《朱子語類》（全八冊）（北京：中華書局，1999 年 6 月）。
7. 宋・朱熹撰：《朱子全書》（共二十七冊）（上海：上海古籍出版社；合肥：安徽教育出版社，2002 年 12 月）。

8. 宋・陸九淵撰：《陸九淵集》（北京：中華書局，2008 年 9 月）。

9. 宋・林希逸撰：《莊子鬳齋口義校注》（北京：中華書局，1997 年 3 月）。

10. 明・吳與弼撰：《康齋集》，《四庫全書珍本》集部（臺北：臺灣商務印書館，1973 年）。

11. 明・胡居仁撰：《胡文敬集》，《文淵閣四庫全書》集部（臺北：臺灣商務印書館，據國立故宮博物院藏本影印，1983 年）。

12. 明・胡居仁撰：《居業錄》（臺北：廣文書局，1991 年 8 月）。

13. 明・張詡撰：《東所先生文集》，《四庫全書存目叢書・集部四三》（臺南：莊嚴文化事業有限公司，據天津圖書館藏明嘉靖三十年張希舉刻本，1997 年 6 月初版一刷）。

14. 明・湛若水撰，鍾彩鈞彙編：《泉翁大全集》、《甘泉先生續編大全》（臺北：中央研究院漢籍電子文獻，據 2004 年 7 月）。依據版本為：〔明〕洪垣等編，《泉翁大全集》八十五卷，臺北：國家圖書館藏，嘉靖十九年刻，萬曆二十一年修補本；〔明〕《甘泉先生續編大全》三十三卷，臺北：國家圖書館藏，嘉靖三十四年刻，萬曆二十三年修補本。

15. 明・王守仁撰：《陽明全書》，《四部備要》子部，臺灣中華書局據明謝氏刻本校刊。

16. 明・王守仁撰：《王陽明全集》（上海：上海古籍出版社，2006 年 4 月）。

17. 明・王畿撰：《王畿集》（南京：鳳凰出版社，2007 年 3 月）。

18. 明・聶豹撰：《聶豹集》（南京：鳳凰出版社，2007 年 3 月）。

19. 明・羅洪先撰：《羅洪先集》（南京：鳳凰出版社，2007 年 3 月）。

20. 明・黃宗羲撰：《明儒學案》，四部備要本（臺北：臺灣中華書局，1966 年 3 月）。

21. 明・黃宗羲撰，沈善洪主編：《黃宗羲全集》第三冊至第六冊，《宋元學案》、第七冊至第八冊，《明儒學案》（杭州：浙江古籍出版社，2005 年 1 月）。

22. 清・王先謙撰：《荀子集解》（北京：中華書局，1997 年 10 月）。新編諸子集成（第一輯）。

23. 清・郭慶藩編：《莊子集釋》（臺北：萬卷樓圖書有限公司，1993 年 3 月）。

24. 清・陳壽昌撰：《南華真經正義》（臺北：新天地書局，1977 年 7 月）。

25. 清・屈大均撰：《廣東新語》（北京：中華書局，1997 年 12 月）。

二、近人著作

（一）

1. 王曙星、楊偉雄主編：《陳白沙新論》（廣州：花城出版社，1995 年 1 月）。

2. 江門五邑炎黃文化研討會編:《陳白沙與江門學派學術研討會論文集》(北京:中國文聯出版社,2001 年)。

3. 呂妙芬撰:《胡居仁與陳獻章》(臺北:文津,1996 年 5 月)。

4. 宋志明、王熙元、陳清輝撰:《中國歷代思想家》(十三),《陳獻章、王守仁、李贄》(臺北:臺灣商務,1999 年 6 月)。

5. 姜允明撰:《陳白沙其人其學》(臺北:洪葉文化事業有限公司,2003 年 9 月)。

6. 姜允明撰:《王陽明與陳白沙》(臺北:五南圖書出版股份有限公司,2007 年 6 月)。

7. 苟小泉撰:《陳白沙哲學研究》(北京:中華書局,2009 年 5 月)。

8. 陳郁夫撰:《江門學記》(臺北:臺灣學生書局,1984 年 3 月)。

9. 章沛撰:《陳白沙哲學思想研究》(廣州:廣東人民出版社,1984 年)。

10. 章繼光撰:《陳白沙詩學論稿》(長沙:岳麓書社,1999 年)。

11. 章繼光等主編:《陳白沙研究論文集》(長沙:湖南大學出版社,2001 年)。

12. 黃桂蘭撰:《白沙學說及其詩之研究》(臺北:文史哲出版社,1981 年 5 月)。

13. 黃明同撰:《陳獻章評傳》(南京:南京大學出版社,2001 年 12 月)。

14. 劉興邦撰:《陳白沙心學價值審視》(長沙:湖南師範大學出版社,1999 年)。

15. 簡又文撰:《白沙子研究》(香港:簡氏猛進書屋,1970 年 10 月)。

(二)

1. 復旦大學哲學系中國哲學教研室編:《中國古代哲學史》(下)(上海:上海古籍出版社,2006 年 7 月)。

2. 任繼愈主編:《中國哲學史》第三冊(北京:人民出版社,1997 年 3 月)。

3. 侯外盧等主編:《宋明理學史》(北京:人民出版社,1997 年 10 月)。

4. 苗潤田撰:《中國儒學史》明清卷(廣州:廣東教育出版社,1998 年)。

5. 容肇祖撰:《明代思想史》(臺北:臺灣開明書局,1982 年 7 月)。

6. 容肇祖撰:《中國歷代思想史》(伍),明代卷(臺北:文津,1993 年 12 月)。

7. 徐復觀撰:《中國思想史論集》(臺北:臺灣學生書局,2002 年 9 月)。

8. 韋政通撰:《中國思想史》(上海:上海書店出版社,2004 年 10 月)。

9. 張君勱撰:《新儒家思想史》(北京:中國人民大學出版社,2006 年 9 月)。

10. 張立文撰:《宋明理學研究》(北京:中國人民大學出版社,1985 年 7 月)。

11. 張學智撰:《明代哲學史》(北京:北京大學出版社,2003 年 6 月)。

12. 陳來：《宋明理學》（上海：華東師範大學出版社，2004 年 3 月）。

13. 勞思光撰：《新編中國哲學史》（三上）（臺北：三民書局，1997 年 8 月）。

14. 馮友蘭撰：《三松堂全集》第三卷，《中國哲學史（下）》（鄭州：河南人民出版社，2000 年 12 月）。

15. 馮達文、郭齊勇主編：《新編中國哲學史》（下冊）（北京：人民出版社，2004 年 7 月）。

16. 錢穆撰：《中國學術思想史論叢》（七）（臺北：東大圖書公司，1993 年 12 月）。

17. 錢穆撰：《宋明理學概述》（臺北：蘭臺出版社，2001 年 2 月）。

18. 羅光：《中國哲學思想史》元明篇（臺北：臺灣學生書局，1981 年）。

（三）

1. 王邦雄、曾昭旭、楊祖漢等撰：《論語義理疏解》（臺北：鵝湖出版社，1998 年 10 月）。

2. 王邦雄、曾昭旭、楊祖漢等撰：《孟子義理疏解》（臺北：鵝湖出版社，2004 年 10 月）。

3. 王叔岷撰：《莊子校詮》（臺北：中央研究院歷史語言研究所，1999 年 6 月）。

4. 方勇、陸永品撰：《莊子詮評》（成都：巴蜀書社，2007 年）。

5. 古清美撰：《明代理學論文集》（臺北：大安出版社，1990 年 5 月）。

6. 古清美撰：《慧菴存稿一‧慧菴論學集》（臺北：大安出版社，2004 年 7 月）。

7. 付長珍撰：《宋儒境界論》（上海：上海三聯書店，2008 年 8 月）。

8. 牟宗三撰：《心體與性體》第一冊（臺北：正中書局，1999 年 8 月）。

9. 牟宗三撰：《心體與性體》第二冊（臺北：正中書局，1999 年 3 月）。

10. 牟宗三撰：《心體與性體》第三冊（臺北：正中書局，1995 年 12 月）。

11. 牟宗三撰：《生命的學問》（臺北：三民，2004 年 5 月）。

12. 牟宗三撰：《從陸象山到劉蕺山》（臺北：臺灣學生書局，2000 年 5 月）。

13. 牟宗三譯註：《康德的道德哲學》（臺北：臺灣學生書局，2000 年 5 月）。

14. 牟宗三撰：《中國哲學十九講》（臺北：臺灣學生，1999 年 9 月）。

15. 牟宗三撰：《圓善論》（臺北：臺灣學生，1996 年 4 月）。

16. 牟宗三譯註：《康德：判斷力之批判》（上冊）（臺北：臺灣學生，2000 年 9 月）。

17. 余英時撰：《宋明理學與政治文化》（臺北：允晨文化，2004 年 7 月）。

18. 岑溢成撰：《大學義理疏解》（臺北：鵝湖出版社，1997 年 3 月）。

19. 宋志罡主編：《明代思想與中國文化》（合肥：安徽人民出版社，1994 年 10 月）。

20. 唐君毅撰：《唐君毅全集》卷十三，《中國哲學原論・原性篇》（臺北：臺灣學生書局，1991 年 6 月）。

21. 唐君毅撰：《唐君毅全集》卷十四，《中國哲學原論・原道篇・卷一》（臺北：臺灣學生書局，2004 年 10 月）。

22. 唐君毅撰：《唐君毅全集》卷十七，《中國哲學原論・原教篇》（臺北：臺灣學生書局，2004 年 10 月）。

23. 祝平次撰：《朱子學與明初理學的發展》（臺北：臺灣學生，1994 年 2 月）。

24. 高柏園撰：《莊子內七篇思想研究》（臺北：文津出版社，2000 年 5 月）。

25. 陳榮捷撰：《朱學論集》（臺北：臺灣學生書局，1988 年 4 月）。

26. 陳榮捷撰：《王陽明與禪》（臺北：臺灣學生書局，1984 年 11 月）。

27. 陳榮捷撰：《宋明理學之概念與發展》（臺北：中央研究院中國文哲研究所籌備處，2004 年 12 月）。

28. 彭永捷撰：《朱陸之辨——朱熹陸九淵哲學比較研究》（北京：人民出版社，2002 年）。

29. 黃壽祺、張善文撰：《周易譯註》（上海：上海古籍出版社，2000 年 1 月）。

30. 黃信二撰：《王陽明「致良知」方法論之研究》（臺北：文史哲出版社，2006 年 10 月）。

31. 張默生原著，張翰勳校補：《莊子新釋》（山東：齊魯書社出版，1996 年）。

32. 喬清舉撰：《湛若水哲學思想研究》（臺北：文津出版社，1993 年 3 月）。

33. 楊希閔撰：《明吳康齋先生與弼年譜》（臺北：台灣商務印書館，1981 年 10 月）。

34. 楊希閔撰：《明陳白沙先生獻章年譜》（臺北：台灣商務印書館，1980 年 11 月）。

35. 楊祖漢撰：《中庸義理疏解》（臺北：鵝湖出版社，1997 年 3 月）。

36. 楊自平撰：《明代學術論集》（臺北：萬卷樓，2008 年 2 月）。

37. 楊國榮撰：《以道觀之——莊子哲學思想闡釋》（台北：水牛出版社，2007 年）。

38. 蔡仁厚：《王陽明哲學》（臺北：三民書局，2007 年 1 月）。

39. 錢穆等撰：項維新、劉福增主編：《中國哲學思想論集・宋明篇》（臺北：水牛出版社，1998 年 1 月）。

40. 鍾泰撰：《莊子發微》（上海：上海古籍出版社，2008 年 3 月）。

41. 鍾彩鈞、楊晉龍主編：《明清文學與思想中之主體意識與社會・學術思想篇》（臺北：中研院文哲所，2004 年 12 月）。

（四）

1. （日）山井湧等撰：《日本學者論中國哲學史》（臺北：駱駝出版社，1987年8月）。

2. （日）宇野哲人撰，馬福辰譯述：《中國近世儒學史》（臺北：中國文化大學出版部，1982年10月）。

3. （日）岡田武彥撰，吳光等譯：《王陽明與明末儒學》（上海：上海古籍出版社，2000年5月）。

4. （日）忽滑谷快天撰，朱謙之譯，楊曾文導讀：《中國禪學思想史》（上海：上海古籍出版社，2002年4月）。

5. （日）松浪信三郎撰，梁祥美譯：《存在主義》（臺北：志文出版社，1995年10月）。

6. （日）島田虔次撰，甘萬萍譯：《中國近代思維的挫折》（南京：江蘇人民出版社，2005年10月）。

7. 朱鴻林撰：〈明儒陳白沙對林光的出處問題之意見〉，《文集》編委會，《顧誠先生紀念暨明清史研究文集》（鄭州：中州古籍出版社，2004），頁56～79。

8. 李明輝撰：〈朱子對「道心」、「人心」的詮解〉（上），《鵝湖月刊》，第三三卷第三期（2007年9月），頁11～21。

9. 李志勇撰：〈陳獻章哲學中的天人關係與理想人生〉，《鵝湖月刊》，第三四卷第三期（2008年9月），頁12～22。

10. 李孟儒撰：〈從「靜坐」衡定陳白沙之心學〉，《鵝湖月刊》，第三三卷第三期（2007年9月），頁22～31。

11. 唐君毅撰：〈白沙在明代理學之地位〉，《白沙學刊》，第2期（1965年3月），頁33～38。

12. 曾明泉撰：〈吳康齋本色──創造性傳承之明代教育家〉，《鵝湖月刊》，第三二卷第三期（2006年9月），頁3～11。

13. 鄭宗義撰：〈明儒陳白沙學思探微──兼釋心學言覺悟與自然之義〉，中央研究院中國文哲研究所，《中國文哲研究集刊》第十五期（1999年9月），頁337～388。

14. 鍾彩鈞撰：〈吳康齋的生活與學術〉，中央研究院中國文哲研究所，《中國文哲研究集刊》第十期（1997年3月），頁269～316。

15. 鍾彩鈞撰：〈湛甘泉哲學思想研究〉，中央研究院中國文哲研究所，《中國文哲研究集刊》第十九期（2001年9月），頁345～406。

16. 邱素雲撰：《陳白沙思想研究》（臺北：臺灣師範大學國文研究所碩士論文，1982年）。

17. 傅玲玲撰：《陳白沙心學之研究》（臺北：輔仁大學哲學研究所博士論文，
2001 年）。

18. 王繼華撰：《王陽明實踐哲學研究》（臺北：中國文化大學哲學研究所博
士論文，2009 年 6 月）。

附錄：白沙年譜節略 [註1]

明宣宗宣德三年戊申（1428）十月二十一日，白沙生。

英宗正統十二年丁卯（1447），二十歲。

　　九月，中鄉試第九。

英宗正統十三年戊辰（1448），二十一歲。

　　入京赴春闈。四月，中副榜進士，告入國子監讀書。

景帝景泰二年辛未（1451），二十四歲。

　　會試下第。（〈乞終養疏〉）

景帝景泰五年甲戌（1454），二十七歲。

　　問學於康齋。（〈復趙提學僉憲一〉：「僕才不逮人，年二十七始發憤從吳聘君學。其於
　　古聖賢垂訓之書，蓋無所不講，然未知入處。」〈書蓮塘書屋冊後〉：「予以景泰甲戌遊小
　　陂，與克貞先後至，凡克貞之所修而執之者，予不能悉也。」〈書玉枕山詩話後〉：「予年
　　二十七游小陂，聞其論學多舉古人成法，由濂洛關閩以上達洙泗。尊師道，勇擔荷，不
　　屈不撓，如立千仞之壁，蓋一代之人豪也。」）

景帝景泰六年乙亥（1455），二十八歲。

　　自臨川歸，閉戶讀書未得，後乃採靜坐春陽臺，且有所得。（〈復趙提學僉憲

〔註 1〕 本論文行文關涉到白沙作品年代，故於此附錄白沙年譜。但因本論文目的不
　　　　在於從事歷史的考證，而在於發掘白沙思想本質意涵，因此對於文獻年代的
　　　　考證，仍承前人研究基礎，且年譜內容也只節略與本論文相關部分。又，細
　　　　觀目前研究，倘若關涉到白沙年譜者，主要參考依據多以〔清〕阮榕齡：〈陳
　　　　白沙先生年譜〉（陳獻章：《陳獻章集》，附錄二，頁 795～863）為主，並輔以
　　　　楊希閔：《明陳白沙先生獻章年譜》（臺北：臺灣商務印書館，1980 年），就目
　　　　前白沙年譜觀之，確實也屬此二書最具代表性，因此本論文亦將從之。

一〉：「僕才不逮人，年二十七始發憤從吳聘君學。其於古聖賢垂訓之書，蓋無所不講，然未知入處。比歸白沙，杜門不出，專求所以用力之方。既無師友指引，惟日靠書冊尋之，忘寢忘食，如是者亦累年，而卒未得焉。所謂未得，謂吾此心與此理未有湊泊脗合處也。於是舍彼之繁，求吾之約，惟在靜坐。久之，然後見吾此心之體隱然呈露，常若有物：日用間種種應酬，隨吾所欲，如馬之御銜勒也；體認物理，稽諸聖訓，各有頭緒來歷，如水之有源委也。於是渙然自信曰：『作聖之功，其在茲乎！』」〈龍岡書院記〉：「予少無師友，學不得其方，汩沒於聲利、支離於粃糠者，蓋久之。年幾三十，始盡棄舉子業，從吳聘君游，然後益歎迷途其未遠，覺今是而昨非，取向所汩沒而支離者，洗之以長風，蕩之以大波，惴惴焉，惟恐其苗之復長也。坐小廬山十餘年間，履跡不踰于戶閾，俛焉孳孳，以求少進於古人，如七十子之徒於孔子，蓋未始須臾忘也。」湛若水撰〈白沙先生改葬墓碑銘〉：「從學於吳聘君，聞伊洛之緒。既博記於墳籍，三載罔攸得；既又習靜於春陽臺，十載罔協於一。」）

景帝景泰七年丙子（1456），二十九歲。

靜坐春陽臺。（〈長史林緝熙先生光‧記白沙語〉：「先生初築春陽臺，日坐其中，用功或過，幾致心病，後悟其非，且曰：『戒慎與恐懼，斯言未云偏。後儒不省事，差失毫釐間。』蓋驗其弊而發也。」〈白沙學案下〉，卷6，頁112～113。）

英宗天順八年甲申（1464），三十七歲。

以上十年，白沙皆在春陽臺靜坐。作〈初秋夜〉二首：「自我不出戶，歲星今十週」（卷4，頁340～341）。

憲宗成化二年丙戌（1466），三十九歲。

門人增城湛若水生。

因與門徒習射禮，致使流言四起，以為聚兵。後聽從學士錢溥建議，遂復遊太學（〈行狀〉），有〈和楊龜山此日不再得韻〉（卷4，頁279），〈**湖山雅趣賦**〉（卷4，頁275～276）。

憲宗成化三年丁亥（1467），四十歲。

是年春，先生南歸。

憲宗成化四年戊子（1468），四十一歲。

是年，先生復入京師。

憲宗成化五年，己丑（1469）年，先生四十二歲。

十月十七日，吳與弼先生卒，年七十九。（〈崇仁學案一〉，卷1，頁5）

己丑，禮闈復下第。南歸，杜門卻掃，潛心大業，四方學者日益眾，往

來東西兩藩部使以及藩王島夷宣慰，無不致禮於先生之廬。（〈行狀〉，又〈乞終養疏〉：「成化五年復會試，下第。」〈跋張聲遠藏康齋真蹟後〉：「成化己丑春三月，行李出北京，……。是歲六月，過清江，以手書問，先師尚無恙也。明年秋，鑱書來求跋。又二年壬辰二月，豐城友人始以訃來，先師之卒在己丑十月，至是三易歲。」〈告羅一峰墓文〉：「成化己丑之夏，予遇先生於南畿。」）

得病。有〈與陳剩夫〉：「穹壤百年，極欠一會。某自春來得厥疾，一臥至今，武夷之游遂成虛語。」（卷3，頁268）

憲宗成化六年庚寅（1470），四十三歲。

作〈夢記〉二條（卷1，頁51～52），〈李文溪文集序〉（卷1，頁8～9），〈東曉序〉（卷1，頁7～8），〈伍光宇卜室白沙為讀書之所〉二首（卷6，頁545）。

憲宗成化七年辛卯（1471），四十四歲。

作〈送李山人詩序〉：「成化辛卯春，永豐人李立武挾風水之術過白沙訪予。」（卷1，頁21）〈與胡僉憲提學二〉：「惠曆久不謝，罪罪。李山人至，蒙賜《相山骨髓》等書，珍感無已。……承諭欲來新會，企渴企渴。」（卷2，頁152）〈與庠中諸友〉：「近按察胡先生過白沙，青燈敘舊之餘，輒及此方人士，惓惓以為己之學望諸君，甚盛意也。……諸君方急於秋試，區區迂闊之談恐難驟聽，然又不敢淺窺諸君而謂吾言之無益而不言也。」（卷3，頁245）

十月十八日，伍雲（光宇）卒。4月作〈與伍光宇〉三則（卷3，頁237～238），9月作〈綠圍伍氏族譜序〉：「辛卯首夏，（光宇）疾大作。……是秋九月，予往視之，坐甫定，便語云：『還我族譜序，吾無憾焉耳。』」（卷1，頁10～11）〈尋樂齋記〉：「五年，伍光宇始構亭于南山之巖以坐。明年，復於吾居第之左，結草屋三間，與亭往來。又明年，而光宇死矣。……光宇整步而出，恍然若有得者，歸揭其榜曰：『尋樂齋』云。」（卷1，頁47～48）。

憲宗成化八年壬辰（1472），四十五歲。

二月，豐城友人某以吳康齋先生訃至。（按康齋先生實卒於成化五年冬，至是始聞訃也）九月三十日，餘姚王守仁生。

作〈與胡僉憲提學一〉：「伏承手教，示以人道大綱，某敢不祗服？」（卷2，頁151）〈雜詩序〉：「師友代凋，知己悠邈，殆亦不可為懷。」（卷1，頁21）

憲宗成化十年甲午（1474），四十七歲。

〈代簡答羅一峰殿元〉。白沙自註：「一峰約會南華，不至」（卷4，頁280）。

憲宗成化十一年乙未（1475），四十八歲。

〈與羅一峰一〉（卷2，頁156～157）。〈與胡僉憲提學三〉：「某近又以人事過煩，自汗時發，畏風如昨。閉齋偃臥竟日，絕去思慮酬應，以俟此氣之復而已。……閩中陳剩夫者，先生所知，不幸去年秋間死矣。其人雖未面，然嘗粗聞其學術專一，教人靜坐，此尋向上人也。可惜，可惜。」（卷2，頁152～153）〈復張東白內翰〉：「比者，婁克貞教諭亦有書來。……陳布衣竟不及面而卒，當此衰否之極，又失此人，可歎，可歎。」（卷2，頁131～132）

憲宗成化十二年丙申（1476），四十九歲。

〈復趙提學僉憲三〉（卷2，頁146～148），〈夢觀化，書六字壁間曰：造物一場變化〉五古（卷4，頁285）。

憲宗成化十三年丁酉（1477），五十歲。

〈送羅養明還江右序〉：「永豐羅養明，丁酉春承一峰先生命來白沙。」（卷1，頁25）〈與張憲副廷學一〉：「京師一別，逮今六年。……閣下仕於朝為臺官，其在外也為按察使，可謂進得其地矣。」（成化丁酉，陞廣東按察副使。阮《通志》）（卷2，頁149～150）

憲宗成化十四年戊戌（1478），五十一歲。

九月二十四日修撰羅倫卒，年四十八。（〈諸儒學案上三〉，卷45，頁368）

憲宗成化十五年己亥（1479），五十二歲。

〈復趙提學僉憲一〉：「一峰死，僕哭之慟，以為自今而後不復有如一峰者。」（卷2，頁144～145）〈和梅侍御見寄〉：「故人子羅子，仙鶴歸華表。」（卷4，頁289～290）〈輓竹齋〉：「屋裏沾裳羅一峰，門前又報竹齋翁。」（卷6，頁670）〈羅一峰挽詞〉七律三首（卷5，頁408），〈贈馬龍如湖西奠一峰先生〉五古（卷4，頁286）。

憲宗成化十七年辛丑（1481），五十四歲。

春，門人番禺張詡來從學。有〈重贈張詡〉七律（卷5，頁411）。

婉拒主持白鹿洞書院，有〈復江右藩憲諸公〉（卷2，頁138～139），〈贈李劉二生還江右詩序〉：「成化十七年，江西按察使恥菴陳先生乃謀於提督學校憲副鍾公、僉事冷菴陳公、大參祁公，慨然以作新斯文為己任，謂予於考亭之學亦私淑諸人者，宜領教事。乃具書幣，告於巡鎮，遣二生李士達、劉希孟如白沙以請。……予既返諸公幣，復為詩別之。」（卷1，頁18～19）

為彭韶、朱英薦於朝，有〈復彭方伯〉（卷2，頁128～129），〈與朱都憲〉第一書、第二書（卷2，頁123～125）。

（筆者按：〈與張廷實主事四十三〉：「近著〈大頭蝦說〉并諸雜詩，今日右臂作痛，不能錄。……〈送李劉二友詩〉末聯似少含蓄，請改之，仍示稿。」（卷2，頁179）按，〈送李劉二友詩〉若指〈送李劉二生還江右，用陶韻〉（末聯：「滯形宇宙內，俛仰獨何言。」卷4，頁290）二首，則〈大頭蝦說〉、〈與張廷實主事四十三〉當也作於白沙54歲左右）

憲宗成化十八年壬寅（1482），五十五歲。

是年秋，應薦入京。〈**與朱都憲三**〉：「伏承此月二十四日都憲老大人命使降臨衡茅，諭令某即日起程赴京，春闈在邇，不許推延。……去年秋自汗纏息，因得進謁執事於蒼梧。比歸途間冒風，舊病尋發。至今年七月初，寒熱交攻，自汗猶劇。……疾愈之日，自行起程赴部，不敢推延以負尊命。」（卷2，頁125～126）〈**與張廷實主事十一**〉：「蒼梧歸後，人事益冗，煩暑為災，起倒不供。行期尚在後八月也，都憲有意催促，緝熙、廷實只在明年春夏間行耳。」（卷2，頁164）〈**書玉枕山詩話後**〉：「成化壬寅九月二十八日，新會陳獻章在南安橫浦驛讀東海先生《玉枕山詩話》，秉燭書此於蘇君卷中。」（卷1，頁70～71）十月，過永豐，有〈告羅一**峯**墓文〉（卷1，頁116～117）。十一月，道出劍江，有〈**祭先師康齋墓文**〉（卷1，頁107）。十二月，作〈**恩平縣儒學記**〉（卷1，頁36～38），〈**新遷電白縣儒學記**〉（卷1，頁38～40）。詩：〈**聞方伯彭公上薦剡**〉二首（卷4，頁340），〈**留別諸友，時赴召命**〉四首（卷5，頁497～498），〈**示兒**〉六首（卷6，頁664），〈**石門次林緝熙韻**〉二首（卷5，頁498），〈**次韻張東海**〉（卷5，頁499），〈**過康齋吳與弼先生墓**〉（卷5，頁496～497）。

憲宗成化十九年癸卯（1483），五十六歲。

三月三十日到京。「五月二十五日蒙吏部題，奉聖旨：『恁部裏還考試了，量擬職事來說。』欽此欽遵。」未能就試。「七月十六日，扶病赴部聽試，而筋力朽弱，立步艱難，自揣虛薄未堪筆硯，因續具狀，再延旬日。」八月二十二日得家書，謂母憂念成疾。（以上摘引〈乞終養疏〉）八月二十八日具本陳情，乞還養母，兼理舊疾。九月初四，奉旨：「與做翰林檢討去，親終疾愈仍來供職。」遂南歸。（以上摘引〈謝恩疏〉）

有〈**書蓮塘書屋冊後**〉：「成化十九年春正月，予訪予友莊定山於江浦，提學南畿侍御上饒婁克讓來會予白馬菴，三人相與論學賦詩，浹辰而別。」

（卷 1，頁 64～65）〈書自題大塘書屋詩後〉：「予既書婁克讓〈蓮塘書屋圖後〉，蔣世欽繼之以大塘書屋之請，予賦五言近體一章。」（卷1，頁68～69）〈與鍾百福一〉：「去就既定，五六月間或再與百福會淮上，又幸也。不多及。三月二十三日寓張家灣。」（卷3，頁265）八月，作〈乞終養疏〉（卷 1，頁 1～3）。九月，作〈謝恩疏〉（卷 1，頁 3～4）。

憲宗成化二十年甲辰（1484），五十七歲。

三月十二日胡居仁卒，年五十一。（〈崇仁學案二〉，卷 2，頁 22）四月，門人張詡舉進士，林光乙榜。

〈永慕堂記〉：「成化甲辰，江陰李君昆以侍御史被命以清理軍伍於兩廣，始過白沙，進拜老母於堂。」（卷 1，頁 44～45）七月，〈與張廷實主事四十二〉：「丁縣主回，得手書。知抵家甫一月。……不審過金陵曾一詣定山否？平湖典教想已履任。……老病尪羸，早晚人事少聞，能過白沙一敘？渴望，渴望。」（按林光中乙榜，授平湖教諭）（卷 2，頁 178～179）〈與張廷實主事五〉：「雲谷老人、李孔修，非吾廷實，吾安知吾郡有二賢士哉？」（卷 2，頁 161）有詩：〈聞絹熙授平湖掌教〉（卷 5，頁 494），〈聞張廷實謝病歸，寄之〉：「正是黑頭堪入仕，初登黃甲最知名。君當出我一頭地，我更期君萬里程。」（登進士，即乞歸）（卷 5，頁 422）

憲宗成化二十一年乙巳（1485），五十八歲。

閏四月，為陳方伯作〈道學傳序〉（卷 1，頁 20～21）。七月，右都御史朱英卒。詩：〈館廷實進士於白沙社，率爾成章，兼呈丁明府〉（卷 5，頁 424），〈廷實偕丁明府遊圭峯，雨中奉寄〉（卷 5，頁 424），〈廷實歸贈以瑞香之花，次韻留別〉（卷 5，頁 425），〈林絹熙縣博、張廷實進士、何孝子子完先後見訪，既而絹熙往平湖，廷實歸五羊，子完還博羅，因賦四絕〉（卷 6，頁 581），〈輓敕總督兩廣軍務都御史郴陽朱公〉三首（卷 5，頁 428～429），〈次韻張廷實謝病後約遊羅浮見寄〉二首（卷 5，頁 423），〈次韻張廷實東所寄興見寄〉十首（卷 6，頁 569）。

憲宗成化二十二年丙午（1486），五十九歲。

〈味月亭序〉：「成化丙午春正月，五羊何子有載酒過白沙，對月共飲，延緣數夕。」（卷 1，頁 19）

二月二十六日，新會知縣丁積卒，年四十一。〈與張廷實主事六十六〉：「丁長官前月二十又六日以病卒于官，……三月二十又一日，章書。」（卷 2，

頁 188）。〈祭丁知縣彥誠文〉（卷 1，頁 110～111），〈讀張進士輓丁明府彥誠詩次韻〉（卷 5，頁 430）。

為平湖事。〈與張廷實主事十五〉：「近得林子逢書，頗悉平湖履任來消息，大都是雅不勝俗，寡不敵眾，……緝熙此出，固不得已，終是欠打算。」（卷 2，頁 166）〈與張廷實主事十四〉：「章因起倒傷煩，諸疾乘之，……書中斷置平湖去就，章亦未敢率爾。」（卷 2，頁 165）〈得林子逢書，感平湖事，賦此次前韻〉二首（卷 4，頁 361）。

兄亡。〈與寶安諸友〉：「章衰矣，齒髮日變於舊。亡兄屬纊之初，老母哭之欲絕，積憂之餘，面足俱腫。」（卷 2，頁 218～219）〈與林郡博六〉：「亡兄不幸早世，十月在殯，後此尚二十日始克就窆。……張僉憲日夕至學，景暘惟科試是急，諸姪營葬事，往候無人，惟加照。」（卷 2，頁 216）

其他。〈與張廷實主事五十三〉：「簡一通，寄上方伯陳先生。帛一端，簡一通，寄高尹。」（卷 2，頁 183）〈復陳方伯二〉：「聞行李將入京，弗獲躬送，豈勝愧戀之至。」（卷 3，頁 249）〈與張廷實主事六十七〉：「緝熙還家，滿三月無一耗往來。」（卷 2，頁 188）。

憲宗成化二十三年丁未（1487），六十歲。

七月十六，孫杌殤。〈與張廷實主事六十一〉：「某不幸七月間喪小孫杌，哭之連日，近況可知。」（卷 2，頁 186）

八月，帝崩。九月，太子祐樘即位。

其他：〈與張廷實主事三十二〉：「袁侍御無病暴卒於龍川，其跡可駭，不審當道何以處之？張兼素一病遂不起。昨見李僉憲云，此訃得之朱茂恭侍御，當是的耗也。……非久，遣犬子往奠德純先生，不知柩行在何時，便示一字。」（卷 2，頁 174）（考《雙槐歲鈔》，張公當卒於成化二十年。）

詩：〈候緝熙〉二首（卷 5，頁 432），〈次韻張廷實舟中寫興〉三首（卷 5，頁 432～433）。

孝宗弘治元年戊申（1488），六十一歲。

四月門人嘉魚李承箕來從學，築楚雲臺。〈與張廷實主事二十三〉：「李世卿不遠數千里來訪白沙，……期過秋方還嘉魚，因便能一來會否耶？」（卷 2，頁 169）〈復李世卿〉：「圭峯山靈相候已久，何濡滯爾耶？」（卷 2，頁 220）〈與朱甘節〉：「去秋別去，不審何日至桂陽？……李世卿首夏自嘉魚來訪，今尚留白沙。與之語，甘節真知人哉！」（卷 3，頁 264）〈與張廷實主

事三十九〉：「惠來薑酒，喜飲輒醉。……行矣，勿貽尊翁戚戚也。」（卷 2，頁 177）〈與張廷實主事四十一〉：「好子不育，傷如之何！……李世卿近往南山，未還白沙。承欲為一會，此念自好，但一有所繫，則不如勿強，行止蓋亦有數也。」（卷 2，頁 178）〈送李世卿還嘉魚序〉：「弘治元年戊申夏四月，湖廣嘉魚李承箕世卿自其鄉裹糧南望大庾嶺，……。自首夏至白沙，至今凡七閱月，中間受長官聘修邑志於大雲山五十餘日，餘皆在白沙，朝夕與論名理。」（卷 1，頁 15～16）〈與張廷實主事十七〉：「曩辱佳章並賀儀，愧感千萬。……世卿闊達，善評文，想青燈對榻，高論層出，麗澤之益多矣。」（卷 2，頁 166～167）詩：〈偕一之、世卿詣楚雲臺，偶作，呈世卿〉二首（卷 6，頁 617），〈贈世卿〉六首（卷 4，頁 300）〈送李世卿還嘉魚〉五首（卷 4，頁 314）。

孝宗弘治二年己酉（1489），六十二歲。

〈次韻姜仁夫留別〉九首，序：「弘治己酉春，姜仁夫進士以使事貴州。還，取道廣東，過予白沙。自己卯至丙戌，凡八日。」（卷 6，頁 673～674）〈與順德吳明府二〉：「頃者從事至，辱書既為感。適姜仁夫在坐，不即裁答。」（卷 2，頁 209）〈送張進士廷實還京序〉：「自始歸至今六年，間歲一至白沙，吾與之語終日而忘疲。……去歲之冬，李世卿別予還嘉魚，贈以古詩十三首。」（卷 1，頁 12～13）〈與張廷實主事二十八〉：「承示〈楊柳〉之曲，情愗辭盡，幾不可讀。」（卷 2，頁 172）〈與西涯李學士〉：「相別六、七年，邇者不通問於京師，然自周文都南歸後，先生之音耗遂絕於耳。……張進士行附此，不能盡所欲言。」（卷 2，頁 121～122）〈與戴憲副〉：「小廬岡書屋近方粗完，四方士來遊白沙者，於此處之，能使退休。」（卷 2，頁 151）〈與張廷實主事三十六〉：「廷實守道，無求於人，攜十數口在路，日飯米一斗，何以給之？」（卷 2，頁 176）〈與張廷實主事五十九〉：「今廷實攜家行萬里，費皆己出，非旋渦中佛歟？」（卷 2，頁 185）詩：〈贈張進士入京〉八首，有序。（卷 6，頁 593～594）〈用韻寄姜進士仁夫〉（卷 4，頁 371～372），〈用韻寄林緝熙平湖〉（卷 4，頁 372）。

孝宗弘治三年庚戌（1490），六十三歲。

〈與張廷實主事五十一〉：「兩山先生舊腏使人致餽白沙，有一軸子索書〈生日詩〉，尋以附李子長轉達，不知兩山之疾已革，蓋屬纊前一二日也。……廷實以何日聞訃？當即棄官，挈妻子萬里匍匐南歸。」（卷 2，頁

182）秋，作〈程鄉社學記〉（卷1，頁30～32）。詩：〈再和示子長〉二首：「莫笑老慵無著述，真儒不是鄭康成。」（卷5，頁455～456）。

孝宗弘治四年辛亥（1491），六十四歲。

五月二十七日，教諭婁諒卒，年七十。（〈崇仁學案二〉，卷2，頁38）。

〈望雲圖詩序〉（卷1，頁16～18）。詩：〈弔鄒汝愚謫石城〉四首（卷5，頁497）。

孝宗弘治五年壬子（1492），六十五歲。

〈與張廷實主事八〉：「百凡如人飲水，冷暖自知。老朽所望於賢夫，豈淺淺哉？」（卷2，頁162）詩：〈送李子長往懷集取道謁張梧州〉二首（卷5，頁525）。

孝宗弘治六年癸丑（1493），六十六歲。

三月，作〈羅倫傳〉（卷1，頁99～100）。端午，作〈書漫筆後〉（卷1，頁66）。七月，〈程鄉縣儒學記〉（卷1，頁28～30）。

孝宗弘治七年甲寅（1494），六十七歲。

二月，門人增城湛若水來從學。

嘉會樓成。冬，慈元廟成。有〈與顧別駕止建白沙嘉會樓一〉（卷2，頁204～205）。

孝宗弘治八年乙卯（1495），六十八歲。

二月十六日，先生母林太夫人卒，年九十一。〈復周廉憲時可疏一〉：「謹以四月八日奉柩藏于所居屋後小廬山之原。」（卷3，頁251～252）〈與李孔修一〉：「子長乳瘡，當一場重病，今脫然矣，聞之慰喜。賴朋友之助，先妣得安小廬山之兆，即日堲封甫閉。三月而葬，禮也，亦時也。」（卷2，頁227）〈與張廷實主事六十四〉：「世父之哭，某憂病相持，不時奉疏，罪罪。亡妣小廬山之兆在碧玉樓後，相去纔數十步許。」（卷2，頁187）〈與沈都憲書〉（卷3，頁248）。〈與湛民澤二〉：「喪次溽暑不可處，近遷上碧玉西偏，正南開聰戶，又為東南風攪床，不得睡。附去錢五十，煩從者為買小竹簾，橫二尺，高五尺。」（卷2，頁189）〈答蘇僉憲疏〉：「亡妣不幸傾背，……忽於七月盡日疾作中風，左手足不仁。」（卷3，頁252～253）〈與姜主事仁夫〉（卷3，頁257），〈與林時表〉（卷3，頁247），〈與陳秉常四〉（卷2，頁235），〈與賀克恭黃門一〉（卷2，頁132～133），〈與湛民澤三〉：「來喻與拙裁意不相涉，無怪乎前此之多言也。久居於危，不在仕止之間，蓋

嘗兩遭不測之變，幾陷虎口矣。不得已爲謁銓之行，所以避之，非出處本意也。吾子其亦聞之否乎？」（卷2，頁190）詩：〈**病中寫懷**〉二首（卷5，頁476）。

孝宗弘治九年丙辰（1496），六十九歲。

〈與林郡博四〉：「李世卿自嘉魚來，與湛民澤往遊羅浮，今殆一月矣。」（卷2，頁215）〈**漫筆示李世卿湛民澤**〉（卷1，頁79～80）。〈與湛民澤十〉：「章久處危地，以老母在堂，不自由耳。……儻今日之圖可遂，老腳一登祝融峯，不復下矣。……三年之喪，在人之情，豈由外哉！……吾輩心事，質諸鬼神，焉往而不泰然也耶？」（卷2，頁193）〈**與張廷實主事四十六**〉：「定山三月內已告養病，六月歸定山。……五月六日，碧玉樓書。」（卷2，頁180）〈**與張廷實主事六十二**〉：「李世卿日望一來會。渠過洪都，已得東白復起消息，非虛傳也。……五月七日。」（卷2，頁186）〈**與湛民澤一**〉：「太夫人既不忘沙堤之舊，何不歸去也？吳明府事未白，世卿尚可少留，未即成行。」（卷2，頁189）〈**與莊定山一**〉：「承口諭，比年手足作秋風痺，尚未全愈，……太虛近往來石洞否？」（卷2，頁159）詩：〈**次韻世卿再至白沙**〉（卷6，頁616），〈**世卿將歸**〉二首（卷4，頁378），〈**贈世卿別**〉二首：「何事今爲別，藤蕡還贈公」世卿乞予藤蕡，贈之。（卷4，頁377），〈**得廷實報定山謝事歸，憶東白、仲昭諸先生有作**〉五首（卷6，頁629），〈**寄題小圓岡書屋，和民澤韻**〉：「至虛元受道，真隱或逃名。」（卷4，頁384）。

孝宗弘治十年丁巳（1497），七十歲。

〈與張廷實主事四〉：「推之欲其高，反之欲其實，用心於內者如是，以示一之，亦未灑然。……林郡博何日過五羊？不留一字耶？……未審開春能便行否耶？湛民澤近無一耗。廷實能過白沙，一話爲慰，然未敢必也。」（卷2，頁161）〈**與林郡博三**〉：「萬里之行，無可爲贈。……某七十病翁，理不久生，安知今日之言非永訣耶？……異日過定山先生，問我，亦以是告之。」（卷2，頁214～215）〈**與李孔修三**〉：「衡山之行無日矣，今未發者，候俊圭至白沙耳。」（卷2，頁227～228）冬，作〈**韶州風采樓記**〉（卷1，頁26）。十一月，〈**與張廷實主事五十四**〉：「（仁夫）別去忽忽一月，念之不置，久當奈何，奈何。特遣景元往問行李，兼送仁夫之行。」（卷2，頁183）

孝宗弘治十一年戊午（1498），七十一歲。

　　戊午，邁疾彌留弗興。（湛若水撰：〈白沙先生改葬墓碑銘〉，附錄二，頁
　　885。）

　　三月，作〈**重修梧州學記**〉（卷 1，頁 32～33）。〈**與湛民澤十一**〉：「民澤足
　　下：去冬十月一日發來書甚好。日用間隨處體認天理，著此一鞭，何患
　　不到古人佳處也。……戊午季春三月初二日，石翁在碧玉樓力疾書。」（卷
　　2，頁 193～194）〈**與汪提舉一**〉（卷 2，頁 203～204）。〈**與張廷實主事五十八**〉：
　　「老病是常，不勞掛念。……汪海北在東海徵糧，得病三日卒。……廷
　　介誠可人，但恨會別忽忽，不能盡所言耳。」（卷 2，頁 184～185）〈**與劉東
　　山書**〉：「先生即日命駕還東山，山靈輒喜。」（卷 2，頁 127）

孝宗弘治十二年己未（1499），七十二歲。

　　九月二十九日，郎中莊昶（號定山）卒，年六十三。

　　〈**與張廷實主事二十五**〉：「久病未脫體，猥蒙督府鄧先生數年知待之厚，
　　無以報之，甚懸懸也。……謂此能分理一人之冤，猶未也。有益於地方
　　用人，有益於國家，不可不慮也。」（卷 2，頁 170～171）〈**與任明府**〉（卷 2，
　　頁 211）。詩：〈**力疾書慈元廟碑記**〉（卷 4，頁 324）。

孝宗弘治十三年庚申（1500），七十三歲。

　　二月初十日，先生卒，年七十三。

　　萬曆二年甲戌，詔建白沙家祠，特賜額聯並祭文肖像。萬曆十三年乙酉，
　　詔以翰林院檢討陳獻章從祀。